中华传统经典精粹

郭庆祥　著

人民出版社

责任编辑:宫 共

封面设计:徐 晖

图书在版编目(CIP)数据

中华传统经典精粹/郭庆祥 著. -北京:人民出版社,2015.8

ISBN 978 - 7 - 01 - 015107 - 6

Ⅰ.①中… Ⅱ.①郭… Ⅲ.①国学-通俗读物 Ⅳ.①Z126-49

中国版本图书馆 CIP 数据核字(2015)第 174914 号

中华传统经典精粹

ZHONGHUA CHUANTONG JINGDIAN JINGCUI

郭庆祥 著

人民出版社 出版发行

(100706 北京市东城区隆福寺街 99 号)

北京中科印刷有限公司印刷 新华书店经销

2015 年 8 月第 1 版 2018 年 8 月北京第 1 次印刷

开本:710 毫米×1000 毫米 1/16 印张:23.5

字数:372 千字

ISBN 978 - 7 - 01 - 015107 - 6 定价:58.00 元

邮购地址 100706 北京市东城区隆福寺街 99 号

人民东方图书销售中心 电话 (010)65250042 65289539

修身齐家，治国理政

（代前言）

张全景

《中华传统经典精粹》一书，是写给有志于学习中华传统文化经典的读者的读本，是一部有关修身齐家、治国理政的好书。

书籍是人类进步的阶梯，知识就是力量。学习可以益智，读书可以明理。特别是领导干部，只有掌握丰富的知识，才能开阔视野，站得高、看得远，做好领导工作。

习近平同志在澳门大学讲话中指出："中华传统文化源远流长，博大精深，如同一座宝藏，一旦探秘其中，就会终生受用。我们要取其精华，去其糟粕，赋予中华传统文化新的内涵，使之成为我们精神追求和行为准则。"作者依据这一精神，从先秦浩瀚的有关"修身、齐家、治国、平天下"的典籍中，取其精华，去其糟粕，精挑细选，选择儒家的《大学》、《论语》、《中庸》、《孟子》、《尚书》、《易经》、《诗经》、《礼记》、《春秋》、《荀子》，道家的《老子》、《庄子》，法家的《商君书》、《韩非子》，杂家的《管子》、《吕氏春秋》，墨家的《墨子》，纵横家的《鬼谷子》，共十八部中华传统经典的精粹。原文准确无误，题解画龙点睛，注释翔实正确，今译贴切优美，点评观点明确，富有新意，并结合社会现实，赋予新的内涵，力求使读者在"修身、齐家、治国、平天下"的治国理政中，起到事半功倍的作用。

作者认为，中华传统文化源远流长，因为她上下五千年，纵横九万里，经历了时间和历史的验证，是有价值的，因为"实践是检验真理的唯一标准"。

作者认为，中华传统文化博大精深，以《四库全书》所含的"经、史、子、集"为例，规模宏大，精深似海，浩瀚如空。《四库全书》中的"集"，是平面的，象征着"博"，她涵盖楚辞、汉赋、魏晋风骨、唐诗、宋词、元曲、明清小说、自然科学等等，犹如一望无垠的大地，百花盛开，争奇斗艳，精美绝伦，陶冶情操。"史"，是立体的"二十五史"，象征着"大"，她囊括了上下五千年的风雨沧桑，见证了纵横九万里的朝代更替，记录了从原始社会到近代社会的王朝兴衰，揭示了社会的残酷和人性的本质，犹如巍巍泰山矗立于世界东方，又如一面巨大无比的镜子，显现出人世间的善恶美丑。"子"，是"诸子百家"的典籍，象征着"精"，她极大地丰富了中华传统思想文化，奠定了中华传统文化源远流长的根基，大气磅礴，环环相扣，精深严密，自成体系，犹如涓涓流水，聚成江河，汇入大海，深不可测。"经"，指"十三经"、"十一经"、"九经"、"七经"、"五经"，象征着"深"。

作者认为，"四书五经"，代表着儒家系统，是中华传统思想文化经典中的经典，是两千年来钦定的儒家共尊经典教科书，又是两千年来学子们不得不读的经典，其中蕴含着万世不变的永恒真理，放之四海而皆准，是变幻无穷的智慧宝库，是数千年来人们"为人处世，安身立命"的人生宝典，是士子进身的阶梯，鱼跃龙门的精气神。

作者认为，盘古开天地，是一种开拓创新精神；女娲炼石补天、大禹疏导治水，是一种社会担当意识；愚公移山、精卫填海，是一种战胜困难的毅力和恒心。

这就是《易经》中"天行健，君子以自强不息；地势坤，君子以厚德载物"的精神。

中华民族的精神智慧，囊括了儒家"仁、义、礼、智、信、廉、耻、忠、恕、中庸"的和谐之美；道家"人法地，地法天，天法道，道法自然"，顺其自然，顺势而为，无为无不为的妙道之美；墨家"兼相爱，交相利"，身先士卒，吃苦在前，享受在后，以身作则的质朴之美；佛家的"缘起缘生，一切随缘"的圆融之美；法家治国理政"法、术、势"的刚健之美；"诸子百家"用世治世的雄健之美。

儒家的和谐，道家的妙道，墨家的质朴，佛家的圆融，法家的刚健，"诸子百家"的雄健，综合起来，就是中华民族传统思想文化的精髓。

作为党员干部，要深刻领会并能够娴熟地运用中华传统经典，使之自觉成为自己的精神追求和行为准则，绝非易事。所以，要学会善于学习，研究经典，才能做到举一反三，事半功倍。

治国不难，爱民而已。广大党员干部治国理政，首先要懂得爱民，这是中华传统文化治国理政的精华。我们要认真贯彻习近平同志"人民对美好生活的向往，就是我们奋斗的目标"的精神，坚持"道路自信，理论自信，制度自信，文化自信"，贯彻"全面建设小康社会，全面深化改革，全面依法治国，全面从严治党"的精神！

坚持全面依法治国，治国理政，要汲取法家"依法治国，赏罚分明，刑罚为主，以礼辅助"的"法治"；坚持儒家主张"德政仁治"，崇尚"礼乐仁义"，提倡"忠恕中庸"的"仁治"；坚持墨家"兼相爱，交相利"的总纲，"尚贤、尚同、非攻"的政治思想，"节用、薄葬、非乐"的经济思想，坚持墨子的"三表"：即"历史经验，人民评判，国家人民的利益"，作为判断是非对错真假的标准；强调领导干部吃苦在前，享受在后，以身作则，起模范表率作用的"墨治"；坚持道家"道法自然"、"无为而治"、顺势而为的"道治"。

治国理政，要综合治理。坚持以法治为本，礼治、仁治、墨治、德治、道治辅助的全面的治国理政。

中华民族的优秀传统文化，光辉灿烂，丰富多彩，但是都有显著的历史烙印和阶级特点，我们要深入探究，去粗取精。我们强调学习历史文化，更要注重马列主义、毛泽东思想的宗旨。遵循习近平同志"三个自信"、"四个全面"的要求，牢记党的理想信念，践行为人民服务的宗旨，"与人民同甘共苦，与人民团结奋斗，夙夜在公，勤勉工作，努力向历史、向人民交出一份合格的答卷"，实现习近平同志"中国梦的本质是国家富强、民族振兴、人民幸福"。

"计利当计天下利，求名当求万世名！"领导干部要做为民趋利避害、勤政务实、敢于担当的好"官"！公平公正、清正廉洁自律的清"官"！造福一方百姓、让人民记在心中的亲民"官"！

（前言作者张全景为中共中央组织部原部长）

目　录

总　序

这是写给广大有志于学习中华传统文化经典的读本。

余以为：学习是为了谋身，求得个身安；读书是为了谋心，求得个心安；读此书，力求谋得身心安，又谋得百姓安！

2014 年 12 月 30 日，习近平总书记访澳门大学与学生座谈时说，中华文化源远流长，博大精深，如同一座宝藏，一旦探秘其中，就会终生受用。我们要取其精华，去其糟粕，赋予中华传统文化新的内涵，使之成为我们精神追求和行为准则。

何谓中华传统文化源远流长，博大精深？

"中华"一词，起源于公元 3 世纪的魏晋时期，是先秦时期出现的"中国"与之后"华夏"两词的合称。

"传统"，一般意义上，是延传三代以上的、被赋予价值和意义的事物，就可以看作是传统。

"传统"，无疑是一个蕴含着情感内涵与神圣感召力的词汇。即使我们进入现代化的今天、明天或后天，每当提起她，依然能够触及灵魂，打动我们内心深处那最为柔软的部分。他就像决绝远行去闯荡天下的浪子，在疲惫的途中偶尔歇息，或在一处灯红酒绿、喧嚣散尽的夜晚蓦然间回首之际，尽管触手繁华，远方那份朴实的诱惑依然精彩万分。但那一刻他最思念的，却是那个由此离家出门，渐行渐远的家，我们内心深处温馨无比的心灵家园。那里承载着我们过多的期盼、理想和梦想，那里蕴含着我们过多美好而温馨的回忆，那里保存着我们过多熟悉而陌生的环境，那里才真正是我们赖以生存内心深处灵魂的根，我们伟大中华民族共同灵魂的根。

"文化"，是指人类社会历史发展过程中所创造的物质财富、精神财富的总和，这里特指精神财富，如文学、艺术、教育、科学、哲学等。

"源远流长"，因为她上下五千年，纵横九万里，经历了时间和历史的验证是有价值的，因为"实践是检验真理的唯一标准"。

"博大精深"，以《四库全书》所含的"经、史、子、集"为例，规模宏大，精深似海，浩瀚如空。

余以为：《四库全书》中的"集"，是平面的，象征着"博"，她涵盖了楚辞、汉赋、魏晋风骨、唐诗、宋词、元曲、明清小说，自然科学等等，犹如一望无垠的大地，百花盛开，争奇斗艳，精美绝伦，陶冶情操。"史"，是立体的，"二十五史"象征着高"大"，她囊括了上下五千年的风雨沧桑，见证了纵横九万里的朝代更替，记录了从原始社会到近代社会的王朝兴衰，揭示了社会的残酷和人性的本质，犹如巍巍泰山矗立于世界的东方，又如一面巨大无比的镜子，影像出人世间的善恶美丑。"子"，是指"诸子百家"的典籍，象征着"精"，她极大地丰富了中华传统思想文化，奠定了中华传统文化源远流长的根基，大气磅礴，环环相扣，精深严密，自成体系，犹如涓涓流水，聚成江河，汇入大海，深不可测。"经"，指"十三经"、"十一经"、"九经"、"七经"、"五经"，象征着"深"，余以为应归结为现在的"四书五经"，深奥多变，是中华传统文化经典中的经典。"四书五经"，既是钦定的儒家共尊经典教科书，又是两千年来学子们不得不读的经典，其中蕴含着万世不变的永恒真理，放之四海而皆准，是变幻无穷的智慧宝库，是数千年来人们"为人处世，安身立命"的人生宝典，士子进身的阶梯，鱼跃龙门的精气神。

余以为：读"经"能使人增长能力，读"史"能使人增长知识，读"子"能使人增长智慧，读"集"能使人增长才华。"经、史、子、集"是中华传统文化的集大成者，一旦探秘其中，是中华民族取之不尽、用之不竭的思想文化宝库，是中华民族继往开来、生生不息、无穷无尽的智慧宝藏，是中华民族生生不息的精气神！

"取其精华，去其糟粕"。

民以食为天，是千年古训，精神食粮亦是如此。人们吃饭离不开粮食，人们"为人处世，安身立命"同样离不开精神食粮，而以孔孟为代表的"四书五经"就是儒家最好的精神食粮店，你要步入仕途，做好人民公仆，为民趋利避害，最好去深入学习儒家的思想文化，领悟儒家"四书五经"立于天地间的精髓。

如果想吃得丰富多彩一点，穿得精彩一点，活得更有特色一点，你就离不开"诸子百家"的副食店，品牌精品专卖店，那里琳琅满目，应有尽有，它会使你别具一格，卓尔不群，更具有品位档次气质和风度。

如果你在官场、商场、情场、职场失意，内心痛苦不能自拔，你就找道家老庄开的药店，那里或许有能医治你内心的创伤，抚慰你内心的痛苦，减少你内心的迷茫，会使你把功名利禄吉凶顺逆看得轻一些，把眼前的成败得失看得淡一些，过着知足常乐的生活，享受清闲少欲、逍遥自在的人生。

中华传统文化，上下五千年，纵横九万里，博大精深，源远流长，但又十分繁杂，相距久远，我们要本着"取其精华，去其糟粕，赋予中华传统文化新的内涵"的精神，去学习领悟传统思想文化的精髓。

笔者从浩瀚的先秦典籍中，反复琢磨，精挑细选18部经典中的精华，呈献给读者，希望有助于广大干部在其"为人处世，安身立命"，为民兴利避害的事业中，起到辅助作用。但毕竟是两千多年的老店了，难免会有不适合你的食品，还需你谨慎选择，以免影响了你的健康。

"赋予传统文化新的内涵，使之成为我们精神追求和行为准则"。

笔者依据此精神，博览群书，从浩瀚的中华传统文化典籍中，精选儒家、道家、墨家、法家、杂家、纵横家等18部中华先秦经典中，汲取其治国理政的精华，结合现实社会，赋予其新的内涵，进行注释、译文、点评，并把《习近平谈治国理政》的精神贯穿始终，期盼能成为广大干部"格物、致知、诚心、正意、修身、齐家、治国、平天下"的精神追求和行为准则，在落实习近平同志治国理政精神中，起到事半功倍的作用。

习近平同志在中央党校第一期县委书记研修班学员进行座谈时说："县委及政权所承担的责任越来越大，尤其是在全面建成小康社会，全面深化改革，全面依法治国，全面从严治党进程中起着重要作用，焦裕禄同志以自己的实际行动，塑造了一个优秀共产党员和县委书记的光辉形象。做县委书记要做焦裕禄式的县委书记，始终做到心中有党，心中有民，心中有责，心中有戒。"

县委书记是国家政权中非常重要的岗位，犹如古代的一方诸侯，除了外交和军事权，几乎什么权都有，关乎中央政令的实施，关乎区域的稳定发展，关乎民心民信，承上启下，错综复杂，要想做好并非易事。所以要借助中国传统文化治国理政的精髓，丰富武装自己，使之无愧于党和人民的重托，做一个为民趋利避害的好官。

大到一个国家、一个民族，小到一个家族、每一个人，生存发展靠什么？靠的是一种进取精神，靠的是一种生存发展智慧！

精神就像人的骨骼，人如果没有精神的支撑，就不能直腰、挺胸、仰头、迈步、做事、战胜困难，有骨气和原则，被人看不起，不被人尊重。

智慧就像人的血肉灵魂。人如果没有智慧润身，就会不丰满，缺少灵性，没有见识，不会学习、变通和创新，难于"为人处世，安身立命"。

那么，什么是中华民族的精神和智慧？

宇宙之初，天地混沌，中华民族的始祖盘古，巨斧一挥，一声巨响，天崩地裂，开天辟地，开辟出一个全新的天地来。始祖盘古，这种大气磅礴、开天辟地大无畏的开创精神和智慧，指引并鼓舞中华民族战胜一个又一个的艰难险阻，取得一个又一个的胜利，延续至今，生生不息！

天的西边塌了，女娲炼就五彩石把天给补上；洪水泛滥大地，肆虐神州，大禹治水13年，"掘地而注入海"，开辟九州；王屋两座大山挡住了愚公的家门，年已9旬的愚公，率领子孙把两座大山挖掉；炎帝之女女娲，游于东海，被水淹死，女娲化作小鸟精卫，衔西山之石木，填于东海。

这种开天、辟地、补天、掘地、移山、填海的精神智慧，就是我们中华民族伟大的精神智慧！

盘古开天辟地，是一种开拓创新精神；女娲炼石补天、大禹疏导治水，是一种社会担当意识；愚公移山、精卫填海，是一种战胜困难的毅力恒心。

这就是《易经》中"天行健，君子以自强不息；地势坤，君子以厚德载物"的精神！

中华民族的精神智慧，囊括了儒家"仁、义、礼、智、信、廉、耻、忠、恕、中庸"的和谐之美；道家的"人法地，地法天，天法道，道法自然"，顺其自然，无为而无不为的妙道之美；墨家"兼相爱，交相利"，身先士卒，以身作则的质朴之美；佛家的"缘起缘生，一切随缘"的圆融之美；法家治国理政"法、术、势"的刚健之美；诸子百家用世治世的雄健之美等。

儒家的和谐，道家的妙道，墨家的质朴，佛家的圆融，法家的刚健，诸子百家的雄健，综合起来，就是中华民族传统思想文化的精髓。

作为党员干部，要深刻领会并能娴熟地运用中华传统文化经典，使之自觉成为自己的精神追求和行为准则，绝非易事。所以，要学会善于学习，提纲挈领，抓住儒家思想学说的重点，从《大学》入手，方可事半功倍，举一反三。

"修身、齐家、治国、平天下"的总设计师曾参的《大学》，就是进入儒家思想殿堂的敲门砖、施工蓝图和施工程序。《大学》的"大学之道，在明明德，在亲民，在止于至善"，就是儒家"内圣外王"顶层设计的"三纲"。实现"三纲"的路线图就是以下的"八目"：

"格物"之道，是探索运用万事万物规律的过程；"致知"之道，是探索、追求、接近、把握、运用真理的过程；"诚意"之道，是不欺人，不自欺，不被人欺；"慎独"，是"修身、齐家、治国、平天下"之本；"正心"之道，是不受私欲支配，保持内心的客观公平公正；"修身"之道，是"修己以安百姓"的"内圣外王"之道；"齐家"之道，是以"孝悌"为纵横支撑的保家延家之本；"治国"之道，是道治、德治、仁治、礼治、墨治、法治的综合治理；"平天下"之道，是"天下为公，世界大同"，共生共存共发展，共赢天下的"絜矩之道"。

"治国不难，爱民而已"。广大党员干部治国理政，首先要懂得爱民。认真贯彻习近平同志"人民对美好生活的向往，就是我们奋斗的目标"的精神！认真贯彻习近平同志"道路自信，理论自信，制度自信，文化自信"，做到"全面建设小康社会，全面深化改革，全面依法治国，全面从严治党"的精神！

坚持全面依法治国，治国理政，要汲取法家"依法治国，赏罚分明，刑罚为主，以礼辅助"的"法治"；坚持儒家主张"德治仁政"，崇尚"礼乐仁义"，提倡"忠恕中庸"的"仁治"；坚持墨家"兼相爱，交相利"的总纲；"尚贤、尚同、非攻"的政治思想；"节用、薄葬、非乐"的经济思想；坚持墨子的"三表"：即"历史经验，人民评判，国家人民的利益"，作为判断是非对错真假的标准；强调领导干部吃苦在前，享受在后，以身作则，起模范表率示范作用的"墨治"；坚持道家"道法自然，顺势而为，无为而治"的"道治"。

坚持以法治为本，礼治、仁治、墨治、德治、道治辅助的全面的治国理政。

党员干部一定要遵循习近平同志"我们一定要始终与人民心心相印，与人民同甘共苦，与人民团结奋斗，夙夜在公，勤勉工作，努力向历史、向人民交出一份合格的答卷"。(《习近平谈治国理政》第 56 页)实现习近平同志"中国梦的本质是国家富强、民族振兴、人民幸福"。(《习近平谈治国理政》第 5 页)

"计利当计天下利，求名当求万世名"！党员干部要做为民趋利避害，勤政务实，敢于担当的好官！公平公正，清正廉洁的清官！造福一方百姓，让人民记在心中的亲民官！

儒 家 经 典

《大学》

【题解】

何谓《大学》？

《大学》是从政之学，成就大人之学，学而优则仕之学，"内圣外王"之学。是"修身、齐家、治国、平天下"的人生宝典，是修己以安百姓的大学问，是从政最经典的教科书，是治国理政最经典的智慧，是最为系统完整的哲学体系。

有心致力于政治的人，不能不读《大学》。读懂《大学》，小者可助你修身、齐家；大者可助你治国、平天下！

学习是为了谋身，求得个身安；读书是为了谋心，求得个心安；读《大学》既可谋得身心安，又能谋得百姓安！

《大学》是一部教人"修身、齐家、治国、平天下"的人生大学问。

顶层设计："大学之道"、"在止于至善"，是"天下为公，世界大同"，天下共生共存共发展，共赢天下之道。

路线图：一"在明明德"，是"内圣"之道；二"在亲民"，是"外王"之道。

具体步骤："格物、致知"，是个人知识能力层面"才"的准备；"诚心、正意"是个人政治思想道德层面"德"的准备。目的一，是社会层面"修身、齐家"的"内圣"之道；最终目的，是国家世界层面"治国、平天下"

的"外王"之道。所以《大学》，是成就"内圣外王"的大学问；"大学之道"，是通往"天下为公，世界大同"，天下共生共存共发展，共赢天下之道，故名大学。

一、《大学》作者曾参"修身、齐家、治国、平天下"的总设计师

《大学》的作者是曾参，被称之为曾子，被尊为"宗圣"。

曾参约生于公元前 505 年，卒于公元前 436 年，享年 73 岁。春秋末期鲁国武城（今山东费县）人。名参，字子舆。孔子的学生，以孝著称。提出"吾日三省吾身"（《论语·学而》）修养方法。认为"忠恕"是孔子"一以贯之"的思想。提出"慎终（慎重地追念祖先），民德归厚"、"犯而不校（计较）"的处世主张。"任重道远，死而后已"的大丈夫精神。《大戴礼记》中记载有他的言行，著述有《大学》一书。后代帝王尊为"宗圣"。

曾子，虽位居高官，一生却几度讲学，晚年更是辞官不做，潜心专心传授孔子学说，门下弟子七十余众，其中包括《中庸》的作者，孔子之孙，孔伋（子思），著名大军事家吴起等。吴起因母亲去世，曾发过不出人头地绝不回家见母亲的誓言，被曾子认为不孝而逐出师门。一个能够培养出大思想家子思，大军事家吴起，两个文武盖世奇才，难能可贵！

曾子，不愧为孔子思想学说的直接继承者、最好的发扬光大者，故被后世帝王尊为"宗圣"。

人们常说的祖宗，祖是第一，宗是第二。由此可见，曾子在儒家圣人中的地位之尊，无论辈分还是著述，都是当之无愧的。历史证明，《大学》在儒家经典中的地位之高是名副其实的。

二、《大学》是关于人和人生的大学问

《大学》乃《小戴·礼记》中的一篇。《礼记》为汉宣帝时戴圣从先秦遗留下来的典籍中编纂而成的经典。

《大学》被列为"四书"之一，是北宋儒学大家程颢、程颐两兄弟，将

孔丘的《论语》、曾参的《大学》、子思的《中庸》、孟轲的《孟子》编辑而成为"四书"。

"四书"和汉武帝时形成的"五经",编辑成"四书五经",逐渐成为儒家经典,构成中国儒家学说的主流,成为中国近千年来封建科举的教科书。

如果说中华传统文化归结为"经、史、子、集",其主要内容是"四书五经"、"诸子百家",中华传统思想文化的核心就是"四书五经",《大学》是"四书五经"的敲门砖和儒家思想学说的系统工程。

如果说"四书五经"是儒家学说的思想殿堂,那么《大学》就是这座儒家思想殿堂的施工蓝图和施工程序。

《大学》是"修身、齐家、治国、平天下"的教科书,是封建科举的指南针,是封建统治阶级的治国法宝,是上千年中国知识分子改变自己命运的进身阶梯,是以人为本,旨在提高人的修养,造就高尚的人格,成就人的德行功业的教材,是构建儒家思想殿堂的施工蓝图,是通往"内圣外王"之道,最终达到"在止于至善"理想境界的路线图。

《大学》是一套封建道德的政治体系,是引领人们抵达生活的美好境界,是启迪人们心灵回归自然的纯净透明、弘扬光明正大的道德品德、塑造纯正美好的人生性情,并彰显光明品德的经典。

《大学》的"在止于至善",是道德修养的最高境界和终极理想,修养纯正的身心,规范自己,以求重塑新生;以知人善任的眼光,选贤任能,亲君子远小人;以"齐家、治国、平天下"的才能,德泽化育,家庭和睦,齐家以修身勤俭为本,治国以律己爱民重民为要,"平天下"以共生共存共发展,共赢天下为追求!

何谓"大学"?

汉代大学者郑玄说:"以其记博可以为政也。"郑玄说:大学是通过广博的学习,"学而优则仕",从政做官。再通俗点说:学好《大学》,可以从政做官。

宋代大学者朱熹说:"《大学》之书,古之大学所以教人之法也。"朱熹说:《大学》是古代教人安身立命的法宝。

明代大学者王阳明说:"即之若易而抑之愈高,见之若粗而探之愈精,就之若近而造之愈益无穷。"王阳明说：《大学》看起来挺容易，但越仔细仰望它越觉得高深莫测；看起来挺粗糙，越仔细探究它越感到精深奥妙；看似距离我们很近，越是捉摸它越是受益无穷。

孙中山先生说："中国政治哲学谓其最有系统之学，无论国外任何政治哲学家都未见过，都未说出，为中国独有之宝贝。"孙中山说：《大学》是个非常精密的政治哲学体系，是"修身、齐家、治国、平天下"的人生宝典，是任何外国政治哲学著作从没有如此完整无缺独一无二的宝贝。

熊十力说："不悟六经宗要，读《大学》可悟其宗要。不得六经体系，读《大学》可得其体系。"熊十力说：不懂得《易经》、《诗经》、《书经》、《礼经》、《乐经》、《春秋》"六经"的纲要，读《大学》可以把握"六经"的纲要；不懂得礼仪、音乐、射箭、驾驭、书法识字、数学计算"六艺"的宗要，读《大学》可以把握其体系。

《大学》总纲："大学之道。"

《大学》"三纲"："在明明德，在亲民，在止于至善。"

《大学》"七证"："知止而后有定，定而后能静，静而后能安，安而后能虑，虑而后能得。""知、止、定、静、安、虑、得"。

《大学》"八目"："格物、致知、诚心、正意、修身、齐家、治国、平天下。"

由此看来，《大学》主要在这种阐述、提升个人执政为民的能力和道德修养与"齐家、治国、平天下"的关系。

因此，概括为：《大学》的终极目标："在止于至善"。修身，为至圣；治国，为圣王；平天下，为"天下为公，世界大同"。

【原文】

大学之道，在明明德，在亲民，在止于至善。

【今译】

大学教育的总纲领是，在于继承发扬先圣高尚的道德品质，提高自己全心全意为人民服务的综合素质，从而达到最为完美的道德境界。

【注释】

大学：大，旧音读"泰"。古人八岁入小学，学习基础文化及日常礼节；十五岁入大学，学习做人的道理。道：政治主张，思想体系，这里指古代大学教育的目的、纲领。

明：彰明，显明。明德：继承发扬先圣高尚的道德品德。

亲民：把天下被统治的劳苦大众当作亲人对待。

止：到达。至善：善的最高境界。明明德、亲民、止于至善，三者是大学做学问的纲领。

【点评】

"大学之道"，是人生学习教育的总目的、总纲领、总规律、终极目标；是儒家的"内圣外王"之道；是通往"天下为公"、"世界大同"的至善之道；是"修身、齐家、治国、平天下"的总方针、总途径、总路线；是"在明明德，在亲民，在止于至善"的顶层设计和路线图。

"在明明德"，是"内圣外王"之道的"内圣"之道。

"在明明德"，是《尚书·周书·康诰》篇中的"克明德慎罚"演变而来。这里的"克明德"是周公旦希望康叔能够继承发扬先父周文王高尚的德行，以德化民，以德育人，以德治国，慎用刑罚，少用刑罚。

余以为，"在明明德"，就是继承发扬"三皇"的"道"，"五帝"的"德"，"尧、舜、禹、汤、文、武""六圣"高尚的道德品德，"仁、义、礼、智、信、礼、乐"的亲民情怀及其他们治国平天下、造福人民的本领。

"在明明德"，就是提高自己的综合素质，提高对民族复兴的责任，为人民趋利避害、造福人民的责任，人民对美好生活的向往，就是自己的奋斗目标，全心全意为人民服务的思想及本领；做一个与人民心心相印，同甘共苦，带领人民走向国强民富的人；做一个取信于家族、国家、民族、天下人民的领袖；是最终通往"内圣外王"之道的"内圣"之道。

这是儒家推崇的"内圣"之道，也是儒家推崇的"圣人"之道。历史上谁能够达到圣人的标准呢？按照孔子的说法，只有"尧、舜、禹、汤、周文王、周武王"这几位开国之君才配得上"圣人"的称号，就连孔子也不敢承认自己是圣人。

孔子圣人的称号，是后来弟子对他的敬词，更是历代统治者为了统治的需要，加封给孔子的称号。孔子并不是自谦，孔子认为，"圣人"的标准必须是建功立业，造福百姓，统领天下的领袖，而自己只是个学者、民办教师、教授、导师或者说教育家、思想家。其实孔子的立论并不一定准确，按照孔子的标准，应该称之为"圣王"，也就是儒家认为的"外王"。"圣人"只要自我修养达到极致，就可以称之为"圣人"，也就是儒家的"内圣"。

既然知道了"在明明德"，是君子继承和发扬先圣的高尚品德，以圣人为楷模，追求自身道德人格最完美的最高境界；是君子自身综合素质最理想的道德标准；是君子追求自身道德实践最公正的经世胸怀。

简而言之，"在明明德"，就是通过自身修养，达到"内圣"的标准。

"在明明德"，是人们通往"内圣"人生最高境界的必经之路，是人们通往"外王"、"在亲民"的必备条件，是人们通往"内圣"的必备能力。

既然如此，就让我们进一步研究"在亲民"的条件下，它的办法、步骤以及所具备的能力，并充分认识到"在亲民"的目的，是为了达到"外王"的唯一途径。

"在亲民"的"亲"的含义，是亲密无间、密不可分、混为一体的意思。"在亲民"，就是君王自身和天下的劳苦大众，是亲密无间，密不可分，混为一体的人；是把天下最低层的劳苦大众当作自己的父母兄弟姐妹亲人对待的人。

"在亲民"的"民"在古代的含义，"民"在周王朝之前是奴隶，在周王朝之初是懵懵懂懂、愚昧无知的奴隶群体；是被周武王俘虏过来殷商的囚徒，是被俘以后刺瞎左眼为惩罚、作为标志的屈辱群体。

简言之，"民"，是天下被奴役最底层的劳苦大众；"民"是区分民与人是不同的群体；古时候的"民"是没有姓氏的，"百姓"是上层有姓氏的人群。

这就是说，古代的"人"和"民"是有巨大区别的，是贵贱不平等的两个阶层。人、民，是奴役和被奴役的关系；是劳心者与劳力者的关系；劳心者是人、治民；劳力者是民、治于人。

人，指的是在上位的人，有名有姓有身份的、能奴役民的人；民，则是指在下位的民，没有姓氏、没有身份，被奴役的民。民，是从敌囚转化过来的，是处于社会最底层，是被奴役的千千万万的劳苦大众。

中国古代知识分子不乏亲民的，更有许多有志之士要求提倡平等，但几千年来，从没有平等过，有很多伟大人物也把人分成三六九等。如孔子坚持"君君臣臣"的"礼治"，孟子的"劳心者治人，劳力者治于人；治于人者食人，治人者食于人，天下之通义也"。

曾子2500年前"在亲民"的提法，其思想是何等的了得，何等的震撼，何等的伟大！虽然"亲民"不是曾参最早提出来的，但他把"亲民"列入《大学》的"三纲"之一，是非常伟大的。

"在亲民"的伟大意义，在于他把本来是人的民当作了人，把人当作人。虽然"亲民"还有居高临下的意思，但与朱熹后来把"亲民"改为"新民"不可同日而语。"在亲民"是把最底层的劳苦大众当作亲人，去爱，去为他们服务，为他们趋利避害，造福人民；而朱熹则改成"在新民"，则是把民众当作被指挥、被改造的对象，要人民改正统治者认为不好的东西。

"三皇"、"五帝"是亲民的典范。

"三皇"通常称之为"伏羲氏、燧人氏、神农氏"或"有巢氏、燧人氏、伏羲氏"，又称"天皇、帝皇、人皇"。

传说有巢氏发明了"构巢为屋、居栖大树"的生活方式，改善了猿人居住的生活环境，被尊为"王"，史称"有巢氏"。

"燧人氏"发明了"钻木取火"，教人熟食，以化腥臊，造福人民，被尊为"王"。

"伏羲氏"发明"八卦"，不仅教人学会记载日常生活中的事物，很有可能是人类最早发明天气预报的专家，使人们生活质量有了很大的提高，是中华民族文明史的创造者，更是中华民族文化的源头，成为中华民族的人文始祖。

"神农氏"教民农耕，播种五谷，尝百草，作陶、织布做衣。

"五帝"通常指黄帝、颛顼、帝喾、唐尧、虞舜。

"黄帝"为统一华夏民族，作出了历史性的贡献，黄帝的史官仓颉发明了文字，创新了文明时代。

"尧帝"推动了中华文明的发展。"大禹"治水成功，统一了华夏民族，确定了华夏九州的格局。

纵观"五帝"的治国之道，都能善用"无为而治"的法则，并体现在日常生活中，人民得到了实惠却不知道是怎么回事，行为合乎道义却好像生来就有的修养。这就是老子后来总结的"无为而治天下"。

简言之，"在亲民"就是把人民当作自己的亲人亲他爱他；是亲民、爱民，做人民的公仆，忠诚于人民，以人民忧乐为怀，与人民同甘共苦，同呼吸、共命运、心连心，全心全意为人民服务，始终依靠人民推动历史前进；是为民兴利除害，造福于人民，是心为民所想，情为民所系，权为民所用，利为民所谋，人民对美好生活的向往，就是自己努力工作的方向；是为了满足人民的需要和人民的福祉而勇于献身的人；是通往儒家"内圣外王"之道的"外王"之道，是实现国家富强，民族振兴，人民幸福，实现中国梦的必经之道。

"在止于至善"，是通过读书、学习、教育、磨炼、实践、感悟、创新、修身、齐家、治国、平天下，最终通往人生彼岸的理想之道；是最终达到儒家"天下为公，世家大同"的"内圣外王"之道，是人生的终极目标，人类的最高目标。

"止于"，是最终极的目标和目的地。"至善"，是达到最理想的目的和最美好的思想境界。

"在止于至善"的具体条件是：做人：要"仁、敬、孝、慈、信"五个标准；治学：要如切如磋，要有耐心、细心、恒心，要有博大精深的知识和智慧，要有孜孜不倦和精益求精的精神；修身：要如琢如磨，要虚心、诚心、信心、虔诚之心；待人接物：要谦虚谨慎，诚心热心；举止：要庄重威严，令人敬仰；用人：要亲君子，远小人，敬贤人；诉讼：要把矛盾解决在萌芽状态，力争无讼。

人类活动的一切目的，是为了达到最美好的物质生活，最理想的精神境界，最完美的个人价值实现；终极目标是《礼记·礼运》中"天下为公"世界"大同"，就是"在止于至善"的最理想境界！

"天下为公，世界大同"的前提是实现《礼记》中的"小康"社会。而"小康"的前提是："为人君，止于仁"；"为人臣，止于敬"；"为人子，止于孝"；"为人父，止于慈"；"为人友，止于信"。也就是"仁、敬、孝、慈、信"五个条件。

"大学之道"，就是大学的总纲领，教育的总目的，学习的总规律，修身齐家治国平天下的总途径、总方针、总路线。其最终目的是"在明明德"，"在亲民"，"在止于至善"。是"格物、致知、诚心、正意、修身、齐家、治国、平天下"之道；是人们经过不懈的努力奋斗提高自身综合素质之道；是通过学习、教育、实践、磨练、感悟，最终通往人生彼岸的理想之道；是最终达到儒家的"内圣外王"之道。

"在明明德"，就是要通过坚持不懈的努力、学习、教育、实践、感悟，不断地充实、提高、弘扬自己的"知仁勇，三达德"的综合素质。"在明明德"，是继承与发扬相结合；仁爱众生与造福人类社会相结合；高尚的道德与为民兴利避害相结合；心系天下苍生与担当道义相结合；所追求的终极目标是"内圣"之道。

"在亲民"，就是心为民所想，情为民所系，权为民所用，利为民所谋，人民对美好生活的向往，就是我们奋斗的目标，就是全心全意为人民服务，勤政务实，敢于担当，清正廉洁；就是老老实实做人，踏踏实实做事，清清白白做官；就是"推己及人"；"己欲立而立人，己欲达而达人"；就是"己所不欲，勿施于人"；就是亲民如父母，爱民如子女，最终达到"外王"之道。

"在止于至善"，就是通过"格物、致知、诚心、正意"的修身养性，最终达到"内圣"；通过"亲民"的实施，最终达到"外王"；"内圣外王"的目的，是为了最终实现"天下为公，世界大同"，人类共生共存共发展，共赢天下美好至善的境界！

这就是《大学》的"三纲"，而实现以上"三纲"顶层设计的宏伟目标，需要一整套完整的科学体系，一系列切实可行的实施法则，科学精确的路线图和时间表，这就是《大学》的"七证"和"八目"，否则"三纲"就可能成为一句伟大而漂亮的空话。

现以县委书记为例。正如习近平同志在中央党校第一期县委书记研修班学员进行座谈时所说："做县委书记就要做焦裕禄式的县委书记，始终心中有党，心中有民，心中有责，心中有戒。"手中掌握着权利的县委书记，"各种诱惑、算计都冲着你来，各种讨好、捧杀都对着你去，往往会成为'围猎'的对象"。众所周知，县一级是国家治理体系的"基地"，县委书记作为党治国理政链条中的重要环节，为政一方，权力大、责任重。古人说："郡县制，则天下治；郡县安，则天下安。"县级政权上承省市，下启乡村，是宏观之末，微观之首，是理论和实践的结合部，是党和国家落实方针政策的要冲，是国家政权稳定的基石。县委书记作为县级政权的核心，集人、财、物权于一身，虽级别不高，在县内却常是威震一方的"诸侯"，大权在握，一言九鼎。有学者直言，县委书记"除了外交、军事、国防，他们拥有的权力几乎跟中央没有区别"。

县处级干部，是党和国家承上启下的中层干部，是承上启下经常接触人民群众的干部，我们的一言一行、一举一动，广大人民群众看在眼里，记在心里；我们的思想品质、工作能力、思想作风、廉洁奉公、大公无私、为民趋利避害、造福于民、奉献精神，符合不符合党和国家的要求？符合不符合《大学》中"在明明德，在亲民，在止于至善"的要求？怎样能更好地从《大学》的"三纲"中汲取古代思想精华，并赋予新的内涵，接地气，聚民气，长正气，驱邪气，凝聚自己全心全意为人民服务的精气神。

【原文】

知止而后有定，定而后能静，静而后能安，安而后能虑，虑而后能得。

【今译】

能够知道自己要达到最理想的境界，内心就要确立坚定的志向，内心确立了坚定的志向之后，就能做到内心安静而不妄动，心不妄动之后才能居住安稳，居住安稳之后才能做到思虑周详，做到了思虑周详之后才能达到最为完美的境界。

【注释】

知：知道自己要追求的终极目标。止：达到，知道自己最终要达到的目标。定：量力而行后给自己一个准确的定位。静：心不妄动，平心静气。大自然中万物繁荣昌盛，万类长天竞自由的状态。安：居住安稳。安稳不动如山的追求，"在止于至善"的境界。虑：思虑周详。谋划周密的思考，为了达到目的周密严谨地谋划。得：获得，收获。指达到至善。在"外得于人，内得于己"的过程中的行有所得。至善：善的最高境界。明明德、亲民、止于至善，三者都是大学做学问的纲领。止：名词，到达的境界。定：立定志向。

【点评】

人为什么困惑而不得安宁？人为什么浮躁而不能安静？主要是人性的欲望所致，人心的欲壑难填！人为什么难以取得较大的成就？主要是没有远大的目标和坚定的方向，不懂得"知、止、定、静、安、虑、得"的真谛，不懂得"物有本末，事有终始。知其先后，则近道矣"的真谛！

为此，曾参在两千多年前，就在《大学》中指出"知、止、定、静、安、虑、得"的递进关系，指出"物有本末，事有终始。知其先后，则近道矣"的道理。

"知止而后有定"，就是知道自己所最求的目标，所达到的目标，立下坚定志向的定力和恒力。"知"，是追求的终极目标；"止"，是达到的终极目标；"定"，是为了达到目标矢志不渝追求的定力和恒心！但最为重要的是要懂得"止"。

"止"，犹如草木的根，大厦的基础，人的足迹，栖身的住所，终极的目标，儒家"在止于至善"的最高境界。凡能做到"知止而后有定"的人，非圣即贤；反之，则烦恼终生，终无大成。中国历史上，践行"知止而后有定"的人，莫过于古代的诸葛亮。

诸葛亮，字孔明，琅琊阳都人，今山东临沂人，著名政治家、军事家、散文家、发明家。27岁，被刘备三顾茅庐请出隆中，此后27年的军政生涯，他辅佐刘备、刘禅父子，出将入相，开国建业，立法施度，选贤任能，发展生产，联吴抗曹，南征北战，直到54岁病逝于伐魏前线五丈原，鞠躬尽瘁，死而后已。

他运筹帷幄的风采，宁静淡泊的气度，谦虚务实的作风，矢志不渝的精神，百折不饶的意志，是智慧的化身，圣贤的典范，励志的榜样。

战乱中的孤儿，人生励志的榜样

诸葛亮3岁丧母，8岁丧父，他和兄长诸葛瑾和两个姐姐，弟弟诸葛均5个孤儿，由叔父诸葛玄照料。14岁，他随丢了官的叔父诸葛玄投靠荆州的刘表，寄人篱下。

17 岁，叔父诸葛玄去世。他本想带着弟弟回山东老家，因兵荒马乱，有家难归。他和弟弟搬到襄阳城西南 20 里的山村茅屋，开始了长达 10 年"躬耕于南阳，苟全性命于乱世，不求闻达于诸侯"的耕读生活。

2006 年冬，笔者站在隆中萧瑟的茅屋前，沉思良久，在荒野的茅屋中，诸葛亮竟有管仲、乐毅之志！我读书半生，却不知道自己究竟想要什么！

劳作之余，他博览群书，略知大观，取其精华，躬身实践，奠定了他修身、齐家、治国、平天下的本领。他效法管仲，汲取其治国精髓；他效法乐毅，把握其治军要领。喔！我读的是书！人家摄取的是灵魂精髓！

战乱中的他，穷且益坚不坠青云之志，自比管仲、乐毅；位极人臣，践行"鞠躬尽瘁，死而后已"的精神；他是"知止而后有定"的典范，人生励志的榜样！

自比管仲、乐毅，名至实归

在一次聚会中，朋友纵论古今天下大事，各抒其政治抱负。他指着朋友说："如果你们去做官，凭你们的才能，可以当上刺史和郡守。"当问及他时，却笑而不答，但朋友都知道他的管仲、乐毅之志。

管仲，春秋著名政治家，齐桓公的宰相，他辅佐齐桓公"尊王攘夷"，使之成为春秋第一霸主，被齐桓公尊为仲父。乐毅，战国著名军事家，燕国大将，他率军攻破齐国 70 余城池，功勋卓著，被封为昌国君。

诸葛亮一介村夫，却自比古代良相、名将？历史证明，他名至实归！他未出茅庐，依据天时、地利、人和，已知天下三分。他辅佐刘备，从一个卖草席的农夫，成为蜀国开国皇帝。他是刘禅的摄政、丞相、统帅、帝师、相父，胜过了管仲、乐毅。

鞠躬尽瘁，死而后已，忠臣良相的楷模

从隆中对——联吴抗曹——孔明治蜀——征服夷越——北伐中原——病死五丈原，践行了他自比管仲、乐毅之志；实践了他鞠躬尽瘁，死而后已的诺言。

27 年的军政生涯，短促而辉煌，彰显了他高尚的情操，超人的智慧，

杰出的才能。他辅佐刘氏父子，鼎力三国，忠心事主谋国，名垂千古，流芳万世！

我参观成都的武侯祠，驻足在他的像前，怎么是武侯祠？而不是昭列庙？按照传统，刘备为君，他为臣，昭列陵却成了武侯祠的配殿？喔！人们崇拜他的不是爵位，而是他伟大的志向，高尚的道德情操，鞠躬尽瘁，死而后已的精神！

他生前没有封王，死后却被历代封王、封圣。刘备白帝城托孤："君才十倍曹丕，必能安邦定国，终定大事。若嗣子可辅则辅之，如其不才，君可自为成都主。"并嘱咐儿子说："尔兄弟三人皆以父事丞相，不可怠慢。"

同期的曹操、司马懿，篡权窃国，其子孙取代了汉、魏王朝。虽然得到了帝王家的实惠，但却落得个千秋骂名。他完全可以取代扶不起的阿斗刘禅！但他从不窥视帝位！在帝位巨大的诱惑和巨大的利益面前，他留下"非淡泊无以明志，非宁静无以致远"的千古名言。他懂得"知止而后有定"的真谛！

他累死在前线。800 棵桑树，15 顷薄田，是他 27 年位极人臣的全部家产。天下的巨贪们，对照诸葛亮，你们是否汗颜！

当他的灵柩运回成都时，全城挂孝，刘禅率文武百官，出城 20 里迎接。刘禅嚎啕大哭，君臣百姓，无不失声痛哭，声振寰宇！

被他罢免尚书的李严，听到他去世的消息，泪流不止，感念至深，发病而死。敌国魏国的将军钟会占领汉中后，亲往诸葛亮庙祭奠。蜀国灭亡后，他名声鹊起。多年敌国的死对头司马懿，称他为"天下奇才"；晋代的帝王认真学习他的兵法和治国方略。

历代帝王，封他为王、为圣。清代每年祭祀孔庙时从祭诸葛亮。

他忠于信念，自比管仲、乐毅，矢志不移的进取精神；他鞠躬尽瘁，死而后已，克己奉公的思想作风；他"知、止、定"的高尚品德，怎不令人肃然起敬！

假如他没有践行管仲、乐毅之志？没有鞠躬尽瘁，死而后已？他和曹操、司马懿一样？人们还会崇拜他吗？诸葛亮的"知"，就是以管仲、乐毅为榜样！"止"，就是做好贤相、良将，鞠躬尽瘁，死而后已！"定"，就是恪尽职守，面对帝位巨大的诱惑，巨大的利益，保持不越雷池半步的定力！正因为如此，"知止而后有定，定而后能静，静而后能安，安而后能虑，虑而后能得"在胸，才赢得千古流芳，万古英名！

一个人要想有所成就，就必须知道你所追求的目标，并为此终生不渝追求的定力和恒心，懂得"知止而后有定"的真谛！

我们每一个党员干部，想想当初我们为什么进入公务员队伍？我们为什么要从政为官？为什么要逐步取得更高的职位？难道不是为了更好地实现自身价值吗！你如果不能够更好地全心全意为人民服务，不能够为了自己崇高的理想而付出自己毕生的精力，不能够为民趋利避害、造福人民，不能够坚守法律和道德的底线，那就不要从政为官。追求钱财，最好去经商，办企业，那也是实现自身价值的途径！既然你选择了为官从政之路，你就力求做个好官，实现自身价值！为官别发财，发财别为官。这是千年古训。

【原文】

物有本末，事有终始，知其先后，则近道矣。

【今译】

万物都有本末轻重，万事都有先后终始。知道了如何摆正事物的先后次序，就接近掌握《大学》的纲领了。

【注释】

物：物的本义是牛，引申为宇宙间万事万物的总和。本：本义是树木的根，引申为事物的根源或根基。末：本义是树梢，引申为事物的末梢和终极，最终的目标和结果。事：人类的一切事物。终：本义是丝线缠到最后打的结，引申为结果和最终目的。始：本义是女子的初生，引申为最初的开端和原因。

【点评】

人们都知道物有本末，事有终始、先后、缓急之分，但又有几人能够弄懂并能在现实中做到呢？

宇宙万物，以道为本；地球运转，以太阳为本；万物生长，以自然为本；世界和平，以和谐为本；邻国之间，以亲诚惠容为本；国家兴衰，以民为本；取得民众，以民心为本；企业发展，以创新为本；煤矿生产，以安全为本；家庭和睦，以孝悌为本；为君之道，以仁为本；为臣之道，以敬为本；

领导之道，以勤政爱民为本；为人部下，以敬诚为本；为人子女，以孝敬为本；为人父母，以慈爱为本；为人夫妇，以包容为本；选择对象，以人品为本；为人兄弟姐妹，以宽忍为本；与人交往，以诚信为本；教育子女，以身教为本；对待对手，以宽容为本；对待敌人，以惩罚为本；对待万物，以平等为本；对待事物，以顺其自然为本；对待自己，以善待为本。食为人本，人为国本，国为君本，民为国本。

余以为，在"大学之道，在明明德，在亲民，在止于至善"的纲领中，"在明德"应是"在亲民"的本，而"亲民"应是"在止于至善"的本。一个人只有先修炼好自己，做到"三达德"和"内明"最后达到"内圣"，才便于和有资格去"亲民"。假如你自己德才不配，你拿什么去亲民？你又有什么资格去亲民？

"在亲民"的最终目的是达到"外明"，做到全心全意为人民服务，最后达到"外圣"的目的。"内圣"和"外明"的目的是最终实现"在止于至善"的最佳、最理想、最高尚的美好境界，这个境界就是"同舟共济，共创未来，共赢天下"，"天下为公，世界大同"，共赢天下的和谐世界，求同存异和求同化异的理想世界。

【原文】

古之欲明明德于天下者，先治其国；欲治其国者，先齐其家；欲齐其家者，先修其身；欲修其身者，先正其心；欲正其心者，先诚其意；欲诚其意者，先致其知，致知在格物。

【今译】

古代想要显明美德于天下的人，首先要治理好自己的邦国；要想治理好邦国，先要治理好自己的家族，要想治理好自己的家族，先要修养好自己的本身；要想修养好自己本身，先要端正好自己的思想；要想端正自己的思想，先要使自己意念真诚；要想使自己意念真诚，先要获得知识；要想获得知识，先要把握事物的规律。

【注释】

齐：整治、治理。家：家族。致：至。知：认识。先使认识达到极点，即认识明确。格：研讨，探求。物：事物。格物：穷究物理。格物、致知、诚心、正意、修身、齐家、治国、平天下八项，是大学做学问的八条目。

【点评】

此节阐述要想达到"外王"，必先做到"内圣"的具体途径。"格物、致知、诚心、正意、修身、齐家、治国、平天下"，是《大学》的"八目"。前五项是"内圣"，使自己内心达到圣人的思想境界，后三项是"外王"，"齐家、治国、平天下"的本领。

"大学之道，在明明德，在亲民，在止于至善"是《大学》顶层设计的"三纲"；"格物、致知、诚心、正意、修身、齐家、治国、平天下"是具体落实顶层设计路线图的"八目"。路线图的"八目"，先使自己达到"内圣"的境界，然后才能做到"修身、齐家、治国、平天下""外王"的现实。

格物之道，是探索运用万事万物规律的过程。格物的最好方法是"博学之，审问之，慎思之，明辨之，笃行之"。

致知之道，是探索、追求、接近、把握、运用真理的过程。要做到知人、知物、知人性、知天、知地、知天命、知天道；懂得道为大路，德为行路，天道是人类共生共存共发展共赢天下之道。

正心之道，是不受私欲的支配，保持内心的客观公正。正心的标准，是以人为本；正心的目的，是亲民爱民。

诚意之道，是不欺人，不自欺，不被人欺，慎独。

修身之道，是儒家的"内圣外王"之道。"修身"的目的，是"齐家、治国、平天下"，做个圣王、圣人、贤人、有恒者。"修身"的程序，是"格物、致知、诚心、正意"。

齐家之道，是以公平公正之心治家，以孝悌之道齐家。孝悌之道，是纵横两个支架，孝是纵向的，"父慈子孝"；悌是横向的，兄友弟恭，夫唱妇随。

治国之道，爱民而已。是依法治国，以礼治国，以仁治国，以德治国，以道治国。

平天下之道，是"絜矩之道"，追求"天下为公，世界大同"之道。圣人无心，以天下民心为心；得民心者得天下，失民心者失天下，得民心者满其欲；天命，乃人心民意，治国以人为本。

"格物、致知"是知识层面修身的准备，"诚心、正意"是道德层面上修身的准备。没有深厚的知识功底，没有治国理政的才能，就没有全心全意为人民服务的本领；没有高尚的道德情操，就不能做到全心全意为人民服务。只有德才兼备之人，才能够修好自身，为"齐家"做好准备；只有做到"齐家"，才能为"治国"做准备；只有做好"治国"，才能为"平天下"做好准备。这些关系都是层层递进的。

【原文】

物格而后知至，知至而后意诚；意诚而后心正，心正而后修身；修身而后家齐，家齐而后国治，国治而后天下平。

【今译】

认识明确的途径在于不停地探讨事物的原理，掌握了事物的原理，然后才能认识明确；有了明确的认识，然后才能意念真诚；做到了意念真诚，然后才能思想端正，思想端正，然后才能修养品德；品德得到修养，然后才能治理好家族；治理好家族，然后才能治理好邦国；治理好邦国，然后才能天下太平。

【点评】

儒家思想是以人为本。首先把自己当作人，和动物区别开来，主张爱己、爱亲人、爱人、爱物、爱万物、爱我们赖以生存的宇宙，由近及远。

此节进一步阐述"八目"的方法。如何能够达到"修身、齐家、治国、平天下"，必须先从自身做起；把自身修好了，就可以影响、感化、治理好一个家族；把一个家族治理好了，就有能力去治理好一个邦国；把一个邦国治理好了，就有能力治理好天下。

此节告诉人们，一个人的雄心壮志，需要从"格物、致知、诚心、正意"做起，才能修好自身；修好自身，才能齐家、治国、平天下。

一个人没有梦想不行，仅有梦想没有笃行的能力和高尚的道德品质也不行。你要想有所建树，就必须从基础做起，把本职工作做好，才能登上更高的台阶。要一步一个脚印儿，不要侥幸投机取巧，不要走捷径，拉关系，更不能结党营私。

【原文】

自天子以至于庶人，壹是皆以修身为本。

【今译】

从天子到普通百姓，一切都要以修养自身，作为齐家、治国、平天下的根本。

【注释】

天子：古代统治天下的君主曰天子，以君权神授，秉承天意而治理天下人民。庶人：春秋时的农业劳动者，古代泛指无爵位的平民，即老百姓。壹是：一切，都是。

【点评】

儒家主张"三纲五常"，君君、臣臣、父父、子子，上尊下卑的等级制度。但曾参认为，无论贵为统治天下的天子也好，还是贱为普通的百姓也好，都要以修身为本，道德面前人人平等，无德的君主，要受到谴责；有德的平民，要受到社会的赞扬。

【原文】

其本乱而末治者，否矣；其所厚者薄，而其所薄者厚，未之有也。此谓知本，此谓知之至也。

【今译】

根本混乱而枝节能够治理好，这是不可能的；就一个家族来说，不以修身为本就意味着所重视的是枝节，所忽略的是根本，如此能治理好家族的事是从来没有的。这就是懂得了根本，这就是懂得了根本的极致所在。

【注释】

所厚：指应该厚待、亲近家人。所薄：指应该薄待、疏远的国与天下之人。此处所言厚薄者，乃指人际之间的关系远近而言。厚：重视。薄：忽略。

【点评】

本，就是自身，自身没有修养好却能够治理好家族，是不可能的，因为身教胜于言教；身修不好，就治不好家族，家族治理不好，何谈治理好国家、天下？一个整日骄奢淫逸的昏君，无论如何也不会治理好国家、天下的。懂得了这些，就是懂得了齐家、治国、平天下的根本是修好自身，才是所有一切的根本所在。

【原文】

《康诰》曰："克明德。"《太甲》曰："顾諟天之明命。"《帝典》曰："克明峻德。"皆自明也。

【今译】

《尚书·康诰》上说："能够发扬善良的德行。"《大甲》上说："（成汤）重视英明的天命。"《尧典》上说："要发扬崇高的德行。"这都是说要弘扬自己原有高尚的德行。

【注释】

《康诰》：《尚书·周书》的篇名。克：能也。《太甲》：《尚书·商书》的篇名。大：读作"泰"。顾：思念。諟：古"是"字。明命：上天所赋予的明德的使命。《帝典》：《尧典》，《商书·虞夏书》中的篇名。峻：大。

【原文】

汤之《盘铭》曰："苟日新，日日新，又日新。"《康诰》曰："作新民。"《诗》曰："周虽旧邦，其命维新。"是故君子无所不用其极。

【今译】

商汤的《盘铭》上说："如果每天都能更新自己，那么就应该天天更新，并且每天不间断。"《康诰》上说："振作起来，使民众自新。"《诗经》上说："周朝虽是古老的邦国，但能秉承天命自我更新。"因此，君子无处不追求最完善的境地。

【注释】

汤：成汤，商代的开国君主，子姓，名履，初为夏方伯，夏桀无道，汤举兵伐之，放桀于南巢，建立商，都于亳，今河南商丘县北。《盘铭》：刻在浴盘上的自警文辞。苟：如果。新：更新，如洗除身体上的污垢一样革新自己的思想。作：振作。新民：使民自新。《诗》：指《诗经·大雅·文王》篇，追述文王的事迹，以戒成王的诗。旧邦：古老的邦国。其命：周朝所承受的天命。

【点评】

此节主要阐明作新民的重要性。商汤在沐浴的盘子上刻着铭文，自警并告诫后代，要像沐浴清除自身的污垢一样，每时每刻经常不断地清除自己身上不良习俗和私欲，做到"苟日新，日日新，又日新"。

周朝在殷商不过是一个边远古老的诸侯小国，由于周文王能自新其德，所以承受天命而拥有天下。有德的君子和君主，应该坚持不懈地清除自身的私欲，使之达到至善的境地。这就要求人们不断地提高自身的道德修养，每时每刻都要清除自己的私欲，做一个高尚的人。

古代的圣贤给我们树立了榜样，作为人民公仆的党员干部，更应该时刻保持高度的警惕，预防私欲侵蚀自己健康的肌体，保持一身正气，两袖清风，勤政为民，全心全意为人民服务。

【原文】

《诗》云："邦畿千里，惟民所止。"

《诗》云："缗蛮黄鸟，止于丘隅。"子曰："于止，知其所止，可以人而不如鸟乎！"

《诗》云："穆穆文王，于缉熙敬止。"为人君，止于仁；为人臣，止于敬；为人子，止于孝；为人父，止于慈；与国人交，止于信。

《诗》云："瞻彼淇澳，菉竹猗猗。有斐君子，如切如磋，如琢如磨。瑟兮僩兮，赫兮喧兮。有斐君子，终不可諠兮！"如切如磋者，道学也；如琢如磨者，自修也；瑟兮僩兮者，恂栗也；赫兮喧兮者，威仪也；有斐君子，终不可諠兮者，道盛德至善，民之不能忘也。

《诗》云："於戏！前王不忘。"君子贤其贤而亲其亲，小人乐其乐而利其利，此以没世不忘也。

【今译】

《诗经·商颂·玄鸟》上说："天子的都城广阔千里，是老百姓安定的住处。"

《诗经·小雅·缗蛮》上说："缗蛮鸣叫的黄鸟，栖息在山丘一个角落。"孔子说："就住处来说，黄鸟尚且知道寻找它合适的栖息之地，人岂能不如一只鸟！"

《诗经·大雅·文王》上说："端正恭敬的文王，你不断地发扬光大先王的美德，没有一件事不做到恭敬的地步。"作为君主，要努力做到仁义；作为臣子，要努力做到对君主的恭敬；作为儿子，要努力做到孝敬父母；作为父亲，要努力做到对儿女慈爱；和国人交往，要努力做到讲信义。

《诗经·卫风·淇澳》上说："看那弯弯曲曲的淇水河畔，碧绿的竹子俊美茂盛。那个富有文采的君子，他严谨治学，如同切骨磋象；修养德性，如同琢玉磨石。他仪态严肃坚毅，品格光明坦荡，这样风流倜傥的君子，人们永远不会忘记。""如切如磋"，是在说他严谨治学；"如琢如磨"，是在说他修养德性；"瑟兮倜兮"，是在说他态度谨慎；"赫兮谊兮"，是在说他品格令人仰慕效法。"有斐君子，终不可谊兮"，是在说他道德高尚达到了至善的境地，所以人民不能忘记他。

《诗经》上说："呜呼！前王的德泽永远不能忘记。"君子效法前王，尊敬前王那样的贤人，亲近前王那样的亲人。老百姓享受到前王给他们带来的安乐，获得他们给予的利益，这就是前王虽然已经长逝，后人仍然念念不忘的原因。

【注释】

《诗》：指《诗经·商颂·玄鸟》篇，是歌颂商代祖先及高宗武丁中兴的故事。《邦畿》：邦，古代诸侯分封的国家；畿，国都周围的地方。邦畿，指商朝京畿的地方。

《诗》：《诗经·小雅·缗蛮》篇，是适合二人对唱的诗。黄鸟：黄莺或黄雀。丘隅：山丘的角落。子：孔子。

《诗》：指《诗经·大雅·文王》篇。穆穆文王：形容周文王端庄恭敬的样子。缉：继续。熙：光明。敬止：没一件事不做到敬的地步。

《诗经·卫风·淇澳》篇，赞美卫灵公品德好，学问好，有才华。淇澳：淇水曲岸。淇水：在今河南省北部淇县，流域为西周时卫国地。猗猗：美好丰盛的样子。斐：文采。瑟：严谨。倜：宽大的样子。赫、谊：盛大的样子。恂栗：害怕，恐惧。

《诗经·周颂·烈文》篇是周成王祭祀祖先时诫勉诸侯的诗。前王：指周文王、周武王。君子：指后代君主。小人：指后世的平民。

【点评】

此节主要讲人们要善于寻找安身立命的地方。人与人之间的关系是对等的，君仁臣敬，父慈子孝，朋友有信。做学问要如切如磋，修养德性要如琢如磨，待人接物要谦虚谨慎，行止仪表要令人敬慕。只有这样，才能使人民爱戴自己而不能忘记。不管是君主还是大臣，都要严格要求自己，做人民的表率，身教胜于言教。

只要给人民作出贡献造福人民的君主，就会永远牢记在人民心中！千古流芳，永垂不朽！

【原文】

子曰："听讼，吾犹人也。必也使无讼乎？"无情者不得尽其辞。大畏民志，此谓知本。

【今译】

孔子说："审理辞讼，我同别人差不多，一定要使诉讼的事件完全消除才好。"使那些无真凭实据的人，不敢用荒诞的言词诬告别人，君主用道义使民心威服，没有诉讼，这才是根本。

【注释】

听：审理。讼：诉讼。犹人：和别人一样。无情：隐瞒实情。大：大德。畏：使人敬畏。民志：民心。

【点评】

关于诉讼，孔子认为，没有诉讼最好。曾参认为，官员要以身作则，对人民加强教育，提高全体人民的素质，自然能减少诉讼。官员用正义的权威，使人不敢诬告别人。

【原文】

所谓诚其意者，毋自欺也。如恶恶臭，如好好色。此之谓自谦。故君子必慎其独也。

小人闲居，为不善无所不至，见君子而后厌然，掩其不善而著其善。人之视己，如见其肺肝然，则何益矣？此谓诚于中，形于外，故君子必慎其独也。曾子曰："十目所视，十手所指，其严乎！"

富润屋，德润身，心广体胖，故君子必诚其意。

【今译】

所谓使意念真诚，就是自己不要欺骗自己，要像讨厌恶臭的气味一样、喜爱美丽的女子一样出于本能真心，这样才能心安理得。所以君子一个人独处时一定要小心谨慎。

那些小人闲居独处时，干尽坏事，见到君子之后却躲躲闪闪，企图把他们干的坏事掩盖起来，故意装作善良的样子。其实别人看他们，就像看到他们的五脏六腑一样，这种隐恶扬善的伪装又有什么用处呢？这就是内心有什么想法，就会在外表上表现出来。所以君子在一人独处时，一定要小心谨慎。曾子说："十只眼睛看着你，十只手指指着你，难道不令人畏惧吗？"

财富可以修饰房屋，道德可以修养品德，心胸宽广，身体自然舒坦。所以君子一定要做到意念真诚。

【注释】

毋：不要。恶恶臭：前一"恶"字读"wù"，厌恶。恶臭：难闻的气味。如恶恶臭：像厌恶恶臭的气味一样厌恶邪恶。好好色：喜好美色。像喜欢美女一样喜欢善良。谦：读"qiè"，满足，快乐。慎其独：一个人独处时谨慎不苟。独：独处。闲居：独处，独具。

厌然：遮遮掩掩的神态。揜（yǎn）：同"掩"遮盖，掩盖。著：显明。诚于中：内心真实的想法。诚：诚实，真实，引申为想法、意念。中：心中，内心。形：暴露，显现的意思。其：同"岂"，意为"难道不是……"。

润：修饰，使……有光彩。心广体胖：胸襟宽阔，体貌安详自然。胖：宽舒，舒坦。

【点评】

真诚是出于本意，不能欺骗自己，如同人们厌恶恶臭，喜欢美女一样真心。一个人只有真诚，才能心安理得。儒家强调君子独处时，要严格要求自己，自律自省自己，不要心存侥幸。

而小人却往往相反，心存侥幸，坏事干尽，好话说绝，善于伪装，认为别人都是傻子，自欺欺人，其实别人看他就像看透他的五脏六腑一样。正如曾子所说："十目所视，十手所指。"难道不令人畏惧吗！

慎独，其实是一个人在无人监督、独处闲居时的严格自律自省和谨慎。

慎独，是品德修养的重要部分，很多仁人志士都非常重视慎独。一个人独处静室或他人看不到的地方，自己的所作所为，他人不知，除了良知和良心，没有第三只眼睛的注视。于是，就会有各种的欲望滋生和膨胀，在各种诱惑的驱使下，难免把握不住自己，有意无意间做了出格的事。这就要求我们平时要不断地提高自己的修养，从本身、本质、本性上，修养到能够把握自己的程度，这是一个人很难做到的。因为人的本能充满着欲望，修养不到一定程度是做不到的。

一个人如果想成就一番事业，就必须在慎独上下功夫，否则，你很难成就大事。独自静坐，自己的所作所为，所思所想，体现的是一个人真正的思想品质。每一个人独处时，往往由于寂寞，思想更加活跃，总要想些什么，做些什么，从而会流露出人性真实的一面。内心的欲望和私心杂念会偷偷地溜出来，引诱着不甘寂寞的心灵去流浪、去沉沦、去放纵。也许正是这一点，历代圣贤才对我们谆谆告诫"君子必须慎其独也！"

古语说："要想人不知，除非己莫为"。每个人的智商，虽有高有低，但是智商的高低并没有太大的差距，有的人听过你的话后，当时就明白你在撒谎，只是别人不愿意当面揭穿你罢了；有的人当时没有反应过来，也许在一秒钟、一分钟之后就明白过来，就是一时没有明白过来，晚上睡一觉也会明白过来。

也许一个人看不明白你的虚伪，但大多数人肯定会看到你的虚伪！也许一时看不清楚你的虚伪，但天长日久肯定能看出你的虚伪！古今中外的大奸臣，哪个不是大奸似忠，大伪似真，但哪一个不是自欺欺人，到头来落得个身败名裂、家破人亡、遗臭万年的下场。这就告诫人们，在修身时，一定要诚心对待自己的独处，不要耍小聪明害人害己，不要贪小便宜吃大亏，不要侮辱别人的智商，因为你把别人当傻瓜的同时，自己才是最大的傻瓜笨蛋。

越是隐蔽的地方，越能显示出一个人品质的高下。一个人独处时，在别人看不见你没有人约束你的时候，你更要时时处处小心谨慎，严格地要求自己，要善于自律、自爱、自我完善，自我升华自己。诚诚恳恳地做人，踏踏实实地做事，不欺人，不自欺，不被别人欺，不偷奸，不取巧，做到任何时候扪心自问，都对得起自己的良心、良知、心安理得。仰不愧于天，俯不愧于人，内不愧于己！只有做到心安，才能做到身安。心不安，身难安！

历史上有很多"慎独"的例证。东汉时期，有"关西孔子"之称的杨振，以其"性公廉，不受私谒"而著称。一次杨振到地方巡视，有个下级官员夜里悄悄地走进他的住处，送了一份礼品，杨振拒收。这个官员说，没人会知道的。杨振说，怎么会没人知道呢？天知、地知、你知、我知！拒绝了下级的礼品，留下了"清廉四知"的典故。

明代曹鼎在山东做官时，曾押解一名绝色女贼，因天黑来不及回县衙，共宿荒山野庙。入夜后，女贼频频以美色引诱曹鼎。曹鼎情急之下，用纸写下"曹鼎不可"贴在墙上，警示自己，不为所动。

《论语》中提及柳下惠是尽人皆知的正人君子。一天夜里，柳下惠远行投宿不至，夜宿于城门外，此时大雪纷飞，天寒地冻，忽有一女子也来投宿找不到旅店，和柳下惠同宿于一处。柳下惠怕把女子冻死，让这位女子坐到自己怀里取暖，直到天亮，坐怀不乱，后被人传为美谈。从此，留下了"坐怀不乱"的典故。

余以为，一个人闲居时，消极的办法闲居独处时，自律自己，不做坏事，对得起自己的良心良知，做一个好人；中级的办法是读读书，听听音乐，锻炼一下身体，享受一下人生的乐趣和家庭的温馨，调整一下自己的心态；高级的办法是借此难得的机会，认真总结一下自己的成败得失、经验教训，把这难得的独处和闲居的宝贵时间，当成加油站，充电站，休整站，储备站，"积学以储宝，厚积以薄发"，为未来的人生做好充分的精神准备和知识准备。

曾子的"十目所视，十手所指，其严乎！"说明一个人独处时的可怕。一个人的所作所为，自以为别人看不见，无人监督，无人知晓，就可以胡作非为，岂不知"要想人不知，除非己莫为"的道理。"为人别做亏心事，头上三尺有神灵"，"恶有恶报，善有善报，不是不报，时机不到，时机一到，一切全报"。一个人的一举一动，一言一行，都在众目睽睽的监督之下，特别是现在人人都有手机微信的时代，有多少只眼睛盯着你，有多少只手指指着你。你是一个乡长，全乡的人都在盯着你、指着你；你是一个县委书记，全县的人都在盯着你、指着你；你是一个省长，全省的人在盯着你、指着你；你是一个国家领导人，全国十几亿人在盯着你、指着你，监督着你！

被目所视被指所指的多少，取决于你的职务高低，与官职大小以及知名度的大小有关。一个公众人物，一个国家领导人，假如你做了见不得人的事，所遭受的指责当然要比普通人所遭受的指责要大得多。

人们不要有侥幸心理。要知道，大如窃国大盗，中如阴谋诡计，小如小偷小摸偷情包二奶，还有弄虚作假，贪污受贿，以为别人不会知道，结果在群众眼里，基本上是清清楚楚，只不过事发有个过程罢了。所以要尽可能地取消自己的私心杂念，做一个高尚的人，一个脱离了低级趣味的人，一个有益于人民的人。只有这样不断地修身养性，才可能使自己心宽体胖，才能使自己有个较好的发展前程。

尊重自己，就会得到别人的尊重；否则，你就会整日提心吊胆，胆战心惊，惶惶不可终日。心不安，身就会不安，你就是贪污受贿个金山银山，如和珅、周永康、徐才厚等，又有什么意思！最后不都是身败名裂，家破人亡！教训！血的教训！

所以，君子一定要使自己意念真诚，减少私心杂念，只有做到"心底无私天地宽"，才能"坦坦荡荡做人，认认真真做事"，仰不愧于天，俯不愧于人，问心无愧，光明磊落地做人。

【原文】

所谓修身在正其心者，身有所忿懥，则不得其正；有所恐惧，则不得其正；有所好乐，则不得其正；有所忧患，则不得其正。心不在焉，视而不见，听而不闻，食而不知其味。

此谓修身在正其心。

【今译】

所谓修养自身品德在于端正自己的思想，说的是一个人心中怀有愤怒之情，思想就不能端正；怀有恐惧之情，思想也不能端正；怀有喜好之情，思想也不能端正；怀有忧患之情，思想也不能端正。如果心不在焉，看见了就像没看见，听见了也会如同没听见，吃再好的美味也不知道是什么滋味。

这就是修养自身在于端正自己思想的道理。

【注释】

身：身心。这里指心情志向。忿懥：愤怒。不得其正：不能处于恰到中正的状态。好乐：爱好喜欢之意。

【点评】

一个人的喜怒哀乐，忧虑恐惧，会直接影响到自己的正确决策，每个人特别是领导干部，最好不要在这种状态下决策重大问题，要等到心平气和时再决策，否则就会导致决策失误。

最为典型的事例，莫过于刘备在关羽被杀极度的悲愤中，执意要替关羽报仇，导致溃败，不得不在白帝城托孤；张飞在极度的暴怒中，鞭笞校尉，结果被两个校尉杀害。

一个人如果心不在焉，则会食不甘味，再美好的佳肴，也食之无味。

【原文】

所谓齐其家在其修身者：人之其所亲而爱辟焉，之其所贱恶而辟焉，之其所畏敬而辟焉，之其所哀矜而辟焉，之其所敖惰而辟焉。故好而知其恶，恶而之其美者，天下鲜矣。

故谚有之曰："人莫知其子之恶，莫知其苗之硕。"

此谓身不修，不可以齐其家。

【今译】

所谓治理家族先要修养自身的品行，说的是人们对于自己亲近喜爱的人往往产生偏爱，对于自己厌恶的人往往产生偏见，对于自己敬畏的人往往产生偏向，对于自己怜悯同情的人往往产生偏心，对于自己傲视怠慢的人往往产生偏意。所以，能做到爱好一个人又知道他的缺点，厌恶一个人又知道他的优点的人，世上的人很少啊！

因此有句谚语说："人都看不到自己儿子的缺点，看不到自己禾苗的茂盛。"

这就是不修养自身的品行，就不能治理好自己家族的道理。

【注释】

之：同"於"，对于。辟：通"僻"，偏僻。贱恶（Wǔ）：轻视厌恶。哀矜：怜悯同情。敖惰：傲视怠慢。敖：通"傲"。鲜：少。

【点评】

这里阐述了修身与齐家的关系。格物致知，是知识层面的修身；诚心正意，是道德层面的修身。只有修身到德才兼备，才能齐家、治国、平天下。所以，修身是根本。

这里举出修身不到位所产生的几种偏见，特别是领导干部，不能因为喜爱某些人，而对他产生偏爱；不能因厌恶某些人，而对他产生偏见；不能因敬畏某些人，而对他产生偏向；不能因怜悯同情某些人，而对他产生偏心；不能因别人傲视怠慢自己，而产生偏意。公平公正，客观真实，是待人接物的准则。

如县委书记，掌握着一定的权利，稍有偏颇，就会给事业带来影响，甚至决策失误。所以，厌恶一个人时要能够看到他的优点，喜爱一个人时要能够看到他的不足。一个人不修养好自身，就不会治理好自己的家族，也不会治理好一个近百万人的县，更不会治理好国家、天下。

【原文】

所谓治国必先齐其家者：齐家不可教，而能教人者，无之。故君子不出家而成教于国。孝者，所以事君也；弟者，所以事长也；慈者，所以使众也。

【今译】

所谓治理好国家必先治理好自己的家族：是说连自己家族都不能教育好却要教化民众，是没有的事。所以，君子不出家门就能完成对国人的教化。子女对父母的孝，正是用来侍奉君主的；弟弟对于兄长的敬，正是用来侍奉长官的；父母对子女的慈爱，正是君主用来对待民众的。

【注释】

成教：实行教化成功。孝：指子女孝敬父母，这里指臣民服侍君主。下面的"弟"、"慈"和"孝"用法相似。

【点评】

家是浓缩的国，国是放大的家。格物、致知、诚心、正意的目的是为了修身；修身的目的是为了齐家、治国、平天下。要想治理好国家，必须先治理好自己的家族，一个连家族都治理不好的人，是不可能治理好国家的。所以，儒家认为，君子只要修好自身，做到德才兼备，就能够完成对国人的教化。儒家认为，孝，是用来孝敬父母的，可以扩大到侍奉君主；悌，是尊敬兄长的，可以扩大到侍奉长官；慈，是慈爱子女的，可以扩大到君主慈爱人民。

【原文】

《康诰》曰："如保赤子。"心诚求之，虽不中，不远矣。未有学养子而后嫁者也。

【今译】

《尚书·康诰》上说："保护民众就像保护自己的婴儿一样。"只要诚心诚意地去追求，即使不能完全达到，但也相差不会很远了。从来没有听说哪个女孩子是先学会了养育孩子然后才出嫁的。

【注释】

赤子：初生的婴儿。

【点评】

君主、领导者只要像疼爱自己初生的婴儿一样去疼爱百姓，就能做到全心全意为民趋利避害。《尚书·康诰》上说："保护民众就像保护自己的婴儿一样。"君主和领导，对于人民群众，只要是发自内心的关爱，就会竭尽全力为民趋利避害；只要把民众当作自己婴儿疼爱，就会赢得人民的尊重。热爱人民出于诚心是根本，服务人民竭尽全力是技巧，正如女子出嫁前谁也没有先学会养育孩子再出嫁，但都会对自己初生的婴儿照顾得无微不至。

【原文】

一家仁，一国兴仁；一家让，一国兴让；一人贪戾，一国作乱。其机如此。此谓一言偾事，一人定国。

【今译】

国君一家实行仁爱，一国人便会兴起仁爱的风气；国君一家谦让，一国便会谦让成风；国君一人凶暴贪戾，全国的人就会犯上作乱。事情变化的缘由就是如此。这就叫一句话可以败坏大事，一个人可以安定国家。

【注释】

让：礼让。机：事物变化的缘由。偾：败坏。

【点评】

身教胜于言教，榜样的力量是无穷的，国君应做国人的楷模。常言说：大梁不正二梁歪，二梁不正倒下来，上行下效的作用非常巨大。国君一家实行仁爱，一国人便会效法兴起仁爱之风；国君一家谦让，一国便会兴起谦让之风；国君一人凶暴贪戾，全国就会上行下效，犯上作乱。所以，国君和领导者要以身作则，身先士卒，吃苦在前，享受在后，严格要求自己，就会得到人民的效法和尊重。国君一个人的修养举动，会直接影响到全国的安定团结或分裂动乱。

【原文】

尧、舜帅天下以仁，而民从之；桀、纣帅天下以暴，而民从之。其所令反其所好，而民不从。是故君子有诸己而后求诸人，无诸己而后非诸人。所藏乎身不恕，而能喻诸人者，未之有也。

故治国在齐其家。

【今译】

尧、舜用仁政治理天下，民众就跟着他讲仁爱；桀、纣用暴政统治天下，民众就跟着他们行暴乱。国君命令百姓做的，却和国君自己喜爱做的恰恰相反，那百姓就不会听从。所以，君子应先要求自己做到，然后再去要求别人做到；先要求自己不做，然后再去禁止别人不做。自己本身存有不合恕道的行为，却能晓谕别人实行恕道的事从来没有过的。

因此治理国家，在于先治理好自己的家族。

【注释】

尧、舜：传说中父系氏族社会后期的部落联盟的两位领袖，世称圣君。尧：名放勋，帝喾次子，封为唐侯，故史称唐尧。舜：姚姓，名重华，尧时封于虞，故称虞舜。桀、纣：桀：指夏桀，夏代最后一位国君；纣：指殷纣，商代最后一位国君。二人荒淫残暴，世称暴君。令：命令。有诸己：自己能够做到的。诸："之于"的谐音。恕：恕道，孔子所说的"己所不欲，勿施于人"。就是说，不愿别人对自己做的，自己也不去对别人做，这样推己及人的品德即恕道。喻：晓谕。这里指用恕道晓谕别人。

【点评】

曾参举出历史上四个正反例子，说明国君表率的重要作用。一是，尧、舜圣贤，用仁政治理天下，天下人就跟着讲仁爱，人民相亲礼让；桀、纣暴虐无道，用暴政统治天下，天下人就跟着暴乱，欺弱凌寡，社会混乱。所以，君主和领导表率和示范的作用是巨大的。要求人民做到，君主和领导者首先做到；要求人民不做，君主和领导者首先自己不做。君主治国、平天下的方法，就是严格要求自己，以身作则，起表率示范作用。自己言行不一，却去要求人民是无用的。欲先治理天下，先治理好邦国；欲先治理好邦国，先治理好家族；欲先治理好家族，先修好自身；欲修好自身，先懂得"格物、致知、诚意、正心"。

【原文】

《诗》云："桃之夭夭，其叶蓁蓁。之子于归，宜其家人。"宜其家人，而后可以教国人。

《诗》云："宜兄宜弟。"宜兄宜弟，而后可以教国人。

《诗》云："其仪不忒，正是四国。"其为父子兄弟足法，而后民法之也。

此谓治国在齐其家。

【今译】

《诗经·周南·桃夭》上说："桃花盛开娇嫩美好，叶子茂密婆娑可爱。姑娘就要出嫁，一定会使她的家人和睦愉快。"只有使家人和睦愉快，然后才能教育国人和睦共处。

《诗经·小雅·蓼萧》上说："兄弟之间和睦融融。"兄弟和睦，然后可以教导国人和睦相处。

《诗经·曹风·鸤鸠》上说："他的举止行为无差错，才能匡正四方国家。"国君只有先使自己的父子兄弟行为足以让人效法，然后民众才会效法他。

这就是治理国家在于先治理好自己家族的道理。

【注释】

《诗》：指《诗经·周南·桃夭》篇。是西周末东周初祝贺女子出嫁的诗。夭夭：茂盛的样子。蓁蓁：形容叶子茂盛的样子。之：这。子：指出嫁的女子。归：古时称女子出嫁为"归"。宜：友善，和睦。

《诗》：指《诗经·小雅·蓼萧》篇。此篇是诸侯在宴会中祝颂周王的诗。

《诗》：指《诗经·曹风·鸤鸠》篇。此篇是东周时期曹国人民用鸤鸠作比喻讽刺在位国君的诗。仪：礼仪，此处指行为规范。忒：差错。正：匡正，治理。四国：四方的邦国。足：可以，能够。法：效法。

【点评】

此节从几个方面反复阐述治国必须从治家开始，治理国家的前提是先治理好自己的家族、家庭，然后推己及人就可以了。正如《诗经·桃夭》所说，一个女子出嫁后，孝敬公婆，尊重丈夫，和睦姒娌，一家和睦可亲，就可以教育一国之人，建立一个家和万事兴的家庭。

《诗经·蓼萧》篇叙述诸侯在宴会时歌颂周王能尊重兄长，友爱弟弟，才能教育一国之人兄友弟恭。

《诗经·鸤鸠》篇讽喻国君的行为礼仪得当，可做四方之国的表率，才能教育一国之人，正确处理父子兄弟之间的关系。

总之，治国的根本是君主先修好自身，自己以身作则，先治理好自己的家族，起模范表率作用，然后才能治理好国家、天下。

此节引用《诗经》三段，阐述齐家思想，实际上是弘扬儒家"和为贵"的精神。"和"，就是多样性的统一。人与人之间要和睦相处，人与物之间要和谐共生。

【原文】

所谓平天下在治其国者：上老老，而民兴孝；上长长，而民兴弟；上恤孤，而民不倍。是以君子有絜矩之道也。

【今译】

要想平定天下在于首先治理好国家：是说君王能够敬养自己的父母，民众便会兴起孝道之风；君王能够尊敬自己的兄长，民众便会兴起敬爱兄长之风；君王能够怜爱孤幼，民众便会兴起爱心之风。这就是君子推己及人的絜矩之道。

【注释】

老老：尊敬老人。前一"老"字用作动词，意为把老人当作老人看待；后一"老"字为名词，指老人。长长：尊重长辈。恤孤：恤，体恤，周济。孤：幼年丧父者。倍：通"背"，违背，背弃。絜矩之道：絜：度量。矩：制作方形器物的工具。用自己合乎礼仪准则的言行去规范别人的言行，这就叫作"絜矩之道"。

【点评】

此节提出用"絜矩之道"来治理国家。絜矩之道，是君王用合乎礼仪准则的标准，起表率示范作用，以人同此心，心同此理为前提。孔子的"忠"、"恕"之道，是"己欲立而立人，己欲达而达人"的"忠"和"己所不欲，勿施于人"的"恕"；是追求世界和平共处，互惠互利，同舟共济，共生存，共发展，共赢天下"天下为公，世界大同"之道。

【原文】

所恶于上，毋以使下；所恶于下，毋以事上；所恶于前，毋以先后；所恶于后，毋以从前；所恶于右，毋以交于左；所恶于左，毋以交于右。此之谓絜矩之道。

【今译】

自己厌恶上级这样对待我，我就不去这样对待我的下级；厌恶我的下属这样对待我，我就不去这样对待我的上级；厌恶前面的人这样对待我，我就不这样对待我后面的人；厌恶我后面的人这样对待我，我就不去这样对待我前面的人；厌恶我右面的人这样对待我，我就不去这样对待我左边的人；厌恶我左边的人这样对待我，我就不去这样对待我右边的人，这就叫作"絜矩之道"。

【注释】

厌恶：讨厌，憎恶。

【点评】

此节进一步阐述"絜矩之道"。人都是社会一份子，大都有上下左右前后错综复杂的社会关系和利益纠纷，要人同此心，心同此理，换位思考。自己生存发展，也要让别人生存发展，才能共同进步，共同发展，共赢未来。一个人行路，可能快些，但不能致远千万里；众人行路，可能慢些，但能够致远千万里。一个人牟利，可能快些，但不能谋取巨大的利益；众人牟利，可能慢些，但能够牟取更大的利益。人们要懂得共赢天下的道理，才能够取得巨大的成就，创建辉煌的业绩。

"絜矩之道"，就是教会人们懂得人同此心和换位思考，教会人们共赢天下的道理。

【原文】

《诗》云："乐只君子，民之父母。"民之所好好之，民之所恶恶之，此之谓民之父母。

【今译】

《诗经·小雅·南山有台》上说："快乐的君主啊，是老百姓的父母。"

老百姓喜爱的他也喜爱，老百姓厌恶的他也厌恶，这样才能称为老百姓的父母官。

【注释】

《诗》：《诗经·小雅·南山有台》篇。此篇是祝颂周王得贤人的诗。乐：快乐。只：助词。

【点评】

治国之道，爱民而已。君心即天心，天心即民心。古代把官员比作人民的父母官，把帝王比作奉天承运的天子。《诗经》上说：君主是人民的父母，所以人民喜爱的君主也喜爱，人民厌恶的君主也厌恶。君主和各级官员最大的使命，就是为民趋利避害，国强民富，造福人民，使人民过上好日子，全心全意为人民服务。人民的愿望，就是执政者努力的方向，执政者的使命，就是为民，为民，再为民。

【原文】

《诗》云："节彼南山，维石岩岩。赫赫师尹，民具尔瞻。"有国者不可以不慎；辟，则为天下僇矣。

【今译】

《诗经·小雅·节南山》上说："高大的南山，岩石真险峻。威严赫赫的周太师尹氏，人民都在注视着您。"

身为一国之君的人不能不小心谨慎；如果出现偏私，就会被天下人所诛戮。

【注释】

《诗》：《诗经·小雅·节南山》篇。此篇是西周幽王时代讽刺太师尹氏的诗。节：高大。岩岩：高大险峻的样子。赫赫：威严的样子。师尹：周太师尹氏。具：通"俱"，全，都。瞻：瞻仰。

有国者：掌握国家统治权的人，指君主，国王。僇：通"戮"，杀戮。

【点评】

这里以周太师不能与民同好恶的反面例证，来说明周太师身居三公之一的高位，而不能与民同好恶而偏私妄行，导致天下大乱，迫使人民起来造反，最后落得个众叛亲离，身败名裂，国亡家破身死的悲惨下场！究其原因，是没有实行"絜矩之道"的缘故。其用意是警告执政者不要偏私贪婪，否则就会遭到天下人讨伐杀戮。

每一个执政者，不管你职位有多高，权力有多大，都只能够用来全心全意为人民服务，不能够用来以权谋私，更不能结党营私，对抗人民，否则就如周永康，不管位有多尊，到头来还是身陷囹圄，受到党纪国法的严惩。

一个人的能力有大小，职位有高低，只要你选择从政，就要全心全意为人民服务，正如黄埔军校大门的对联"升官发财请求他路，贪生怕死莫入此门"一样，你要想发财，你就去经商办企业，古今中外的官员，都不许贪图钱财，践踏王法，胆敢以身试法，你就等待王法的制裁。

【原文】

《诗》云："殷之未丧师，克配上帝。仪监于殷，峻命不易。"道得众则得国，失众则失国。

【今译】

《诗经·大雅·文王》上说："殷朝没有丧失民众的时候，德行还能符合上帝的要求。我们应当向殷朝借鉴亡国的教训，知道守住天命是不容易的。"这就是说得到民众就会得到国家，失去民众就会失去国家。

【注释】

《诗》：《诗经·大雅·文王》篇。此篇为祭文王而作，歌颂周文王恭顺天命。师：众，指民众，人民。配：符合。仪：通"宜"，应该。监：鉴戒，借鉴。

峻命不易：崇高的天命不易保持。峻：高大。道：言，说的是。

【点评】

殷商的灭亡，殷纣王的荒淫无道，在我国古代史上，对历朝历代统治者具有普遍的警戒意义。这里借用殷商王朝灭亡的例证，阐述得民心者的天下，失民心者失天下的历史规律。警告统治者要时时刻刻保持高度的警惕，不要做对不起人民的事情，不要不关心人民的疾苦，否则就会失去民心，失去民心就会失去天下，失去执政权。

古代把天命和民心联系起来，认为天命就是反映民心，得民心者得天命，失民心者失天命，其实是说天命即民心，民心即天命。所有的执政者，都要时刻牢记得民心者得天下，失民心者失天下的道理。得民心者满其欲，失民心者违其心。

【原文】

是故君子先慎乎德。有德此有人，有人此有土，有土此有财，有财此有用。

【今译】

所以，君主要首先应该谨慎地修养自身的品行。君主有了美德就会得到民众的拥护，有了民众的拥护就会有土地，有了土地就会创造财富，有了财富就能够供君主使用。

【注释】

慎：谨慎，慎重。德：明德。财：财货。

【点评】

君主要以修身为本。君主具备美德就会得到人民的拥护，有了人民的拥护自然就会拥有土地，有了土地自然就会创造出物质财富，国强民富之后，君主自然就会享用财富和物质。

君主要以强国富民为要，国强民富之后，君主就会有享不尽的财富物质，否则，国弱民穷，君主奢侈腐化，就会迫使人民造反。

【原文】

德者本也，财者末也。外本内末，争民施夺。是故财聚则民散，财散则民聚。是故言悖而出者，亦悖而入；货悖而入者，亦悖而出。

【今译】

道德是根本，财富是末节。君主远离根本而亲近末节，就会与民争利施行掠夺。因此，聚敛财货就会民心离散，分散财货就会民心聚集。所以，对民众说出无理的话，也会得到民众的回敬；用不正当的手段取得财货，也会以不正当的形式失去财货。

【注释】

外本内末：外：疏远。内：亲近。指远离德而亲近财。争民：与民争利；施夺：对人民施行掠夺。财聚：指财富集中在国君手中。悖：悖逆，违背正理。

【点评】

无论国君还是民众，道德是做人的根本，财富是做人的末节，但君主更甚。君主远离或轻视道德而亲近或重视财富，就会与人民争夺利益甚至搜刮民财。因此，君主把财富聚集在自己手中，民心就会离散；君主使人民富足，民心就会自然归附。社会是一面镜子，君主如何对待人民，人民就会如何对待君主。领导如何对待民众，民众就会如何对待领导。君主或领导用不正当手段获得财货，如贪污受贿等等，到头来也会遭受法律的制裁而失去财富，不仅失去了非法所得的财富，而且还要身陷囹圄，甚至家破身亡。

【原文】

《康诰》曰："惟命于不常！"道善则得之，不善则失之矣。

【今译】

《尚书·康诰》上说："天命不是永恒不变的。"说的是君王如施行善政就能得到天命，不施行善政就会失去天命。

【注释】

《康诰》：《尚书·康诰》篇。惟：惟独。命：天命。常：始终如一。

【点评】

中国古代虽然迷信天命，但认为并不是永恒不变的，天命乃人心所归，天命即人心。天命是通过人心来体现的，得民心者得天下，失民心者失天下，这就是天命所归的原因。衡量天命的标准就是衡量民心所归的多寡，这是在告诫君主和统治者，不要违背民心民意，否则就会失去天命所顾，失去民众拥护。

【原文】

《楚书》曰："楚国无以为宝，惟善以为宝。"

舅犯曰："亡人无以为宝，仁亲以为宝。"

【今译】

《国语·楚语》上说："楚国没有什么可以作为国宝的，只是把施行善政当作国家的宝贝。"

舅犯说："流亡在外的人没有什么可以当作宝贝，只把仁爱亲族当作宝贝。"

【注释】

《楚书》：楚国的史书，或曰即《国语》中的《楚语》篇。

舅犯：春秋时晋国卿士，名狐偃，公子重耳（晋文公）的舅父，故称舅犯。跟随重耳流亡国外多年。

【点评】

春秋时期，恃强凌弱，以武力财富实力论英雄，称霸天下，但也有主张施行善政的。楚国大夫孙圉说："楚国无以为宝，只有以善政为宝。"这是说楚国要把以仁政治理国家的贤人作为国家的宝贝，提出贤才的重要性，具有划时代的意义。

晋文公重耳流放在外的时候，历尽千难万险，当有人问及他什么可以作为宝贝的时候，跟随他流亡多年的舅父舅犯说，我们流亡在外的人，没有什么宝贝，只把仁爱亲族当作宝贝。

作为一个领导干部，能否选贤任能，能否重用信用贤才，是衡量一个干部能否成就大事业的关键，更是事业成败的决定因素。德才兼备的人才，是国家的宝贝！

【原文】

《秦誓》曰："若有一臣，断断兮无他技，其心休休焉，其如有容焉。人之有技，若己有之，人之彦圣，其心好之，不啻若自其出口。实能容之，以能保我子孙黎民，尚亦有利哉！人之有技，媢疾以恶之，人之彦圣，而违之俾不通，实不能容，以不能保我子孙黎民，亦曰殆哉！"

【今译】

《尚书·周书·秦誓》上说："如果有这样一个大臣，他忠诚老实，虽然没有什么才能，但心地宽和，能够容忍别人。别人有才能，就像他自己有一样；别人有美德，他内心喜欢，而不只是口头说说而已。这种人如能重用，可以保护我的子孙后代和黎民百姓，对国家是有利的。如果别人有才能，他就嫉妒厌恶；别人有美德，就故意压抑他不能上达，这种人是不能加以重用的，因为他不能保护我的子孙后代和黎民百姓，也可以说这种人是非常危险的！"

【注释】

《秦誓》：《尚书·周书·秦誓》篇名。断断兮：诚恳专一的样子。休休：宽大、宽容的样子。有容：能容忍人。彦圣：英才聪敏过人。不啻：不只是。媢疾：嫉妒。违：阻抑。殆：危险。

【点评】

这里借用秦穆公的人才观，说明国君选用人才以德为主。这里所说的德，指的是心胸广阔，能发现别人的长处，能容纳别人的贤能，不嫉妒别人的贤能，并且表里如一，发自内心。作为一个国家的大臣，应以治理国家，向国君举荐贤能为主，没有具体技能没有多大关系。这样忠于国君的贤臣，能够协助国君治理好国家，能够保护国君的子孙后代和黎民百姓的安全，利国利民利君主。

相反如果一个人有才能，却嫉贤妒能，搞阴谋诡计，压制德才兼备的贤能，这种人是不能重用的，因为这种人不能保护君主的子孙后代和黎民百姓的安全，甚至有篡权谋位的危险。

重用人和举荐人，要重用、举荐"贤能"，也就是德才兼备的人才，才有利于国家的治理和安定团结，持续发展。作为主要领导，一定要重用德才兼备之人，不能用有才无德之人。坏大事者，大都是有才无德之人。

【原文】

唯仁人，放流之，迸诸四夷，不与同中国。此谓"唯仁人为能爱人，能恶人"。

【今译】

只有仁德的人，才能把嫉贤妒能的人给以流放，驱除到边远少数民族地区，不让他们和仁人同住在中国。这就是"只有仁人君子才能懂得爱什么人，恨什么人"。

【注释】

放流：流放，放逐。之：指上面提到的不能容忍人的人。迸（bǐng）：通"屏"，屏退，驱逐。四夷：周边边远的少数民族地区。中国：指全国中心地区，不同于现代意义的"中国"。

【点评】

怎样理解儒家的仁？这里的仁，是爱憎分明，对于那些当道的坏人，不利于社会安定团结的坏人，绝不姑息养奸，把他们发配流放到边远人少稀薄的地区改造他们，不让他们在人口众多的中原地区继续祸害人民，以免造成更大的损害。

儒家的仁爱，并不是无原则的泛爱，而是爱好人，恨坏人，立场非常明确。

【原文】

见贤而不能举，举而不能先，命也。见不善而不能退，退而不能远，过也。

【今译】

君子见到贤人而不能举荐任用他，举荐却不愿让他位居自己之上，这便是怠慢。见到恶人却不能将他罢免，罢免了却不能使他远离，这便是罪过。

【注释】

举：推举，荐举。命：当作怠慢。过：过失。

【点评】

治理国家，要及时发现贤才，举荐贤才，并甘心情愿地让比自己贤能的人位于自己之上，鲍叔牙向齐桓公举荐管仲做相国便是很好的例证。如果见贤而不举，荐举而不能安排适当的职位，便是怠慢。发现恶人却不将他罢免，罢免了却还留在身边，这就会使他有机会被从新启用，再度危害事业，这便是罪过。主要领导要慎之又慎。

【原文】

好人之所恶，恶人之所好，是谓拂人之性，灾必逮夫身。

【今译】

喜爱众人所厌恶的人，厌恶众人所喜爱的人，这是违反人的本性，灾害必然要降临到自己身上。

【注释】

拂：违背。灾：灾难，灾害。逮：及。

【点评】

此节将善恶提高到人本性的高度来论述。人人都喜欢的善举、善人，却有人厌恶他，反对他；人人都厌恶的恶行、恶事，却有人喜爱他，赞美他；这是违背了人的本性，灾害和祸患必然会降临到他的身上。

这是在警告君主和执政者，不要脱离民众，更不要违背民意，要依靠广大人民群众，与广大人民群众同心同德，齐心协力，才能事业有成，治理好国家。否则，违背民心民意，就会引起人民的不满和反抗，就会带来灾难和祸患。

执政者，在任何时候都不要脱离广大人民群众，都要全心全意依靠广大人民群众，广大人民群众才是推动世界历史前进的动力。

【原文】

是故君子有大道，必忠信以得之，骄泰以失之。

【今译】

因此，君主治理国家要掌握"絜矩之道"的根本，必须凭借忠诚诚信才能治理好国家，如果骄傲自大，奢侈放纵就会失掉治理国家的权利。

【注释】

君子：君主，执政者。大道：絜矩之道。骄泰：骄傲奢侈。

【点评】

此节进一步阐述治国、平天下的大道，即孔子所说的"忠恕之道"，曾参所说的"絜矩之道"。把握运用"絜矩之道"，关键是君主及统治者要诚心诚意地去实施执行，对人民要言而有信，信而无欺，做到对人民"己欲立而立人，己欲达而达人"的"忠"，和"己所不欲，勿施于人"的"恕"，也就是曾参所说的"絜矩之道"。

君主要严于律己，谦虚谨慎，戒骄戒躁，勤俭节约；防止骄奢淫逸，骄傲自大，刚愎自用；否则就会遭到人民的唾弃，丧失政权，身败名裂。

【原文】

生财有大道：生之者众，食之者寡，为之者疾，用之者舒，则财恒足矣。

【今译】

生产财富有基本的道理：从事生产财富的人多，享用财富的人少，生产财富的速度快，使用的速度慢，这样就会充足有余了。

【注释】

疾：迅速。舒：缓慢，舒缓。

【点评】

此节是讲如何使国家财用充足有余。即开源节流，减少非生产人员。古代犹知如此，如今的官员难道不懂这个道理吗？

【原文】

仁者，以财发身；不仁者，以身发财。

【今译】

有仁德的人，散财于民，使自己获得好的名声；没有仁德的人，不惜舍弃自己的名声，去聚敛财富。

【注释】

发身：发，发达兴旺。意为提高自己的品德修养。

【点评】

此节阐述君主的财富观。有仁德的君主，懂得藏富于民，使人民过上富足幸福的生活，自然会得到人民的拥护，赢得民心民意，才是长治久安的大计。没有仁德的君主，不懂得藏富于民，只知道聚敛财富，骄奢淫逸，败坏了名声，致使民怨沸腾，社会动荡，国破家亡，身败名裂。

【原文】

未有上好仁而下不好义者也，未有好义其事不终者也，未有府库财非其财者也。

【今译】

没有君主喜好仁政而民众不喜好忠义的，没有民众喜好义而事情不能成功的，没有爱好义的民众不把国家财富当作自己财富加以保护的。

【注释】

上：君上，君主，君王。下：民众，百姓。终：成就的意思。

【点评】

君之爱民，为仁；民之忠君，为义。在中国封建社会，儒家把人分为三六九等。儒家认为，只有正确维护等级社会，社会才能安定团结，但关键在于君主对人民要施行仁政，人民自然就会忠于君主，爱戴君主，遵守礼制法纪，把国家的事当作自己的事去做，把国家的财富当作自己的财富去保护。

此节进一步强调君主必须施行仁政，才能治理好国家、天下。

【原文】

孟献子曰："畜马乘，不察于鸡豚；伐冰之家，不畜牛羊；百乘之家，不畜聚敛之臣，与其有聚敛之臣，宁有盗臣。"

此谓国不以利为利，以义为利也。

【今译】

孟献子说："能畜养四匹马的士大夫家，就不会计较那些养鸡喂猪的小利；能够丧祭用冰的大夫家，就不要再去畜养牛羊；拥有百辆战车的卿大夫家，就不再养有搜刮财富的家臣，与其有聚敛财富的家臣，还不如有偷盗府库的家臣。"这是说，国家不要以财利为利，而应以仁义为利。

【注释】

孟献子：即仲孙蔑，春秋时鲁国人。鲁襄公时卒。

畜马乘：畜养一乘马车，指初做大夫官位的人。

察：料理，关注。豚：小猪。

伐冰之家：指卿、大夫之家。因卿、大夫之家丧祭时能用冰块保存遗体。

百乘之家：即诸侯之卿，拥有封地十里，可出兵一百辆车乘的家族，指有封地的卿、大夫。

聚敛之臣：指搜刮民财的家臣。

盗臣：指偷窃府库的家臣。

【点评】

此节阐述义利之间的关系。一是，食禄的士大夫之家不要与民争利，因为你已经有食禄的生活保障；二是，不要任用聚敛之家臣，掠夺民财；三是，士大夫应以仁义为利，不要以财货为利。

这里的以仁义为利，就是以人民的利益为利益，利于人民就能赢得民心，得民心者就会拥有土地、财富，不谋利而利在其中。

君主，应该十分清楚义利的辩证关系，不与民争利，藏富于民，坚决维护人民的根本利益，施行仁政，爱民重民，不聚敛财富，不贪污腐败，更不见利忘义。

【原文】

长国家而务财用者，必自小人矣。彼为善之，小人之使为国家，灾害并至，虽有善者，亦无如之何矣！此谓国不以利为利，以义为利也。

【今译】

身为国家的君主，却一心致力于聚敛财富，这一定是出自奸佞小人的主意。如果君主欣赏这种小人，使他们去办理国家大事，灾难祸患就会一起降临。到时候即使有贤能的人出来挽救，怕也是无可奈何为时已晚了。

这就是英明的君主，不与民争利，更不应以利为利，应以仁义为利的道理。

【注释】

长：君长，君主。务：专心致志。

【点评】

此节阐明，任用奸佞小人聚敛财富对于国家的危害。强调国君，要以仁政治理国家和天下，藏富于民，造福于民，使人民过上好日子，而不是与民争利，国富民穷，君主骄奢淫逸，

大臣贪污腐败，人民饥寒交迫，苦不堪言，怨声载道。

君主与民争利，是不能施行仁政，不懂絜矩之道。

治国不难，爱民而已。天子无心，以百姓心为心；天子无私利，以天下百姓利为利。统治者，只有全心全意为人民服务，情为民所系，权为民所用，利为民所谋，心为民所想，人民的需要就是自己努力的方向，统治者的一切努力，都是为了强国富民，使人民安居乐业，过上更好的日子，才是合格的君主和统治者。

统治者，要依据《大学》"大学之道，在明明德，在亲民，在止于至善"为宗旨。而实现以上宗旨的路径，要做到"格物、致知、诚心、正意"，才能够实现"修身、齐家、治国、平天下"的伟大理想，达到至善的理想境界。

读懂《大学》，小者助你修身、齐家，大者助你治国、平天下！

《论语》

学而第一

两千多年来，《论语》是影响中华民族"为人处世，安身立命"的人生宝典；是国人修身、齐家、治国、平天下的思想圣经；是历代封建统治者治世的不二法宝；是封建文人入学启蒙、求取功名必读的科举教科书；是古代知识分子改变自身命运，鱼跃龙门，进身仕途的登天天梯；是中华民族妇孺皆知，教育子孙，激励上进，规范行为的伦理准则。

总之，要了解先秦圣人孔子，要想了解中国传统文化的核心，就必须首先了解《论语》。

孔子，孔氏，名丘、字仲尼，鲁国陬邑（今山东曲阜东南）人，春秋时期著名的思想家、政治家、教育家、儒家学派创始人，生于公元前551年，卒于公元前479年，享年73岁。他被后世尊为圣人、大儒，一代大宗师。孔子的思想很多记录在《论语》之中。

《论语》是一部记载孔子言论、评论及其孔子弟子对话的思想总汇。

《论语》成书于孔子死后，应该是他的弟子根据其生前讲课、言论、答问，记录、整理、编辑而成。

《论语》是现存记载孔子言行最为翔实、保存孔子思想最为完整、影响最为深远的儒家思想著作，是研究孔子思想最重要、最权威的资料。孔子作为华夏民族最伟大的思想导师，其思想对于中国乃至于对世界影响之深远广大，是任何思想家都难以企及的。

《论语》中孔子的思想精华，系统归纳起来，基本上可以用"仁礼合一"概括。主要体现在以下几个方面：

第一，在政治上，孔子是改良派和改革家。其思想核心是"仁"，政治思想核心是"仁政"。孔子主张"克己复礼"，遵守传统的贵族等级制度；提出"正名"、"名不正则言不顺，言不顺则事不成"；使君臣、父子、夫妻等级有序。倡导"三纲五常",即"君为臣纲,父为子纲,夫为妻纲"的三纲和"仁、义、礼、智、信"的"五常";强调"德"、"礼"治国,实施"仁政",以缓和尖锐复杂的社会矛盾;提倡"仁"即"仁者爱人","忠"即"己欲立而立人,己欲达而达人","恕"即"己所不欲,勿施于人"等"为人处世,安身立命"的原则;反对一味"刑"、"杀"作为统治人民的手段;憧憬"老者安之,朋友信之,少者怀之"的理想社会。

第二,在伦理思想上,孔子提倡以"仁"为最高道德标准。其目的在于维护封建等级制度,但这一思想也具有维护社会安定、国家统一的积极意义。孔子在人性上提出"性相近,习相远";在伦理观念上,首先以"仁"为核心的道德理论体系;在形式上,具有一般人道主义道德品质的基本特质;在道德修养上,极端强调人生志向的重要性,"三军可夺帅也,匹夫不可夺志也"。同时强调"克己"、"内省"、"自讼"等自律原则,又以是否"知礼"作为人性善恶的标准及道德评判的规范。

第三,在天命上,孔子承袭殷周传统,相信天命论。"君子有三畏,畏天命、畏大人、畏圣人言",所以"不知命,无以为君子"。但孔子并不多谈天道,不语怪力、乱神。

第四,在教育思想上,孔子主张"有教无类",对教育对象的身份不加限制,打破了数千年封建贵族统治者垄断教育"学在官府"的局面。他还总结出"因材施教"、"循循善诱"、"不耻下问"、"身体力行"、"学思结合"、"多闻阙疑"、"温故知新"、"不教之教"等多种教学方法。孔子本人以"学而不厌,诲人不倦"的形象著称。孔子提出"毋意、毋必、毋固、毋我",反对主观成见,主张实践出真知。孔子是中国古代教育史上创立私人讲学风气的第一人。

第五,在文学思想上,孔子认为诗歌具有教育意义和认识意义,可以为治理国家服务,"迩之事父,远之事君"。又说:"辞达而已矣。"认为写文章要言简意赅,意思表达清楚即可,不必追求华丽辞藻。

综上所述,孔子思想基本架构和《论语》的中心思想,都是"仁礼合一"。礼,是孔子对先秦古代文化的继承,是华夏民族文化的共同法则;而仁,则是孔子的独创,是儒家思想的本质。

礼是变道，仁是常道；礼，是人外在的行为规范；仁，是人的内在本质；仁决定着礼，礼体现着仁；常与变、内与外、自觉与他律的合一，就是"仁礼合一"的思想精华所在。

孔子的弟子曾子所著的《大学》，则将孔子"修己以安百姓"的精义具体地展现出来，由内到外贯通，体现儒家思想的横向意识。

孔子之孙子子思（孔伋）所著的《中庸》，主要完成了孔子实践"仁以知天"的理论，从上到下贯通，体现了儒家思想的纵贯意识。

子思弟子的弟子——孟子所著的《孟子》，充分发展了孔子"仁"的思想。著名思想家荀子所著的《荀子》，则充分发展了孔子"礼"的思想。

北宋儒学大师程颐、程颢二兄弟，将《论语》、《大学》、《中庸》、《孟子》集中编辑整理排次，成为"四书"。

南宋大儒朱熹，终其一生心血，为"四书"作注。

而《论语》则是"四书"中成书最早的一部经典。所以，读《论语》而知孔子，读"四书"而知儒家。

《论语》，是儒家学说的真正源头，在经学中的地位极高，有"五经之管辖，六艺之喉舌"之称。可见，《论语》是进入"四书五经"的门径，也是进入儒家思想文化殿堂的门径，更是切入博大精深中华思想文化的门径。

历史上著名的宋朝开国宰相赵普有"半部《论语》佐（宋）太祖平天下，半部《论语》佐（宋）太宗治太平"的传说，成为流芳千古的美谈。

【原文】

子曰："学而时习之，不以说（yuè）乎？有朋自远方来，不亦乐乎？人不知而不愠，不亦君子乎？"

【今译】

孔子说："学习了能够时常复习，不也很愉快吗？有志同道合的朋友，从远方来和你相会，探讨学问，不也很快乐吗？自己的学识不为别人所了解，也没有抱怨，这不才是君子吗？"

【注释】

学而第一：篇名，《论语》共20篇，篇名均取每篇开头第一句的开头二字或三字。子：古代对男子的尊称，《论语》中"子曰"的子，都是指孔子。学：学习，效仿。时：

用以修饰"习"的副词，指一定或适当的时候。习：指练习、复习。时习：指按时复习、练习学习过的知识。说：通"悦"，指高兴、快乐。朋：郑玄解释："同师曰朋，同志曰友。"亦泛指交相好的人。古人也把同学、同事、同僚等同辈人叫"朋"；友：指朋友。如好友，如兄弟相爱。《尔雅·释训》："善父母为孝，善兄弟为友。"也指交好、相聚。愠：内心怨愤。君子：有道德、有修养的人。这里指有道德修养的人。

【点评】

"学而时习之"，是《论语》的开篇之作，被称为"小论语"。

古时的"学"和"习"是分开讲的。"学"，大致相当于现在我们所谓的"学习"，就是从老师那里学，从书本、教科书（竹简）中学，向同学学，在社会实践中学，在困境中学，等。简而言之，就是从自身的外部去汲取知识。

"习"，是"習"的简体字，原义是鸟重复飞百遍。引申义，是反复不断地复习、练习，训练、操练等。

古时官府学校分"大学"、"小学"两类。大学、小学和今天的概念不同。一般7岁（虚岁）入小学，15岁（虚岁）入大学，两段课程有别，总起来不外乎"礼、乐、射、御、书、数"六种，故称"六艺"。起初教学没有现成的课本，只是一些约定俗成的科目。这其中的"礼"，是尊敬长辈的一些礼节；"乐"，是音乐和舞蹈课；"射"，是射箭一类的武艺；"御"，是学会驾驭马车；"书"，是识字和写字；"数"，是算术，包括记日时的干支表。这都是远古时期传下来一个贵族成人必备的本领，很有现在要求"德、智、体、美、劳"全面发展的味道。到春秋时代，有些科目已经形成文字简册，逐步形成了《易经》、《尚书》、《诗经》、《礼经》、《春秋》等，汉朝称之为"五经"。

孔子教弟子的主要课程是"五经"和"六艺"。"五经"好像是现在的文化课，是需要反复不断地诵读和练习；"六艺"好像现在的技能课，需要反复不断地训练和实习。这六门课程具有较强的操作性，有的是熟练工种，是需要反复地演习、操练、训练的，如驾驭战车、跑马射箭、操练剑戟等等。

"学而时习之"，其实就是指一个相当专业化严格训练的过程。"六艺"，是技能课，不经过严格、反复、标准的训练、操练、演习，是无法学会和真正掌握的。"学而时习之"还有一层意思，因为孔子的教育方式是开放式的教学，师生之间、同学之间可以相互提问、讨论、辩论、质疑、反问。在大家讨论的过程中，逐步形成共识，提高大家的认识和鉴赏水平，增强大家的业务能力和技术能力。

中国传统文化源之于旧石器晚期的原始宗教，历经图腾文化、宗教文化，占卜文化、巫术文化等。如中华思想文化的源头《易经》，就是一部古老的筮占之书。

古时候，精神文明和物质文明都相当落后，读书、识字、有文化的人很少。巫术，在商代还是立国之本，统治阶层是一个巫师集团，商王朝是巫师们的统领。他们靠"感通"上天来决策和镇服臣民。天命的观念，大概在那时已经开始萌芽了。

周武王灭商，完成了一个巨大的政治革命和意识形态的转型，从神权政治走向圣贤哲政治，"天道"变成了"人道"。经过殷周之际的革命，周代已经不再是巫术立国，而是讲究治道，目标是创造理性的人文政治秩序。在过去的巫师集团中，自然分化出一个阶层，致力于"修身、齐家、治国、平天下"的事业。儒家便是其中之一，以周公、孔子为代表。这正是孔子门徒的来由。

"学而时习之"的孔子及弟子们，"学"、"习"的最终目的很明确，就是"学会文武艺，售予帝王家"。把巫术文化、神权政治，转化为圣人贤哲政治，只是由于孔子"克己复礼，唯此为大"、"梦见周公"的治国理念，不符合当时统治者急功近利，称霸诸侯的胃口，得不到重视和重用而已。

纵观孔子的一生，是到处宣传其政治主张的一生，到处宣扬自己以仁治国理念的一生，是收徒讲学、培养人才的一生。他的政治主张和政治理念，始终得不到统治者的认可和理解，政治上怀才不遇，郁郁寡欢，不得其志，确实是事实。

"学而时习之，不亦说乎?"起初的时候，当然是"不亦说乎"，孔子师徒们怀着救世济民的伟大理想，抱着治国、平天下的理念、信心和激情，当然很高兴、很亢奋，"不亦说乎"! 就是到后来，在社会实践的现实中，到处碰壁，孔子也还始终抱有幻想，还有"玉在椟中求善价，钗于奁内待时飞"

的信念和感觉。

"有朋自远方来，不亦乐乎？"远方有志同道合的朋友慕名而来，当然很高兴、很快乐。这说明远方也有朋友对自己的政治主张和治国理念的认可和认同。遇到了知音，有了同志，找到了朋友，当然高兴快乐。当一个人终生追求的政治主张、治国理念和价值观，被远方的同志认可，并千里迢迢专程来拜会，能不高兴和兴奋吗？

"人不知而不愠，不亦君子乎？"孔子认为，自己的满腹经纶，超人的治国、平天下的理念和非凡的治国才华，不被君主所用，不被人所认知，不为人所认同，没有气恼，也不怨恨，这难道不是君子所为吗？这难道不是君子的本性吗？这难道不是君子高尚的道德品行和情操的表现吗？孔子当然是以君子自处。

反观孔子的一生，孔子对自己的信念从来没有丧失过信心，这的确是值得我们认真学习的。"人不知而不愠"，这不仅仅是孔子的一种清高，而是谋求超越于现实政治之上的独立价值观。这当然是中国传统思想文化最宝贵的知识、文化、道德修养、思想传统，今天尤其难能可贵。

儒家"仁、义、礼、智、信、忠、恕、孝、悌、中庸、和谐"理念的思想，是不能被当时统治者所接受的，因为统治者需要的是"法、术、势"急功近利的称霸诸侯。汉武帝以后的"罢黜百家，独尊儒术"儒家思想文化，实际上是经过董仲舒改良过的儒家思想文化，是变了质的儒家思想文化。就是以后几个朝代，名义上以儒家思想理念治国的朝代，也是明儒家、暗法家。真正意义上的以孔子儒家思想文化治国理念不常见，只能是一种理想。但这并不能否定儒家思想文化在朝野的巨大影响，特别是对于民众道德规范的约束和影响。

儒家思想治国、平天下的理念，虽在孔子在世时没有实现，但对后世朝野影响之巨大，恐怕就是孔子本人也没有想到。他是应该感谢他后世的弟子董仲舒的改良儒家文化呢？还是其他？恐怕只有孔子自己才能解释。

如果你通读细读体味《论语》，你就会发现，孔子不仅仅在乎自己是否为别人所知，而且有时被人所知的愿望还是相当迫切和强烈。不然就不会有"有朋自远方来，不亦乐乎"的兴奋和激动了。

"人不知而不愠"，有孔子作为君子的坚守、毅力、大度和恒守；也有君子淡泊名利的胸怀和情操；还有孔子无可奈何的自我安慰和内心调节的智慧。没有一个人的人生是一帆风顺的，人生的路不都是平坦的，人的理想不都是能够实现的。在现实的生活中，我们要用好儒家思想的"为人处世"之道，"安身立命"之德。

"人不知而不愠"，教会并启示我们，在面对无奈、无助、无常时，只能选择"人不知而不愠，不亦君子乎"的人生态度，使自己能够正确、坦然地面对一切。只要能够正确运用"中庸之道"，就不失君子潇洒大度的风范，不丢失君子自信坚韧的美德。

为政第二

【原文】

子曰："为政以德，譬如北辰，居其所众而众星共（拱）之。"

【今译】

孔子说："国君治理国家，必须实行德政，德政教化的力量，就像北极星那样，泰然处于自己固定的位置，漫天的星辰都会自觉地拱卫环绕着它运行。"

【注释】

以：用。政：亦指政令，政策，治国方略。德：1.指德政，有益于人民的执政措施和政绩；2.指德治，儒家的政治主张，主张用统治阶级的道德来感化人民；3.指德化，以德感人。北辰：北极星。共：同拱，环绕。所：地方。

【点评】

这一章，主要阐述君主的为政之道。为政，就是君主的施政纲领、政策、法律、政令和施政的具体措施。古代主张"在君为政，在臣为事"，就是君主负责国家大政方针的制定，大臣负责大政方针的实施、落实、执行。君主制定的政策、法律、大政方针，要有利于人民的生存发展，国强民富，以德化人，以德感人。假如君主能够做到以德治国，君主就像天上的北极星一样，无为而治，泰然处于君主的主导地位，天下臣民就像众星捧北斗星一样，围绕在君主的周围，恪尽职守，勤政为民。如其不然，亦反之。总之，君主为政以德，就会无为而治天下。

管仲说：治国不难，爱民而已。余以为：治国、平天下的层次是：1. 最高境界是以道治国，就是依据客观规律，顺势而为，无为而治；2. 以德治国，靠君主高尚的道德感化人民；3. 是以仁治国，君主施行仁政，爱护人民；4. 是以礼治国，确定名分、划分等级，恪尽职守；5. 是以法治国，赏罚分明，公平公正；6. 加上墨家以身作则，身先士卒，吃苦在前，享受在后的示范作用。

中国传统文化博大精深，执政者，要从传统文化中汲取营养，修养自身，严于律己，以身作则，依据"道治、德治、仁治、礼治、法治、墨治"六个层次治国、平天下。

执政者要接地气，聚人气，长正气，驱邪气，凝聚精气神，全心全意为人民服务，做到仰不愧于天，俯不愧于人，犹如孟子所说的浩然正气和大丈夫精神。

【原文】

子曰："道之以政，齐之以刑，民免而无耻；道之以德，齐之以礼，有耻且格。"

【今译】

孔子说："君主用行政命令来管理百姓，用刑罚来整治人民，百姓只能暂时地免于犯罪，但不知道犯罪是可耻的；君主用道德去教化百姓，用礼教来约束引导百姓，百姓便有羞耻之心，并且能够自己纠正错误。"

【注释】

道：率先引导的意思。政：政策、法令。齐：使之整齐划一。刑：刑罚。免：避免。格：纠正。

【点评】

此节进一步阐述为政之道，要以德治教化为主，以礼乐制度辅助，尽可能地少用刑罚。孔子认为：君主治理天下，如果仅用行政命令来硬性地管理百姓，用刑罚来整治百姓，人民由于害怕刑法的制裁，惧怕严刑峻法惩处，而暂时停止犯罪，不知道犯罪是可耻的。如果君主治理天下，能够用道德去教化百姓，用礼乐制度来引导百姓，百姓自己对照道德礼教，就会对不道德和非礼的行为感到羞耻，及时改正自己的错误，减少犯罪。

总之，君主要以道德规范去教化百姓，要用礼乐制度来引导百姓，人民就会主动地遵守国家法律，用道德礼仪规范约束自己。

【原文】

子曰："吾十有五而志于学，三十而立，四十而不惑，五十而知天命，六十而耳顺，七十而从心所欲，不逾矩。"

【今译】

孔子说："我十五岁时，有志向于做学问；三十岁时，能够自立了；四十岁时，已经明白了'为人处世，安身立命'的道理，而不感到疑惑了；五十岁时，我已知道什么是天命了；六十岁时，无论听到了什么都能辨别是非了；七十岁时，我就可以随心所欲率性而为，但也不会超出礼法了。"

【注释】

志于学：古人15岁入大学，学习处世事君的"大人之道"，孔子有志于此。立：自立，谓确立坚定的人生观，犹如铸铁凝固，坚固而不可动摇。天命：谓事物发展的根本规律。耳顺：对任何话包括逆耳的话都不介意。从：同纵。

【点评】

这章是《论语》的重点篇章。孔子的这段名言，流传千古，家喻户晓，妇孺皆知，真可谓"人生经验的坐标"。

孔子3岁丧父，17岁丧母，家道中落。他在青年时必须靠替人家放牧牛羊、看管仓库以维持生计。他做过不少杂役，深知民生疾苦，生存不易。孔子活到73岁，他用自己的人生经验，总结出了人生几个年龄阶段应该达到的标准。2500多年来，这个标准一直被人们所参照。常听人说"三十而立未能立，四十不惑还在惑"的感叹。

我们究竟怎样理解孔子的人生阶段标准呢？

孔子的"吾十有五而志于学"的标准和现代的标准其本质是一致的。数千年来，中华民族基本上是5岁启蒙，学到15岁就应该确定自己的人生方向。当代的孩子一般也是5岁上学前班，加上9年义务教育和高中一年级的教育，刚好15岁。到高二年级就要分文理班，也基本上确定人生奋斗的方向了。

　　一个人 15 岁还不能确定人生奋斗的方向，很难达到三十而立，一生也很难有大的成就。所以"吾十有五而志于学"，就是要求人们在 15 岁的时候，确立自己的人生大致方向。当然，15 岁的人生目标是模糊、大致、兴趣、一般方向性的，伴随着年龄的增长和阅历的丰富，还要不断地修改和调整。但你 15 岁时必须有自己的目标，否则就谈不上修改和调整。此时的"吾十有五而志于学"，就好像你种植了一棵小树，一是顺其自然本性的发展，二是后天客观环境的影响和限制，但其苗壮成长的本性是不可改变的。

　　孔子的"三十而立"，使很多 30 岁左右的年轻人感叹，认为自己没有"立"起来，自己没有车子、房子、位子、票子、孩子，感到沮丧、痛苦和迷茫。其实"三十而立"，不仅仅是物质的拥有，更重要的是精神上的自立。"立"的本意是站立、竖起、自立、站得住、自食其力。引申义就是不依靠其他力量能够独立站立起来，独立自主，自力更生，自食其力，独立担当起生活的重担，就算是立了起来。

　　余以为"三十而立"，是在精神上的自我肯定和自信，对于未来有明确的目标和期望；在物质上能够独立自主，自食其力，养家糊口，就算"立"起来了。如果你有房、有车、有地位，不是靠自己的智慧、能力和不懈的努力挣来的，而是官二代，富二代，星二代，靠老子帮你弄来的，靠祖辈遗留下来的，即使你开着宝马、奔驰汽车，住着豪华别墅，腰缠万贯，那也不算"立"了起来。

　　"立"是一种内心的自信，一种独立，一种坚定，一种旺盛的生命力和创新能力。它是具有一定抗拒外力的一个独立体，否则它就是一棵藤，再大、再粗的藤也自立不起来。

里仁第四

【原文】

　　子曰："富与贵，是人之所欲也，不以其道得之，不处也；贫与贱，是人之所恶也，不以其道得之，不去也。君子去仁，恶乎成名？君子无终食之间违仁，造次必于是，颠沛必于是。"

【今译】

孔子说："富足与显贵，是每个人都希望得到的，但如果不用正当的手段和办法得到它，君子是不会去做的；贫穷与卑贱，是每个人都厌恶的，但如果用不正当的手段和办法去摆脱它，君子是不会去做的。君子如果抛弃了仁德，又怎么能成就他的名声呢？君子就是连吃一顿饭工夫都不会背离仁德，即使在最紧要的时刻都是这样，在颠沛流离的时候也是这样。"

【注释】

其道：此指正当的途径。处：居住。去：避去。恶：哪、怎么。终食之间：吃一顿饭的时间。违：违背。造次：仓促、匆忙。颠沛：困顿挫折。

【点评】

人之本性，是追求富足与显贵，但如果不能用正当手段摆脱它，君子是不会这样做的，因为君子坚守道德和本分，能够自觉约束自己的私欲和贪婪。

人之本性，是厌恶贫穷与卑贱，但如果不能用正当的手段得到它，君子是不会这样做的，因为君子坚守道德和本分，不会不择手段达到自己的目的。

君子把名声看得很重，如果抛弃了仁德，君子的好名声就会受损，所以君子连吃一顿饭的短时间也不会忘记仁德。

君子就是在危及自己生命的时候，也不会放弃仁德；就是在颠沛流离艰难的时候，也不会放弃仁德。

君子应该把仁德作为自己终生的追求，把自己仁德的名声看得高于生命的价值。追求和坚守仁德，是君子一生一世的必修课。正如孟子所说："富贵不能淫，贫贱不能移，威武不能屈"，是君子所为，是大丈夫所为。

领导者，应该深刻领会孔子的教诲，要靠德才兼备，追求光明正大的富贵，不能用溜须拍马，买官卖官，贪污受贿，权钱交易，实现富贵的追求。否则的话，到头来也将是身败名裂，身陷囹圄，哪里还有富贵尊严！

【原文】

子曰："参乎！吾道一以贯之。"曾子曰："唯。"

子出，门人问曰："何谓也？"曾子曰："夫子之道，忠恕而已矣。"

【今译】

孔子说："曾参啊！我的思想体系始终贯穿着一个基本概念。"曾子说："是的。"

孔子出去以后，别的学生问曾子："老师说的是什么意思呢？"曾子回答说："夫子的思想体系，主要是忠恕二字而已。"

【注释】

参：指曾参。贯：贯穿，贯通。唯：很快地答应，是的。门人：孔子的弟子。

【点评】

"忠"，"己欲立而立人，己欲达而达人。""恕"，"己所不欲，勿施于人。"

此章，是非常重要的一章，主要阐述孔子的思想体系是始终一致的。我们知道，《论语》全书前后并不连贯，但整个思想体系却始终贯穿着"忠恕"精神。

在孔子的学说中，"忠恕"是实行"仁"的方法，贯穿了孔子全部伦理学说。"忠"要求积极为人，如"为人谋而不忠乎"（《论语·学而》），"己欲立而立人，己欲达而达人"（《论语·雍也》）。"恕"要求推己及人，如"其恕乎！己所不欲，勿施于人"（《论语·卫灵公》），就是你生存，也要别人生存，你发展，也要别人发展。

"恕"的核心是"己所不欲，勿施于人"，就是自己不要做、不想要的，也不要别人做、别人要。这里的"忠"是上限，"恕"是下线。但"恕"不是无原则的让步和宽容，而是按照君子的标准去做。君子对于自己的要求是严格的，对别人的要求是宽容的。

"吾道一以贯之"，说起来容易，做起来很难。有多少人不是虎头蛇尾呢？有多少人不是雷声大雨点稀呢？有多少人不是语言的巨人行动的矮子呢？有多少人不是功亏一篑呢？所以，坚定不移，持之以恒，始终如一地坚守，是非常重要的。

余以为，凡大成就者，不是疯子就是傻子。疯子义无返顾地追求，傻子不计个人得失地舍得，都是成功的关键。

宋朝开国宰相赵普，三起三落，三度为相，一心一意辅佐赵匡胤、赵匡义兄弟。他曾对宋太宗赵匡义说："臣有《论语》一部，半部佐太祖定天下，半部佐陛下致太平。"赵普不计较个人得失，三度为相，先是辅佐宋太祖赵匡胤平定天下，后又辅佐宋太宗赵匡义治理天下，当时名声并不显赫，多活动在幕后。宋朝三百多年的统治，一直执行着他参与制定的方针政策。

"忠"，是儒家"为人处世，安身立命"的标准之一。在家要孝悌，在国要忠敬。待人要忠信，诚信是待人接物之本。

"恕"，做起来更难。人都是自私、利己的；人性，是由无数个欲望组成的。你关心别人、爱护别人、体贴别人，忠于别人都可以。但是，别人欺负你，对不起你，误解你，冤枉你，错怪你，整治你，打击你，诬告你，你怎么办？有人使你含冤受屈，身处逆境，身败名裂，家破人亡，妻离子散，你怎么办？

这里的"忠恕"，是对于一般意义上的好人的误解、错怪，无意中对你的伤害，要包容、理解和宽容。

对于有意伤害你的人，并造成巨大伤害和难以挽回的损失，要以直报怨。对于丧尽天良的坏人，要以牙还牙，决不能利用好人的善良和忠恕，达到不可告人的目的，达到破坏社会秩序的目的。儒家学说的哲学思想，不是书呆子式的，是善恶分明的思想文化。

公冶长第五

【原文】

颜渊、季路侍。子曰："盍各言尔志？"

子路曰："愿车马衣轻裘，与朋友共，敝之而无憾。"

颜渊曰："愿无伐善，无施劳。"

子路曰："愿闻子之志。"

子曰："老者安之，朋友信之，少者怀之。"

【今译】

颜渊、子路两人站在老师孔子的身边。孔子说："你们何不各人谈谈自己的志向？"

子路说："我愿意把自己的车马、衣服、皮袄拿出来与朋友共同使用，即使用坏了也不心疼。"

颜渊说:"我愿意不夸耀自己的好处,也不宣扬自己的功劳。"

子路问孔子说:"我们希望听一听老师您的志向。"

孔子说:"我的志向是让老年人安逸,让朋友之间互相信任,让年轻人得到关怀。"

【注释】

季路:即子路。侍:侍立。盍:何不。裘:皮衣。敝:破旧。伐善:夸耀好处。施劳:表白功劳。

【点评】

人各有志,子路回答言如其人,充分表现出子路的率真、豪爽、大大咧咧的性格。颜回之答,充分显示出其内敛的性格、低调做人的风格。

孔子之答,往大处说,让普天之下的老年人安度晚年,享受儿孙绕膝的安逸;让普天之下的人与人之间互相信任,不再勾心斗角,尔虞我诈,甚至于战争;让普天之下的年轻人都能够得到关怀,受到良好的教育。

往小处说,希望老年人生活安逸,不再奔波劳碌,安享晚年;希望得到朋友的信任,彼此相互关怀沟通;希望年轻人不要忘记我,百年之后还有人怀念我。

孔子的志向,给领导者树立了榜样。为官一任,造福一方。我们所管辖的老人能否安享晚年?朋友之间、官民之间能否相互信任?你离职以后、百年之后有没有人怀念你?雁过留声,人过留名,千年古训!

雍也第六

【原文】

子曰:"贤哉,回也!一箪食,一瓢水,在陋巷,人不堪其忧,回也不改其乐。贤哉,惠也!"

【今译】

孔子说:"颜回啊,是多么有修养的贤德之人!一小筐饭,一瓢凉水,住在简陋狭小的巷子里,别人都忍受不了的困苦,颜回并没有改变自己的欢乐。颜回是多么有修养的贤德之人啊!"

【注释】

箪:古代盛饭的器皿,竹子制作的圆形竹筐。陋巷:小巷,一说陋室。

【点评】

安贫乐道,不慕虚荣,虽然贫穷困顿,无改颜回之德行。颜回之乐,独乐其乐,处其时世,自乐其道。世风腐靡,谁又能独守清贫,乐处愁痛?君子独居于陋巷,而必须乐守其贫?颜回真君子也!

古今学而优则仕的官吏们,大都是知识分子,能否有颜回安贫乐道,不慕虚荣的精神,是考验每一个有良知的知识分子的试金石、分水岭。

【原文】

樊迟问知。子曰:"务民之义,敬鬼神而远之,可谓知矣。"

问仁。曰:"仁者先难而后获,可谓仁矣。"

【今译】

樊迟问孔子怎样才算睿智。孔子说:"尽心尽力引导人民做合乎道义的事情,对待鬼神严肃尊敬,但不接近它,就可以说是睿智的人了。"

樊迟又问怎样才算有仁德。孔子说:"有仁德的人先付出艰难困苦的劳动,然后再获得实际效益,这样就可以说是有仁德的人了。"

【注释】

樊迟:孔子的学生。务:致力,专心。之:动词,使趋向。难:艰苦。

【点评】

全心全意为人民服务,做人民喜欢的事情,心为民所想,情为民所系,利为民所谋,权为民所用,人民群众的愿望,就是领导者努力的方向,为人民趋利避害谋福祉,敬鬼神而远之,不抱大腿,不找靠山,不投机钻营,吃苦在前,享受在后,就是有智慧、有仁德的人了。

【原文】

子曰:"知者乐山,仁者乐水;知者动,仁者静;知者乐,仁者寿。"

【今译】

孔子说:"聪明的人思想活跃,喜爱流动的水;仁德的人朴实淳厚,喜欢稳定的山;聪明的人爱活动;仁德的人爱安静;聪明的人生活快乐达观,仁德的人享受高寿。"

【点评】

"知者乐山，仁者乐水"，余以为有两层意思：

一是表层意思：有人喜欢山，有人喜欢水，余以为更多的人是山水兼而爱之、喜欢之。

二是深层意思：水代表流动、柔性、变通、不争、灵秀、智慧；山则代表稳定、淳厚、伟岸、不屈、宁静。

这一静一动，一个善于柔性变通，一个善于坚持原则，不正是一个人的两面吗？一个不会变通和没有柔性的人，不能适应环境，不能调整自己，是无法生存的，特别是领导者；一个没有坚守和原则的人，没有冷静的思考，没有坚韧不拔的意志，挺不起脊梁，不会被人看得起的，特别是领导者。

常言说：茫茫人海，人生不如意者十之八九，能与人言者不过二三。人生如无变通，特别是领导者，简直是寸步难行，难立于人世。所以，人要有水的性格，水的品德，水的精神，水的灵秀和睿智；还要有山的性格，山的品德，山的精神，山的伟岸和坚韧。

【原文】

子贡曰："如有博施于民而能济众，如何？可谓仁乎？"子曰："何事于仁，必也圣乎！尧、舜其犹病诸！"

"夫仁者，己欲立而立人，己欲达而达人。能近取譬，可谓仁之方也已。"

【今译】

子贡说："假如有这么一个人，广泛地给人民恩惠，而且能够周济大众，怎么样？可以算得上仁人了吗？"孔子说："这哪里仅仅是仁！一定是圣人了！尧舜恐怕也难以做得到。"

"仁是什么呢？自己想要站得住，也要别人站得住；自己想要事事通达，也要别人事事通达。从眼前事实中择例踏踏实实去做，可以说这就是实践仁德的方法了。"

【注释】

尧、舜：传说上古的两位帝王，也是孔子心目中最崇拜的圣君。病：忧愁。立：站得住，自立。达：通达，行得通。譬：比喻。方：途径。

【点评】

"仁"是儒家哲学思想的根本核心。一部《论语》20篇，15000多字，仅一个"仁"字，就出现了104次，由此可见"仁"的重要性。

"仁"，就是自己希望自立于社会，也让别人自立于社会；希望自己能事事成功，也能让别人事事成功。将心比心，换位思考，推己及人，就是现在所说的双赢、共赢的原则。"仁"是区分好人、坏人、君子、小人的分界线，分水岭。孔子之所以伟大，不仅仅是孔子的智慧，更重要的是他教人"为人处世，安身立命"的道理。孔子曰："克己复礼为仁。"就是要克服自己的妄念、情欲、物欲、偏差贪婪的欲望，走上正确的思想道路，而后达到"礼"的境界。

作为领导者，不要仅想到自己的升官发财，更重要的是想到人民的疾苦和需求。

述而第七

【原文】

子曰："德之不修，学之不讲，闻义不能徙，不善不能改，是吾忧也。"

【今译】

孔子说："道德不培养，学问不探求，懂得道理不去实行，错误的地方不能及时改正，这是我忧虑的。"

【注释】

徙：迁徙，这里指见善则迁。

【点评】

孔子认为，君子有四忧：德不修，学不明，知不行，过不改。领导者应以提高自身的道德修养为第一要务，学习是为了明理，明理是为了知行合一，发现过错及时改正，理论联系实际，运用于社会实践。君子的四忧，应是我们所有领导者的四忧。领导者要修德、明理、知行合一、有过必改。否则，将会被历史淘汰，人民厌弃。

【原文】

子曰："志于道，据于德，依于仁，游于艺。"

【今译】

孔子说："要立志求道，要立足行德，要以身行仁，而游习于六艺之中。"

【注释】

据：执守、依据。艺：六艺，指礼、乐、射、御、书、数，是孔子教育学生的六门课程。

【点评】

孔子的"志于道，据于德，依于仁，游于艺"12字，告诉人们如何立志学习，探求事物规律，学以致用，知行合一。领导者理论联系实际的目的是造福人民，而前提是要有为民趋利避害的本领，才能达到"修身、齐家、治国、平天下"的目的。

【原文】

子曰："富而可求也，虽执鞭之士，吾亦为之。如不可求，从吾所好。"

【今译】

孔子说："如果财富可以求得的话，即使是做替别人执鞭开道的下等贱役，我也甘心情愿。如果不能合理求得的话，那还是干我愿意干的事情吧！"

【注释】

而：如果，假使。可求：用正当的方法去求。执鞭之士：拿鞭子为达官贵人开路的下等差役。

【点评】

君子爱财，取之有道。如有生财之道，只要合情合理合法，做下等的差役也心甘情愿；如其不然，还是干自己愿意干的事情吧。孔子的话，值得每一个领导者借鉴，合情合理合法的收入你大胆地拿，贪污受贿的事坚决不做。

【原文】

子曰："饭蔬食，饮水，曲肱而枕之，乐亦在其中矣。不义而富且贵，于我如浮云。"

【今译】

孔子说："吃粗粮，喝冷水，弯起胳膊当枕头睡，也自有乐趣在其中。如果用不正当的手段得到富贵，对于我来说就像天上的浮云。"

【注释】

饭：吃饭。蔬食：粗粮。肱：胳膊。

【点评】

孔子不愿意违背自己的良心、道德信念，用不正当的手段去得到财富。

金钱富贵名誉是人人都想得到的，但如果不以正当的手段得到它，君子是不应该接受的。贫贱和下贱是人人都厌恶的，但如果用不正当的手段摆脱它，君子是不应该这样做的。领导者应该是君子，如果用歪门邪道获得名誉地位金钱，如果用不正当手段摆脱卑微，是可耻的。

【原文】

子曰："仁远乎哉？我欲仁，斯仁至矣。"

【今译】

孔子说："仁德离我们很遥远吗？只要我想得到仁，仁就可以到来。"

【注释】

仁：本心之全德。

【点评】

求仁，仁心就在你的内心。只要你想做好事、做善事、做仁爱之事，想为人民趋利避害，随时随地都可以做。所以说，求仁得仁。

泰伯第八

【原文】

曾子曰："可以托六尺之孤，可以寄百里之命，临大节而不可夺也。

君子人与？君子人也。”

【今译】

曾子说："可以把幼小的君主托付给他，可以把国家的前途命运托付给他，在生死存亡紧要的关头不动摇屈服，这种人是君子吗？当然是君子呀！"

【注释】

六尺之孤：指未成年而继承君位的幼主。托：托付。六尺：合现在四尺多一点，指孩童。孤：少而无父为孤。百里：国家面积方圆百里，指诸侯国，这里代指国政。不可夺：不可夺其志，不动摇屈服。

【点评】

大丈夫生于天地之间，诚信为主，履行诺言，气节为重，可以托付家国天下，可以托付身家性命。《赵氏孤儿》中的程婴，就是一个很好的践行者。君子，智，可兴国；忠，可尽国；信，可托国；身，可献国。

【原文】

曾子曰："士不可不弘毅，任重而道远。仁以为己任，不亦重乎？死而后已，不亦远乎？"

【今译】

曾子说："知识分子不可以不心胸宽广和意志坚强，因为他们责任重大而道路遥远。以实现仁德为自己的历史责任，不也是很沉重的任务吗？（肩负历史的重任）到死方休，道路艰难不是很遥远吗？"

【注释】

宏：广大，指心胸宽广。毅：坚毅，刚毅。仁以为己任：以仁为己任。

【点评】

有志之士，领导者，肩负着历史的重任，承担着民族的希望，"任重而道远"。所以"路漫漫其修远兮，吾将上下而求索"。以实现仁德为己任的君子、领导，不可以没有宽广的胸怀，不可以没有坚强的意志，再远的路也要走，再重的担子也要扛，无怨无悔，终生奋斗不息。

【原文】

子曰："兴于《诗》，立于礼，成于乐。"

【今译】

孔子说："读《诗经》可以振奋精神，明礼可以坚定情操，音乐可以促进事业的成功。"

【注释】

兴：起，这里指"激发"、"振奋"之意。

【点评】

诗，发乎情，止于礼。礼，约束人们的行为规范，使我们的心灵不受污染。乐，陶冶人们的情操，滋养人们的性情，愉悦人们的心灵，净化人们的思想，成就人们的德行。

【原文】

子曰："好勇疾贫，乱也。人而不仁，疾之已甚，乱也。"

【今译】

孔子说："好勇斗力，憎恶贫穷，这是引起社会动乱的根源。对于那些不仁义的人，如果痛恨过于激烈，使他们走投无路，也会迫使他们犯上作乱的。"

【注释】

疾：痛恨。已甚：太过分。

【点评】

好勇，血气方刚、有暴戾倾向的人，如果长期处于贫穷的状态，忍受不了贫穷，小者偷盗抢劫，大者铤而走险，诉诸暴力，造成社会动乱。

那些不仁的人，如果逼迫他们过甚，没有退路，无路可走，最终爆发暴动；为富不仁的人，利益受到严重威胁时，也会采取行动，铤而走险，甚至犯上作乱。无论贫富，都要给人留有生路，人没有了生路，就会为了生存，铤而走险。领导者要切记、切记！

子罕第九

【原文】

子绝四：毋意，毋必，毋固，毋我。

【今译】

孔子杜绝四种毛病：就是，不凭空猜想，不武断专行，不固执己见，不自以为是。

【注释】

意：臆，猜想，主观地猜想。必：必定，这里指主观武断。固：固执。我：自以为是。

【点评】

杜绝凭空猜想、武断专行、固执己见、自以为是这四种毛病，是每一个领导者力求做到的基本功。否则，就会犯错和脱离群众。

【原文】

子曰："法语之言，能无从乎？改之为贵。巽与之言，能无说乎？绎之为贵。说（yuè）而不绎，从而不改，吾未如之何也已矣。"

【今译】

孔子说："合乎正道的话，能不接受吗？但接受之后能够改正是难能可贵的。谦恭顺耳的话，听了能不高兴吗？但能对这些话进行分析鉴别才是可贵的。只高兴而不加分析鉴别，只听从而不改正错误，对这种人我实在是没有办法啊！"

【注释】

法：指礼仪原则。巽：委婉，谦虚，恭敬。与：称许。绎：抽取，分析鉴别或理出头绪，这里是从中体会出道理。末：没有。

【点评】

要善于听从不同意见，有则改之，无则加勉；要善于辨别奉承的语言，谨慎对待，辨明是非。真心的话，心存感激；奉承的话，谨慎对待，不要喜听谗言。领导者，要亲君子，远小人，否则后患无穷。

【原文】

子曰："知者不惑，仁者不忧，勇者不惧。"

【今译】

孔子说："聪明的人不会疑惑，仁德的人没有忧愁，勇敢的人无所畏惧。"

【注释】

惑：疑惑。忧：忧患。惧：恐惧。

【点评】

"知"、"仁"、"勇"，是儒家的重要思想。《中庸》云："好学近乎知，力行近乎仁，知耻近乎勇。"并把"知"、"仁"、"勇"称之为"天下之三达德"。

"知"，是具有丰富知识后的智慧，"知""识"的结合，就是知识；而"知识"是人们在改造世界实践中所获得认识和经验的总和。"知"是"智"，"智""慧"的结合，是"智慧"；"智慧"就是睿智，具有"辨析判断、发明创造的能力"，所以说"知者不惑"。

"仁"，是"爱己、爱别人、爱物、爱万物"；是"己欲立而立人，己欲达而达人"的"忠"和"己所不欲，勿施于人"的"恕"。"仁"，是把自己当人也把别人当人；爱自己也爱别人，爱人也爱物。达到如此高度之后，还会有什么忧愁！所以说"仁者无忧"。

"勇"，是一种勇气、能量、能力、魄力、气势，一种勇往直前的大无畏精神；勇于敢和勇于不敢！具有这种精神的人，还有什么惧怕！所以说"勇者不惧"。

颜渊第十二

【原文】

子贡问政。子曰："足食，足兵，民信之矣。"

子贡曰："逼不得已而去，于斯三者何先？"曰："去兵。"

子贡曰："必不得已而去，于斯二者何先？"曰："去食。自古皆有死，民无信不立。"

【今译】

子贡问孔子怎样治国理政。孔子说："有充足的粮食，有充足的军备，人民信任政府。"

子贡说："如果不得已，要去掉一项，先去掉哪一项？"孔子说："去掉军备。"

子贡说：“如果还不得已，再去掉一项，应该去掉哪一项？”孔子说：“去掉粮食。自古以来，人都要死，但政府如果失去人民的信任，那么国家政事必然不能治理好！”

【注释】

兵：这里指军备。

【点评】

去兵的结果是有被侵略被杀的危险，但还有食物，不至于速死。去食物的结果是挨饿，可能被饿死；但如果政府不能够取信于民，纵然有兵、有粮食，也无法治理。孔子这是针对当时统治者失信于民的结论。执政者，决不能失信于民。得民心者得天下，失民心者失天下。失去人民对执政者的信任支持，离垮台的日子就不会很久了。

【原文】

子张问崇德、辨惑。子曰：“主忠信，徙义，崇德也。爱之欲其生，恶之欲其死。既欲其生，又欲其死，是惑也。‘诚不以富，亦祗以异。’”

【今译】

子张问孔子如何提高道德修养，辨别疑惑。孔子说：“以忠诚信用做人，追求仁义，就可以提高道德水平。爱这个人的时候，就盼望他长寿；憎恨这个人的时候，就诅咒他快死。喜欢他时喜欢他长寿，不喜欢他时又希望他立刻死，这就是疑惑啊！就如《诗经》所说：‘尽管不是嫌贫爱富那样势利，但也如同见异思迁、喜新厌旧一样可笑啊！’”

【注释】

崇德：提高道德修养。辨惑：辨别是非。徙义：指改变原来的思想，向义靠拢。祗：同“只”。这两句引自《诗经·小雅·我行其野》，意思是：“你遗弃我另觅新欢，不是嫌贫爱富，也是喜新厌旧。”

【点评】

崇德，是提高道德修养；辨惑，是辨明是非。爱憎分明是美德，但不要走极端，对人要有基本的看法，不要根据自己一时的好恶爱憎改变对人的看法。爱你时你就是好人，恨你时你就是坏人。只有提高自己的道德修养，才能保持理智，不感情用事，不一会儿说某人好，一会儿说某人坏，这样的话，不是势利眼，就是见异思迁；不是喜新厌旧，就是糊涂蛋。

【原文】

子曰："听讼，吾犹人也，必也使无讼乎！"

【今译】

孔子说："审理诉讼案件，我同别人一样，重要的是要让诉讼事件不发生为好。"

【注释】

听讼：指审理案件；讼：诉讼。

【点评】

以仁礼治国，是孔子的理想。孔子认为，断狱明决还不够，最好没有可诉讼的案件发生。今天的领导者，做到无讼已不可能，但能否减少诉讼的案件，能否主动解决问题，使诉讼的案件解决在萌芽状态？能否减少上访人员？能否减少冤假错案？是检验地方领导者的关键。

【原文】

子张问政，子曰："居之无倦，行之以忠。"

【今译】

子张问怎样治国理政，孔子说："为官，要勤政为国，忠信爱民。"

【点评】

为官要勤政为国，忠于国家，忠于人民，取信于民。

【原文】

季康子问政于孔子。孔子对曰："政者，正也。子帅以正，孰敢不正？"

【今译】

季康子问怎样治理政事。孔子回答说："政，就是正的意思。你自己带头走正路，办正事，那还有谁敢不端正呢？"

【注释】

帅：率领、带头。

【点评】

正，就是正己、正心、正人、公正、正派；就是领导以身作则，起表率带头作用，带领人民走正道。从来没有己不正能正人的人。文件传达千千万，不如自己带头干!

【原文】

季康子问政于孔子曰:"如杀无道，以就有道，何如?"孔子对曰:"子为政，焉用杀? 子欲善，而民善矣。君子之德风，小人之德草，草上之风，必偃。"

【今译】

季康子问孔子怎样施政，说:"如果杀掉坏人，亲近好人，怎么样?"孔子说:"您治国理政，哪能用杀人的方法呢? 您自己做好事，人民就会自然地跟着您做好事了。君子的德行就像风一样，百姓的德行就像草一样，风吹到草上，草就会随风扑倒。"

【注释】

上:一作"尚"，加的意思。偃:扑倒。

【点评】

领导以身作则做好事、善事，人民就会跟着做好事、善事。领导者是风，人民是草，就像草一样随之浮动，所以说风吹草动。领导要以身作则，身先士卒，做人民的楷模、榜样。榜样的力量是无穷的。

子路第十三

【原文】

子路问政。子曰:"先之，劳之。"请益。曰:"无倦。"

【今译】

子路问为政之道。孔子说:"身先士卒，吃苦耐劳，为民表率。"子路说请再多讲一些。孔子说:"持之以恒，不知疲倦。"

【注释】

先之:先于百姓，指代头。益:增加。倦:厌倦，懈怠。

【点评】

领导要身先士卒，以身作则，为民表率，持之以恒，全心全意为人民服务永不懈怠。

【原文】

子曰："其身正，不令而行；其身不正，虽令不从。"

【今译】

孔子说："统治者的行为正派，不用发布命令，人民也会坚决执行；统治者的行为不正派，即使再发布命令，人民也不会听从。"

【点评】

政者正也。统治者不能正己，焉能正人！自己以权谋私，却要人民一心为公；自己贪污受贿，却要下属清正廉洁；自己拉帮结派结党营私，却要部下公正无私五湖四海！可能吗！

【原文】

子适卫，冉有仆。子曰："庶矣哉！"

冉有曰："既庶矣，又何加焉？"曰："富之。"

曰："既富矣，又何加焉？"曰："教之。"

【今译】

孔子到卫国去，冉有给他赶车。孔子说："卫国人口好多啊！"

冉有说："人口多了以后，下一步应该怎么办呢？"孔子说："使他们富裕起来。"

冉有说："已经富裕起来了，还应怎么办？"孔子说："教化他们。"

【注释】

适：往，到。仆：驾驭马车，赶车的人。庶：人口众多。

【点评】

执政三境界：繁荣、发展、教化。孔子的施政方针：发展人口，富裕人民，教化百姓，此途径是符合人性和自然发展规律的。

古代天灾人祸，医疗技术差，人口发展慢，甚至人口减少，所以增加人口是第一要务。而增加人口的首要任务，是发展生产，使人民富裕。富裕后，再教化人民礼仪，提高修养。

【原文】

子曰："苟正其身者，于从政乎何有？不能正其身，如正人何？"

【今译】

孔子说："如果统治者能够使自己的行为端正，对于治国理政还有什么困难呢？如果统治者不能使自己的行为端正，那又怎能让别人端正呢？"

【注释】

苟：如果。

【点评】

为政就是为正。思想端正，为人公正，处世中正，行为正派，是为政之本。如果统治者出于公心，不以权谋私，不贪污受贿，勤政爱民，为政清廉，公平公正，为政还有什么困难？统治者自身不正，却要人民正派，是绝对不可能的。所以，公平公正是为政之本，比空气阳光还重要。

【原文】

叶公问政。子曰："近者说，远者来。"

【今译】

叶公向孔子请教为政之道。孔子说："使国内的人民高兴，使国外的人民归附。"

【注释】

叶：楚国地名。叶公：楚国的大夫沈诸梁，字子高，为叶地县尹。说：同"悦"。

【点评】

孔子说："为政之道在得民心，若能使本国的民众喜悦，外国的民众就会闻风归来。得民心者得天下，获民心者满其欲。为政者要切记孔子的教诲。

【原文】

子夏为莒父宰，问政。子曰："无欲速，无见小利。欲速，则不达；见小利，则大事不成。"

【今译】

子夏做了莒县的长官，向孔子请教怎样治理政事。孔子说："不可求速成，不要贪图小利。求速成，适得其反而达不到目的；贪图小利，就办不成大事。"

【注释】

莒父：鲁国的一个县邑，在今山东莒县境内。宰：古代官名。

【点评】

欲速则不达，贪图小利，则难成大事。这一教诲对今天的领导者是非常适用的。一些地方的领导，急功近利，违背事物规律，铸成大错，劳民伤财，误国害民。有些地方领导，贪图小利和眼前利益，破坏了环境，浪费了有限的资源，违背了长期可持续发展的大计，竭泽而渔，缘木求鱼，可笑、可耻、可悲，愚昧至极！

【原文】

子曰："君子和而不同，小人同而不和。"

【今译】

孔子说："君子与小人和睦相处但不盲目附和，小人盲目附和而不保持和睦。"

【注释】

和：和睦。同：盲目附和。

【点评】

这章是"君子和而不同，小人同而不和"与"君子群而不党"、"君子周而不比"基本上相同，即保持个体的独立性和特殊性，才会有人际之间的和谐统一。一花独放不是春，万紫千红春满园。一个音符演奏不出美妙动听的音乐，一种材料做不出丰盛的宴席。和，是多样性有差异的统一。

其实，孔子追求的"和谐"，是上层社会对下层人民的和谐，也是要求下层人民和上层统治者保持一致。

"和谐"社会，是《礼记·礼运》中的"小康"社会，而不是《礼记·礼运》中的"天下为公"的"大同"社会。古代追求人人平等"尚同"的是墨子，而孔子追求的是有礼制等级差异的"和谐"。

宪问第十四

【原文】

子曰："爱之，能勿劳乎？忠焉，能勿诲乎？"

【今译】

孔子说："真正爱护子女，怎么能不让他接受劳苦的磨炼呢？要想让他们忠贞不渝，怎么能不给他们教诲呢？"

【注释】

老：劳苦之事。诲：教诲。

【点评】

孔子的教子之道：爱子女就要磨炼他们，教诲他们。

真正爱护自己的子女，就应该让他们经风雨、见世面，历经劳苦和苦难的磨炼；要想培养子女忠贞不渝，就要对他们教诲规劝。"自古英雄多磨难，纨绔子弟少伟男"。

一个人无论你多么成功伟大，只要你教育不好自己的子女，自己的子女走向犯罪或危害社会，你做人就是不合格的。如今多少坑爹的孩子，都是父母骄纵的结果。

【原文】

子曰："贫而无怨难，富而无骄易。"

【今译】

孔子说："贫穷而无怨恨，很难；富有而不骄傲，较易。"

【点评】

一个人如果长期处于贫困的状态，食不果腹，衣不遮体，穷困潦倒，没有怨恨，是很难做到的；而一个人长期处于富有的状态，能够保持不骄奢淫逸，也是很难的，但相比贫穷而无怨恨，似乎容易些。一个人如果能做到贫而无怨，富而不骄，是非常值得肯定的。只可惜当今社会的一些暴发户、土豪、贪官们，骄奢淫逸，挥霍无度，自己种下的恶果自己品尝。

【原文】

或曰："以德报怨，何如？"子曰："何以报德？以直报怨，以德报德。"

【今译】

有人说："用恩德来回报怨恨，怎么样？"孔子说："那用什么回报恩德呢？应该用公正回报怨恨，用恩德回报恩德。"

【注释】

以直报怨：指以公正、正直报怨。

【点评】

在日常生活中，是以德报怨，还是以怨抱怨争论不休。在此孔子给了一个明确的答案。"以德报怨"是老子的观点，"和大怨，必有余怨"。意思是"冤冤相报何时了"，不如以德报怨。还有人说，别人打你的左脸，再伸出你的右脸。显然，孔子不同意这种观点。

孔子长期奔波于诸侯各国，接触了形形色色的人物，看到了人生百态，深深了解到人心善恶不一，人群鱼龙混杂，天下并不太平，社会并不美好。如果对人都"以德报怨"是愚蠢的，是善恶不分的，是对好人不公的，是不能助长正气的，是对社会不利的，甚至是不负责任的。善，要肯定，发扬光大；恶，要批判，使它无处藏身！所以，孔子主张"以直报怨"。

孔子的"以直报怨"，是指心里不隐藏怨恨，心里有怨气就以公正、正直报怨，怨气消了就不再抱怨了，这是正常人能做到的。"以德报怨"，太高尚了，不是每人都能做到，行不通。

余以为，"以直报怨"、"以德报怨"要分事、分人对待。

孔子的"以直报怨"，是要以正直、公平、等量、适中的手段来回应怨恨。一个人存心整人，伤害人，犯了严重错误或罪行，给别人造成了严重伤害、损失、痛苦，就应该受到正直、公正、相应的惩罚。人不能无原则地、盲目地宽容、谅解、包容坏人，对其错误的包容，在某种意义上就是对其纵容和支持。

【原文】

子曰："莫我知也夫！"子贡曰："何为其莫知子也。"

子曰："不怨天，不尤人。下学而上达。知我者其天乎！"

【今译】

孔子说："没有人知道我了？"子贡说："怎么说没有人知道你了呢？"

孔子说："我既不埋怨天，也不怪罪别人。我下学人事，上达天命。了解我的大概只有天吧！"

【注释】

下学：学人事。上达：达天命。

【点评】

仔细体味原文，我和孔子之间的距离慢慢拉近，好像是我身边一位和蔼可亲的长者。孔子所处的时代，其生活的环境比我们现在更复杂。他对时代和所处环境的感情，比我们现在更深。伟人都是孤独者，有时孤独却成就了伟人。孔子作为一个人，也同样感叹自己的人生和命运，不被人知，不被人了解和理解。但孔子就是孔子，他表现得非常豁达，别人了解与否，不是主要的，主要的是做自己的事，下学人事，上达天命，天会知道。"不怨天，不尤人"，就是老老实实做人，认认真真做事，怀着一颗向善之心做人，凭着一颗善良之心做事，上对得起苍天，下对得起厚土，内对得起自己的良心，外对得起这份薪水和岗位。从小事做起，从基础知识学起，从基层做起。选好目标，打好基础，做好学问，历练能力，耐得住寂寞。这也许是今天的我们值得学习效法的地方。

卫灵公第十五

【原文】

在陈绝粮，从者病，莫能兴。子路愠见曰："君子亦有穷乎？"子曰："君子固穷，小人穷斯滥矣。"

【今译】

孔子周游列国时，在陈国断了粮食，跟随他的弟子都饿病了。子路有怨，去见孔子说："君子也有穷得毫无办法的时候？"孔子回答说："君子虽然穷，但能够安守贫穷；小人一穷，便胡作非为。"

【注释】

兴：起来行走。愠：怨恨。固：安守。斯：就。滥：胡作非为。

【点评】

知识分子，要耐得住寂寞，守得住清贫，坐得住冷板凳。很多人皓首穷经，博览群书，却穷困潦倒，但他能坚守本分，无怨无悔；而小人却不同，小人如果长期处于贫困状态，就会铤而走险，胡作非为。

【原文】

子曰：“无为而治者，其舜也与？夫何为哉，恭己正南面而已矣。”

【今译】

孔子说：“自己不做什么事，而使天下太平的人大概只有舜吧！他做了什么呢？他只是庄重地坐在王位上罢了。”

【注释】

无为而治：指舜继承尧的帝位以后，由于用人得当，故看不见他本人的作为。也指国君不亲临朝政，只任用贤人代自己管理国家，而使国家大治。

恭己正南面而已矣：由于舜无为而治，人们看到他好像只是庄严端正地坐在帝王的位置上罢了。正南面：代指王位。

【点评】

治国、平天下的最高理想，就是顺其自然，无为而治，达到“天下为公”、世界“大同”的至善境界。无为而治天下，包含把握事物规律，顺势而为，用好人才，使群臣恪尽职守，人尽其才，充分发挥积极主动性。领导者，应学会无为而治，顺势而为的精髓。

【原文】

子曰：“可与言而不与之言，失人；不可与言而与之言，失言。知者不失人，亦不失言。”

【今译】

孔子说：“应与他说的话而不说，就会失去这人的心；不可与他说的话而说，这是说错了话。聪明的人既不错过人，也不说错话。”

【点评】

这是孔子为人处世的智慧，有些话该说不说，则会失人；有些话不该说而说，是说错话，这是失言。聪明人既不失人，也不失言。话不能全说，也不能不说，视人而定，领导者尤甚。

【原文】

子贡问为仁：子曰：“工欲善其事，必先利其器。居是邦也，事其大夫之贤者，友其士之仁者。”

【今译】

子贡问怎样实行仁德。孔子说："工匠想做好他的工作，必须先把他的工具磨锋利。居住在这个国家，就要敬奉那些大夫中的贤人，结交那些士人中的仁人。"

【注释】

工：工匠。利其器：修好他的工具。士之仁者：士人中的仁人。

【点评】

要想把工作做好，必须做好充分的准备；要想在这个国家居住好，必须敬重这里的贤大夫，结交这里的志士仁人。领导者要想把工作做好，不也应该如此吗？

【原文】

子曰："人无远虑，必有近忧。"

【今译】

孔子说："人若没有长远的考虑（规划），一定会有眼前的忧虑。"

【点评】

凡事预则立，不预则废。一个人如此，一个家庭如此，一个单位如此，一个国家更如此。所以国家有"五年规划"、"十年规划"、"两个一百年"或百年大计。领导者，不要急功近利，不要搞形象面子工程，人民群众的眼睛是雪亮的。有规划的人知道十年后自己是什么样子，没有规划的人不知道十年后是什么样子。

【原文】

子曰："君子求诸己，小人求诸人。"

【今译】

孔子说："君子严格要求自己，小人苛求别人。"

【点评】

君子严于律己，宽以待人；小人宽以待己，严于待人。

【原文】

子曰："君子矜而不争，群而不党。"

【今译】

孔子说："君子自重而不与人争强好胜，广交朋友而不结党营私。"

【注释】

矜：庄重。党：结党营私。

【点评】

君子不谋私利，故不争，不结党，不营私，不拉帮结派。为政切忌结党营私，拉帮结派，这是任何君主都难以容忍的大忌，到头来一人犯事，树倒猢狲散，全部受牵连。

【原文】

子曰："君子不以言举人，不以言废人。"

【今译】

孔子说："君子不会因人说奉承话就提拔他，不会因人不好就不听他说正确的话。"

【点评】

正如《反身录》所言："不以言举人，则徒言者不得幸进；不以人废言，庶言路不至雍塞，此致治之机也。"领导者，要亲贤人，远小人，广开言路，能够听取所有人的正确建议。

【原文】

子曰："巧言乱德。小不忍则乱大谋。"

【今译】

孔子说："花言巧语，败坏道德根本。小事不能忍耐，就可能破坏大局。"

【点评】

花言巧语的人，大都缺乏道德。好人如果花言巧语，也会败坏道德根本。所以，认清花言巧语的人，杜绝自己花言巧语。

"小不忍则乱大谋"，是很多做大事人的座右铭。是谋略、权术，也是修身养性的法宝！看用在谁身上。用在好人身上，就是为了大局；用在一般人身上，就是韬光养晦；用在小人身上，就是隐藏真相的伪装。领导者要正确领会这句名言。

【原文】

子曰："众恶之，必察焉；众好之，必察焉。"

【今译】

孔子说："大家都讨厌的人，必须要考察他为什么；大家都喜欢的人，必须要考察他为什么。"

【注释】

察：审察。

【点评】

如果大家都讨厌某个人，一定要考察他为什么？是因为朋党关系排斥他？还是因为他出类拔萃嫉妒他？或他真的是讨厌的人？如果大家都喜欢某个人，一定要考察他是为什么？是真正的好人，人们喜欢他，还是朋党关系、小集团所起的作用？或是好好先生？更要仔细领会孔子的这句名言。

【原文】

子曰："人能弘道，非道弘人。"

【今译】

孔子说："人能弘扬道义（真理），不是道义（真理）能够弘扬人。"

【点评】

大道要靠人们去悉心体察，更要靠人认真去实施、发扬光大；道本身不会自己去实施和发扬光大。所以说，人能弘道，道不能弘人。治国方略是靠领导者去实施执行的，党的精神是靠广大干部发扬光大的。

【原文】

子曰："知及之，仁不能守之，谁得之，必失之。知及之，仁能守之，不庄以莅之，则民不敬。知及之，仁能守之，庄以莅之，动之不以礼，未善也。"

【今译】

孔子说："依靠聪明才智得到的官职，不能用仁德去保持它，即使得到了，也一定会失去。依靠聪明才智得到的官职，能够用仁德保持它，但不能用庄严的态度去治理百姓，百姓也不会尊敬他。依靠聪明才智得到的官职，能够用仁德保持它，能够用庄严的态度去治理百姓，但不能用礼仪来教化百姓，那也是不完善的。"

【注释】

知：同"智"。之：指官位。莅：临，到。

【点评】

知、仁、庄、严，是谋取官位和守住官位的准则。一个依靠聪明才智得到的官位，要用仁德去守住它，要用庄重去守住它，要用礼仪去守住它，否则就会失去官位。没有智慧得不到官位，没有仁德保不住官位，没有礼仪守不住官位，没有庄重稳不住官位。拥有官位的人，得不到人民的尊重，没有礼仪教化，就不够完善。

【原文】

子曰："君子贞而不谅。"

【今译】

孔子说："君子坚守正道，但不必拘泥于小节。"

【注释】

贞：固守正道。谅：指不分是非守信用。

【点评】

君子坚守正义，坚守真理，为了民族大义，要灵活运用，适当变通，不必拘泥于小节。正如孟子所说："大人者，言不必信，行不必果，惟义所在。"

【原文】

子曰："事君，敬其事而后其食。"

【今译】

孔子说："侍奉君主，要把职责内的事做好，把食禄的事放在后面考虑。"

【注释】

事：职责内的事情。食：居官的俸禄（薪水、工资）。

【点评】

孔子认为：为君主做事，要恪尽职守，尽职尽责，先把工作做好，然后才考虑自己的俸禄，也就是现在所说的工资待遇的事情。不要把待遇放在前面，把工作放在后面。孔子的话，对今天的公务员依然有指导作用。我们所做的工作，对得起党和政府重用吗？对得起人民的信任和重托吗？

【原文】

子曰："道不同，不相为谋。"

【今译】

孔子说："所选择的政治道路不同，就不能共同谋划事情。"

【点评】

人所坚持的政治思想路线不同，就没有互相聚集商议的必要，即使磋商，也不可能得到什么结果。

季氏第十六

【原文】

孔子曰："益者三乐，损者三乐。乐节礼乐，乐道人之善，乐多贤友，益矣。乐骄乐，乐佚游，乐宴乐，损矣。"

【今译】

孔子说："有益的快乐有三种，有害的快乐也有三种。以得到礼乐的调节为快乐，以宣扬别人的好处为快乐，以多交贤明的朋友为快乐，这是有益的快乐。以骄奢为快乐，以放纵游荡为快乐，以吃喝宴饮为快乐，便是有害了。"

【注释】

节：调节，节制。道：说。佚游：游荡没有节制。宴乐：饮宴取乐。

【点评】

快乐是人人所追求的，也是人生较高的境界。然而追求快乐，也应有所选择，有所节制，否则就会乐极生悲。能够用礼乐调节，宣扬别人的快乐，多交贤明的朋友，就会受益匪浅；而骄奢淫逸过度的快乐就会伤身，过度放纵游荡的快乐就会伤志，过度吃喝的快乐就会伤胃，这就是乐极生悲。所以，无论做什么事情，都要适可而止，恰到好处，不能过或不及。

【原文】

子曰："侍于君子有三愆：言未及之而言谓之躁，言及之而不言谓之隐，未见颜色而言谓之瞽。"

【今译】

孔子说："侍奉君子容易犯三种过失：不该他说话时他却说话，叫作急躁；该他说话时他不说话，叫作隐瞒；不看对方的脸色便贸然开口说话，叫作眼瞎。"

【注释】

愆：过失，罪过。瞽：盲人。

【点评】

透过说话，可以看出一个人的修养品德。所以，君子要做到不躁、不隐、不瞽。说话恰到好处，不急不躁，不温不火，适可而止。

【原文】

子曰："君子有三戒：少之时，血气未定，戒之在色；及其壮也，血气方刚，戒之在斗；及其老也，血气既衰，戒之在得。"

【今译】

孔子说："君子有三件应该警惕戒备的事：年轻时血气还没有稳定，要警戒自己不要迷恋女色；到了壮年，血气正旺盛，要警惕逞强好斗；到了老年，血气已经衰弱，要警戒自己不要贪得无厌。"

【注释】

色：女色。斗：争斗。得：指贪求名誉、地位、财富等。

【点评】

孔子依据人生的三个阶段，从人性的角度经验之谈。年少时血气未定，精神充足，身体未成，不要过于贪恋女色，过度放纵自己，否则会伤身影响健康成长，所以年少时，戒之在色；壮年时血气方刚，火气旺盛，缺少冷静，容易冲动，干出意想不到的蠢事闯祸，戒之在斗；及至年老体衰，知来日不多，过多地追求不应该得到的东西，如当官的 59 岁现象，趁退休之前大捞一把，以至于晚节不保，身陷囹圄，所以及其老也，戒之在得。

【原文】

子曰："君子有三畏：畏天命，畏大人，畏圣人之言。小人不知天命而不畏也，狎大人，侮圣人之言。"

【今译】

孔子说："君子有三种敬畏：敬畏天命，敬畏权贵人物，敬畏圣人的言论。小人不懂得天命，因而无所敬畏，轻视权贵人物，轻侮圣人的言论。"

【注释】

大人：指身居高位的人。狎：轻侮，亲近而不庄重。

【点评】

孔子这里的天命，是上天的意志和命令，能致命于人，决定人的命运。孔子认为，天命不可违，君子要有所敬畏、忌惮。

畏大人，是敬重天子、诸侯。或许孔子认为天子、诸侯是奉天承运，不可不敬畏；或许是天子、诸侯位高权重，不可不敬畏。

畏圣人之言，是敬畏圣人的言论。圣人之所以为圣人，其言论大都是至理名言，应该敬畏。在孔子眼里，只有尧、舜、禹、汤、文、武、周公配得上圣人，历史上这些圣人的言论是具有威慑力的；圣人的言论有时接近于真理，不得不敬畏圣人的言论。

小人则不同，小人不懂天命，所以他们无所忌惮，胡作非为，不敬畏天命，不敬畏大人，不敬畏圣人言。

【原文】

孔子曰："生而知之者，上也；学而知之者，次也；困而知之者，又其次也；困而不学，民斯为下矣。"

【今译】

孔子说："生下来就知道的人，是上等的人；学习了才知道的人，是次一等的人；遇到困难再去学习的人，是又次一等的人；遇到困难也不学习的人，是最下等的人。"

【点评】

人的知识分为"生而知之"、"学而之志"、"困而知之"。天赋好的，加上后天的努力学习和悟性，可以成为天才；天赋好的，不努力学习，不会有大的成就，充其量不过是个神童而已。天赋一般的，只要努力学习，认真实践，加上悟性，成才的比例是很高的。因为天才的人很少，而且天才大都不努力学习和参加社会实践，成才比例反而不高。有些人学习并不努力，因偶然的机遇，身陷囹圄，或遭遇困厄，却能在困境中顿悟，在逆境中觉醒，奋起直追，最后成就人才、大才。以上这三种人都可以有所成就，唯有遇到困境也不知道学习的人，只能成为最下等的人。

阳货第十七

【原文】

子张问仁于孔子。孔子曰："能行五者于天下，为仁矣。"

"请问之。"曰："恭、宽、信、敏、惠。恭则不侮，宽则得众，信则人任焉，敏则有功，惠则足以使人。"

【今译】

子张问孔子怎样做才是仁。孔子说："能够通行天下的五种品德，就是仁。"子张说："请问哪五种？"孔子说："庄重，宽厚，诚信，勤奋，慈惠。庄重就不会受侮辱，宽厚就能得到别人的拥护，诚信就能得到别人的任用，勤奋就会有功绩，慈惠就能使唤人。"

【注释】

恭：庄重。宽：宽厚。信：诚信。敏：勤敏。惠：慈惠。侮：遭受侮辱。人任：指得到别人的信任。

【点评】

仁的五个标准：恭、宽、信、敏、惠。仁的目的：庄重就会获得人格上的尊严，不会遭受侮辱；宽厚，就会得到别人的信任，获得群众的拥护；诚信，就会得到上级的信任，获得上级的任用；勤奋，就会提高工作效率，获得更好的功绩；慈惠，就会在关爱别人的同时，更好地指挥更多的人。原来仁的益处这么多，这么好！人为什么不去实行呢？急功近利的缘故！鼠目寸光的结果！

【原文】

子曰："色厉而内荏，譬诸小人，其犹穿窬之盗也与？"

【今译】

孔子说："外表严厉，内心怯懦，若用坏人作比喻，大概像个挖洞越墙的小偷吧！"

【注释】

穿窬：穿洞。窬：同"逾"，越墙。

【点评】

小人表面上很威风，内心却很怯弱，实际上是个纸老虎。孔子是否在讽刺当政者的道貌岸然，其实是个伪君子，或像个跳梁小丑，挖洞越墙的小偷。

【原文】

子曰："予欲无言。"

子贡曰："子如不言，则小子何述焉？"

子曰："天何言哉？四时行焉，百物生焉，天何言哉？"

【今译】

孔子说："我不想再讲话了。"

子贡说："您不讲话，我们这些弟子传述什么呢？"

孔子说："老天说了什么呢？春、夏、秋、冬四季照样运行，万物照样生长，天说话了吗？"

【注释】

言：此处指的是身教胜于言教。孔子主张身教重于言教，启发学生在实践中学习、思考。

【点评】

孔子面对混乱的社会，黑暗的政治，是非颠倒，小人得志，不想再对这种社会说什么了。

孔子告诉弟子们，任何事物都是有规律的，天有自身的规律，不用言语，春、夏、秋、冬四季照常轮回，万物照常生长。社会也是一样，这种混乱的社会，总有一天会结束的，你们要学会观察社会，掌握事物发展的规律，用心去体会、领悟，在社会实践中去学习。

微子第十八

【原文】

周公谓鲁公曰："君子不施其亲，不使大臣怨乎不以。故旧无大故，则不弃也。无求备于一人！"

【今译】

周公对儿子鲁公说："君子不怠慢他的亲族，不让大臣怨恨不被信用。老臣故友没有大的过失，就不要抛弃他们。对每一个人都不要求全责备！"

【注释】

周公：周公旦，是孔子心目中的圣人。鲁公：周公旦儿子伯禽，公爵，故称鲁公。施：同"驰"，放松，引申为怠慢。故旧：指老臣故友。大故："故"，指事故，过失。

【点评】

周公旦受封于鲁国，因辅佐武王不能到封地任职，有其儿子伯禽代为前去。伯禽临行前，周公训诫儿子说：立国以忠厚为本。忠厚之道在于亲爱亲族，选贤任能，重用旧部，不要疏远他们，用人不要求全责备。周公的训诫，也是我们领导者应该汲取借鉴的。

子张第十九

【原文】

子张曰："执德不弘，信道不笃，焉能为有？焉能为亡？"

【今译】

子张说："遵守道德不坚决，信仰真理不忠诚，这种人，有他也可，没有他也可。"

【注释】

执：遵守，掌握。弘：经学研究，当今之"强"字。笃：真诚，纯一。亡：无，与有相对。

【点评】

没有信仰和道德底线的人，有他也可，没他也可。一个没有信仰和道德底线的人，对于社会能有什么贡献，只能给社会添麻烦。

【原文】

子夏曰："仕而优则学，学而优则仕。"

【今译】

子夏说："官做好了，有余力就去学习；学习好了，有余力就去做官。"

【注释】

优：有余力。

【点评】

当官还有余力，就要学习，充实自己，提高自己的综合实力，还可以当更大的官；学习好了还有余力，就去当官，施展自己的抱负。古代人学习的目的大都是为了入仕、当官。古代士子选择的余地很少，做官是首选，其次给当官的作幕僚，再次作私塾先生，教育孩子。

【原文】

孟氏使阳肤为士师，问于曾子。曾子曰："上失其道，民散久矣。如得其情，则哀矜而勿喜！"

【今译】

孟氏任命阳肤做法官，阳肤向曾子求教。曾子说："当政者失去道义，人民早就离心离德了。你如果能了解犯罪的真情，就应该可怜同情他们，慎重断案，切不可以断案居功自喜。"

【注释】

阳肤：生平不详，可能是曾子的弟子。

【点评】

秉公断案，要有怜悯之心，慎而又慎。有些犯罪是社会原因造成的，要有怜悯之心，因为死不可复生，断不可复续。

【原文】

子贡曰："君子之过也，如日月之食焉；过也，人皆见之；更也，人皆仰之。"

【今译】

子贡说："君子的过失如同日食和月食；犯错误的时候，人人都看得见；改正，人都仰望。"

【注释】

更：改，改正的意思。

【点评】

人非圣贤，孰能无过，圣贤也有过错。君主的过错，国人看得清清楚楚，就像日食月食一样。当他改正之后，人们更加敬仰他。所以，领导者有了过错和失误，应及时改正。

尧曰第二十

【原文】

尧曰："咨！尔舜！天之历数在尔躬，允执其中。四海困穷，天禄永终。"

舜亦以命禹。

【今译】

尧让位舜时说："啊！你这位舜呀！上天的使命已经落在你的身上了，你要真诚地坚持正确的方针，把握中庸之道。如果你违背了这个道理，使天下的百姓陷入贫困的境地，那么，上天赐给你的禄位也就会永远地终止了。"

【注释】

咨：感叹声，表示赞美的感叹词。天之历数：古代认为日月星辰按照一定的顺序运转，人间帝王也是如此，二者是统一的。允：真诚。执：把握，保持；一说得当。

【点评】

此节是阐述帝王之道及其尧禅让时的政治嘱托。帝尧禅让帝位与舜，舜禅让帝位与禹时，都是这样嘱托的。

尧认为，帝王坚守中庸之道，造福人民，让人民过上好日子，是帝王的政治纲领，施政目的，谁要违背了这项原则，上天就会废黜他的君位。

【原文】

瑾权量，审法度，修废官，四方之政行焉。兴灭国，继绝世，举逸民，天下之民归心焉。所重：民、食、丧、祭。

【今译】

严格地检验，谨慎地确定度量衡，恢复已废弃的官职，政令就会在全国通行无阻。恢复灭亡的国家，继承已断绝世袭贵族的后代，选拔被遗落的人才，天下百姓就会诚信归附。治理国家，一定要重视四件事：人民、食物、丧礼、祭祀。

【注释】

谨：谨慎，这里指严格的意思。权量：权衡重量和容积的标准器皿，指量衡。下句"审法度"和本句义同。本章几段文字不相连贯，可能是词句有缺失。

【点评】

周武王拨乱反正，从精神、物质、文化、制度四个方面着手，稳定民心社会。先恢复已经废除的度、量、衡开始，从公平下手；然后推行政令于全国，恢复灭亡的诸侯国，安抚诸侯之心，已经断绝世袭贵族的后代使其继续传承，安抚贵族之心；选拔天下贤才，安抚人民之心。人心安，则天下安。

然后，治理天下要重视四件事：关注人民疾苦，关心粮食物品的供给，关注丧礼的制度，关注国家祭祀的礼仪。

【原文】

宽则得众，信则民任焉，敏则有功，公则说。

【今译】

宽厚就会得到人民拥护，诚实就会得到人民信任，勤政就会获得政绩，公正就会使人民心悦诚服。

【注释】

任：依靠的意思。

【点评】

总结尧、舜、禹、汤、周武王圣君之事。得民心者得天下，失民心者失天下。

【原文】

子张问于孔子曰:"何如斯可以从政矣?"子曰:"尊五美,屏四恶,斯可以从政矣。"子张曰:"何谓五美?"子曰:"君子惠而不费,劳而不怨,欲而不贪,泰而不骄,威而不猛。"

【今译】

子张向孔子问道:"怎样才可以治理政事呢?"孔子说:"要尊崇五种美德,排除四种恶政,就可以治理政事了。"子张进一步问:"什么是五种美德?"孔子说:"执政者为人民谋幸福,而自己却清廉勤政;减轻劳役和赋税,使人民不产生怨恨;约束自己的欲望,不贪婪;庄重矜持,不骄傲;严肃威严,不凶猛。"

【注释】

尊:崇尚。屏:排除,拒绝。泰:舒服。猛:凶猛。

【点评】

孔子说执政要有五种美德,排除四种恶政,对于今天的领导者,依然有重要指导意义。

【原文】

子曰:"不知命,无以为君子也。不知礼,无以立也。不知言,无以知人也。"

【今译】

孔子说:"不懂得命运,就不可能成为君子;不懂的礼仪,就不可能立足于社会;不善于辨别是非,就不可能真正了解人,认识人。"

【注释】

知:善于分析别人的语言,辨别是非。

【点评】

君子"为人处世,安身立命",就应该懂得天命,知其可为,知其不可为,知进退,知取舍,要顺应天时,顺势而为;要懂礼仪制度,善于辨别是非,善于识别人。

《中庸》

一、中庸之道，中国人的思维准则

【原文】

天命之谓性，率性之谓道，修道之谓教。

【今译】

上天赋予人的本质叫作性，遵循这种本质行事叫作道，按照道进行修养践行叫作教。

【注释】

天命之谓性：天命：即天理。谓：称作。性：本性。教：教化。

【点评】

此节是《中庸》全书的纲领。子思认为，人有一种本质，或者说是一种自然本能与生俱来，上天授予的，叫作性。凡是人类，本性是相同的。人的生命历程，必须遵循这种天性行事，就是道。道，是人生和自然规律，然而人种不同，基因不同，区域不同，人与人之间又有很大差异，这就需要按照道的规律进行教育，提高人们的修养，就叫作教，教育、教化。

【原文】

道也者，不可须臾离也。可离非道也。是故君子戒慎乎其所不睹，恐惧乎其所不闻。

【今译】

道，是时刻不能离开的。如果能够离开就不是道了。所以君子即使在别人没有看到的地方，也是谨慎敬戒的；在别人听不到的地方也是畏惧谨慎、警觉小心的。

【注释】

须臾：顷刻之间。睹：看见。闻：听见。戒慎：恐惧、敬畏的意思。

【点评】

道不远人，相伴我们而行，须臾不可离开。道，穿越历史的时空，无时无刻不在伴随左右着人们前行的轨迹。道，是依据规律，规范人们在人生路上奋勇前进的轨迹道路。人们要时刻遵循大道而行，一个人独处时尤甚。

【原文】

莫见乎隐，莫显乎微。故君子慎其独也。

【今译】

隐蔽的东西没有不被发现的，细微东西没有不显露出来的。所以，在一个人独处的时候要格外谨慎自律。

【注释】

莫见乎隐：见：体现。乎：同"于"，表示比较。隐：此处指心中细微的变化。微：此处指一般人觉察不到的事情。

【点评】

人们的眼睛是雪亮的，要想人不知，除非己莫为。再隐蔽的东西也会被人发现，再细微的东西也会显露出来。所以，人们不要有侥幸心理，认为一个人独处时所做的缺德事情，能够瞒过别人。要在任何时候，都严格要求自己，自律自己，特别是领导者更要如此，贪污受贿，男盗女娼的事情，迟早是会被人发现的，还是自我约束更好。

【原文】

喜、怒、哀、乐、之未发，谓之中；发而皆中节，谓之和。中也者，天下之大本也；和也者，天下之达道也。致中和，天地位焉，万物育焉。

【今译】

人的喜、怒、哀、乐没有表现出来的时候叫作中，表现出来合乎法度的叫作和。中是天下万物的根本，和是贯通天下的准则。达到中和的境界，天地就各具其位了，万物就生长了。

【注释】

中：不偏不倚。中节：符合法度。达道：《中庸》认为，人的感情和谐，是天下共同遵循的道理，故称"达道"。

【点评】

中是体，和是用。所谓中，是喜、怒、哀、乐之未发的状态，是为人处世不偏不倚、无过无不及的客观中正；是不偏不倚、恰到好处的适当、适中；是前后、左右、上下、内外、阴阳、正负动态中的平衡。和，是天地万物通行的准则。人们达到中和的境界，天地就会在中和的状态中各安其位，万物就会在中和状态中发育生长。

【原文】

仲尼曰："君子中庸，小人反中庸。君子之中庸也，君子而时中；小人之反中庸也，小人而无忌惮也。"

【今译】

孔子说："君子的言行合乎中庸之道，小人的言行违反了中庸之道。因为君子能够做到中庸，所以恰如其分；因为小人违反中庸，所以小人肆无忌惮。"

【注释】

中庸：不偏不倚，既不过分也无不足。忌惮：顾忌和畏惧。

【点评】

中，是不偏不倚，恰到好处；庸，是用，是持之以恒，不可改变的坚守。中庸，是用中，是动态中的恰如其分，不可改变，长期坚守的用中；是在动态中持久保持"不偏不倚，无过无不及"状态中的平衡。中庸，是儒家最高的道德标准和行事规则。中庸，不是中立，是"用中"；不是折中，是"适中"；不是调和，是"变通"；不是妥协，是"平衡"。小人反是。

二、君子之道，中国人的做人准则

【原文】

"故君子和而不流，强哉矫！中立而不倚，强哉矫！国有道，不变塞焉，强哉矫！国无道，至死不变，强哉矫！"

【今译】

孔子说："所以，君子能和睦与人相处而不随波逐流，这是多么的刚强啊！君子坚持中庸之道而不偏不倚，这是多么的刚强啊！国家政治清明，君子虽然富贵而不改变穷困时的操守志向这是多么的刚强啊！国家政治黑暗时，君子至死不改变操守志向，这是多么的刚强啊！"

【注释】

矫：是强健的模样。倚：是偏。变：是改变。塞：是未达。

【点评】

孔子所说的强：1. 和而不流，即与人和睦相处却不随波逐流，不附和他人不正确的言行。2. 坚守中正，敢于承担责任，不推诿，不越界，不为私利有所偏离。3. 达则兼济天下，穷则独善其身，坚持操守，不改初衷志向。按照孔子的标准，只有做到这三点，才是真正的强者，才算达到中庸之道。

【原文】

君子之道，譬如远行，必自迩；譬如登高，必自卑。

【今译】

君子实行中庸之道，就像走远路，一定要从近处开始；就像登高山，一定要从低处开始。

【点评】

千里之行始于足下，实行中庸之道，从小处着手，从近处开始，从最容易的事情做起。

【原文】

"故大德必得其位，必得其禄，必得其名，必得其寿。"

【今译】

"所以具有最高道德品质的人，必然得到尊贵的地位，必然得到优厚的俸禄，必然得到显赫的名望，必然得到应有的高寿。"

【点评】

人具有高尚的道德品德，必然会赢得人们的尊重，社会的认可，君主的重用，名扬四海。所以说，大德必得大位，有了大位俸禄待遇自然丰厚，名声自然显赫。一个人能够施展自己的才华造福人民，拥有丰厚的物质基础，受到人们的尊重，自然心情舒畅愉悦健康长寿。

【原文】

"夫大孝者，善继人之志，善述人之事者也。"

【今译】

"所谓孝，就是善于继承祖先的意志，善于发扬光大祖先的事业。"

【注释】

善：善于，能够。继：继承，继续。志：意志，志向。述：传述。

【点评】

最好的孝子，莫过于善于继承先父先祖的意志，善于发扬光大先父先祖的未竟事业，使他们不仅后继有人，而且意志和未竟事业能够继承发扬，延及子孙，造福社会。

【原文】

"故为政在人，取人以身，修身以道，修道以仁。仁者，人也，亲亲为大。义者，宜也，尊贤为大。亲亲之杀，尊贤之等，礼所生也。"

【今译】

"所以说治理国家在于得到贤人，得到贤人，在于国君的自身修养。修养自身要靠道德，修养道德要靠仁爱。所谓仁，就是人，亲爱亲族是最大的仁。所谓义，就是宜，尊敬贤人就是最大的义。亲爱自己的亲人要分远近，尊敬贤人要分等级，这都是由礼所产生的。"

【注释】

人：是贤臣。身：指君身。道：天下之达道。尊贤：尊敬有德的人。杀：是降杀。等：是等级。

【点评】

此节讲"为政在人"。国家治理，关键在于用贤人。能够用好贤人，关键在于君主修身，作出表率，贤人才能归附。君主亲爱自己的亲人，由近及远。一个不爱自己亲人的人，不会爱别人，爱天下人。贤有大小，君主要以大贤为师，中贤为友，小贤为臣，分别对待。所以，君主修身应遵循礼仪，坚守仁义道德为要。

【原文】

"天下之达道有五，所以行之者三。曰：君臣也，父子也，夫妇也，昆弟也，朋友之交也。五者，天下之达道也。知、仁、勇三者，天下之达德也。所以行之者一也。"

【注释】

达：通达。昆弟：兄弟。

【今译】

"天下通行的道有五项，实行这五项道的方法有三种。君臣、父子、夫妇、兄弟、朋友交往，这五项是天下通行的道。智、仁、勇，这三种是天下通行的美德。实行的道理是一样的。"

【点评】

"五达道"，是人际之间的五种伦常关系：君臣、父子、夫妇、兄弟、朋友；"三达德"，是实践这三种关系的必备素质，知、仁、勇。知，是智慧；仁，是仁爱；勇，是勇敢。只有具备这三种素质，才能在实行这五种关系时处理得恰到好处，无过无不及。有智慧才能辨别是非，有仁德才能无私奉献，有勇敢才能迎难而上。"五达道"、"三达德"的核心，是一个"诚"字，必须诚心诚意，全神贯注才能达到目的。

【原文】

"或生而知之，或学而之志，或困而知之，及其知之一也。或安而行之，或利而行之，或勉强而行之，及其成功一也。"

【今译】

"有的人生下来就知道这些道理，有些人经过学习才知道，有些人经过艰难、困惑和探索才知道。他们终于知道通行的道理是一样的。有些人从容地实行这些道理，有些人是看到好处才去实行的，有的人是勉强去实行的。获得成功时的效果是一样的。"

【点评】

人的天性不同，资质不同，基因不同，出身不同，故有生而知之，学而之志，困而知之。但无论如何获得知识，其结果大致是一致的，只不过收获成果，享受成功的时间不同而已。

【原文】

子曰："好学近乎知，力行近乎仁，知耻近乎勇。知斯三者，则知所以修身；知所以修身，则知所以治人；知所以治人，则之所以治天下国家矣。"

【今译】

"爱学习就接近智慧，努力行善就接近仁爱，知道羞耻就接近勇敢。知道这三点，就懂得修养自身的方法；懂得修养自身，就懂得如何治理人；懂得如何治理人，就懂得如何治理国家天下了。"

【点评】

知、仁、勇，是儒家重要的伦理思想。知，即智慧、睿智。知，即知天、知地、知命、知性、知道、知德、知教、知人、知己、知物、知进退、知取舍、知舍得、知责任、知承担、知可为、知不可为。大智，就是有自知之明，审时度势，忍辱负重，不忘乎所以，并能够有以小事大的胸怀。

仁，把自己当人也把别人当人，爱自己也爱别人，爱人也爱物，最终达到和天地万物内外的和谐。大仁，就是有谦恭之心，博爱众生，平等待人，不恃强凌弱，并能够有以大事小的胸怀。

勇，勇者不逞匹夫之勇，鲁莽行事，勇于敢和勇于不敢；勇者，心系天下苍生，主张正义，平定四方，不畏强暴，并能够除暴安良，威震天下之气魄；勇者，是一种勇气、能量、能力、魄力、气势，一种勇往直前的大无畏精神。

【原文】

"凡为天下国家有九经，曰：修身也，尊贤也，亲亲也，敬大臣也，体群臣也，子庶民也，来百工也，柔远人也，怀诸侯也。修身则道立，尊贤则不惑，亲亲则诸父昆弟不怨，敬大臣则不眩，体群臣则士之报礼重，子庶民则百姓劝，来百工则财用足，柔远人则四方归之，怀诸侯则天下畏之。"

【今译】

子思说："大凡治理国家有九条准则：君主修养自身，尊重贤人，亲爱亲族，礼敬大臣，体谅下臣，爱民如子，招集百工技艺，优待周边远来外族的宾客，安抚四方的诸侯。君主修养自身就能使普遍遵循的道理确立，尊敬贤人就不会迷惑，亲爱亲族叔伯兄弟就不会有怨恨，礼敬大臣遇事就不会慌乱，体恤百官则士人就会报恩竭尽全力，慈爱人民人民就会得到勉励，百工聚集就会财政充足，优待边远的少数民族就会四方归附，安抚诸侯就会使天下人畏服。"

【注释】

九经：治国的九条准则。子庶民：像爱护儿子那样爱护百姓。柔远人：安抚远处来的外族人。劝：勉励。

【点评】

治国之本，在于由近及远，由内到外，由此及彼。治国之道，千头万绪，提纲挈领，至为重要，而九经，就是治国的九条纲领准则：1.君主首先要修身，修身则道立；斋明盛服，非礼勿动，非礼勿听，所以修身也。2.尊贤，尊贤则不惑；去谗远色，贱货而贵德，所以尊贤也。3.亲亲，则诸父兄弟不怨；尊其位，重其禄，同其好恶，所以亲亲也；4.敬大臣，敬大臣则不眩，官盛任使，所以敬大臣也。5.体群臣，体群臣，则士之报礼重，忠信重禄，所以体群臣也。6.子庶民，子庶民，则百姓劝，时使薄敛，所以劝百姓也。7.来百工，来百工，则用财足，日省月试，既禀称事，所以劝百工也。8.柔远人，柔远人，则四方归之，送往迎来，嘉善而矜不能，所以怀远人也。9.怀诸侯，怀诸侯，则天下畏之，继绝世，举废国，治乱持危，朝聘以时，厚往薄来，所以怀诸侯也。

前八经，为君王治理国家的大政方针。怀诸侯，是迈向治理天下的重要途径。以仁义怀柔于天下，以信誉取信于天下，以诚实感动于天下，以王者之大仁大德威服于天下。

【原文】

"凡为天下国家九经，所以行之者，一也。"

【今译】

子思说："治理天下国家有九条准则，实施这些准则的道理是一样的，就是以诚待人。"

【点评】

治国平家天下的大政方针有九，九九归一，为一个诚字。

诚，是"为人处世，安身立命"的根本；诚，是做人最基本的准则；

诚，是中华民族的精神力量；诚，是修身齐家治国平天下的立足点和出发点；诚，是发自内心真实无妄身体力行的原动力；诚，是全心全意，全力以赴，为之奋斗献身的一种社会责任，社会担当，民族精神！

做任何事情，都要把诚贯穿始终，做好充足的思想准备，才能战无不胜，攻无不克。

领导者，对人民要诚，对国家要诚，对民族要诚，对党要诚，对事业要诚，对亲友同事要诚。诚，是全心全意为人民服务的前提。

三、至诚之道，中国人成己、成人、成物的准则

【原文】

"凡事预则立，不预则废。言前定则不跲，事前定则不困，行前定则不疚，道前定则不穷。"

【今译】

子思说："凡事先有充分准备的就能成功，事先没有充分准备的就会失败。说话之前事先想好，讲起话来就不会中断失误；做事之前预先想好，做起事来就不会遭受挫折；行动之前预先想好，行动起来就不会遗憾内疚；推行道德之前就预先想好，实行起来就不会行不通。"

【注释】

豫：事先准备。跲：阻碍，不顺畅。

【点评】

"凡事预则立，不预则废"。不打无准备之仗，不做无准备之事，不说无准备之言，不行无准备之路。特别是谋大事，更要做好充分细致的准备。

【原文】

"在下位，不获乎上，民不可得而治矣。获乎上有道：不信乎朋友，不获乎上。信乎朋友有道：不顺乎亲，不信乎朋友矣。顺乎亲有道：反诸身不诚，不顺乎亲矣。诚身有道：不明乎善，不诚于身矣。"

【今译】

子思说："处在下位的人臣，如果得不到君主的信任和支持，就不能治

理好民众。要获得君主的支持有一定的办法，交朋友要讲信用，如果得不到朋友的信任，就不会得到君主的信任。要得到朋友的信任也有一定的办法，对父母要孝顺，如果不孝顺父母，就得不到朋友的信任。孝顺父母有一定的办法，要使自己诚心诚意，如果对父母不是真心实意，就不会真正孝顺父母。使自己诚实也有一定的办法，明白什么是至善所在，不明白什么是至善所在，就不能使自己诚实。"

【点评】

作为封建社会的大臣，要想大显身手，施展才华，把自己的满腹经纶贡献给社会，报效给国家，治理好民众，必须获得君主或皇帝的信任，如果没有君主或皇帝的信任和支持，自己的地位就不会稳定，地位不稳定，就不能安其位，不能安其位，就不能使百姓安其心，不能安其位、安其心，怎能治理好百姓？

怎样才能获得君主的信任呢？要坚守一个诚字。诚的表现方法，先从自身开始，从自我做起，由近及远，先获得父母的信任，再获得朋友的信任，在社会上确立了广泛的信誉，最后才能获得君主或皇帝的信任。

诚，首先要内心诚实，不欺人，不自欺。孝敬父母，诚心诚意；对待朋友，真心实意；对待子女，全心全意；对待君主，忠心耿耿。老老实实做人，认认真真做事，不虚夸，不妄言，勿以善小而不为，勿以恶小而为之。对天、对地、对人、对事、对己、对物，都保持一个诚字。

【原文】

"诚者，天之道也。诚之者，人之道也。诚者，不勉而中，不思而得，从容中道，圣人也。诚之者，择善而固执之者也。"

【今译】

子思说："诚，是天下万事万物最本质的道理，人们要努力做到真诚诚实，因为真诚诚实是做人的基本道理和原则。一个诚实的人，不用勉强就会处世得当，不假思虑就能言谈合适，自然而然坦率从容，就会符合中庸之道，圣人就是这样的。诚，是选择善事而坚持不懈努力去做的人。"

【注释】

诚之：使之诚，使自己做到诚。

【点评】

诚，是万事万物万象的道理，茫茫宇宙，浩淼太空，假如缺少一个诚字，宇宙星系的运行就会乱套，春夏秋冬四时就会乱时。所以，诚是天地万物之道。

人"为人处世，安身立命"，离不开一个诚字，离开了诚信，就会人人自危，个个怀疑，人人受损，诚信的缺失，就会道德沦丧，信誉扫地，人类社会将会付出极其沉重的代价。

【原文】

"博学之，审问之，慎思之，明辨之，笃行之。"

【今译】

"广泛地学习，详细地研究，谨慎地思考，清楚地辨别，忠实地贯彻执行。"

【点评】

学、问、思、辨、行，是知行合一的统一，是理论联系实际的统一，是培养全面人才的必经之路。

【原文】

"有弗学，学之弗能弗措也；有弗问，问之弗知弗措也；有弗思，思之弗得弗措也。有弗辨，辨之弗明弗措也；有弗行，行之弗笃弗措也。人一能之，己百之；人十能之，己千之。果能此道矣，虽愚必明，虽柔必强。"

【今译】

子思说："有未曾学习的知识，要学习到不真正弄懂就不会停止；有未曾请教的疑惑，要请教到不真正弄明白就不会停止；有未曾思考的问题，要思考到不真正领会就不会停止；有未曾辨别的真伪，要辨别到不真正明白就不会停止；有未曾实行的道理，要实践到不真正实施就不会停止。别人一次能够做到的，我用百倍的努力；别人十次能做到的，我用千倍的工夫。如果真能实践这些道理，即使是愚昧的人，也一定会变得聪明；即使是非常柔弱的人，也会变得坚强。"

【注释】

弗：不的意思。措：止的意思。弗措：不停止、不罢休、不半途而废。

【点评】

修身养性，做德才兼备之人，离不开丰富的知识，而知识的积累，不是一朝一夕的事情，需要日积月累，付出终生的努力和勤奋，长期持久地坚持不懈，持之以恒，没有任何捷径可走。所以，一个人立志并不难，难在于守志。"守志如行路，有行十里者，有行百里者，有行终生者。行五十里者众，行百里者寡，行终生者鲜。"一个人只要能够终生坚持不懈地学习，持之以恒地践行实践，再愚昧的人也会变得聪明，再柔弱的人也会变得坚强无比。

【原文】

"自诚明谓之性，自明诚谓之教。诚则明矣，明则诚矣。"

【今译】

子思说："由真诚到明白道理，这是出于天性；由明白道理到真诚，这是因为教化。真诚也就是明白道理了，明白道理了也就真诚了。"

【注释】

诚：是真实无妄。明：是事理洞达。

【点评】

此节阐述诚与明的关系。子思认为，圣人是天生的至诚，所以能够自然而然地明白道理，顺其自然表现出至诚的本性，是"天命之谓性，率性之谓道"；而凡人则需要通过不断地刻苦学习和自身修养，先明白"为人处世，安身立命"的道理后，才能达到至诚的境界，这是教化所致，是由普通人上升到圣贤人的必经之路，就是"修道之谓教"。

【原文】

"唯天下至诚，为能尽其性。能尽其性，则能尽人之性。能尽人之性，则能尽物之性。能尽物之性，则可以赞天地之化育。可以赞天地之化育，则可以与天地参矣。"

【今译】

子思说："只有天下至诚的圣人，才能充分发挥自己天然的本性，能够充分发挥自己天然的本性，就能充分发挥众人的本性。能充分发挥众人的本性，就能够充分发挥万物的本性。能够充分发挥万物的本性，就可以帮助天地生育万物。能够帮助天地生育万物，就可以与天地并列为三（天地人）了。"

【注释】

参：并列。赞：赞助。化育：变化生育。

【点评】

此节阐述，只有达到天下至诚，才能达到圣人的境界；达到圣人的境界，就能充分发挥儒家所说的天性中的善。圣人，则至诚；至诚，则圣人。

由"尽己之性"到"尽人之性"再到"尽物之性"。从"己性"、"人性"、"物性"的共性中，发现自然发展规律，达到天人合一的境界，天人合一境界的核心，是一个"诚"字。

天之覆物、地之载物、人之成物，天地人，构成宇宙赞天地化育的整体；宇宙整体，由成己、成人、成物天人合一的境界，始终贯通于一个大大的"诚"字。

【原文】

诚者，自诚也；而道，自道也。诚者，物之终始，不诚无物。是故君子诚之为贵。诚者，非自诚己而已也，所以诚物也。成己，仁也；成物，知也。性之德也，和外内之道也，故时措之宜也。

【今译】

诚，是自我道德修养的逐步完善，是引导自己逐步走向道德完善的道路。诚，贯穿万事万物的始终，没有诚的规则就没有事物。所以，君子以诚为贵。诚，并不是自我道德完善就够了，还要成全别人、完善万物。完成自我的道德修养是仁，成全万物的是智。仁和智是上天赋予人的美德，把自身的仁智美德，融合与天地万事万物的准则和规律，任何时候施行都是适宜的。

【注释】

成：自己成全自己，即自我完善之意。自道：自我引导，自我规划自己。成己：逐步完善自己。知：同"智"、智慧。性之德：源自本性的德行。

【点评】

深入阐述诚的作用。作者先以成己，然后成人、成物，表达内圣外王之道的理想人格。

成己，是为了成人，成外人；成人，是为了成物、成万物。成己的目的是为了成别人，成人的目的是为了成万物，成万物的前提是先成己。所谓成己之后，由己及人的成人，由己成物的成物，是不仅成就自己。仁的道德境界，智的知识境界，而成为儒家的"知、仁、勇""三达德"的"内圣"境界，就是圣人的境界。

成就圣人的目的：是为了成物，成就别人，成就世界，为实现儒家的"外王"之道铺平道路，最终实现"天下为公，世界大同"，"在止于至善"的理想境界。

追求的目的，是使人们逐步认识和把握事物的规律，接近并运用真理，只要能够做到这些，一个君子无论何时何地，都能完全适应自己的环境，驾驭自己所践行的光明大道。

【原文】

故至诚无息，不息则久，久则征，征则悠远，悠远则博厚，博厚则高明。

【今译】

所以，至诚之德是不会停息的。不停息，就会长久流传；长久流传就会得到验证，验证有效就会悠远无穷；悠远无穷，就能广博深厚；广博深厚，就会变得高超明智。

【注释】

息：间断。远：久远。博厚：广深博厚。高明：高大光明。

【点评】

宇宙间万事万物万象，都有其自身规律，自身规律又遵循宇宙的共同规律，万物按照自身规律运行，天长日久，永不停息，这种按照自身规律又遵循宇宙规律的运行，就是"至诚无息"。

儒家认为，圣人之德，是把握了自然规律，把握了自然规律之后，就会自然而然地按照事物运行的规律行事，不受私欲左右，按其规律办事，就会坚持长久，永不停息。

永不停息的结果，是天长日久，厚积薄发，达到"至诚无息"的境界，久而久之，就会变得高超明智，高超明智之后，就会天地合拍，自然而然，天然浑成，与天地一起，各负其责，化育万物，成人成己成物。

【原文】

博厚，所以载物也；高明，所以覆物也；悠久，所以成物也。

【今译】

广博深厚，就能承载万物；高超明智，就能覆盖万物；悠远无穷，就能生成万物。

【点评】

儒家认为，圣人之德，博大精深，像大地一样承载万物，像苍天一样覆盖万物。这种美德经久不息，长期持久地坚持，就能成就万物，天然浑成，各尽其性，各尽所能，自然而然地发挥作用，在成己、成人、成物的同时，达到"修身、齐家、治国、平天下"。

中庸的功效，是大德受命；至诚的功效，是与天地共同化育万物；天地的法则，是广博、深厚、高超、精明、悠远、长久、不息。

诚，是天地运行的一种力量，一种严肃的运行法则，一种自然而然的运行动力。

一个有作为的人，要效法天地之道，达到天人合一的境界，生命不息，真诚不已。追求至诚，永无止境，永不停息，逐步达到成己、成人、成物，成万物，成就世界的伟大抱负。最终达到儒家所追求的"内圣外王"之道，实现"天下为公，世界大同"、"在止于至善"的境界。

四、礼仪之道，中国人的行为准则

【原文】

故君子尊德性而道问学，致广大而尽精微，极高明而道中庸。温故而知新，敦厚以崇礼。

【今译】

所以君子崇尚自身的道德修养又注重知识学问，使德行达到高尚而广博的境界，学问达到精益求精境界；道德学问达到博大精深高明的境界，就能够遵循中庸之道行事。要做到这些，需要温习已有知识的同时，并获得新知识和道理，为人处世忠厚老实，诚心诚意而崇尚礼节。

【注释】

尊德性：尊崇人的自然本性。道问学：以询问和学习为途径。道：施行。

【点评】

人的学识和道德修养，达到极其高明的程度，才能自然而然地符合中庸之道的要求。达到中庸之道的途径和方法，还有"温故而知新，敦厚以崇礼"，从而达到德才兼备，知行合一，德人合一，仁礼合一，天人合一。

【原文】

是故居上不骄，为下不倍。国有道，其言足以兴；国无道，其默足以容。《诗》曰："既明且哲，以保其身。"其此之谓与。

【今译】

因此，君子身居高位时，要谦虚谨慎，不骄不躁，不以上凌下；君子身居低位时，要安分守己，修养自身，不犯上作乱。国家政治清明时，要积极主动，建言献策，振兴国家，实现个人自身的价值；国家政治黑暗时，要耐得住寂寞，修养自身，保持沉默，足以在乱世修身养性，教子齐家。正如《诗经》所说："聪明睿智的人，既明白时世又通达事理，可以在乱世保全自身。"大概说的就是这个道理吧！

【注释】

骄：不矜持。倍：违背。兴：兴起在位。明：明于理。哲：察于事。

【点评】

君子身居上位时，谦虚谨慎，戒骄戒躁，严格自律，不盛气凌人，不骄横跋扈，不忘乎所以，不恃强凌弱；身居下位时，服从领导，听从指挥，修身养性，安分守己，不怨天尤人，不图谋不轨，不越位乱权，不犯上作乱。

政治清明时，就积极用世，纵横捭阖，叱咤风云，大显身手，论经布道，经济文章，强国富民；政治黑暗时，就归隐山林，隐居自守，修身养性，保持沉默，明哲保身，积蓄力量，教育子孙，等待时机的到来。

【原文】

唯天下至诚，为能经论天下之大经，立天下之大本，知天下之化育。夫焉有所倚？

【今译】

只有天下至诚的圣人，才能谋划制定天下的大法则，树立天下人道的法则，通晓天下万物生长的规律。除此之外，还有什么可依靠的呢？

【注释】

经纶：整理丝缕，理出丝绪叫经，编成绳叫伦。经纶：引申为治理国家大事。大经：大法。

【点评】

此节阐述圣人的德能。只有达到毫无私心杂念的圣人，才能从人类共生、共存、共发展、共赢天下的角度出发，制定天下法则，建立人间正道，化育天下万物。依据至诚之道，按照自然规律，顺其自然之事，就能不思而得，不勉而中，无为而治天下。所以，至诚之道，博大精深，成己、成人、成物之美德，接近于天道。

圣人具有至诚的美德，坚守中庸之道，作为领导者，同样应坚守至诚之道，对党忠诚，，对国家忠诚，对人民忠诚，要去掉一切私心杂念，做到权为民所用，利为民所谋，情为民所系，心为民所想，全心全意为人民服务，人民群众的需求，就是我们努力奋斗的方向！

《孟子》

《孟子》是传统思想文化的元典，是"四书五经"的殿后之作，是中华民族浩然正气的代表作，是"孔孟之道"集大成之书，是元明以来皇家钦定，中华士子科举应试的教科书。

《孟子》"见大人则藐之"的浩然正气，逐渐成为中华民族"舍我其谁"

的大丈夫精神!

程颐说:"周公殁,圣人之道不行;孟轲死,圣人之学不传。道不行,百世无善治;学不传,千载无真儒。"(朱熹《四书章句集注》)是对孟轲中肯的评价。

孟子的浩然正气,大丈夫精神,不能使其如愿,成为一代贤相、帝师,退而求其次,著《孟子》,并因此成为百代帝师、千代亚圣、万代楷模。

孟轲和孔丘一样,怀着一颗报国救民之心,带领弟子,周游齐、宋、滕、魏等国,一度任齐宣王客卿。因仁政王道学说不被采用,无奈退居乡间,晚年与弟子万章等著《孟子》。

孟子把孔子"仁"的观念发展为"仁政"学说。提出"民为贵,社稷次之,君为轻",劝告统治者重民,阐述了儒家的民本思想。认定残暴之君是"独夫民贼",人民可以推翻他。

孟子反对武力兼并不义之战,认为只有"不嗜杀人者"才能统一天下。并极力主张"法先王"、"行仁政"、恢复井田制,省刑薄赋。

孟子提出"性善论",认为人性都具有仁、义、礼、智等天赋道德意识。提出所谓"不虑而知"的"良知"和"不学而能"的"良能"。但也重视环境和对人的影响,反对"逸居而无教"。主张尽心知性知天,并把"知天"看成是尽量扩充本心和发扬善行的过程。

孟子提出养心寡欲,要求"反求诸己",排除观感物累,"善养吾浩然之气",使这气"塞于天地之间",以达"万物皆备于我"的境界。并进而断言:"学问之道无他,求其放心而已。"把治学和认识归结为找回散失本心的心性修养,强调认识论和伦理学相统一的"天人合一"说。

孟子还指出"劳心者治人,劳力者治于人,治于人者食人,治人者食于人"这一历史事实。其学说对后世儒家影响很大,是孔子学说的继承者,故孟子有"亚圣"之称。

"四书"是中华传统思想文化核心的核心,是一套完整的儒家思想体系。如果说《论语》是儒学的真正源头,是"为人处世,安身立命"的大道理;《大学》是横向、现实的、内外的贯通,是"修身、齐家、治国、平天下"的大学问;中庸是纵向的、形上的、上下的贯通,是"天命、率性、修道、中庸、君子、至诚、礼仪"之道的大智慧;《孟子》则是纵横内外、连贯上下,实现了对《论语》的深化与发展。显示出其"见大人则藐之"的浩然正气,"万物皆备于我"、"舍我其谁"、"天降大任于是人"、"富贵不能淫,贫贱不能移,威武不能屈"的大丈夫精神。

"四书"体系,形成立体人生的大道理、大学问、大智慧、大丈夫精神,这正是"四书"作为中华传统思想文化精神核心之所在。

不谋全局者,不足以谋一隅;不通"诸子"、"四书",不可全知《孟子》。

孟子卷一·梁惠王上

【原文】

孟子见梁惠王,王曰:"叟不远千里而来,亦将有以利吾国乎?"

孟子对曰:"王何必曰利? 亦有仁义而已矣。王曰:'何以利吾国?'大夫曰:'何以利吾家?'士庶人曰:'何以利吾身?'上下交征利而国危矣。万乘之国,弑其君者,必千乘之家;千乘之国,弑其君者,必百乘之家。万取千焉,千取百焉,不为不多矣。苟为后义而先利,不夺不餍。未有仁而遗其亲者也,未有义而后其君者也。王亦曰仁义而已矣,何必曰利?"

【今译】

孟子觐见梁惠王,惠王说:"您老人家不远千里而来,将会对我的国家有很多利益吧?"

孟子回答说:"大王为什么要说利益呢? 只要仁义就可以了。王说:'怎样才能有利于我的国家?'大夫说:'怎样才能有利于我的家族?'士人和百姓说:'怎样才能有利于我自己?'这样从上到下都去追求利益,这个国家就危险了! 一个拥有万辆兵车的国家,以下犯上杀害国君的,必定是拥有千乘兵车的公卿贵族。在万乘之国中拥有千辆兵车,在千乘之国中拥有百辆兵车,不能说不多。若是将利益放在前面而将仁义放在后面,那么不夺取更多的财富就永远不会满足。另一方面,没有讲'仁'的会遗弃他的父母的,没有讲'义'的人会犯上作乱的。大王您只要讲仁义就行了，为什么要讲利益呢?"

【注释】

孟子:名轲，字子舆，战国时期邹国人。梁惠王:即魏惠王，魏武侯之子。利:富国强兵之类。万乘之国:乘、古代兵车计量单位。古代以兵车的数量衡量天子、诸侯、大夫的等级和实力，故有"万乘之国"、"千乘之国"、"百乘之家"等说法。弑:以下杀上，以卑杀尊。征:取。上取乎下，故曰交征。国危:谓国将有弑君夺位之祸。万乘之国:天子畿内地方千里，出车万乘。千乘之国:诸侯之国。百乘之家:诸侯士大夫也。餍:吃饱，满足。

【点评】

孟子怀着一腔仁义之心和治国、平天下的伟大抱负，应招来到魏国，觐见魏国国君梁惠王，一开始就和梁惠王展开义利之争。

孟子主要针对梁惠王只注重利益的观念，强调了单纯讲利益的危害，并没有指出一个国家的发展，需要富国强兵，需要利益的支持。不讲利益只讲仁义，是理想主义者;只讲利益不讲仁义，是急功近利的短视者。梁惠王和孟子的观点都不全面。

一个国君，不能不讲利益，也不能不讲仁义;一个应招大臣，也不能只讲仁义，不讲利益。义、利的关系，是精神文明和物质文明的辩证关系，是一辆车的两个轮子，缺一不可。要两手抓，两手都得硬，不能偏废。

孟子，作为一个不远千里而来的应聘者，应该懂得梁惠王招贤纳士的目的。应聘的目的，是为魏国国君建言献策，有利于魏国的发展，施展自己安邦治国的政治抱负，一个大臣，只有得到君主的信任和支持，才能够施展自己的政治抱负，否则，只能是空想。不能只讲仁义不讲利益，一个国家和民族的稳定和发展，需要坚实的物质基础，梁惠王只是讲的不全面;作为应聘者，应该补充君主的不足，并不是前去批评君主只讲利益不讲仁义的危害。假如孟子能够承认梁惠王为富国强兵，追求利益的正当性，再提出仁义的重要性，以弥补梁惠王的不足，任职以后，在实际工作中逐步扭转梁惠王的片面性和不足，是不是要好一些。

孟子应聘的不足，应是当今应聘者应该借鉴的范例，更是下级对上级建议时借鉴的范例。

【原文】

曰："不为者与不能者之形，何以异？"

曰："挟太山以超北海，语人曰：'我不能'，是诚不能也。为长者折枝，语人曰：'我不能'，是不为也，非不能也。故王之不王，非挟太山以超北海之类也；王之不王，是折枝之类也。"

【今译】

齐宣王问："不肯做与不能做，在表现上有什么不同呢？"

孟子回答说："用胳膊夹着泰山去跨越北海，对别人说'我做不到'，这是真的做不到。为年长的人折取一根树枝，对别人说'我做不到'，这是不去做，而不是做不到。所以您没有成为仁德的君王，不属于夹着泰山去跨过北海一类的事，而是属于为年长者折取树枝一类的小事。"

【注释】

形：形状。太山：即泰山。挟：以腋持物。超：越过。

【点评】

王之不王，是不肯为，并非不能为。超出一个人的能力，是不能为，不为罪；一个君王，有利国利民的能力而不为，有造福人民的能力而不为，是罪过。一个领导者，有能力为人民趋利避害，却不作为，是罪过。

孟子卷二·梁惠王下

【原文】

"乐民之乐者，民亦乐其乐；忧民之忧者，民亦忧其忧。乐以天下，忧以天下，然而不王者，未之有也。"

【今译】

孟子说："以百姓的快乐为自己快乐的人，百姓就会以他的快乐为自己的快乐；以百姓的忧愁为自己忧愁的人，百姓也会以他的忧愁为自己的忧愁。以天下人之乐为乐，以天下人之忧为忧，这样的人不能为王，是从来没有的。"

【点评】

得民心者得天下，是千年古训。与民风雨同舟，荣辱与共，忧乐同在的君主，没有不能称王的。君主如此，任何领导者亦如此，要与人民忧乐同在，并具有先天下之忧而忧，后天下之乐而乐的精神。

公孙丑上

【原文】

曰："若是，则夫子过孟贲远矣。"曰："是不难，告子先我不动心。"

【今译】

公孙丑说："这么看来，老师比孟贲强多了。"孟子说："这并不难，告子能够控制住内心的欲望，比我还早呢。"

【注释】

孟贲：当时齐国的勇士，力能拔牛角。告子：名不害，事迹不可考，是当时有名的辩士，曾与孟子辩论。

【点评】

真正的勇者，不是能够战胜凶猛的野兽，而是能够战胜自己的内心，经受住巨大利益的诱惑者。心不动，是一种大勇、大智慧、大定力。所以，胜人者先胜己，胜己者先胜心。其心不动，则身不会动。

领导者的勇，从某些方面讲，就是敢于承担责任，经受住利益的诱惑，做到在权、钱、美女面前不动心，心不动的定力。

【原文】

"其为气也，至大至刚，以直养而无害，则塞于天地之间。其为气也，配义与道；无是，馁也。"

【今译】

孟子说："浩然之气是一种最伟大、最刚强的气，用正义去培养它，不要加以伤害，就会充满于天地之间，无所不在。这种浩然之气，要与道义相结合；没有道义支持，就毫无力量。"

【注释】

大：宏大。刚：刚毅。直：顺其自然。塞：是充满的意思。配：配合帮助。义：道德规范和约束。道：天理之自然。馁：是气不充体，好像饥饿的模样。

【点评】

浩然之气，是无愧于天地良心的正气，是孟子思想的核心。然而，浩然之气，要符合道德规范和顺应天理正气，没有道义的支撑，就失去了浩然之气的基础，变成了江湖义气。

【原文】

"以力服人者，非心服也，力不赡也；以德服人者，中心悦而诚服也，如七十子之服孔子也。《诗》云：'自西自东，自南自北，无思不服。'此之谓也。"

【今译】

孟子说："依靠武力使人服从，人家不会心悦诚服，而是力量不足以反抗；用德行来使人服从，人家才会心悦诚服，就像孔子的弟子归附孔子一样。《诗经》上说：'从西到东，从南到北，无不心悦诚服。'正是这个意思。"

【注释】

赡：足。七十子：孔子弟子三千，身通六艺者，七十有二人，统称为"七十子。"《诗》云：此处引《诗经·大雅·文王有声》诗句。思：语助词，无意。

【点评】

霸者威服天下，只能使人畏惧，不能使人心悦诚服；王者德服天下，依靠道义仁义，使人心悦诚服。武力可使人屈服，不能征服民心；德政可使人心悦诚服，获得民心。所以，领导者不能以权威服人，要以德政服人。

【原文】

"信能行此五者，则邻国之民仰之若父母矣。率其子弟，攻其父母，自生民以来，未有能济者也。如此，则无敌于天下。无敌于天下者，天吏也。然而不王者，未之有也。"

【今译】

孟子承上文说："王者之政，是尽可能地减轻人民的负担，造福人民，使农、工、商、贾、旅行者的人们，都能够受益。如果真正能够做到这五个方面，那么，邻国的百姓就会像仰望父母一样，假如邻国的国君率领这样的人民来攻打他，就好比率领儿女攻打他的父母一样，自有人类以来，这种事情从来没有能够成功的。如这样，就会天下无敌。无敌于天下的称之为天吏。如此而不能统一天下的，是从来没有过的。"

【注释】

天吏：奉行天命，谓之天吏。

【点评】

王者之政，是爱民如子，造福人民，赢得民心，在国家危亡之时，人民会挺身而出，英勇献身，为国分忧。得民心者得天下，得民心者满其欲。领导者要为民趋利避害，做人民心目中的天吏，不要做暴虐之吏。

【原文】

"由是观之，无恻隐之心，非人也；无羞恶之心，非人也；无辞让之心，非人也；无是非之心，非人也。恻隐之心，仁之端也；羞恶之心，义之端也；辞让之心，礼之端也；是非之心，智之端也。"

【今译】

孟子说："由此看来，一个人，如果没有同情之心，就不能叫作人；如果没有羞耻之心，就不能叫作人；如果没有辞让之心，就不能叫作人；如果没有是非之心，就不能叫作人。同情之心，是仁的开端；羞耻之心，是义的开端；辞让之心，是礼的开端；是非之心，是智的开端。"

【注释】

端：头绪，开端。

【点评】

情于中而性于外。按照朱熹的解释："恻隐、羞恶、辞让、是非，属于情的范畴。仁、义、礼、智，是属于性的范畴。心，统领性与情。因人情之发，而可见其本性，犹如事物露出端倪一样。"

恻隐、羞恶、辞让、是非，是情的流露，所以表现出来的是仁、义、礼、智的外在活动。只可惜当今之世，用智的人太多，依据仁、义、礼、信的人太少！

滕文公下

【原文】

"居天下之广居，立天下之正位，行天下之大道。得志与民由之，不得志独行其道。富贵不能淫，贫贱不能移，威武不能屈。此之谓大丈夫。"

【今译】

孟子说："至于大丈夫，应当居住在天下最广阔的住宅（仁）里，立身在天下最正确的位置（礼）上，行走在天下最广阔的大路（义）上。得志的时候，偕同百姓沿着大道前行；不得志的时候，也独自坚持自己的原则。富贵不能迷乱他的心志，贫贱不能改变他的意志，威武不能使他屈膝变节。这样才能叫作大丈夫。"

【点评】

什么是"大丈夫"？人们的认识和理解不太一样。孟子说：不淫、不移、不屈为大丈夫。还有"大丈夫能屈能伸"之说。究竟如何理解，我们先解读孟子之说。

孟子清楚地指出："居天下之广居，立天下之正位，行天下之大道。得志，与民由之；不得志，独行其道。富贵不能淫，贫贱不能移，威武不能屈，此之谓大丈夫。"这句话的前半段，是指一个人若能"居仁、立礼、行义"，在生活及其行为上坚持仁、礼、义的原则，就可以符合大丈夫的基本条件。

"居仁"，是内心仁厚、爱人、爱别人；"立礼"，是遵守道德规范，维护社会秩序；"行义"，是行侠仗义，坚持正义，富有同情心，敢打抱不平。这种内在、自我的内心和行为，基本上是操控在自己手里。但是，得不得志，并不是自己能够左右的。人生谁不想得志？但真正得志的又有几人？孟子讲的很现实，得志时，你就偕同、带领人民沿着康庄大道前进；不得志时，你就独自坚守自己做人的原则，坚守"仁、礼、义"。

后半段，他诠释了"大丈夫"的三个标准。"大丈夫"是孟子给人类设立的一个极高的标准，他以儒家的道德标准来教育人们做高尚的、有道德的人，纯粹的人，做顶天立地的大丈夫。正是儒家这种理念的感召，造就了多少志士仁人，顶天立地的大丈夫，力挽狂澜的英雄豪杰。

孟子卷八·离娄下

【原文】

孟子告齐宣王曰："君之视臣如手足，则臣视君如腹心；君之视臣如犬马，则臣视君如国人；君之视臣如土芥，则臣视君如寇仇。"

【今译】

孟子告诉齐宣王说："君王若把臣下当作手足来看待，那么臣下就会把君王当作心腹来看待；君王若把臣下当作犬马来看待，那么臣下就会把君王当作路人来看待；君王若把臣下当作泥土草芥来看待，臣下就会把君王当作强盗和仇寇来看待。"

【注释】

之："若"的意思。

【点评】

孟子的君臣观：君臣是对等的，人心换人心，八两换半斤。你对我好我就对你好，你对我一般我就对你一般，你践踏我我就把你当作强盗仇寇。难怪朱元璋把孟子清出圣人的庙宇。孟子的确对帝王不恭，也许这也是历代知识分子崇拜孟子的原因之一吧。只可惜程朱理学，把君臣观严重修正，说什么君叫臣死，臣不得不死；父叫子亡，子不得不亡的混蛋逻辑。

【原文】

孟子曰："大人者，言不必信，行不必果，惟义所在。"

【今译】

孟子说："有德行的人，说话不一定句句守信，办事不一定贯彻始终，一切以义为原则。"

【点评】

凡不符合道义的言行，都可以随时随地修改。

在坚守道义的前提下，可以随时随地修正原来的承诺和行为，修正到符合道义为止。所以，宪法可以修改，党章可以修改，国策可以修改，战略可以修改。但要坚持道义为前提，并不是领导者言而无信，信口雌黄的借口。

告子上

【原文】

孟子说："鱼，我所欲也；熊掌，亦我所欲也。二者不可得兼，舍鱼而取熊掌者也。生，亦我所欲也；义，亦我所欲也。二者不可得兼，舍生而取义者也。"

【今译】

孟子说："鱼，是我所希望得到的；熊掌，也是我所希望得到的。如果二者不能同时得到，我便舍弃鱼而要熊掌。生命，是我所需要的；道义，也是我所需要的；如果二者不能同时得到，我便舍弃生命而坚守道义。"

【点评】

解读《孟子》大半部，这句名言深深地打动了我，孟子不是唱高调、说大话，而是真正具有为了坚守道义而大无畏的献身精神。生命诚可贵，道义价更高，为了道义正，生命亦可抛。孟子的大丈夫精神，不知鼓舞了多少志士仁人，为了正义抛头颅、洒鲜血。向孟子致敬！

【原文】

孟子曰："仁，人心也；义，人路也。舍其路而弗由，放其心而不知求，哀哉！人有鸡犬放，则知求之；有放心，而不知求。学问之道无他，求其放心而已矣。"

【今译】

孟子说："仁，是人的本心；义，是人走的正路。放弃了义的正路而不走，丧失了良心不知道去寻求，真是可悲啊！人们家里的鸡犬走失了，都知道去找，而本心丢失了，却不知道寻找。学问之道没有别的，就是把丢失的本心找回来罢了。"

【注释】

放其心：放其良心，失去本心。

【点评】

仁，是本心；义，是正路。仁者，爱人、爱万物，应出之本心；义者，要有浩然正气，走正路。人们丢失了鸡犬，还知道去寻找，而人丢失了最为宝贵的本心，却不知道去寻找。所以，学问之道无他，就是把丢失的本心找回来！

不失本心，守护灵魂，在浮华急躁的当代，仍然是人生最根本的命题。

【原文】

孟子曰："有天爵者，有人爵者。仁义忠信，乐善不倦，此天爵也；公卿大夫，此人爵也。"

【今译】

孟子说："有先天的爵位，也有后天的爵位。仁义忠信，乐于善行而不知疲倦，这是先天的爵位；公卿大夫，这是后天的爵位。"

【点评】

高贵的思想品质，胜于高贵的爵位，只可惜现在的人们，过于追求身份地位、美色金钱，忘记了对高贵品质的追求，对高尚道德情操的仰望。权、钱是人们趋之若鹜的追求，道德是人们口头的追求！

告子下

【原文】

"故天将降大任于是人也，必先苦其心志，劳其筋骨，饿其体肤，空乏其身，行拂乱其所为，所以动心忍性，曾益其所不能。"

【今译】

孟子说："（由此可见）上天准备把重任交给某个人，一定要首先使他的意志受折磨，使他的筋骨受劳累，使他的肠胃忍饥挨饿，使他的全身困乏，使他的一切行为总是不能如意，这样就可以震撼他的心灵，磨炼他的性情，增加他的才干，弥补他的不足。"

【注释】

曾：同"增"，增加。

【点评】

此节，是传诵千古的励志名言。两千多年来，激励和成就了多少仁人志士、英雄豪杰、专家学者、社会精英、国家栋梁、民族脊梁，使他们在身处困境之时坚持，身处逆境时坚强，面对无奈时期待，面对无助时等待，面对无常时忍耐，面对灾难时坚挺，面对饥饿时坚守，面对贫困时有操守，面对穷途末路时坚信，面对压力时坚持，面对屈辱时坚韧，面对伤痛时坚忍，面对死亡时坦然，面对悲欢离合时释然。

古今中外，大凡取得伟大成就的人，又有谁不曾经历过长期艰难困苦的磨练，从"动心忍性，曾益其所不能"，最后成就了辉煌的事业。

【原文】

"入则无法家拂士，出则无敌国外患者，国恒亡。然后知生于忧患而死于安乐也。"

【今译】

孟子说："一个国家，国内没有执法大臣和辅佐的谋士，外部没有敌国威胁和外患的忧患，国家就容易衰亡。这样，才能知道忧患可促使生存，安逸享乐会导致灭亡（的道理）。"

【注释】

法家：法度之世臣。拂士：辅佐君主的贤臣。拂：假借为"弼"。"入则"两句：入：国内；出：国外。

【点评】

"生于忧患，死于安乐"的深刻哲理，忧国忧民的忧患意识，是孟子首先提出来的。告诫人们，只有时刻忧虑国家的命运，关心人民的疾苦，才能使人民奋进，建功立业。

孟子从民本思想出发，阐释他的忧患意识是"乐以天下，忧以天下"，"乐民之乐"，"忧民之忧"（《孟子·梁惠王》）。宋代范仲淹写《岳阳楼记》时，加以引申，成了"先天下之忧而忧，后天下之乐而乐"，进一步发展了孟子的思想。

对于国家政权而言是"生于忧患，死于安乐"，对于个人而言又何尝不是如此？那些在安乐窝生长的纨绔子弟，又有几个成大才的？孟子说："君子之泽五世而斩"，历代王朝世袭，皇帝王公贵族，基本上是一代不如一代，清末的"八旗子弟"，当今坑爹的儿子，就是最好的佐证。为什么？"生于忧患，死于安乐"啊！

尽心上

【原文】

孟子曰："尽其心者，知其性也。知其性，则知天命矣。"

【今译】

孟子说："能尽心尽力去行善，就是懂得了人的本性。懂得了人的本性，就懂得天命了。"

【点评】

要想懂得天命，就要保持善良的本心、本性，尽可能地多做好事、善事，不做坏事、恶事。

【原文】

"故士穷不失义，达不离道。穷不失义，故士得己焉；达不离道，故民不失望焉。古之人，得志，泽加于民；不得志，修身见于世。穷则独善其身，达则兼善天下。"

【今译】

孟子说："因此，士人穷困时不失掉义，得意时不背离道。穷困时不失义，因此自得其乐；得志时不离道，百姓因此不致于失望。古代的人，得志时，惠泽遍及百姓；不得志时，修养品德立身处世。穷困时，独自保持自己的善良；得志时，还要使天下人都保持善良。"

【点评】

一个人应该穷则独善其身，达则兼善天下。穷时独善其身，才能够安身；达则兼善天下，才能够立命；安身立命，才能实现自己的人生价值。

【原文】

孟子曰："仁言，不如仁声之入人深也。善政，不如善教之得民也。善政，民畏之；善教，民爱之。善政得民财，善教得民心。"

【今译】

孟子说："仁德的言语，不如仁德的声望那样深入人心。良好的制度，不如良好的教育能够获得民心。良好的制度，使百姓畏惧；良好的教育，使百姓爱戴；良好的制度，能够得道百姓的财富；良好的教育，能够得到百姓的心。"

【注释】

仁言：仁爱的语言。仁声：仁爱的声音。

【点评】

治国平天下，不仅要有良好的制度，更要有良好的教育。良好的制度能够约束人民，良好的教育能够提高人民的道德水准，仁义之道才能得到顺利的实施，造福人民，赢得民心。

良好的教育比良好的制度重要，执政者要注重德育教化民众，用主旋律引导民众。

【原文】

孟子曰："孔子登东山而小鲁，登泰山而小天下。故观于海者难为水，游于圣人之门者难为言。"

【今译】

孔子说："孔子登上东山，便觉得鲁国小了；登上泰山，便觉得天下小了。所以看过大海的人，对于别的水不易产生兴趣，在圣人门下学习过的人，很难对其他学说感兴趣了。"

【注释】

东山：在今山东蒙阴县南；太山：东岳，今山东泰山。

【点评】

登泰山而小天下，曾经沧海难为水，圣人之门难为言。见过大世面的人，不易激动；历经沧桑的人，懂得珍惜。

【原文】

"人能无以饥渴之害为心害，则不及人不为忧矣。"

【今译】

孟子说："人要是能够不使心志受到类似饥渴对口腹的损害，就不会因赶不上别人富贵而忧虑了。"

【点评】

做到贫贱不能移，就会减少忧虑，但很少有人能够做到，特别是当今物欲横流的时代，人们心目中的贪婪，只剩下了权和钱。所以，怨言铺天盖地，人人牢骚满腹，社会压力沉重。

【原文】

孟子曰："天下有道，以道殉身；天下无道，以身殉道。未闻以道殉乎人者也。"

【今译】

孟子说："天下清明，道就随着人而施行天下；天下黑暗，人就随着道而隐去。从没有听说过牺牲道来屈从王侯的。"

【点评】

孟子认为，君子不能离经叛道，道不能屈从于王侯权势。道是事物的规律，离经叛道则要受到惩罚；道更不能屈从于王侯的权势，因为道是永存的，大于长于王侯的权势。王侯违背了道的规律，同样会受到惩罚，甚至惩罚更重，身败名裂，家破国亡。

尽心下

【原文】

孟子曰："尽信《书》，则不如无《书》。吾于《武成》，取二三策而已矣。仁人无敌于天下。以至仁伐至不仁，而何其血之流杵也？"

【今译】

孟子说："完全相信书，还不如没有书。我对于《尚书·周书·武成》一篇，不过相信其中的两三页罢了。《尚书》中说仁者无敌于天下，以周武王这样最仁道的人，去伐殷纣王这样最不仁道的人，怎么会血流成河把木槌都漂起来了呢?"

【注释】

《武成》:《尚书》篇名。策:竹简。至仁:指周武王。至不仁:指殷纣王。流:是漂流。杵:春米的杵子。

【点评】

尽信书不如无书，读书要有自己的见解，辨别真伪，不能做书虫。

朱熹指出:血之流杵，是殷纣王的队伍阵前倒戈，互相残杀造成的。他认为，孟子没有真正理解事实真相。朱熹的解释是有道理的，因为有记载殷纣王的军队阵前倒戈的说法。

【原文】

孟子曰:"身不行道，不行于妻子;使人不以道，不能行于妻子。"

【今译】

孟子说:"自己不依道而行，道在妻子儿女身上也实行不了;使唤别人不合乎道，连妻子儿女都使唤不了。"

【点评】

孟子认为，君子要身体力行于道，不能仅靠说教的假大空骗人，仅靠说教的把式是行不通的。有令不行，有禁不止，首先要从领导身上查找原因。治国如此，教子亦如此!

【原文】

孟子曰:"民为贵，社稷次之，君为轻。"

【今译】

孟子说:"百姓最重要，土谷神次于百姓，君主地位更轻些。"

【注释】

社稷:代指国家。社:土地神。稷:谷神。

【点评】

建立国家，所立者有三:人民、社稷、君主。民为重，社稷次之，君为轻。人民是国家的根本，没有人民，哪有国家? 古语云:"民惟邦本，本固邦宁"，所以人民最重要;社稷系一国之基础，民以土地为安，没有疆土，人民何以立身？然仅有土地不种谷物粮食，人民何以生存？民以食为天，因此社稷次之；国家有了最为重要的人民，然后有了疆土、谷物粮食，还需要君主的领导统帅治理，所以君主为轻。

统治者要牢牢记住孟子的教诲，人民最大，人民是天，人民是你的上帝！封建王朝的天子，只知道自己是上天之子，却不知道自己是民之子；只知道奉天承运，却不知道奉民承运！

【原文】

"是故得乎丘民而为天子，得乎天子为诸侯，得乎诸侯为大夫。"

【今译】

孟子说："所以得到百姓的拥护可以做天子，得到天子的信任可以做诸侯，得到诸侯的信任可以做大夫。"

【注释】

丘民：田野之民。

【点评】

"民惟邦本，本固邦宁"，民虽卑微渺小，但亿万兆民，乃为国之本，所以得民心者得天下，失民心者失天下；天子乃国之至尊至荣，然得其欢心，不过诸侯而已；诸侯尊贵，然得其欢心，不过大夫而已。所以说：民为重，社稷次之，君为轻。

【原文】

孟子曰："诸侯之宝三：土地，人民，政事。珠宝玉者，殃必及身。"

【今译】

孟子说："诸侯有三样宝：土地，人民，政事。以珍珠美玉为宝贝的，祸害一定会降临到他身上。"

【点评】

民惟邦本，人民是国家的根本，当然是第一宝贝；土地是人民赖以生存的根本，当然是第二件宝贝；政治制度，是管理国家的大政方针，当然是第三件宝贝。珍珠美玉不过为身外之物，点缀之品，如果执政者把它们做宝贝，置人民、土地、政事于不顾，祸害一定会降临到他身上，古今中外的帝王权贵，玩物丧志的下场，就是国亡家破。

【原文】

孟子曰："养心莫善于寡欲。其为人也寡欲，虽有不存焉者，寡矣；其为人也多欲，虽有存焉者，寡矣。"

【今译】

孟子说："修养品行最好的办法就是减少欲望。一个人求利的欲望少，即便是善性有所丧失，也很少；一个人求利的欲望多，即便是善性有所保留，也很少。"

【点评】

孟子认为，养心最好的办法是减少欲望，欲望少了，才有利于修身养性，减少烦恼和痛苦。当今社会上人们的痛苦和烦恼，大都来自于欲望太多。人最为基础的快乐，莫过于知足常乐。

【原文】

"由孔子而来至于今，百有余岁，去圣人之世，若此其未远也；近圣人居，若此其甚也，然而无有乎尔，则亦无有乎尔。"

【今译】

孟子说："从孔子到今天，又有一百多年了，离开圣人的时代这样近，距离圣人的故乡这样近，这样的条件不还是没有继承的人，那也不会有继承人了。"

【点评】

周公殁，圣人之道不行；孟轲死，圣人之学不传。道不行，百世无善治；学不传，千载无真儒。

孟子感叹圣人之学无人继承，然孟子心中早以传人自命。历史证明，孟子的确是孔子之学继往开来的第一人，孔子为圣人，孟子为亚圣，被两千多年来学者认可，被两千多年来封建帝王认同。

《孟子》一书，正是"四书"的殿后之作，也是"四书"的经典之作。孟子没有遗憾，他是当之无愧的儒家学说的传承人和发扬光大者。

孟子生不能为贤相、帝师，死后被尊崇为百代帝师，千代楷模，万世师表！孟子的浩然正气，成为中华民族的浩然之气；孟子的大丈夫精神，成为中华民族的大丈夫精神！

《易经》

《易经》，是中华文化的活水源头，是一部古老的筮占之书，汉时被奉为儒家经典，备受历代学者重视。两千多年来，有关《易经》的著述层出不穷，对于中国思想文化的发展起到了相当重要的作用，儒、道、墨等诸子百家均受《易经》的影响。孔子明解《易经》，给《易经》作传；老子暗解《易经》，著述一部《道德经》五千言。

《易经》作为一部古老的筮占之书，它的意义已经远远超出了筮占的范围，它丰富的文化内涵，使我们在研究中国古代许多重大问题时，都不能绕开它。也许正是由于这个原因，在中国历史上，几乎每一个大思想家、哲学家，同时又是《易》学家。

《易经·上经》

乾卦

【题解】

《乾》卦为六十四卦之首，它最大的特点是六爻皆为阳爻，是六十四卦中唯一的一个纯阳卦。《乾》卦以"天"来喻指其刚健、正大的美德，又以"龙"为喻，宣示"天"的纯阳刚健精神，阐释天体运行的规律。这两种比喻实际上是说一体一用的关系，即"天"为"乾"之体，"龙"为《乾》之用。《易经》全书，都是以象征性的比喻来说明事物的特征和运行规律。唯其在《乾》卦中更为突出、显著。

《乾》卦开篇以"元、亨、利、贞"四言，高度概括"天"具有开创万物，并使之亨通吉利、和谐富裕、光大正直的功德。这些"功德"不仅是"乾道"之本，也是万物万事之本。以这种根本说明人事，则君子之行；或"勿用"，或"乾乾"，或"利见大人"，或亢而"有悔"。但是，作为君子，始终如一的精神是"天行健，君子以自强不息"。

【原文】

乾：元、亨、利、贞。

【注释】

乾：卦名。下卦上卦皆为乾。象征天，其性刚强，具有阳刚、健美之德。元亨：大吉。元：大、开始；亨：亨通、顺利。利贞：利于占筮。贞：占筮、卜问。又解释为：元：始；亨：通；利：和；贞：正。

【今译】

"乾"卦象征着天：是万物的开始，具有亨通的力量，具有和谐而有利于物的能力，具有光明正大的品格。筮得此卦大吉大利。

【点评】

古人认为，宇宙从混沌开明以后，天就以浩渺无际，阳光普照大地，高不可测，大不可知，神不可解，妙不可言，周流运转而有规律，瞬时变化而又无穷，既有春夏秋冬昼夜往复的循环，又有风云变化莫测的神秘，天制约着大自然的变化无穷，又主宰着人类生老病死的一切活动，天赐予人类一切祸福吉祥，吉凶顺逆。

【原文】

初九，潜龙，勿用。

【注释】

初九：《易经》六十四卦有六爻构成，其位序自下而上，名曰初、二、三、四、五、上六个爻位组成。此处因爻位处于一卦中的开始，所以叫"初"。古代用《易经》占筮时，用"九"代表阳，用"六"代表阴。本爻为阳爻，故称"初九"。

潜龙：初九以潜伏在深水中龙，象征着一个人的力量和道德还没有成长到足以发挥自己作用的时候。

勿用：龙在深水中潜伏时，因为尚未等到腾飞的时机，故宜于潜伏在下，以等待时机。

【今译】

初九，当巨龙还潜伏在深渊之时，暂时不宜施展自己的才能。

【点评】

等待时机。龙是中华民族的图腾，是古人想象中刚健而美善的三栖神异动物，既能潜伏于深渊，又能驰骋于陆地，还能腾飞于九天，威力强大而变幻无穷，成为中华民族的文化符号。

数千年来，这种文化符号象征着中华民族，神通广大，凶猛威武，乾乾刚健，自强不息；又象征着能屈能伸，变幻无穷，韬光养晦；还象征着神龙见首不见尾的神秘莫测。正是这种精神，才使世界四大文明古国中华文化独存于世界。

此处"初九"以其在《乾》卦的不利位置，象征着君子的德才，还不能达到实现自己理想腾飞的时机，需要继续潜伏在深水之中修炼，耐住寂寞，隐忍修行，不轻举妄动，等待时机成熟，一举腾飞在天，遨游苍穹。也象征着人得志，便兼善天下，不得志，便独善其身！

人无刚则不立，无柔则不活，无变则不通，无神秘则不威。龙，具备这所有的品质和特点，所以龙令人敬仰。

【原文】

九二，见龙在田，利见大人。

【注释】

见（xiàn）：出现。田：田地。九二在初之上，已上于"潜"位，故以田地象征。大人：是贵族的统称，这里指有道德修养并身居高位的人。

【今译】

九二，当巨龙出现在田野时，有利于大才大德之人出世。

【点评】

把握时机。"九二"有多种解释：1.当巨龙出现在田间之时，有利于德才兼备的大人物出现；2.有利于德才兼备的大人物施展才华；3.德才兼备的大人物来到民间。

按第三种解释：以龙来象征着德高权重的大人物。龙出现在田间之时，就如同德高权重的大人物来到民间，微服私访，体察民情，是值得高兴的事情。此时，如果你能够见到他，就是遇见了贵人，是难得的机遇，或许能帮助你实现理想。

【原文】

九三，君子终日乾乾，夕惕若厉。无咎。

【注释】

君子：是贵族和读书人的统称，后来泛指有才德的人。乾乾：乾而又乾，即天行健，自强不息的意思。惕：戒惧警惕，小心谨慎。厉：危险。咎：灾祸。

【今译】

九三，君子终日健行不息，时刻戒备警惕，这样即使遇到危险，也能逢凶化吉，遇难呈祥。

【点评】

时机到来。时机到来，大显身手，进取需谨慎，得意莫忘形。时机到来，需要积极进取，自强不息，但要时刻保持警惕，得意不忘形，才能勇往直前，即使遇到困难阻力，也会战胜困难，逢凶化吉，遇难呈祥。

【原文】

九四，或跃在渊，无咎。

【注释】

或：有时。跃：暂时飞起的样子。渊：深渊，这里指龙安身之处。

【今译】

九四，巨龙伺机而动，有时腾飞九天，有时退居深渊，这样才能保全自己。

【点评】

待时而动，随机应变，顺势而为。时机一旦成熟，就应腾飞九天，遨游苍穹，施展才华，造福人类。但前途是光明的，道路是曲折的，时机瞬时万变，如遇不可抗拒的力量，就及时退居深渊，等待时机再次的到来，并借此机会修身养性，积蓄重飞的力量。只有顺势而为，才能进退有据，保全自己。

【原文】

九五，飞龙在天，利见大人。

【注释】

九五，飞龙在天：九五在爻位上象征着君王，古人以龙比君，九为阳，为高，故以"飞龙在天"象征着君王处于大有作为之时。

【今译】

九五，巨龙腾飞九天，俯视人间，有利于发现大德大才之人。

【点评】

龙飞九天。只有龙飞九天，才能俯视世界，才能客观公正明察。九五之尊，象征着帝王君临天下，是最好的卦。巨龙只有腾飞九天，才能俯察天下万事万物，才能摆脱俗务，认清事物本质和人物的真相，才有利于发现德才兼备国之栋梁，识别真小人，看清伪君子。

【原文】

上九，亢龙，有悔。

【注释】

亢龙：极度，过高，甚。上九位于《乾》之极高之处，故曰"亢龙"。悔：困厄，悔恨，这里指不幸，懊悔的事情。

【今译】

上九，巨龙飞行至极顶，必遭困厄。

【点评】

物极必反。天生万物，有盈有亏，谦受益，满则损，是"为人处世，安身立命"之道。无论是万民敬仰的九五之尊，还是凡夫俗子的黎民百姓，都要懂得时可而止，知进退，知取舍，知足常乐，不要人心不足蛇吞象。知识改变命运，但较慢；贪婪改变命运，却很快。

【原文】

用九，见群龙无首，吉。

【注释】

用九：《易经》占筮，凡筮得阳爻，其数或为七或为九，而九可变，七不变，所以用九不用七；而若就得六爻皆为九时，便以"用九"爻占断。九，纯阳之数，象征着天。群龙：指六个阳爻。首：头，首领。此爻是所谓"有象无位"之爻。

【今译】

用九，天空出现一群巨龙，但都不以首领自居，大吉大利。

【点评】

谦让之德。谦让之德，同和之美，无为而治天下。九为天德，若六爻

皆变，则变为《坤》卦，阳刚之性变为阴柔之态，故而"无首"，而群龙相
聚，是阳中有阳。

群龙以其纯阳之德、阳刚之性于变中而不自居首位，具有同和之美，
谦让之德，顺势而为，所以就显得吉利。天生万物，各有特色，万物齐一，
都是平等的，没有高低贵贱有用无用之分，只不过各尽其职，各显其能，本
性显现，把本职做好，无需首位，或者不显示首位，都是依据自然规律，顺
势而为，无为而治天下，这是天下的大智慧。

《象辞上传》

乾卦

【原文】

《象》曰：大哉乾"元"，万物资始，乃统天。云行雨施，品物流形。
大明终始，六位时成。时乘六龙以御天。乾道变化，各正性命，保合大
和，乃利贞。首出庶物，万国咸宁。

【注释】

《象辞传》：《易经》之一。随上经下经分为上下两篇，共六十四节，即六十四卦，
每卦一节，分别解释各卦卦名和卦辞含义，揭示一卦要旨，又称《象传》。象：断定一卦
之义。乾元：乾之元气。元：元始，指原始之气，即阳气，阳和之气开始产生。资：取，
凭借。统天：统属于天。统：领。天：大自然，即以天为形象的整个宇宙。品物：各类事
物，即万物。品：众。流形：流散扩展而生成形体。大明：指太阳。终始：往复运转。六
位：即一卦六爻的初、二、三、四、五、上这六个爻位。一说六爻之位；一说六个方位。
时间：这里指"按照时间"。乘、御：驾驭。乾道：天道。正：确定。性命：性质，属性。
大和：太和，阴阳二气的对立和谐，阴阳化合之气，即太和之气。庶物：即众物。万国：
天下万方之地。咸：皆，都。宁：安宁。首领：首先。

【今译】

《象传》上说：崇高而伟大的上天啊！您是天下万物的统领，天下万物
依赖您的阳气而生生不息，世间万物都统属于您的天道运行。云儿在天空飘
荡，雨水降落在大地上，万物随地成形。辉煌温暖的太阳周而复始地运转，

按照天地四方六种方位循环往复昼夜变化和春夏秋冬四季的温差变化。犹如羲和驾驭着六条巨龙拉着太阳运转在天空。虽然大自然变化莫测，但又有自己的规律保持事物正道的本性。保全太和元气，以利于守持正固。阳气周流不息，当春天到来时，大地又沐浴在春光里，万物复苏，天下万方都和美安泰宁静。

【点评】

《象传》以优美动情的语言歌颂了《乾》卦所具有的美德。乾，象征着天，不仅开启了光明，而且还以"元、亨、利、贞"的品德成就了四时有序：春配元，夏有亨，秋成利，冬藏贞。这样周而复始，使得万物依赖于天的光明温暖而生生不息。古人还想象，天有序地运行着光明温暖的天，是"龙"牵引着太阳和月亮来巡视天空，准时而有序，变化而又有规律，这许是龙服务人类的结果，或是上天的眷顾。

龙自"潜伏"、"在田"、"乾乾"、"跃渊"到"在天"的变化，实际上是阳气在不断升进的过程，也是冬至到夏至六个季节时序的变化，正因为天能够遵循规律，各安其性，各尽其责，各司其职，才使得天地之间始终充满着太和之气，致使万物兴旺茂盛，生生不息，万方安宁，天下安泰康宁。

《象辞上传》

【原文】

《象》曰：天行健，君子以自强不息。

【注释】

象：即形象、象征之意。在《易经》中，象有二义；一是指卦形和挂爻辞，故《系辞下》曰："《易》者，象也。"二是指"十翼"中的《象传》，旨在阐释卦象、爻象的象征意义。这里指第二义。行：指天道。这里指天体的运行。君子以自强不息：指君子效法《乾》卦之"健行"之象，立其身，行事始终保持奋发图强的精神。

【今译】

《象传》上说：天体以刚劲坚强的方式运行，君子也当像天体的运行一样自强不息。

【点评】

《象传》说事论理的根本依据是因"象"取义，当然，也是《易经》中描述事物情景的根本特征。《乾》卦的《象传》，概括天象总体的运行就是"健"，"健"的特征具体到一个人的品质，就是自强不息的精神。《乾》卦各爻辞的意义，是在"健行"的特征上展开。

一个人如果一生具有自强不息的精神，就会精神焕发，勇往直前，坚忍不拔，成就大业，造就丰功伟绩；一个国家和民族具有自强不息的精神，就会同心同德，国强民富，民族振兴，屹立于世界民族之林，成为令人羡慕的民族，令人向往的国家，生生不息，万古传承。

中华民族独立于世界五千年之久，成为世界四大文明古国唯一幸存的国家，正得益于这种"天行健，君子以自强不息"的精神！中华民族"天行健"的价值观，造就了中华民族的伟大精神和人文情怀！

《象辞上传》

坤卦

【原文】

《象》曰：至哉坤元，万物资生，乃顺承天。坤厚载物，德合无疆。含弘光大，品物咸亨。牝马地类，行地无疆，柔顺利贞。君子攸行，先迷失道，后顺得常。西南得朋，乃于类行。东北丧朋，乃终有庆。安贞之吉，应地无疆。

【注释】

至哉坤元：坤，为地。元，大。这里指生育万物的大地有至善的美德。无疆：地广博无边，长久无疆。品物：即万物。亨：亨通畅达。后顺得常：常，经常恒久之道。《坤》为阴卦，其德为柔顺，其行应顺从。若"先行"则迷，故曰"先迷"；若后随于阳刚之德，则能得其恒久之道。类型：类，类别，这里指同类之人。类型，就是与志同道合之士同行。终有庆：庆，福庆吉祥之事。"先迷"而"后顺"，故"终有庆"。安贞之吉：安，安分，安心。贞：正直，正道。即安分守正就会吉祥。

【今译】

《象传》说：美德至极的大地啊，万物的滋生都依赖您，您顺承天道，厚实的大地上承载着万物，天地相合，阴阳相生的德行广大无边。您孕育着一切生命并使之发扬光大，使万物都能亨通和顺。雌马是大地上的一个物种，它能驰骋在无边无际的大地上，以柔顺的性情安分守正。君子若争先前行，易迷失正道，若随顺人后，才能觅得宇宙运动变化的常理。往西南方向前行，就会得到朋友，并且可以与朋友共赴前程；若向东北方向前进，则会失去朋友，但最终还会吉祥福庆。安分守正的吉祥，应和着大地的美德，向无边无际的远方展开前行。

【点评】

"坤元"的美德，不仅在于她生育万物的厚实博大，更重要的是她柔顺公正、宽广顺和的博大胸怀。因此，她上可以顺承阳光普照而养育万物的生长，下可以安分随顺地承载万物的往复循环。这是因为对应《乾》卦的《坤》卦，有着阴柔之美和随顺而安的高尚品性，她安于处下，不与乾争，甘于在后，默默无闻，润物无声，方能长久无极，辽阔无疆。如能保持她的本性之正，就会是吉祥福庆；如违背其自然规律，违背其内在的本质而欲争强好胜、抢先出头，就会迷失方向。

坤卦，劝善人们不仅有承载养育万物的能力，显示大地的阴柔之美，而且有安于处下，不与人争，默默无闻，甘于处后，保持内心纯正高尚的品德。

《象辞上传》

坤卦

【原文】

《象》曰：地势坤，君子以厚德载物。

【注释】

地势坤：坤，上、下均为阴，为地，故地势有随顺之德。坤为顺。厚：用如动词，在这里有增进、增厚的意思。

【今译】

《象传》说：广袤无垠的大地啊，包含着随顺安分的美德。君子从中悟出做人的道理，以大地之德来修养自己的品德，犹如大地一样包容万物，承载万物，养育万物。

【点评】

《乾》之德，在于刚健和自强不息；《坤》之德，在于阴柔和厚德载物。坤之所以如此，在于《坤》能够找到自己的位置，不与《乾》争先。

《坤》知阳而守阴，知雄而守雌，知先而甘后，知上而处下，知强而守弱，随和顺从阴柔的美德。君子应从顺从地理之情、地势之性中悟出做人的道理，谦虚谨慎，低调做人，宽厚待人，温良恭俭让，与人为善，穷则独善其身，达则兼善天下；执政者应从中悟出治国、平天下的道理，韬光养晦，厚德载物，亲、诚、惠、容，为人类趋利避害，造福天下苍生。

"厚德载物"、"自强不息"，是中华民族五千年的价值观和精神内核，引领中华民族千秋万代，生生不息！厚德载物也，厚德载福！是君子之福！中华民族之福！

《尚书》

皋陶莫

【原文】

粤若稽古。皋陶曰："允迪厥德，谟明弼谐。"

禹曰："俞，如何？"

皋陶曰："都！慎厥身，修思永。惇叙九族，庶明励翼，迩可远在兹。"

禹拜昌言曰："俞！"

皋陶曰："都！在知人，在安民。"

禹曰："吁！咸若时，惟帝其难之。知人则哲，能官人；安民则惠，黎民怀之。能哲能惠，何忧乎欢兜？何迁乎有苗？何畏乎巧言令色孔壬？"

皋陶曰："都！亦行有九德。亦言其人有德。乃言曰：'载采采。'"

禹曰："何？"

皋陶曰："宽而栗，柔而立，愿而恭，乱而敬，扰而毅，直而温，简而廉，刚而塞，强而义，彰厥有常，吉哉！"

"日选三德，夙夜浚明有家。日严祗敬六德，亮采有邦。翕受敷施，九德咸事，俊乂在官，百僚师师，百工惟时。抚于五辰，庶绩其凝。"

"五教逸欲。有邦兢兢业业，一日二日万几。无旷庶官，天工人其代之？天叙有典，敕我五典五惇哉。天秩有礼，自我五礼有庸哉。同寅协恭和衷哉。天命有德，五服五章哉。天讨有罪，五刑五用哉。政事懋哉懋哉。"

"天聪明，自我民聪明；天明畏，自我民明畏。达于上下，敬哉有土！"

皋陶曰："朕言惠，可厎行？"

禹曰："俞！乃言厎可绩。"

皋陶曰："予未有知，思曰赞赞襄哉。"

【注释】

本篇是皋陶和禹讨论如何实行德政治理国家的会议记录，记述皋陶"慎身"、"知人"、"安民"的主张。迪：实行。谟：议谋。永：久。惇：敦厚。叙：次序。明：贤明。励：勉励。翼：辅助。昌言：美言。人：这里指官吏。迁：放逐。巧言：花言巧语。令色：讨好谄媚的神情。令：美。孔：大。壬：奸佞。亦：大凡。九德：即"宽而栗，柔而立，愿而恭，乱而敬，扰而毅，直而温，简而廉，强而义"。载：试，验证。采采：事事，即从事种种事情。采，事。栗：谨慎惊惧。立：特立独行。愿：老实厚道。乱：治。扰：顺。简：大，宏大，远大。塞：实。义：善良。有常：这里指有常德的人。吉：善。浚：恭敬。明：勉励。家：大夫封地。严：庄重。祗：恭谨。亮：辅助。邦：诸侯封地。翕：聚合。事：任职。俊乂：这里指公卿。百僚：指大夫。师师：互相效法。百工：百官。工：官。时：善。抚：顺从。五辰：本指金、木、水、火、土五星，这里泛指天象。庶：众。凝：定，成就。兢兢：小心谨慎。业业：畏惧警惕。一日二日：一天二日。万几：万端。旷：

虚设。天工：天命之事。典：常，常规，常法。赦：命令。自：循。五礼：天子、诸侯、卿大夫、士、庶民的五种礼仪。庸：常。寅：敬。服：指礼服。章：同"彰"。聪明：耳敏为聪，目锐为明。明畏：明的意思是表彰好人，畏的意思是惩治坏人。有土：保存国土，这里指保持帝王的地位。厎：(zhī)：一定。赞赞：努力辅佐的样子。赞：辅佐。襄：辅佐。

【今译】

考察古代传说，知道皋陶和禹曾在舜帝面前讨论如何实行德政，如何治理国家的问题。

皋陶说："只有切实实行先王的德政，才能使朝廷决策英明，群臣同心同德。"

禹说："是啊！可是怎样实行德政呢？"

皋陶说："啊！首先，要严以律己，坚持不懈地进行自我修养，提高自己的道德修养。同时，还要以宽厚待人的胸怀对待亲族的人，使大家也都贤明起来，勉励辅助您治理国家。要实行德政，就应该从这里做起；这就是所谓的由近及远的方法！"

听了这番精彩的议论，禹非常佩服皋陶，拜谢说："您的见解非常正确呀！"

皋陶说："啊！实行德政除提高自身修养之外，还要知人善任，正确地选拔和使用官员，关心百姓，安定民心。"

禹说："哎呀！要完全做到以上两点，恐怕先帝也会感到困难。知人善任自己显得明达睿智，而只有明达睿智，才能任人唯贤；安定民心，就会使自己受到别人的爱戴，而只有受人爱戴，百姓才会怀念他。可是明达睿智，受人爱戴如尧、舜二位贤明的帝王，却还须提防欢兜这样的权臣，放逐三苗这样的部族，警惕那些巧言令色的大奸佞，这又是为什么呢？"

皋陶说："啊！大凡良善行为，都来源于九种美德。因而检验某人是否具有这种美德，除了考察他的言论之外，还要对他说：'先去做些事情，验证一下吧。'"

禹问："那么，九种美德究竟是些什么样的品德呢？"

皋陶解释说："我说的九种美德是：既宽宏大度又小心谨慎，既温文尔雅又特立独行，既忠厚诚实又严肃庄重，既卓有才识又敬业守勤，既柔顺驯服又刚毅果决，既正直耿介又和蔼可亲，既宏大豪放又严谨审慎，既刚正坦荡又认真务实，既强雄豪迈又仁义善良。应当树立和表彰那些持守这九种美德的贤人，因为这是善政中的善政啊！"

"如果一个人每天能在自己的日常生活中，显示出他具有九种美德中的三种，而且一天到晚都能恭敬努力地按照这些道德规范行事，他就可以做公卿。如果一个人每天都能庄重而恭敬地按照九种美德的六种行事，他就能够辅佐天子而成为诸侯。如果天子能够九种美德并用，而普遍地施行于国家政务，凡有九种美德的贤人，都授予一定的官职，公卿便会恪尽职守，大夫就会互相学习，士便会尽职尽责，这样，所有的官员都会遵从天命行事，共同完成治理国家的各项事业。"

"不要放纵私欲和贪图享乐。诸侯要兢兢业业处理政务，天长日久，天下发生的事情纷繁而错综复杂。不要虚设无用的职位，因为职位是遵照天命设立的，人岂能代替上天滥设虚职？上天为人间规定君臣、父子、兄弟、夫妇、朋友之间的伦理秩序，并训诫我们要按照这种伦理秩序做到父义、母慈、兄友、弟恭、子孝、朋友有信，我们应遵从天命，使这种伦理秩序真诚、纯厚起来啊！上天为人间规定尊卑不同的礼仪，按照天子、诸侯、卿大夫、士、庶民这种贵贱等级排列的；五等礼仪确定之后，我们就有了可以永远遵循的准则。君臣之间要互相尊重，同心同德，齐心协力实行这五礼啊！上天为了使有道德的人各称其职，各享其禄，规定了天子、诸侯、卿大夫、士、庶民五等礼服，以分别表彰各种不同的德行。上天为了惩罚不同罪行的人，还规定了墨、劓、剕、宫、大辟五种刑罚，用来惩罚不同罪行的人，使之罪有应得，这些刑罚，都应该认真执行。天命不可违，担任各种职务的人，要互相勉励，共同努力，把政务办好啊！"

"上天的神明和睿智，都是从臣民中听取意见，观察问题而得来的；上天表彰良善，惩治奸邪，都是根据臣民的意愿而决定的。上天的意志和臣下的心愿是相通的，作君王的，千万千万要谨慎牢记啊！"

皋陶说："我的这些主张，都能够实行吗？"

禹说："那是当然！你的这些主张，不仅能够实行，而且一定要能够取得成功。"

皋陶最后说："其实我又懂得什么呢？我只不过每天都在想怎样勤勉地辅佐君王，把国家治理好啊！"

【点评】

此节透过皋陶和大禹在舜帝面前的对话，讨论如何以德治理国家的问题。以德治国要严于律己，宽厚待人，知人善任，关心人民，安定民心，提防权臣，放逐坏人，警戒奸佞。

以德治国的九种美德：既宽宏大量又小心谨慎，既温文尔雅有特立独行，既忠厚诚实又严肃庄重，既卓有才识又敬业守勤，既柔顺驯服又刚毅果断，既正直耿介又和蔼可亲，既宏大豪放又严谨审慎，既刚正坦荡又认真务实，既强雄豪迈又仁义善良。

以德治国的九种美德，应是执政者借鉴的美德！

《五子之歌》

【原文】

太康失邦，昆弟五人须于洛汭，作《五子之歌》。

太康尸位，以逸豫灭厥德，黎民咸贰，乃盘游无度，畋于有洛之表，十旬弗反。有穷后羿因民弗忍，距于河。厥弟五人御其母以从，徯于洛之汭。五子咸怨，述大禹之戒以作歌。

其一曰："黄祖有训：民可近，不可下，民惟邦本，本固邦宁。予视天下愚夫愚妇一能胜予，一人三失，怨岂在明，不见是图。予临兆民，懔乎若朽索之驭六马，为上人者，奈何不敬？"

其二曰："训有之，内作色荒，外作禽荒，甘酒嗜音，峻宇雕墙，有一于此，未或不亡。"

其三曰："惟彼陶唐，有此冀方。今失厥道，乱其纪纲，乃厎灭亡。"

其四曰："明明我祖，万邦之君，有典有则，贻厥子孙，关石和钧，王府则有。荒坠厥绪，覆宗绝祀！"

其五曰："呜呼曷归？予怀之悲。万姓仇予，予将畴依？郁陶乎予心，颜厚有忸怩。弗慎厥德，虽悔可追？"

【注释】

夏帝太康沉湎于游乐，荒废政事，人民苦不堪言，有穷国国君后羿率领民众在黄河北岸阻止出游的太康返回京城，从而使之失去帝位。太康出猎时，他的五个弟弟侍奉母亲一同前往，而太康被后羿阻止后，五个弟弟在洛水等候了数十个日夜，终不见他返回，于是各作诗一首，表示对他的责难。

太康：夏启的儿子。须：等待。汭：河流的转弯处。尸位：古代享用祭祀的主位，这里指处于尊贵的地位。豫：安乐。盘游：娱乐游逸。畋：即打猎。表：洛水的南面。后：君。后羿：有穷国国君。皇祖：指夏开国君主禹。陶唐：指尧帝。尧初为唐诸侯，后为天子，定都陶地，故史称陶唐氏。厚颜：这里指面带愧色。忸怩：内心惭愧却有口难言的样子。

【今译】

太康失去了帝位，他的五个弟弟在洛水流入黄河的地方等待他返国，作《五子之歌》。

太康身居君主高位却不尽责任，一味贪图安逸，追求享乐，丧失了天子应有的品德，使得百姓都对他怀有叛逆之心。他纵情游乐，毫无节制，一次，他到洛水的南岸打猎，去了一百多天，还不返回京城。有穷国的国君后羿觉得百姓已经不能容忍太康的所作所为，就在黄河北岸阻止他返京。太康的五个弟弟当初侍奉母亲随同前往，他们这时在洛水转弯流入黄河的地方等候太康返回。五个弟弟都怨恨他，于是他们遵循大禹的训诫作了五首诗，对他加以责备。

第一首写道："我们伟大祖先大禹帝曾经训示说：'对于百姓，只能亲近，不能轻贱；百姓是立国的根本，根基稳固了国家才会安宁。我们应该认识到，天下的百姓，哪怕是其中的愚夫愚妇，都比我们高明。一个人犯了种种过失，难道非要等它发展到非常明显，非常严重的时候，才去自省自责吗？应该在它尚未形成气候的时候，就觉察出来加以纠正。我们面对亿万百姓，要存着敬畏之心，那心态就好似用糟朽的缰绳驾驭群马，时时刻刻都在担心缰绳会断那样紧张。作为一个高居亿万臣民之上的人，怎么能够如此不敬守祖先的训诫呢？"

第二首写道："我们伟大祖先大禹帝训诫有这样的话语：'在内迷恋于女

色，在外沉溺于游猎。纵情饮酒而不知节制，沉湎于舞乐而不知满足；住着高楼大厦仍觉得不够气派，还要把墙壁装饰得五颜六色、流光溢彩；这几项荒唐之举只要沾上其中一项，就没有不亡国的。'"

第三首写道："那位尧帝，由于治国有道而拥有冀州。如今太康背弃了尧帝的治国之道，破坏了尧帝的纲纪，于是就招致了灭亡。"

第四首写道："我们万分圣明的祖先禹，是天下诸侯的君王，他制定了治国的典章制度，并把它遗留给子孙。他让百姓交换财富，平均有无，使百姓衣食无忧，王府富足有余。可如今太康却荒废、败坏了祖先的功业，使宗族遭覆灭，祭祀被断绝！"

第五首写道："哎呀！我们如今向哪里去啊？我每想到这个问题就感到悲伤。普天下的人都怨恨我们，我们还有谁可以依靠呢？我忧郁愁闷，满脸羞愧，一腔悲伤，却有口难言。平日里不严肃认真地自我修养自身品德，现在即使想悔改，后悔莫及了啊！"

【点评】

四千多年前，夏代第三任帝王太康失去了帝位，他的五个弟弟在洛水等待他返国之时，反躬自问，作了《五子之歌》，责备太康身居帝位却不尽责任，一味地贪图安逸，追求享乐，丧失了天子应有的品德，使之众叛亲离。

第一首责备他违背大禹帝：亲民、重民乃立国之本，根基稳固国家才能安宁。只有尊重百姓，敬畏百姓才能治国理政。

第二首责备他违背大禹帝：在内不能迷恋于女色，在外不能沉溺于游猎。纵情酒色而不知节制，沉湎于舞乐而不知满足，住着高楼大厦而装饰得五颜六色，这些荒唐之举只要有其中一项，就会亡的古训。

第三首责备他：违背了尧帝以德治国之道，破坏了尧帝的治国纲纪，才招致了灭亡。

第四首责备他：败坏了大禹帝典章制度，平均有无，使百姓衣食无忧，王府才能富足有余，可如今败坏了祖业，致使宗族覆灭，祭祀断绝。

第五首：检讨了自己家族失去了帝王应有的高尚品德，导致天下民众怨恨背叛，如今悔恨已晚的心情。

四千多年前的尧帝、禹帝竟有如此高尚的品德，不愧为圣君，名垂千秋万代。而太康背弃了这些治国大道，导致失去帝位的悲惨结局。

四千多年前，尧、舜竟有如此高尚的道德品质，当今的执政者是否应该认真效法学习；四千年前太康所犯的错误，导致失去帝位，丧失政权，当今的领导者是否应该引以为戒！

《诗经》

二雅（小雅）·节南山之什

【原文】

节彼南山，维石岩岩。赫赫师尹，民具尔瞻。忧心如惔，不敢戏谈。国既卒斩，何用不监。

【注释】

这是一首指责幽王时代的权臣太师尹氏的诗，根据内容分析，作者家父当为西周末年幽王时代的人。《郑笺》说他是大夫。诗人于诗中自道姓名，光明磊落。节：高峻貌。南山：终南山。岩岩：山石堆积貌。赫赫：显示盛大的样子。师尹：太师尹砥的简称。太师：官名，三公的兼职，位最高。古称司马、师徒、司空为三公，分管军队、教育、土地。尹氏为司空兼太师。尹氏，为周朝显赫贵族。惔：借为炎、火烧。卒：终。斩：绝。

【今译】

巍巍高峻终南山，山石堆积在重峦。太师尹氏声威大，人民对你侧目看。心中忧愤如火燎，时政不敢随便谈。国运断绝危机重，全不察看为哪般？

【点评】

位高权重误国的太师尹氏，民怨沸腾，人民对你敢怒而不敢言，你致使国运断绝危机，全然不察为哪般？

【原文】

节彼南山，有实其猗。赫赫师尹，不平谓何？天方荐瘥，丧乱宏多。

民言无嘉，憯莫惩嗟！

【注释】

何用：为何。监：查看。有实：实实、庞大貌。猗：山坡。谓何：为何。荐：进，加。瘥：灾疫。弘多：很多。嘉：善。憯：犹曾，乃。惩：惩戒。嗟：语助词。

【今译】

巍巍高峻终南山，一片山坡广又宽。太师尹氏声威大，为何办事歪又偏？上天屡把灾疫降，丧亡祸乱多无边。民众议论没好话，却不警戒去改观！

【点评】

尹太师位高权重，为何办事不公，上天屡次降灾疫警示。民怨沸腾，却不惊惧改正。

【原文】

尹氏太师，维周之氐。秉国之钧，四方是维。天子是毗，俾民不迷。不吊昊天，不宜空我师！

【注释】

维：为，是。氐：根本。秉：掌握。均：同"钧"，本为制陶器的模子下面的圆盘。执掌国政，既如陶工掌握圆盘制器，故云秉国之钧。维：维持。毗：辅助。俾：使。迷：迷惑，迷失正道。不吊：不善。昊：天，广大的天。不宜：不该。空：穷困。师：民众。

【今译】

尹氏太师真不堪，周朝栋梁重任担。国家大权握在手，四方靠你保平安。天子靠你来辅佐，莫使百姓意茫然。可叹老天不开眼，别让民众受熬煎！

【点评】

位高权重的尹太师，渎职弄权，祸害百姓，误君害民！

【原文】

弗躬弗亲，庶民弗信。弗问弗仕，勿罔君子。式夷式已，无小人殆。琐琐姻亚，则无膴仕。

【注释】

弗：不。躬、亲：指亲自管理政事。罔：欺骗。夷：平，平除。已：止，废止。小人：指尹氏。殆：危险，指危害国家。琐琐：卑微渺小貌。姻亚：泛指亲戚。姻：儿女亲家。亚：两胥互称。无：同毋。膴仕：厚加任用。

【今译】

既然你不把政亲，人民对你无信心。贤人不问也不用，欺骗君子大不仁。应该将他铲除掉，别让小人害黎民。裙带关系无能辈，不能掌权栽祸根。

【点评】

祸国殃民的尹太师，既然你欺君罔上，就应该将你铲除掉，不能留下祸根贻害人民。

【原文】

昊天不傭，降此鞫讻。昊天不惠，降此大戾。君子如届，俾民心阕。君子如夷，恶怒是违。

【注释】

傭：均，公平。鞫讻：极大的灾祸。讻：同凶。惠：仁惠。大戾：大恶，大灾难。届：到。指任职掌权。阕：闭门，引申为止息。违：去，消除。

【今译】

苍天处世不公平，降给人间这灾凶。苍天处事不仁惠，降给人间这恶星。君子如果能执政，可使民心转清宁。君子办事行公道，民众怒气会消停。

【点评】

苍天处世不公平，降临灾难于人间；苍天处事不仁惠，降临灾星于人间。只有正义君子来执政，才可使民心清净，民怨消停。公平公正，是执政者的头等大事。

【原文】

不吊昊天，乱靡有定。式月斯生，俾民不宁。忧心如酲，谁秉国成？不自为政，卒劳百姓。

【注释】

酲：酒醉致病。国成：国政的成规。《周礼·天官·小宰》有"八成"，即指据以治国的官府八事。卒：最终，结果。

【今译】

可叹苍天不公正，天下纷乱不安定。每月祸端连续有，致使黎民不太平。忧心忡忡已成病，谁为国家掌规程？你不亲自来执政，害得百姓太苦情。

【点评】

统治者不能公平公正执政，导致国家灾祸不断，黎民百姓生灵涂炭遭殃。

【原文】

驾彼四牡，四牡项领。我瞻四方，蹙蹙靡所骋！

【注释】

项：肥大。领：脖颈。蹙蹙：局促不安的样子。靡所骋：意指四方动乱，无处可去。

【今译】

驾上四马把车登，四匹肥马粗脖颈。待我举目望四方，天地狭窄难驰骋！

【点评】

作者的雄心壮志难以实现，犹如骏马因天地狭窄难以驰骋一样。

【原文】

方茂尔恶，相而矛矣。既夷既怿，如相酬矣。

【注释】

茂：盛。尔：指尹氏。相：视。相而矛：意即要动武。夷：指铲平小人。怿：喜悦。

【今译】

你的罪恶已滔滔，如见一支杀人矛。铲除奸臣人喜欢，举杯庆贺兴如潮。

【点评】

铲除巨奸，举国欢庆，如潮如涌。

【原文】

昊天不平，我往不宁。不惩其心，覆怨其正。

【注释】

酬：同"酬"，互相敬酒。惩：惩戒，戒止。覆：反。正：劝谏，纠正。

【今译】

苍天实在不公平，我王不能得安宁。不在心中自反省，反恨别人来谏诤。

【点评】

尹太师不反省自己的过错罪恶，反来憎恨别人在帝王面前的参奏。

【原文】

家父作诵，以究王讻。式讹尔心，以蓄万邦。

【注释】

家父：周朝大夫，幽王时人。这里是诗人自称其名。诵：诗歌。究：追究。讻：凶，恶人。讹：改变。尔：指尹氏。蓄：养。引申为抚定。

【今译】

家父作诗来讽诵，要为君主追元凶。快改你心归正道，安养万邦再复兴！

【点评】

诗人坚持正义，追讨元凶，促使尹氏改邪归正，安邦治国，希望国家再度复兴！

《礼记》

曲礼上

【原文】

《曲礼》曰：毋不敬，俨若思，安定辞，安民哉！

敖不可长，欲不可从，志不可满，乐不可极！

贤者狎而敬之，畏而爱之，爱而知其恶，憎而知其善。积而能散，安安而能迁。

临财毋苟得，临难毋苟免，很毋求胜，分毋求多，疑事毋质，直而勿有。

若夫坐如尸，立如齐。礼从宜，使从俗。夫礼者，所以定亲疏，决嫌疑，别同异，明是非也。

礼，不妄说人，不辞费。礼，不逾节，不侵侮，不好狎。修身践言，谓之善行。行修言道，礼之质也。

礼闻取于人，不闻取人。礼闻求学，不闻往教。

道德仁义，非礼不成；教训正俗，非礼不备；分争辩讼，非礼不决；君臣上下，父子兄弟，非礼不定；宦、学事师，非礼不亲；班朝、治军，莅官、行法，非礼威严不行；祷词、祭祀，供给鬼神，非礼不诚不庄。是以君子恭敬撙节退让以明礼。

鹦鹉能言，不离飞鸟；猩猩能言，不离禽兽。今人而无礼，虽能言，不亦禽兽之心乎？夫唯禽兽无礼，故父子聚麀。是故圣人作，为礼以教人。使人以有礼，知自别于禽兽。

太上有德，其次务施报。礼尚往来，往而不来，非礼也；来而不往，亦非礼也。人有礼则安，无礼则危。故曰：礼者，不可不学也。

夫礼者，自卑而尊人。虽负版者，必有尊也。而况富贵乎？富贵而知好礼，则不骄不淫；贫贱而知好礼，则志不慑。

【注释】

郑玄说：名曰"曲礼"者，以其篇记五礼之事。毋：不要，别。敬：谨慎、恭敬。俨：庄重、持重。辞：说话。敖：傲慢。长：产生、生长。从：放纵。狎：亲近。恶：不良行为，这里指不足、短处。临：遇到。苟得：不应得而得。难：危难。苟免：不应逃避而逃避。很：相反、违逆。质：责问、质问。直：这里指"无疑"。尸：古代祭祀代受祭之人。他在祭祀过程中一直端正地坐着。齐：祭祀时恭敬的样子。使：出使之人。说：同"悦"，取悦于人。费：言辞无用。班：等级、次第。负版：背着筑墙工具，指微贱。淫：淫奢。慑：害怕。

【今译】

《曲礼》说：不要不谨慎，态度庄重像有所思虑，说话安详确定。这样才能使人信服啊！

傲慢的念头不要产生，欲望不可放纵，志向不可自满，享乐不可到极点。

贤德之人要亲近、敬重、畏服又爱戴他，对自己敬重、爱戴之人要知道他的短处，对自己憎恶之人要了解他的长处。能够积聚财富，却可以散发给人；适应于安逸生活，且可以变化。

遇到财物不要不该得而得，遇到危难不要不该逃而逃避。遇到意见相反之人不要要求超过他，分派东西不要要求多得，自己疑虑的事情不要责问，自己无疑虑的事情要陈述看法。

坐着要像泥胎那样端正，站着要像祭祀那样恭敬。礼要合适，出使之人要遵从当地习俗。

礼是用来制定人际关系亲疏，判断事情嫌疑，分别物类同异，阐明道理是非的。

依礼，不可随便讨人喜欢，不说无用的话。依礼，行为不超过节度，不侵犯侮慢别人，不喜欢亲密而不庄重。修养身心，实践诺言，这叫作好的品行。品行修正，说话合道，是礼的本质。

依礼，只听说从别人处取法，没听说使人从己；只听说愿学之人前来，没听说主动去教。

道德仁义，没有礼就不能成就。教育训导，整饬风俗，没有礼就不完备。分歧争执、申辩诉讼，没有礼就不能判断。君臣上下、父子兄弟，没有礼就不能定名分。学习做官、六艺，侍奉老师，没有礼就不能亲近。朝廷的职位品级、军队的管理、官吏到职执行法令，没有礼威严就不能实行。特殊和例行的祭祀，祭品供给鬼神，没有礼就无诚意、不严肃。因此，君子用恭敬、谦卑、退让的精神来显示礼。

鹦鹉虽然会说话，终究是飞鸟，猩猩虽然会说话，终究是禽兽。现今之人如果无礼，虽能说话，不也是禽兽之心吗？因为禽兽无礼，所以父子共妻。因此，圣人出来，制定礼仪教化人。使人有礼，知道自己有别于禽兽。

上古时代重视道德，其次是讲究施报，受到别人恩惠就要报答别人。礼崇尚有往有来，往而不来，不合乎礼；来而不往，也不符合礼。人有了礼就安定，没有了礼就不安定。所以说，礼不可以不学习。

礼是克制自己尊重别人。虽是微贱之人，必定有可尊重的，何况富贵之人呢？富贵的人懂得爱好礼，那么就不骄奢淫逸；贫贱之人懂得礼，那么就志向高远而不怯懦。

【点评】

《曲礼》，"曲"，委屈周到之意。杂记春秋前后贵族饮食、起居、丧葬等各种礼制的细节。此节主要阐述礼制的作用、价值，是约束、规范自己，尊重别人。做到富贵不能淫，贫贱不能移。礼，是区分人和禽兽的标志。知喜欢之人之短，知憎恶之人之长，强调礼尚往来的重要性。

礼运

【原文】

昔者仲尼与蜡宾，事毕，出游于观之上，喟然而叹。仲尼之叹，盖叹鲁也。言偃在侧，曰："君子何叹？"孔子曰："大道之行也，与三代之英，丘未之逮也，而有志焉。大道之行也，天下为公，选贤与能，讲信修睦。故人不独亲其亲，不独子其子，使老有所终，壮有所用，幼有所长，矜、寡、孤、独、废、疾者，皆有所养。男有分，女有归。货恶其弃于地也，不必藏于己；力恶其不出于身也，不必为己。是故谋闭而不兴，盗窃乱贼而不作；故外户而不闭。是谓大同。今大道既隐，天下为家，各亲其亲，各子其子，货力为己，大人世及以为礼，城郭沟池以为固，礼仪以为纪。以正君臣，以笃父子，以睦兄弟，以和夫妇，以设制度，以立田里，以贤勇、知，以功为己。故谋用是作，而兵由此起。禹、汤、文、武、成王、周公，由此其选也。此六君子者，未有不谨于礼者也。以著其义，以考其信，著有过，刑仁讲让，示民有常。如有不由此者，在势者去，众以为殃。是谓小康。"

【注释】

郑玄说：名曰"礼运"者，以其记五帝三王相变易、阴阳转旋之道。礼运：礼的运行。这里的"运行"除"循环"之外，还有"演变"之义。蜡（zhà）：同"措"。周代年终十二月合聚鬼神，求其神而祭之。周时曰蜡，秦时曰腊。宾：参与蜡祭饮酒的宾客，以国中有地位的人物充任。观：古代宫殿、宗庙、墓门等外面的门楼。喟：叹息的声音。言偃：字子游，孔子弟子。大道：道之广大而不偏私。道：政治主张或思想体系。行：通达天下。这是指五帝时代。三代：夏、商、周。英：德才出类拔萃的人。这里指禹、汤、文王、武王、成王、周公等人。逮：及，达到，赶上。讲信：讲究诚实。修睦：重视亲睦。分：职分、名分。归：女子出嫁，这里指家庭。货：财货，金银珠玉布帛的总称。恶：憎恨、讨厌、厌恶。弃：弃置、抛弃。谋：互相图谋。闭：杜绝。今：三代以来。隐：衰微。大人：诸侯。世及：父子曰世，兄弟曰及，指父传国给儿子，没有儿子就传给兄弟。纪：纲纪、法度。笃：专一。选：才德出众之人。谨：严守。著：表明、明了。刑：效法。示：昭示。殃：灾祸。

【今译】

从前，孔子曾经参与蜡祭，充任蜡祭饮酒的宾客。蜡祭完毕，他外出到门楼上游览时唉声叹气。当时子游在他身旁，问道："老师为什么叹气呢？"孔子说："大道通行于天下的时代和夏、商、周三代，德才辈出的时代我都没有赶上，无法看到，所看到的只是一些记载了。大道通行于天下时，人们把天下作为大家共有的，选举贤能之人，讲究诚实，重视亲睦，所以人们不只是爱自己的亲人，不只是把自己的孩子当作孩子，要使社会上的老人颐养天年，壮年之人能够贡献自己的才智，年幼的孩子可以得到抚育成长，鳏寡孤独残疾、有病之人，都能够得到供养。男人尽力于自己的职分，女人谨守自己的家庭。人们厌恶把钱物抛洒在地上不管，但也不自己据为己有；人们厌恶自己有力而不肯出力的人，但也不让别人为自己出力。所以，各种图谋都杜绝了不再发生，也没有人去做偷盗抢劫的盗贼，因而各家各户的大门不用关紧，这就叫作大同世界。"

"三代以来，大道已经衰微，天下成为一家一姓的财产，各人只亲爱自己的亲人，各人也只把自己的孩子当作孩子，财物或出力都是为了自己，诸侯将国家传给儿子，没儿子的传给兄弟当作礼，把城郭沟池修建的更加坚固，把礼制仁义作为纲纪，用它来确定君臣名分，专一父子的慈孝，亲睦兄弟的友爱，和合夫妻的感情，并用礼义来设立制度，划分田里，尊重勇力才智，把功绩作为个人所有，因此图谋从这里兴起，夏禹、商汤、周文王、周武王、周成王和周公旦用这种礼义治理天下，而成为德才出众的人。这六位君子没有一个人不严守礼制的，用它来表现道义，考验信实，昭示过错，效法仁爱，讲究谦让，昭示民众以正常的行为。如果出现不按照礼义去做的，有权势的人也要被斥责驱除，人人都把他视为灾祸。这就叫作小康社会。"

【点评】

此节主要阐述什么是大同世界？什么是小康社会？

孔子认为，大道通行于天下的时代，人们把天下当作自己的天下共有，选贤任能，诚实守信，和睦共处，所以人们爱众人、爱万物、爱别人的孩子如同自己的孩子，老人颐养天年，壮年贡献自己的才智，年幼的孩子可以得到抚育成长，鳏寡孤独残疾有病之人都能够得到供养，人们各尽其能，各守其分，路不拾遗，夜不闭户，没有人搞阴谋诡计的大同世界。

三代以来，大道衰微，天下成为一家人之天下，人们开始自私自利，各亲其亲，诸侯将国家传给自己的儿子，用礼义设立制度，划分田地，尊重勇力才智，把功绩作为己有，因此图谋兴起，依靠礼义制度治理国家天下，违背礼义制度的人被视作灾祸被斥责驱除，这就是小康社会。

《春秋》

隐公元年

【原文】

初，郑武公娶于申，曰武姜。生庄公及共叔段。庄公寤生，惊姜氏，故名曰寤生，遂恶之。爱共叔段，欲立之。亟请于武公，公弗许。及庄公即位，为之请制。公曰："制，岩邑也，虢叔死焉，他邑唯命。"请京，使居之，谓之京城大叔。祭仲曰："都城过百雉，国之害也。先王之制：大都不过参国之一，中五之一，小九之一。今京不度，非制也，君将不堪。"公曰："姜氏欲之，焉辟害？"曰："姜氏何厌之有？不如早为之所，无使滋蔓，蔓难图也。蔓草犹不可除，况君之宠弟乎？"公曰："多行不义必自毙，子姑待之。"

既而大叔命西鄙、北鄙贰于己。公子吕曰："国不堪贰，君将若之何？欲与大叔，臣请事之；若弗与，则请除之。无生民心。"公曰："无庸，将自及。"大叔又收贰为己邑，至于廪延。子封曰："可矣，厚将得众。"公曰："不义不昵，厚将崩。"

大叔完聚，缮甲兵，具卒乘，将袭郑。夫人将启之。公闻其期，曰："可矣！"命子封帅车二百乘以伐京。京叛大叔段，段入于鄢，公伐诸鄢。五月辛丑，大叔出奔共。

书曰："郑伯克段于鄢。"段不弟，故不言弟；如二君，故曰克；称郑伯，讥失教也；谓之郑志。不言出奔，难之也。

遂置姜氏于城颍，而誓之曰："不及黄泉，无相见也。"既而悔之。

颍考叔为颍谷封人，闻之，有献于公，公赐之食，食舍肉。公问之，对曰："小人有母，皆尝小人之食矣，未尝君之羹，请以遗之。"公曰："尔有母遗，繄我独无！"颍考叔曰："敢问何谓也？"公语之故，且告之悔。对曰："君何患焉？若阙地及泉，隧而相见，其谁曰不然？"公从之。公入而赋："大隧之中，其乐也融融！"姜出而赋："大隧之外，其乐也洩洩！"遂为母子如初。

君子曰："颍考叔，纯孝也，爱其母，施及庄公。《诗》曰：'孝子不匮，永锡尔类。'其是之谓乎。"

【注释】

郑武公：郑国国君，名掘突，武公是死后的谥号。郑国：国名，在今河南新郑县一带，姬姓。申：国名，姜姓，在今河南南阳县。武姜：即武公之妻姜氏，庄公、共叔段之母。武，表明其夫为武公；姜，表明其母家姓姜。庄公：即郑伯，武公长子。共叔段：即太叔段，武公次子，名段。共：国名，在今河南省辉县市。寤生：逆生，即难产。亟：屡次。制：地名，又名虎牢，在今河南省荥阳县西。岩邑：险邑。邑，城邑。虢叔：东虢君，为郑所灭。虢：国名，在今河南省荥阳县西。京：地名，郑国城邑，在今河南省荥阳县东南。大叔：即太叔，叔段的尊称，大同"太"。叔段被称为太叔，是因为他是郑庄公的大弟弟。祭仲：即祭足，郑国大夫。祭：地名，祭仲的食邑，在今河南省中牟县境内。雉：古时度量名称，长三丈，高一丈。叁国之一：即国都的三分之一。不度：不合法度。辟：逃避。毙：跌跤。鄙：边境的城邑。贰：即从属二主。廪延：郑国邑名，在今河南省延津县北。厚：实力雄厚。昵：亲近，团结。缮：修整。乘：一辆战车。鄢：地名，在今河南省鄢陵县。五月辛丑：即五月二十三。共：原诸侯国名，后为卫国别邑，在今河南省辉县市。不弟：即不像兄弟。郑志：即郑庄公的意志。城颍：郑国地名，在今河南省临颍县西北。封人：镇守边疆的地方官。封：疆界。舍：放置。舍肉：即将肉放在一边。遗（wèi）：馈，给予。厥：同"掘"，挖。洩洩：舒畅的样子。施：延及。匮：匮乏，缺乏，尽。锡：通"赐"。

【今译】

当初，郑武公从申国娶一妻子，名武姜。武姜生了庄公和共叔段。生庄公时难产，姜氏受到惊吓，给庄公取名叫"寤生"，并因此而讨厌他。姜氏宠爱次子共叔段，想立他为太子。多次请求武公，武公没有答应。等到庄公即位，姜氏请求把制这个地方封给共叔段。庄公说："制，是一个险要的城邑。虢叔曾经死在那里。如果要求其他地方，随您挑选。"姜氏又请求京城，庄公同意了，就让共叔段在那里，称之为京城大叔。郑国大夫祭仲说："都邑的城墙超过了百丈，就会成为国家的祸害。先王规定的制度是，大的都邑不超过国都的三分之一，中等的不超过五分之一，小邑不超过九分之一。现在，京城已经超过规定，不合制度，国君难以承受。"庄公说："姜氏要这样做，我怎能避免这场祸害呢？"祭仲说："姜氏哪里会满足？不如对共叔段早做处理，以免他像野草一样滋生蔓延。一旦蔓延开来就难以对付了。蔓延的野草尚且难以铲除，更何况是国君宠爱的弟弟呢？"庄公说："不义之事做多了，必然自己遭祸殃，您就等着瞧吧！"

不久，大叔命令西部和北部边境二邑同时听命于自己。公子吕说："一国不能容有二君，国君打算怎么办？如果想把君位让给大叔，就请允许我去侍奉他。如果不想给他，就请您把他除掉。以免让百姓生有二心。"庄公说："不必如此，他将咎由自取。"大叔进而把二邑收归自己所有，并进一步扩展到廪延一带。公子吕说："可以动手了。土地扩大了，就会得到更多的民心。"庄公说："对国君不义，对兄长不敬，土地越多，崩溃的越快。"

大叔修治城郭，聚集粮草，整治装备武器，充实士卒战车，准备偷袭郑都，姜氏则作为内应帮助打开城门。庄公听说大叔起兵的日期后说："可以动手了。"于是命令公子吕率领200辆战车攻打京城。京城的人都背叛了大叔。大叔只好逃到鄢地，庄公又领兵攻打鄢地。五月二十三日，大叔又逃到共国。

《春秋》中对此事记载为："郑伯克段于鄢。"大叔不讲孝悌，所以不称他为庄公之弟；兄弟相争，如同两国国君交战一样势不两立，所以称之为"克"；称庄公为"郑伯"，是讥讽他对弟弟有失教诲；这表明庄公早就有了杀弟之心。所以不写大叔"出奔"，是表示责难庄公。

事后庄公把姜氏安置到城颍居住，并发誓说："不到黄泉，绝不再见。"但不久就后悔了。

当时，颍考叔正镇守颍谷，听说此事后，借献礼之机求见庄公。庄公赐给他食物吃。吃饭时，颍考叔把肉挑出来放在一边。庄公问是什么意思，他回答说："小人家有老母，一向都是吃小人供奉的食物，还没有尝过国君的东西。请允许我把这些肉带回去给母亲品尝。"庄公说："你有母亲可以孝敬，我偏偏没有！"颍考叔问："请问这是什么意思？"庄公说明了原因，表示已经感到后悔。颍考叔回答说："国君何必对此忧虑呢？如果掘地见到泉水，你们在隧道中相见，又有谁说不是黄泉相见呢？"庄公听从了颍考叔的建议。他进入隧道，吟诗道："来到隧道中，心中好欢畅。"姜氏走出隧道，也吟诗道："走出隧道外，心情好畅快。"从此母子和好如初。

君子对此评论说："颍考叔是一个至纯的孝子，孝敬自己的母亲，并且还影响到庄公。《诗经》说：'孝子之孝无穷尽，永远赐予你同类。'说的就是这种情况吧！"

【点评】

《春秋左传》非常庞大，不易在此书中过多引用，引用此节，主要是让读者了解《春秋左传》的笔法和形式。

此节描述，庄公和其母亲姜氏及其弟弟共叔段的恩怨纠纷，纠结在"孝"、"悌"和"礼制"上。母亲姜氏宠爱次子共叔段，不遗余力为其谋求利益，谋取储君不成，又提出无理的要求，僭越礼制制度，放纵次子共叔段为所欲为，起兵造反，篡夺王权，导致兵变败露之后，共叔段命丧他国的悲惨下场，姜氏也和大儿子庄公不得相见。在颍考叔的帮助下，母子和好如初，但兄弟手足之情却荡然无存。

封建礼制大多是嫡长子继承君位，此种继承制度虽然弊端种种，但却起到了稳定王权的作用，防止兄弟祸起萧墙。从另一个方面，阐明"名不正则言不顺，言不顺则事不成"的法则。庄公的谋忍，姜氏的偏爱，共叔段的贪婪，颍考叔的睿智，在此表现得淋漓尽致。

《荀子》

序　言

如果你想要了解中国传统思想文化，把握华夏民族精神，参悟秦汉之前先驱的"圣人之学"，那么，你就不能不读《荀子》。

荀子主要活动在公元前 300 年至公元前 240 年之间，是春秋战国"百家争鸣"的集大成者，先秦诸子学说的总结者。

荀子被认为是先秦后世的儒学大家，是我国战国后期最著名的思想家、教育家、批评家，他继承了儒家学说，并自成一体。荀子集哲学、政治、经济、教育、军事等于一体，其思想可谓博大精深，在中国历史上产生了深远的影响。

清代大学者谭嗣同说："二千年来之学，荀子也。"

清代大学者梁启超说："自秦汉以后，政治学术，皆出于荀子。"

当代大学者冯友兰说："荀子在中国历史中之地位如亚里士多德之在西洋历史。"

荀子海纳百川，几乎融会贯通了"诸子百家"的所有学说。

荀子弃恶扬善，为发展古代教育事业奠定了完备的理论基础。

荀子承前启后，开创了说唱文学和赋这两种文学体裁的先河。

荀子正误纠谬，"天人相分"取代"天人合一"；"人定胜天"代替"听天由命"。

荀子的思想，充满着积极的人生进取精神，并且具有一些唯物主义辩证的智慧。

余以为："历史证明，荀子学说，是最为实用的济世学说；荀子之道，是最为实用的用世之道。"

　　《荀子》一书，不仅是中国古代最富盛名的儒家经典之一，还是品味古代先贤文化的精华，更是今世成就功业的坦途，有心者将会从中汲取无限的人生智慧。

一、荀子所处的时代

　　在中国数千年思想史上，春秋战国时期无疑是一个空前绝后的伟大时代。在其后两千多年里，无论是在政治、思想、哲学、文化、学术、杰出人才等方面，都不曾超越"诸子百家"和"百家争鸣"时代的辉煌伟大。

　　春秋战国时代，正是中国封建思想文化的发祥期。这一时期的思想文化，奠定了两千多年封建社会的政治思想基础，尤其是在思想、文化领域内，产生了博大精深的"四书五经"、"诸子百家"的思想学说和杰出人才。

　　"四书五经"和"诸子百家"的思想学说，对中华民族几千年灿烂辉煌的文化有着极其深远的影响，为千秋万代留下了及其宝贵的政治思想文化和精神财富，为人类文化作出了极其巨大的贡献，其思想的深远影响，简直是无法逾越企及。"四书五经"作者和"诸子百家"的圣贤们，无愧为中华民族无法逾越精神思想的导师，杰出的栋梁，千秋万代效法的典范。

　　春秋战国时代是我国古代社会一个大动荡、大变革、风云变幻的伟大时期，社会、经济、政治、思想、文化，都在激烈而复杂的阶级斗争中发生了巨大的变化。在剧烈的社会变革中，各国诸侯的阶级关系不断出现新变化，不同的阶级与阶层的代表人物对社会变革发表了不同的政治主张，于是"诸子百家"便应运而生，"百家争鸣"便自然形成。

　　荀子是战国晚期儒家的代表人物，也是继孔子和孟子之后最伟大的儒学人物。《荀子》一书，是中国古代最负盛名的儒学经典之一，但又不完全拘泥于儒家学说精神。

二、荀子其人

　　荀子，名况，本姓孙卿。其生卒年不详。胡适认为，荀子年五十而游齐，约生于公元前315年至公元前310年，公元前230年左右死于兰陵（胡适《中国哲学史大纲》卷上第303—305页）。游国恩认为，荀子生于公元前

314 年，卒于公元前 217 年（游国恩《荀卿考》）。众家说法不一。

荀子按照《辞海》的记载，约生于公元前 313 年至 238 年，享年 75 岁。战国末期思想家、教育家。名况，时人尊而号为"卿"。汉代为避讳汉宣帝"询"讳，称之为孙卿。赵国人。荀子曾在齐国稷下游学，后来他的学术地位相当高，影响相当大，曾三次出任齐国的祭酒官；荀子后因某种原因遭到齐国人攻击和诽谤，于是他被迫离开了齐国到了楚国，被楚国的春申君任命为兰陵（今山东兰陵市）令；春申君死后，荀子被罢官，依旧住在兰陵，著书立说，直到老死并葬于兰陵。

荀况的一生，聚徒讲学，弟子众多，桃李满天下。学生中不乏日后影响着中国历史的伟大的思想家和政治家，如法家宗师韩非子和秦国名相李斯等人。

关于荀子其人，司马迁所著的《史记》中是这样记载的："荀卿是赵国人，五十岁的时候才来到齐国游学。邹衍的学说迂曲，夸大而富于雄辩。邹奭的文章写得完善却难于实行。淳于髡如果跟他长久相处，往往能听到一些有益的言论。所以齐国人颂扬道：'善于谈天说地的是邹衍，善于修饰文章的是邹奭，智慧无穷的是淳于髡。'齐襄王时，荀卿是当时地位最高的老师。齐国还在补充列大夫的缺位，荀卿三次充当他们的领袖。齐国有人说荀卿的坏话，荀卿便前往楚国。楚国的春申君让他担任兰陵县令。春申君死后荀卿被罢免。因而就住在兰陵。李斯曾经做过他的学生，之后在秦朝当了丞相。荀卿憎恨混乱时代的政治，被灭亡的国家和昏乱的君主一个接着一个，不遵循正道而被巫祝所迷惑，迷信吉凶预兆，鄙陋的儒生拘泥于小节，像庄周等人又放诞无稽，伤风败俗，于是推究儒家、墨家、道家所作所为的成就和失败，整理写成好几万字的著作才去世。随后葬在兰陵。"（《史记》卷七十四《孟子荀卿列传第十四》）

三、《荀子》其书

《荀子》之书出来的时候，已经是战国中晚期，据说最初 300 多篇，后经刘向整理，编定为 32 篇，取名为《孙卿新书》。唐代的杨琼又将刘向的《孙卿新书》重新编排成 20 卷 32 篇，取名为《荀子》，并为其作注。所谓全本《荀子》，指的是杨琼所编订的《荀子》。关于《荀子》32篇是否为荀子所作尚存有争议。刘向在他的《孙卿新书·叙录》里，断定32篇皆出于荀子之手笔。而梁启超则认为《荀子》一书，包括荀况亲著的部分和其弟子及其后学记录其言行辑录的部分。

余以为，《荀子》一书，绝大部分是荀子的著述，最后一小部分为其弟子所补。

《荀子》一书，汇集了荀子一生的思想精华，学术观点，全书共32篇，内容可谓博大精深，涉及哲学思想、政治理论、治学方法、立身处世、学术论辩、经济军事等诸多方面，反映了荀子的思想体系和文章特色。

四、《荀子》的思想

荀子的思想，有人认为是儒家，有人认为是法家，也有人认为荀子的思想自成一体。通览《荀子》全书，我们可以清楚地看出，荀子的思路不属于正统孔孟之流的儒家，也不属于地道的法家，而是糅百家之说而融为自己独特之论为一体。

《荀子》的中心思想，主要是阐述怎样治理国家，怎样统一天下！在于阐述荀子治国、平天下政治思想的主张和理念。其他诸如荀子的哲学思想、经济思想、法律思想、教育思想、伦理学思想、军事思想等，都是为他的政治思想服务的，即都是为了进一步论证式说明他的政治思想。

在政治上，荀子强调礼、义。他所说的礼，已不是周代的礼，而是指封建社会的礼，也就是封建的道德范围、社会秩序和等级制度。

荀子的礼，也是统治人民的一种工具，但和法不同。法，是靠法律规定的刑法，是完全消极的、比较露骨的统治工具；而荀子强调的礼治，则要通过宣传教育的办法，使人民遵守封建道德，学习封建礼治的规章制度，遵守封建法纪，不做非分乱法的事，用来巩固封建统治。荀子也认为，单用礼治还不行，也要强调使用刑法，以作为礼治的补充。荀子提倡义，是封建社会中的一种伦理规则。所以，礼、义合起来是一个东西。礼是制度，义是伦理，加上统治人民的刑法，这样，封建阶级统治人民的手段就完备了。荀子把这一套礼、义的制度看成是天经地义、永恒不变的。

　　荀子主张"法后王"，就是学习当世的君主。他到秦国去的时候，看到经过商鞅变法后的秦国，社会秩序良好，矛盾比较和缓，对外来的人恭敬有礼，中央集权的政治比较稳定，政府办事效率较高，出现一派勃勃生机、欣欣向荣的景象，赞扬备至，认为是"治之至也"。可见，荀子实际上要效法的是当世有为的君主，而不是儒家宣扬的古代圣王。

　　在认识论上，荀子批判了孟子的性善论，提出性恶论。他认为，凡人生下来时的天性都是恶的，因为人都有欲望，要吃、要穿、要利、得不到了就要争，争起来了就要乱。要去掉恶性，就要用自己的努力来"化性去伪"，学习礼义，来培养善性。人性恶和人性善一样，本质上都是唯心主义的、错误的。

　　荀子说，变恶为善，就要学习礼义；学好了礼义，路人都可以成为大禹那样的圣人。荀子认为，只有遵守封建礼仪和法律制度的人才算好人，违反的是恶人。这暴露了荀子性恶论的阶级性。当然，性恶论强调了人性的善恶，是由于生活的客观环境决定的，物质利害关系决定了人的一切，从这一点上看，也有一些朴素唯物论的倾向。

　　正因为荀子主张人性恶，他就特别重视客观环境的影响，重视教育，强调后天学习的重要性。这是他思想中积极的一面。他说，凡是王公、士大夫的子孙，不学习礼义，就要归到庶人那边去；如果庶人的子孙，能够学习礼义，也可以归到高尚的人那边去。他认为，只要有坚忍不拔、刻苦努力的精神，即使再硬的金石，也可以镂刻；再大的困难，也可以攻破。在学习上后来者可以居上，学生可以胜过老师。他说："青，取之于蓝，而青于蓝。"荀子的这句名言，说明在学习上只要刻苦努力坚持不懈，后辈可以胜过前辈。虽然荀子主张学习的内容主要是诗、书、礼、义，但他总结的这一学习方法和规律，却是非常值得我们借鉴的。

　　荀子思想中最光辉的部分，是他对自然界的看法。针对商、周时代崇拜天，认为天意决定乱治的思想，荀子举了个通俗的例子：日月星辰天象历法，禹和桀统治时都是相同的，然而禹治理得好，而桀亡了国，难道社会治乱是由天决定的吗？他认为，天地的变化也就是自然界的变化，没有什么神在主宰。一切天象的变化，一切地上的灾异，都是自然界各种事物运动的必然表现。天意不能决定社会的治乱，社会的治乱也不会改变自然界的变化规律。所以他说："天行有常，不为尧存，不为桀亡。"日食月食的发生，有时风雨不调，是每个时代都有的，如果国家政治搞得好，虽然自然界出现了这些现象，也不会伤害人类；如果政治腐败，虽然这些现象一样也不发生，对人民也没有益处。对自然现象感到有些奇怪是可以理解的，如果怕它就不对了。荀子的这些言论，把自然界的变化和人类社会的命运区别开来，说明他们之间没有必然的联系，揭露和批判了古代统治者利用天、神、鬼、怪的迷信来恐吓、统治人民的欺骗性。

荀子认为，人类可以通过自己的努力克服自然界的灾难，改善自己的生产和生活条件。他告诉人们："强本而节用，则天不能贫。养备而动时，而天不能病。修道而不贰，则天不能祸。故水旱不能使之饥，寒暑不能使之疾，妖怪不能使之凶。"只要努力生产又注意节约，就不会穷困；注意营养又经常运动，就不会得病；遵循规律又坚持去做，就不会得祸害。荀子进一步提出"戡天"即征服自然的学说。他大声疾呼说：与其尊崇天的规律而整天仰慕它，不如积蓄财物而来控制它！与其依从天而来称颂它，不如掌握天的规律而来利用它！与其空望天时而坐待恩赐，不如顺应时节而来利用它！与其让自然物自己繁衍增多，不如发挥人的才能来帮助它生长和发展！

荀子这种"人定胜天"的思想，是当时生产力的发展、科学文化技术知识有了进一步提高的反映。荀子认为，人是自然的主人，人定胜天，人可以戡天，应该充分发挥人力的作用，来改造自然为人类服务。这就是荀子思想中的杰出贡献。

荀子"人定胜天"的唯物主义思想，反映了封建社会初期，新兴地主阶级不仅在国家的政治改革上，而且在改造自然以加强封建国家的经济力量上，有一种生气勃勃的进取精神。这正是代表没落阶级的思想家们所不可能具有的。荀子不愧为两千多年前，我国古代一位杰出的唯物主义思想家。

五、《荀子》的影响

荀子是一位朴素的唯物主义者，他认为"天行有常"，不以人的意志为转移，但他又提出"人定胜天"的观点，认为人类可以"制天命而为之"。

这种观点是以前从来没人提及过的。荀子作为一位学者，既注重个人修养，又传道授业解惑，是当时著名的文学家和教育家。同时，荀子还是一位伟大的哲学家和富有创造精神的散文家。他作为新兴地主阶级的思想家，在我国古代哲学史上起了承前启后的作用。对于先秦"诸子百家"的哲学和学术思想，荀子都提出了自己独到的看法，并进行了批判与总结，在笔者看来虽然未必都评价得当，但他的思想，对后来唯物主义的发展，起到了巨大的推动作用。他的散文，也被后人认为是战国诸子中成就最高的，说理周密且讲究文采，此后两千多年来的政治文论和学术论文，都继承和发扬了荀子的优良传统。

"前继孔孟之余续，后开儒家之新风"。荀子的思想，开创了儒学的一片新天地，是中国传统思想文化的主要奠基人之一。这本先秦诸子的著作，令千秋后世的学者受益匪浅。我们本着古为今用，洋为中用，去粗取精，去伪存真，并赋予新的内涵精神，从《荀子》中汲取有益的精华，传承先贤的哲学思想文化，领会感悟荀子丰富而深邃的思想内涵，从而对我国古代光辉灿烂的思想文化有更进一步深入的了解和领会。

劝学·第一

【原文】

君子曰：学不可以已。青，取之于蓝而青于蓝；冰，水为之而寒于水。木直中绳，輮以为轮，其曲中规，虽有槁暴，不复挺者，輮使之然也。故木受绳则直，金就砺则利，君子博学而日参省乎已，则知明而行无过矣。

故不登高山，不知天之高也；不临深溪，不知地之厚也；不闻先王之遗言，不知学问之大也。干、越、夷、貉之子，生而同声，长而异俗，教使之然也。《诗》曰："嗟尔君子，无恒安息。靖共尔位，好是正直。神之听之，介尔景福。"神莫大于化道，福莫长于无祸。

【注释】

蓝：蓼蓝草，一年生草木植物，其叶发酵后可以提制深蓝色的有机染料靛蓝。輮：

通"煣"，用火熏，使直木变弯曲可以造车轮等物。中：符合，适合。槁：通"熇"烤。暴：通"曝"，晒，暴晒。参：通"三"。省：察。干、越：犹言春秋时吴、越两国。夷、貉：分别指我国古代居住在东北部的少数民族。《诗》曰"句：见《诗经·小雅·小明》。靖：安，恭敬。共：通"供"。听：察。介：助。景：大。

【今译】

君子说：学习是需要持之以恒，不可以停止的。染料靛青，是从蓼蓝中提取出来的，但它却比蓼蓝还要青；冰，是由水凝固而成的，但它比水还要冷。木材虽然非常挺直而符合木工笔直的墨线，然而用火烤过之后使之弯曲就可以做成车轮，它的曲度能拿圆规来衡量，即使有时经过火烤、日晒，都也不能再重新挺直，这是经过火烤暴晒之后的缘故。所以，木材经过墨斗划线加工就变得挺直，金属经过磨刀石磨过之后就会锋利，君子经过广博学习并且每天反省自己，就会明白人生的道理，行为上就不会有什么过错了。

所以，不登高山，就不知道天的高度；不走近深渊，就不知道地的厚度；不诵读聆听先王的遗言，就不会知道学问的渊博。干国、越国、夷族、貉族的孩子，出生时的哭声都是相同的，长大以后，他们的生活习俗就不同了，这是由于教育环境不同所引起的变化。《诗经》上说："君子啊，不要总是贪图安逸。要恭敬地安于自己的职位，爱好正直的德行。天上的神灵在听着呢，他将会赐福给你。"一个人精神上最好的境界，就是融合于"道"；最大的福分，就是没有灾祸。

【点评】

此节有两句家喻户晓、妇孺皆知的名言："青，取之于蓝而青于蓝；冰，水为之而寒于水。""神莫大于化道，福莫长于无祸。"

【原文】

积土成山，风雨兴焉；积水成渊，蛟龙生焉；积善成德，而神明自得，圣心备焉。故不积跬步，无以至千里；不积小流，无以成江海。骐骥一跃，不能十步；驽马十驾，功在不舍。锲而舍之，朽木不折；锲而不舍，金石可镂。蚓无爪牙之利，筋骨之强，上食埃土，下饮黄泉，用心一也；蟹八跪而二螯，非蛇蟺之穴无可寄托者，用心躁也。是故无冥冥之志者，无昭昭之明；无惛惛之事者，无赫赫之功。行衢道者不至，事两君者不容。目不能两视而明，耳不能两听而聪。腾蛇无足而飞，梧鼠五技而穷。《诗》曰："尸鸠在桑，其子七兮。淑人君子，其仪一兮。其仪一兮，心如结兮。"故君子结于一也。

【注释】

跬：半步，行走间两脚之间的距离，等于现在的一步。古人所说的步，指左右脚都向前迈一次的距离，相当于现在的两步。骐骥：骏马。驽：劣马。驾：一天的行程。古代马拉车时，早晨套上车，晚上卸下去。套车叫驾，所以这里用"驾"，指代马车一天的行程。十驾：指马车十天的行程。此指千里的路程。螾：蚯蚓。后作"蚓"。六：疑当作"八"（卢文弨）。跪：脚。螯：螃蟹身前如同钳形的大爪。蟺：通"鳝"。冥冥：昏暗不明。这里形容专心致志。下文"惛惛意同。昭昭：显著。衢道：歧路。腾蛇：古代传说中的一种能飞的蛇。梧鼠：当作"鼫鼠"（杨倞说）。五技：能飞但不能飞上屋，能爬树但不能爬上树顶，能游泳但不能渡过山谷，能挖洞但不能藏身，能跑但不能追上人。"《诗》曰"句：见《诗经·曹风·鸤鸠》。鸤鸠：布谷鸟。

【今译】

土堆积起来成为山陵，风雨就会在这里兴起来；水汇集起来成为深渊，蛟龙就会在这里生长起来；长年累月不断地做好事就会自然聪明睿智，久而久之就会达到了圣人的思想境界。

所以，没有一步一步的积累前行，就不会达到千里的路程；没有小溪小河涓涓细流的凝聚，就不会有江河湖海的浩瀚无际。骐骥等一类的千里马，一跃不能超过十步的距离；劣质的驽马跑上十天，也可以达到千里之遥，成功的主要因素在于锲而不舍。雕刻东西若是半途而废，就是一根腐朽的木材也不能折断；雕刻的东西若是锲而不舍，就是坚硬的金属、石头也可以雕刻成美丽花纹的器皿。蚯蚓虽没有锋利的爪牙和强壮的筋骨，但它能在上吃地上的泥土，下饮地下的泉水，这是由于用心专一的缘故。螃蟹虽有八只脚和两只螯，但若没有蛇和黄鳝的穴洞，就没有它的容身之处，这是因为它性情懒惰浮躁的缘故。

没有精诚专一的志向，就不会有通达事理的品行；没有持久埋头苦干的行为，就不会有显赫的功绩。在交叉路口徘徊的人不会达到目的地，同时侍奉两个君主的人是不为世人所容的。眼睛不能同时看两样东西还能看清楚，耳朵不能同时听两种声音还能听清得懂。腾蛇没有脚却能够飞翔，鼫鼠有五种技艺却还是困顿。《诗经·曹风·鸤鸠》上说："布谷鸟住在桑树上，它抚养七只幼鸟。贤良的君子啊，他们的行为非常专一。行为专一，是由于心志专一的缘故。"所以，君子总是专心致志做成一件事。

【点评】

本节是非常著名的励志名篇，几乎妇孺皆知。主要阐述积少成多、持之以恒、专心致志、心无旁骛、才能成功的道理。

引申为，君子要想有所成就，就必须全心全意，专心致志，聚精会神，持之以恒。正如叶剑英元帅所说："世上无难事，只要肯登攀，科学有险阻，苦战能过关"一样，锲而不舍，金石可镂。

修身·第二

【原文】

夫骥一日而千里，驽马十驾则亦及之矣。将以穷无穷，逐无极与？其折骨绝筋，终身不可以相及也。将有所止之，则千里虽远，亦或迟或速、或先或后，胡为其不可以相及也？不识步道者，将以穷无穷、逐无极与？意亦有所止之与？夫坚白、同异、有厚无厚之察，非不察也，然而君子不辩，止之也；倚魁之行，非不难也，然而君子不行，止之也。故学曰："迟，彼止而待我，我行而就之，则亦或迟或速、或先或后，胡为乎其不可以同至也？"故跬步而不休，跛鳖千里；累土而不辍，丘山崇成；厌其源，开其渎，江河可竭；一进一退，一左一右，六骥不致。彼人之才性之相县也，岂若跛鳖之与六骥足哉？然而跛鳖致之，六骥不致，是无它故焉，或为之，或不为尔。

道虽迩，不行不至；事虽小，不为不成。其为人也多暇日者，其出入不远矣。

【注释】

意：同"抑"，选择连词，还是。坚白：即"离坚白"。是战国时名家公孙龙提出的一个命题。公孙龙曾以石头为例，论证坚硬和白色两种属性是各自独立的，不能同时存在于石头上，以此说明共性和个性的区别。参见《公孙龙子·坚白论》。同异：战国时名家惠施提出的命题，认为事物之间的同异是相对的。参见《庄子·天下》。有厚无厚：也是惠施提出的命题，认为"无厚，不可积也，其大千里"（《庄子·天下》）。没有厚度的东西，是不能累积起来的，但面积仍可大至千里。一说是春秋时邓析的命题，参见《邓析子·夫厚》。倚魁：怪异，奇怪。崇：通"终"。厌：同"压"，堵塞。县：同"悬"，距离远，悬殊大。入：疑当为"人"字之误（王念孙说）。

【今译】

千里马一天能行走千里，劣马行走十天也可以达到。你想用有限的精力追求无限吗？那样即使累断了筋骨，一辈子也难以达到。如果行程是有目的地和终点的，即使有千里之遥，也将会或迟、或快、或先、或后地到达，怎么会说不能达到呢？不了解人生的人，是应该用人生有限的精力去追求无限的止境呢？还是应该有一定的范围和终点呢？

对所谓"坚白"、"同异"、"有厚无厚"等学说，并不是不能理解的，然而君子羞于与他们辩解，是因为这些命题有一定的范围限度。那些怪异的行为，并不是难于做到，是君子羞于去做，因为君子的行为有一定的范围限度。所以说："他慢慢停下来等待我，我却快步跟上了他，而或慢、或快、或先、或后，为什么不能达到目的地呢？"所以，只要一步一步不停地走，即使跛脚的甲鱼也能行走千里；只要一筐一筐不停地堆土，即使是山丘也终将能堆成。堵住水源，开通沟渠，那么即使长江、黄河也会枯竭。一会儿前进一会儿后退，一会儿向左一会儿向右，即使天子坐下的六匹千里马，也不能到达目的地。人的性格才情的相差悬殊，难道会比跛脚的甲鱼和天子坐下的千里马的差距更大吗？然而跛脚甲鱼能够到达的地方，天子的六匹千里马却达不到，这有没有别的原因，只是一个人去做一个人不去做的缘故。

道路虽然很近，但不走永远也不会到达目的地；事情虽然很小，但不去做永远不可能成功。那些活在世上浪费时间的人，即使有超人的能力，也绝不会超出常人很远。

【点评】

此节阐述，无论做什么事情，都要有追求的目标和目的性，并且坚持不懈地去做。天子的良马一天不一定能到达千里，劣马十天却能够到达。千里之行始于足下，即使跛脚的甲鱼，只要一步一步不停地走，也能行走千里，只要一筐一筐不停地堆土，即使大若山丘也能够堆成。假若堵住上流的水源，即使滔滔的长江、黄河也会干枯。一个人毫无目的地一会儿左、一会儿右、一会儿前、一会儿后地徘徊，即使天子坐下的良马，也不能够到达目的地。

天天行何惧千万里，日日做何惧万件事。世上无难事，只怕有心人，只要持之以恒，坚持不懈，没有做不成的事。

所以，一个人要想有所建树，就要做好顶层设计，画好路线图，定好时间表，在不断地修正和前进中，逐步接近目标，达到目的，取得最后成功。

不苟·第三

【原文】

君子养心莫善于诚，致诚则无它事矣。唯仁之为守，唯义之为行。诚心守仁则形，形则神，神则能化矣；诚心行义则理，理则明，明则能变矣。

变化代兴，谓之天德。天不言而人推高焉，地不言而人推厚焉，四时不言而百姓期焉。夫此有常，以至其诚者也。君子至德，嘿然而喻，未施而亲，不怒而威。夫此顺命，以慎其独者也。善之为道者，不诚则不独，不独则不形，不形则虽作于心，见于色，出于言，民犹若未从也，虽从必疑。

天地为大矣，不诚则不能化万物；圣人为知矣，不诚则不能化万民；父子为亲矣，不诚则疏；君上为尊矣，不诚则卑。夫诚者，君子之所守也，而政事之本也。唯所居以其类至，操之则得之，舍之则失之。操而得之则轻，轻则独行，独行而不舍则济矣。济而材尽，长迁而不反其初，则化矣。

【注释】

变：改变旧质叫作"变"。化：使人向善叫作"化"。这种除旧布新的德行交相为用，就像天道阴阳更替一般，所以称为"天德"。天德：阴阳交替，四时运兴，合乎自然规律的德行。嘿：同"默"，不说话。若：然。唯所居以其类至：指天地诚则能化万物，圣人诚则能化万民，父子诚则亲，君上诚则尊。

【今译】

君子修养身心莫过于诚信，诚信做到极致就万事大吉了。只要保持一颗仁爱之心，行为符合道义就行了。真心实意地坚持仁德，仁德就会在行为上表现出来，仁德在行为上表现出来，就显得神明，显得神明就能感化别人了；真心实意地奉行道义，就会变得理智，理智就能明察事理，明察事理就能改造别人了。

改造感化轮流起作用，就叫作天德。上天不说话而人们都推崇它的高远，大地不说话而人们都推崇它的深厚，四季不说话而人们都知道春、夏、秋、冬的变换。这些都是有了常规而让人感到诚信。君子有了极高的德行，虽然沉默不言，人们也都明白；没有施舍，人们却亲近他；不用发怒，就很威严。这是因为君子顺从了天道，因而能在独自一人时也谨慎不苟。君子之道是这样改造感化人的：如果不真诚，就不能慎独；不能慎独，道义就不能在日常行动中表现出来；道义不能在日常行动中表现出来，那么即使发自内心，表现在脸色上，发表在言论中，人们仍然不会顺从他；即使顺从他，也一定会迟疑不决。

天地是最大的，不真诚就不能化育万物；圣人是最明智的，不真诚就不能感化万民；父子之间是最亲密的，不真诚就会疏远；君主是最尊贵的，不真诚就会受到鄙视。真诚是君子的操守，也是政事的根本。只有真诚，同类才会聚拢过来；保持真诚，才会获得同类的认可；丢掉真诚，就会失去同类。保持真诚并获得了同类，那么感化他们就容易了；感化他们容易了，那么慎独的风气就能流行了；慎独的风气流行了再紧抓不放，那么所做的事情就会成功了。事情成功了，他们的才能就会完全发挥出来，永远前进而不后退，人们就完全被感化了。

【点评】

阴阳交替，四时运兴，合乎自然规律的德行，就叫作天德。

宇宙间天地万物，莫过于诚信。天地诚则能化育万物，圣人诚则能化育万民，父子诚则亲密无间，君上诚则尊贵无比。反之亦然。

荣辱·第四

【原文】

夫贵为天子，富有天下，是人情之所同欲也。然则从人之欲，则势不能容，物不能赡也。故先王案为之制礼义以分之，使有贵贱之等，长幼之差，知愚、能不能之分，皆使人载其事而各得其宜，然后使悫禄多少厚薄之称，是夫群居和一之道也。

故仁人在上，则农以力尽田，贾以察尽财，百工以巧尽械器，士大夫以上至于公侯，莫不以其仁厚知能尽官职，夫是之谓至平。故或禄天下而不自以为多，或监门、御旅、抱关、击柝而不自以为寡。故曰："斩而齐，枉而顺，不同而一。"夫是之谓人伦。《诗》曰："受小共大共，为下国骏蒙。"此之谓也。

【注释】

势不能容：因为天子只能有一个，所以说"势不能容"。物不能赡：因为只有天子才能拥有天下，所以说"物不能赡"。御旅：旅店负责迎接的人。御：通"迓"，迎接。柝：巡夜打更用的梆子。斩：通"儳"，不整齐，指有等级的差别。齐：指有条不紊的社会秩序。枉：曲，委屈，指人们受到礼义的约束。顺：《臣道篇》："从命而利君谓之顺。"不同：指职分不同。"《诗》曰"句：见《诗经·商颂·长发》。共：通"拱"，法度。骏蒙：笃厚。

【今译】

贵为天子，富有天下，这是人情共同追求的。然而顺从人们的欲望，是客观形势所不能容许的，从物质上也是不能满足的。所以，古代的圣君给人们制定了礼义来区别他们，使人们有高贵低贱的等级，有年龄长幼的差别，有聪明与愚蠢、贤能与无能的区别；使每个人各尽其才，各得其所，俸禄的厚薄与其地位和工作相称，这就是使整个社会和谐一致的办法。

所以，仁德的人处在统治者的地位，农民就会竭尽全力种好庄稼，商人就会把自己的聪明才智全部用在理财上，各行各业的工匠们就会把技能全部用在制造机械上，士大夫以上直到王公侯伯，没有不以仁义忠厚聪明才智尽职尽责的，这就称之为天下大治。

所以，有人拥有天下也不认为自己拥有的多，有人看守城门、招待旅客、守卫关卡，巡夜打更，也不认为自己拥有的少。所以说："有了参差不齐才能达到整齐，有了枉曲不直才能归于顺，有了不同才能归于统一。"这就是人理伦常。《诗经》上说："接受小的法度和大的法度，才能庇护各国诸侯。"说的就是这个道理。

【点评】

人的欲望，贵为天子，富有天下，是人们共同追求的。然而有限的物质资源是不能满足人性无限的追求。所以，圣君制定礼义，依据高低贵贱、长幼差别，聪明贤愚来区别，使其各尽其才，各有所得，才能使天下和谐一致。

荀子认为，依照法度礼义，职位高低，恪尽职守，各尽其能，按劳分配，天下才能大治。

非相·第五

【原文】

相人，古之人无有也。学者不道也。

古者有姑布子卿，今之世，梁有唐举，相人之形状颜色而知其吉凶妖祥，世俗称之。古之人无有也，学者不道也。

故相形不如论心，论心不如择术。行不胜心，心不胜术。术正而心顺之，则形相虽恶而心术善，无害为君子也；形相虽善而心术恶，无害为小人也。君子之谓吉，小人之谓凶。故长短、小大、善恶形相，非吉凶也。古之人无有也，学者不道也。

【注释】

姑布子卿：姓姑布，字子卿，春秋时郑国人，曾给孔子和赵襄子看过相。梁：即魏国。公元前361年，魏惠王迁都大梁（今开封），故魏国也称梁国。唐举：战国时魏国（即梁）人，善于看相的人，曾看过李兑、蔡泽的相。论：察。择：区别，引申为鉴别。

心不胜术：荀子认为，人性本恶，必须经常用礼义之道（"术"）来改造思想（"心"），所以说"心不胜术"。

【今译】

以人的形体、容貌来判断人的命运，古代是没有的，有见识的学者不谈论这种事情。

古代有个叫姑布子卿的人，现在魏国有个叫唐举的人，都声称根据人的形体、容貌来推算此人的祸福吉凶，世人都称道他们的相术。古代是没有的，有见识的学者不谈论这种事情。

所以，观察一个人的相貌不如考查他的思想，考查他的思想不如鉴别他立身处世的方法原则。相貌不如思想重要，思想不如立身处世的方法原则重要。立身处世的方法正确而思想又顺应了它，那么相貌即使丑陋但思想美好，也不会妨碍他成为君子；相貌即使好看而思想行为恶劣，也不能掩盖他为小人。君子就是吉祥，小人就是凶险。所以，高矮、大小、相貌的美丑，和吉凶没有关系。古人没有这种事，有见识的学者不谈论这种事。

【点评】

中国传统文化博大精深，又都是辩证的，怎么说都可以。有人说面由心生，有人说人才不可貌相。荀子的观点，是人才不可貌相的观点。

荀子认为，不能以人的相貌判断人的命运，有见识的学者不谈论这种事情。

观察一个人的相貌，不如考查他的思想；考查他的思想，不如鉴别他立身处世的方法原则；思想正确，立身处世的方法得当，是君子；否则，是小人。余以为，言之有理。

仲尼·第七

【原文】

求善处大重，理任大事，擅宠于万乘之国，必无后患之术：莫若好同之，援贤博施，除怨而无妨害人。能耐任之，则慎行此道也。能而不耐任，且恐失宠，则莫若早同之，推贤让能，而安随其后。如是，有宠则必荣，失宠则必无罪，是事君者之宝而必无后患之术也。故知者之举事也，满则虑嗛，平则虑险，安则虑危，曲重其豫，犹恐及其祸，是以百举而不陷也。孔子曰："巧而好度必节，勇而好同必胜，知而好谦必贤。"此之谓也。

愚者反是。处重擅权，则好专事而妒贤能，抑有功而挤有罪，志骄盈而轻旧怨，以吝啬而不行施道乎上，为重招权于下以妨害人，虽欲无危，得乎哉！是以位尊则必危，任重则必废，擅宠则必辱，可立而待也，可炊而僆也。是何也？则堕之者众而持之者寡矣。

【注释】

重：权，此指重要的官位。理：顺。当为衍文（俞樾说）。能：当为衍文（王念孙说）。下同。耐：同"能"，能够。节：适当，适度的意思。僆：同"竟"，完毕。堕：毁。

【今译】

谋求善于保持高位，掌握大权，能够在万乘大国独自拥有君主的恩宠，绝不会有后患的方法是：最好的办法，莫过于和君主同心协力，举荐贤能，广泛施舍，消除对别人的怨恨，不要伤害和妨碍别人。若能胜任重任，就小心谨慎地奉行这种方法；若不能胜任重任，害怕因此而失去君主对自己的宠爱，就不如及早和君主同心同德，举荐贤能，把职务让给能胜任者，自己甘心情愿追随其后。如这样，拥有了君主的恩宠就必定荣耀，失去了君主的宠爱也一定没有罪过。这是侍奉君主的法宝，也是没有后患的方法。所以，聪明人办事，圆满时考虑不足，顺利时考虑艰难，安全时考虑危险，周到地从多方面加以防范，仍然怕遭到祸害，所以办了上百件事也不会失误。孔子说："灵活而又遵循法度，就一定能做得恰到好处；勇敢而善于和别人合作，就一定能够胜利；聪明而又谦逊，就一定会有德才。"说的就是这个道理。

愚蠢的人恰恰相反：他们身居要职、独揽大权时，就独断跋扈、嫉贤妒能，压制有功的人，排挤打击得罪过自己的人，内心骄傲自满，歧视与自己有旧怨的人，吝啬而不施舍，独揽大权，以致伤害和妨碍了别人。这种人即使希望平安无事，可能吗？所以，他们身居高位却十分危险，权位过重而必定被废，独受宠幸却一定会遭受耻辱，这种情景随时随地就可以发生，只要一顿饭的工夫就可以了。这是为什么呢？这是因为毁害他的人多而扶持他的人少的缘故。

【点评】

此节阐述位高权重官员的处世方法：最好的方法，莫过于和君主同心同德，选贤任能，广泛施舍，谦逊谨慎，居安思危，进退自如，变通灵活。

愚蠢的人却恰恰相反：骄傲自满，飞扬跋扈，独揽大权，嫉贤妒能，排斥异己，贪婪吝啬。现实社会中，后者居多，前者较少。

儒效·第八

【原文】

我欲贱而贵，愚而智，贫而富，可乎？曰：唯其学乎！彼学者，行之，曰士也；敦慕焉，君子也；知之，圣人也。上为圣人，下为士君子，孰禁我哉！乡也，昏然涂之人也，俄而并乎尧、禹，岂不贱而贵矣哉！乡也，效门室之辨，混然曾不能决也，俄而原仁义，分是非，图回天下于掌上而辨白黑，岂不愚而知矣哉！乡也，胥靡之人，俄而治天下之大器举在此，岂不贫而富矣哉！今有人于此，屑然藏千溢之宝，虽行贸而食，人谓之富矣。彼宝也者：衣之不可衣也，食之不可食也，卖之不可偻售也，然而人谓之富，何也？岂不大富之器诚在此也？是杆杆亦富人已，岂不贫而富矣哉！

【注释】

图回：运转。而：如。胥靡：空无所有。胥：空，疏。靡：无。溢：重量单位。后作"镒"，古代计量单位，先秦以黄金二十两或二十四两为一镒。贸：乞讨。杆杆：同"于于"，广大。已：语气词。

【今译】

我想由卑贱变成高贵，由愚昧变成明智，由贫穷变成富裕，可以吗？回答说：那就只有学习了。那些善于学习的人，能将学到的东西付诸于实践，就可以称之为士人了；能勤奋努力的就是君子了；能将学到的东西融会贯通，就是圣人了。善于学习的人，最高可以成为圣人，至少也可以成为士人、君子，又有谁能阻止我学习上进呢？

　　过去，一无所知的乡村百姓，忽然间就可以和尧、禹这样的贤君相比，这难道不是由卑贱变得高贵了吗？过去，考查门外和室内的礼节，他还糊涂得不能区分，忽然间就能追溯仁义的本源，分辨是非，运转天下于手掌之中，就像辨别黑与白一样容易，这难道不是由愚昧变得明智了吗？过去，一个一无所有的人，忽然间治理天下的大权握在了手中，这难道不是由贫穷变得富裕了吗？假如有这么一个人，他收藏着价值千金的珍宝，即使他靠外出乞讨来糊口，人们还认为他是富有的。那些珍宝，穿又不能穿，吃又不能吃，卖又不能很快地出售。但是人们确实说他富有，为什么呢？难道不是因为最值钱的宝器确实在他哪里吗？如此看来，那知识广博的学者，也就是富有的了，这岂不是由贫穷变得富有了吗？

　　【点评】

　　此节阐述，知识可以改变命运，学而优则仕，学而优则富，学而优则贵，学而忧则圣。怎样由卑贱变成高贵？由愚昧变成明智？由贫穷变成富裕？荀子说，善于学习并勇于实践的人，就可以称为士人；努力勤奋的就是君子；能够融会贯通的就是圣人。士人、君子、圣人，难道还会低贱、愚昧、贫穷吗！

　　学者即使真的贫穷，也只是财富的贫穷，而精神却是非常富有高贵的！

王制·第九

　　【原文】

　　请问为政？曰：贤能不待次而举，罢不能不待须而废，元恶不待教而诛，中庸民不待政而化。分未定也则有昭缪。虽王公士大夫之子孙，不能属于礼义，则归之庶人。虽庶人之子孙也，积文学，正身行，能属于礼义，则归之卿相士大夫。故奸人、奸说、奸事、奸能、遁逃反侧之民，职而教之，须而待之，勉之以庆赏，惩之以刑罚，安职则畜，不安职则弃。五疾，上收而养之，材而事之，官施而衣食之，兼覆无遗。才行反时者死无赦。夫是之谓天德，王者之政也。

【注释】

罢：通"疲"，疲沓，软弱，没有德才。须：须臾，一会儿。昭缪：同"昭穆"。据古代宗法制度，宗庙或墓地的辈次排列顺序，以始祖居中，二世、四世、六世位于始祖的左方，称昭；三世、五世、七世位于右方，称穆，以此来区别上下辈分次序。属：系结，归附。句末当脱一"也"字（王先谦说）。五疾：五种疾病，即哑、聋、瘸、断臂、侏儒。句首当脱一"是"字（王念孙说）。官：职事。施：施设，安排。衣：给……穿。食：给……吃。

【今译】

请问如何治理国家？回答说：对于有德才的人，不依级别次序而破格提拔；对于无德无能的人，不用等待应该马上罢免；对于罪魁祸首，不需教育而马上诛杀；对于普通民众，不靠行政手段而进行教育感化。在名分还没有确定的时候，就应该像宗庙有昭穆那样来排列臣民的等级次序。即使是帝王公侯大夫的子孙，如果不能遵循礼义，就把他们归入平民。即使是平民子孙，如果掌握了古代文献经典为政的知识，品行端正，能遵循礼义，就把他归入卿相大夫。对于那些散布邪恶的言论、鼓吹邪恶的学说，做邪恶的事情、有邪恶的才能、逃亡流窜、不守本分的人，就安排强制性的工作并教育他们，静待他们转变；用奖赏的方式去激励他们，用刑罚去惩处他们；安心工作的就留用，不安心工作的就流放出去。对患有哑、聋、瘸、断臂、侏儒五种残疾的人，政府应当收养他们，根据他们的才能来安排适当的工作，根据才能任用并提供给他们吃穿，全部加以照顾而不遗漏。对于那些用才能和行为来反对现行制度的人，坚决处死，绝不赦免。这就叫作天德，就是圣王的政治。

【点评】

此节阐述什么是圣王之道？怎样治国理政？荀子认为，对德才兼备的人应破格提拔，对无德无能的人应立刻罢免，对罪魁祸首应马上诛杀，对民众应教育感化，对残疾之人应由政府抚养，对反对现行制度的人应坚决镇压。这就是天德，就是圣王的为政之道。

富国·第十

【原文】

不利而利之，不如利而后利之之利也；不爱而用之，不如爱而后用之之功也。利而后利之，不如利而不利者之利也；爱而后用之，不如爱而不用者之功也。利而不利也，爱而不用也者，取天下矣。利而后利之，爱而后用之者，保社稷者也。不利而利之，不爱而用之者，危国家也。

【今译】

不造福人民却向人民索取利益，不如先给人民利益而后向他们索取利益更有利；不爱护人民而使用他们，不如先爱护他们而后使用他们更有成效。给人民利益而后索取利益，不如给人民利益而不向他们索取利益更有利；爱护人民而后使用他们，不如爱护人民而不使用他们更有成效。给人民利益而不向他们索取利益，爱护人民而不使用他们，就可以取得天下。先给人民利益而后向他们索取利益，先爱护人民而后使用他们，可以保住社稷。不给人民利益而向他们索取利益，不爱护人民而使用他们，就会使国家危机。

【点评】

此节阐述三种富国方法：第一，利民而不取，爱民而不用，是取天下之道；第二，利民而取，爱民而用，是保社稷之道；第三，不利民而取，不爱民而用，是国家危亡之道。

王霸·第十一

【原文】

国者，天下之制利用也；人主者，天下之利势也。得道以持之，则大安也，大荣也，积美之源也；不得道以持之，则大危也，大累也，有之不如无之。及其綦也，索为匹夫不可得也，齐湣、宋献是也。故人主，天下之利势也，然而不能自安也，安之者必将道也。故用国者，义立而王，信立而霸，权谋立而亡。三者，明主之所以谨择也，仁人之所务白也。

【注释】

制：当为衍文（杨倞说）。利：便利，有利，工具。綦：极。齐湣：即齐湣王（也作"闵王"），战国时齐国国君，为燕所败，死于莒。宋献：即宋康王，名偃，战国时宋国国君，为齐湣王所灭。

【今译】

国家，是天下最有利的工具。君主，处于天下最有利的地位。如果施行了正确的政治原则去掌握国家与君权，就会非常安定，非常荣耀，成为积聚美好功名的源泉；如果施行不了正确的政治原则去掌握它，就会非常危险，非常烦劳，有了它还不如没有它。发展到极点，要求做个平民百姓也不能如愿，齐闵王、宋献公就是这样。所以，君主处于天下最有利的地位，但他并不一定能自行安定，要安定就一定要依靠正确的政治原则。所以治理国家的人，实行仁义就能称王，建立信用就能称霸，搞权术阴谋就要灭亡。这三种情况，是贤明的君主要谨慎选择的，是仁人一定要明白的。

【点评】

此节阐述，国家是天下最有利的工具，君主处于最有利的地位，是把握利器的人，但如不能用正确的政治原则去掌握利器治理国家，是非常危险的。君权是把双刃剑，很多人死于非命。治理国家，施行仁义就能称王，建立信用就能称霸，搞权术阴谋就要灭亡。

君道·第十二

【原文】

有乱君，无乱国；有治人，无治法。羿之法非亡也，而羿不世中；禹之法犹存，而夏不世王。故法不能独立，类不能自行，得其人则存，失其人则亡。

法者，治之端也；君子者，法之原也。故有君子，则法虽省，足以遍矣；无君子，则法虽具，失先后之施，不能应事之变，足以乱矣。不知法之义而正法之数者，虽博，临事必乱。

故明主急得其人，而暗主急得其势。急得其人，则身佚而国治，功大而名美，上可以王，下可以霸；不急得其人，而急得其势，则身劳而国乱，功废而名辱，社稷必危。故君人者劳于索之，而休于使之。《书》曰："惟文王敬忌，一人以择。"此之谓也。

【注释】

立：建树。遍：与下文"乱"相对，指普遍得到治理。博：多闻。惟：思。一人：指代天子。"《书》曰"句：见《尚书·康诰》，但与今本《尚书》略有出入。

【今译】

有搞乱国家的君主，没有混乱的国家；有治理国家的人才，没有自行治理的法则。后羿的射箭方法并没有失传，但后羿并不能使世世代代的人都百发百中；大禹的法制仍然存在，但夏代后世并不能世世代代称王天下。所以，法制不可能单独有所建树，律例不可能自动运行；得到了善于治国的人才，法制就存在了；失去了善于治国的人才，法制也就灭亡了。

法制，是政治的开端；君子，是法制的本原。所以，有了君子，法律即使简略，也足以全面实行；没有君子，法制即使完备，施行也会先后失序，不能应对事变，足以造成混乱。不懂法制的意义而只是去制定法律条文，即使了解得很多，碰到具体事情也会混乱。

所以，英明的君主急于得到治国的人才，而昏庸的君主急于得到权势。急于得到治国的人，就会自身安逸而国家安定；功绩伟大而名声美好，上可以称王天下，下可以称霸诸侯；不急于得到治国的人，而急于取得权势的人，就会自身劳苦而国家混乱，功业败坏而声名狼籍，国家就必然危险。所以君主，在选贤任能时劳累，而在使用贤能以后就安逸了。《尚书》上说："要想想文王的恭敬谨慎，就亲自去选择贤能。"说的就是这个道理。

【点评】

此节强调君主选贤任能的重要性。荀子认为，只有昏庸的君主，没有混乱的国家。法律是靠人制定的，有了贤能的人，可以制定好的法律，没有贤能的人，法律制度再好也无济于事。英明的君主，要善于发现和选择宰相，之后就会自身安逸，国家稳定；昏庸的君主，急于取得权势，之后就会自身劳苦，国家混乱。

天论·第十七

【原文】

天行有常，不为尧存，不为桀亡。应之以治则吉，应之以乱则凶。强本而节用，则天不能贫；养备而动时，则天不能病；修道而不贰，则天不能祸。故水旱不能使之饥渴，寒暑不能使之疾，袄怪不能使之凶。

本荒而用侈，则天不能使之富；养略而动罕，则天不能使之全；倍道而妄行，则天不能使之吉。故水旱未至而饥，寒暑未薄而疾，袄怪未至而凶。受时与治世同，而殃祸与治世异，不可以怨天，其道然也。

故明于天人之分，则可谓至人矣。不为而成，不求而得，夫是之谓天职。如是者，虽深，其人不加虑焉；虽大，不加能焉；虽精，不加察焉。夫是之谓不与天争职。天有其时，地有其财，人有其治，夫是之谓能参。舍其所以参，而愿其所参，则惑矣。

列星随旋，日月递炤，四时代御，阴阳大化，风雨博施，万物各得其和以生，各得其养以成。不见其事而见其功，夫是之谓神。皆知其所以成，莫知其无形，夫是之谓天。唯圣人为不求知天。

【注释】

修：当为"循"字（王念孙说）。贰：当为"忒"字之误（同上）。渴：疑为衍文（同上）。袄：通"妖"，怪异，妖怪。略：减少。罕：希。薄：迫近。炤：同"照"。

【今译】

天道有一定的规律，不因为尧而存在，不因为桀而灭亡。用安定来适应它就吉利，用混乱来适应他就凶险。加强农业而节制费用，上天也不能使他贫穷；衣食充足而按时劳作，上天也不能使他生病；遵循大道而不出差错，上天也不能使他遭祸。所以水涝旱灾不能使他饥饿，严寒酷暑不能使他生病，灾害怪异不能使他凶险。

农业荒废而生活奢侈，上天也不能使他富裕；衣食不足而又懒惰，上天也不能使他健康；违背大道而胡作非为，上天也不能使他吉利。所以水涝旱灾还没有发生就饥饿，严寒酷暑还没有迫近就生病，灾害怪异还没有出现就凶险。遇到的天时与安定的社会是一样的，而遇到的灾难祸患与安定的社会却不一样，这不能埋怨上天，是他的治国方法造成的。

所以明白了天和人的不同，就可以算得上是至人了。不去做就成功，不求取就得到，这叫作天的职能。像这样，虽然深远，至人也不加考虑；虽然广大，至人也不加干预；虽然精妙，至人也不加考察。这就叫作不与天争夺职能。天有它的时节变化，地也有它的财富资源，人有他的治理方法，这就叫作能与天地相匹配，舍弃与天地相匹配的治理方法而希望达到天地的功能，那就太迷惑了。

星星相随旋转，日月交替照耀，春夏秋冬交相变更，阴阳化生万物，风雨广泛地滋润万物，万物各自得到和气而生长，各自得到滋养而成熟，看不见它化生万物的行迹却看到了它的功效，这就叫作神妙。都知道它生成万物，却没有人知道它的无形无迹，这就叫作天。只有圣人不求了解天。

【点评】

荀子认为，天道有一定的规律，不为圣君尧帝而存在，也不因暴君夏桀而灭亡。人们只有顺应天道自然规律，才能够逢凶化吉，遇难成祥。反之亦然。所以，圣人遵循自然规律而不求了解天。

正论·第十八

【原文】

世俗之为说者曰："主道利周。"是不然。

主者，民之唱也；上者，下之仪也。彼将听唱而应，视仪而动。唱黙则民无应也，仪隐则下无动也。不应不动，则上下无以相有也。若是，则与无上同也，不祥莫大焉。故上者，下之本也。上宣明则下治辨矣，上端诚则下愿悫矣，上公正则下易直矣。治辨则易一，愿悫则易使，易直则易知。易一则强，易使则功，易知则明，是治之所由生也。上周密则下疑玄矣，上幽险则下渐诈矣，上偏曲则下比周矣。疑玄则难一，渐诈则难使，比周则难知。难一则不强，难使则不功，难知则不明，是乱之所由作也。故主道利明不利幽，利宣不利周。故主道明则下安，主道幽则下危。故下安则贵上，下危则贱上。故上易知则下亲上矣，上难知则下畏上矣。下亲上则上安，下畏上则上危。故主道莫恶乎难知，莫危乎使下畏己。传曰："恶之者众则危。"《书》曰："克明明德。"《诗》曰："明明在下。"故先王明之，岂特玄之耳哉！

【注释】

周：周密，隐密，指隐蔽不露。仪：立木以示人叫作仪，也叫表。唱：倡导。有：当为"胥"字（王先谦说），通"须"。辨：同"办，治理"。易：平坦，不险恶。玄：通"眩"，迷惑。克：能。明德：完美的德行。明明：原为皎洁明亮的意思，指周文王、周武王的德行贤明完美。《书》曰"句：见《尚书·尧典》，今本作"克明俊德"。《诗》曰"句：见《诗经·大雅·大明》。

【今译】

社会上那些庸俗的学者说："君主的统治措施以周密隐蔽为有利。"这种说法不对。

君主，好比是民众的领唱者；帝王，好比是臣下的标杆。臣民们将听着领唱来应和，看着标杆来行动。领唱沉默，民众就无从应和；标杆隐蔽，臣下就无从行动。臣下不应和、不行动，君主和臣民就无法相亲善了。像这样，那就和没有君主一样，不吉利的事没有比这更大的了。所以，君主是臣民的根基。

君主公开明朗，臣民就坦荡正直了；君主端正诚实，臣民就老实忠厚了；君主公正无私，臣民就诚实正直了。臣民治理得好就容易统一，老实忠厚就容易役使，坦荡正直就容易了解。臣民容易了解，君主就会明白清楚。这是安定得以产生的缘由。君主隐蔽不露，臣民就疑惑迷乱了；君主阴暗险恶，臣民就虚伪欺诈了；虚伪欺诈就难以役使，紧密勾结就难以了解。臣民难以了解，君主就不清楚。这是祸乱产生的根源。所以，君主的统治措施以明朗为有利而阴暗为不利，以公开为有利而以隐蔽为不利。君主的统治措施公开明朗，臣民就安逸；君主的统治措施阴暗不明，臣民就危险。臣民安逸，就会尊重君主；臣民危险，就会鄙视君主。君主的措施容易被了解，臣民就亲爱君主；君主的措施难以被了解，臣民就害怕君主。臣民亲爱君主，君主就安逸；臣民害怕君主，君主就危险。所以君主的统治措施没有比难以被了解更坏的了，没有比使臣民害怕自己更危险的了。

古书上说："憎恨他的人众多，他就危险了。"《尚书》上说："能够彰明贤明的德行。"《诗经》上说："彰明美德在天下。"所以古代的圣王要彰明自己，难道只是使自己幽深难知就算了吗？

【点评】

荀子认为，君主好比民众的领唱者，帝王好比臣民的标杆楷模。君主领唱，民众就应和；帝王作出表率，臣民就上行下效。君明臣直，君暗臣曲。臣民爱君主，君主就安逸；臣民怕君主，君主就危险。所以，君主一定要以身作则，开明公正，和蔼可亲，做天下人的表率，才能够治国、平天下。

礼论·第十九

【原文】

礼起于何也？曰：人生而有欲，欲而不得，则不能无求；求而无度量分界，则不能不争；争则乱，乱则穷。先王恶其乱也，故制礼义以分之，以养人之欲，给人之求。使欲必不穷于物，物必不屈于欲，两者相持而长，是礼之所起也。

【注释】

分：名分，这里作动词，表示确定名分，即划定人的等级地位职分等。掘：竭尽。

【今译】

礼是在什么情况下产生的呢？回答说：人生下来就有欲望；如果想要什么而不能得到，就不能没有追求；如果一味地追求而没有个标准限度，就不能不发生争夺；一发生争夺就会有祸乱，一有祸乱就会陷入困境。

古代的圣王厌恶祸乱，所以制定礼义来确定人们的名分，以此来调养人们的欲望，满足人们的要求，使人们的欲望不因财物的匮乏而得不到满足，使财物不因满足人们的欲望而耗尽，使物质和欲望两者在互相制约中增长，这就是礼产生的原因。

【点评】

荀子认为，礼的起源来自于确定人们的名分，制约人们对于物质欲望的贪婪。言简意赅。

解蔽·第二十一

【原文】

凡人之患，蔽于一曲而暗于大理。治则复经，两疑则惑矣。天下无二道，圣人无两心。今诸侯异政，百家异政，百家异说，则必或是或非，或治或乱。乱国之君，乱家之人，此其诚心莫不求正而以自为也，妒缪于道而人诱其所迨也。私其所积，唯恐闻其恶也；倚其所私，以观异术，唯恐闻其美也。是以与治虽走而是已不辍也，岂不蔽于一曲而失正求也哉！心不使焉，则白黑在前而目不见，雷鼓在侧而耳不闻，况于蔽者乎！德道之人，乱国之君非之上，乱家之人非之下，岂不哀哉！

【注释】

经：大道。两：指"一曲"和"大理"两个方面。乱家：指"蔽于一曲而暗于大理"的各家学派。缪：谬误。迨：通"怡"，喜爱。虽：当为"离"字（郝懿行说）。使：当为"蔽"字（俞樾说）。德：通"得"。

【今译】

人的通病，是被片面的事物所迷惑，而不能明白全面的道理。纠正片面的认识就能回到大道上来，在偏见和大道之间徘徊就会迷惑。天下没有两个大道。圣人不会对大道三心二意。

现在诸侯实行不同的政治，百家之言更是五花八门，那么其中必定有的对有的错，有的可以用来治国，有的可以用来误国。使国家陷入混乱的国君，使家庭陷入混乱的人，他们的内心并不是不想走正道，而是他们自以为是。但他们由于偏离了正道，其他的人也会投其所好引诱他们。偏好自己的经验，唯恐听不到美好的话语。依靠自己的偏见，来观察他人的学说，唯恐听到赞美别人的好话。这样一来，就背离正道越来越远，并且还在不停地走下去。这难道不是由于被片面的事物所蒙蔽而造成的吗？自己的心思不在这里，即使黑白分明放在你的眼前也看不出他们的差别，即使雷声响在耳边也听不见，更何况是被片面事物所蒙蔽的人呢？得道的人，使国家混乱的君主在他上面非难他，使家庭混乱的小人在下面反对他，这难道不是很可悲吗？

【点评】

荀子认为，人的通病往往是被片面的事物所迷惑，只有纠正片面的认识，才能够回到大道上来。现在的诸侯各行其是，诸子百家各言其说，固执己见，不能听取不同的意见，以至于正确的见的被非难，君子被小人排斥。这难道不是很可悲吗！

性恶·第二十三

【原文】

人之性恶，其善者伪也。

今人之性，生而有好利焉，顺是，故争夺生而辞让亡焉；生而有疾恶焉，顺是，故残贼生而忠信亡焉；生而有耳目之欲，有好声色焉，顺是，故淫乱生而礼义文理忘焉。然则从人之性，顺人之情，必出于争夺，合于犯分乱理而归于暴。故必将有师法之化，礼义之道，然后出于辞让，合于文理，而归于治。用此观之，然则人之性恶明矣，其善者伪也。

【注释】

疾：嫉妒。从：同"纵"。道：同"导"，引导。

【今译】

人的本性是恶的，善良的行为是人为的。

人的本性，生下来就有喜好利益之心，顺着这种本性，所以就会产生争夺而没有辞让了；人生下来就有嫉妒憎恨之心，顺着这种本性，所以残杀陷害的行为就会产生，而忠诚信用的美德就没有了；人生下来就有耳朵、眼睛的欲望，就爱好美音、美色，顺着这种本性，所以淫乱就产生了，礼法就消失了。所以，放纵人的本性、顺从人的感情，就一定会产生争夺，出现违背等级名分、扰乱事理的事情而导致暴乱。所以，必定要有老师、法度的教化，礼义的引导，然后才会从谦让出发，行为合乎礼法的规范，从而使社会安定。由此看来，人的本性是恶就很明显了，而那些善良的行为是人为的。

【点评】

荀子认为，人的本性是恶的，善良的行为是人为的。其依据是人生下来就有追求好利之心，就有争夺的欲望，只有靠教化和法律才能够使人规范自己的行为。

孟子认为人性是善的，荀子认为人性是恶的。

余以为，两人的观点都有偏颇，如果人性是善的，就不会有"文革"的十年浩劫；如果人性是恶的，就不会有 2008 年四川汶川大地震人们的善举。

大略·第二十七

【原文】

人主仁心设焉，知其役也，礼其尽也，故王者先仁后礼，天施然也。

【今译】

君主仁心存在了，智慧是仁心的役使，礼义是仁心的完善，所以王者先要有仁心然后才讲礼义，天道的施行就是这样。

【点评】

君主施政，仁心为主，智慧是为了实施仁心，礼仪是对仁心的完善，为表。

宥坐·第二十八

【原文】

孔子观于鲁桓公之庙，有欹器焉。孔子问于守庙者曰："此为何器？"守庙者曰："此盖为宥坐之器。"孔子曰："吾闻宥坐之器者，虚则欹，中则正，满则覆。"孔子顾谓弟子曰："注水焉。"弟子挹水而注之，中则正，满则覆，虚则欹，孔子喟然而叹曰："吁！恶有满而不覆者哉！"子路曰："敢问持满有道乎？"孔子曰："聪明圣知，守之以愚；功被天下，守之以让；勇力抚世，守之以怯；富有四海，守之以谦。此所谓挹而损之之道也。"

【注释】

敧器：一种倾斜易覆的器皿。鲁桓公：名轨（一作允），鲁惠公之子，鲁隐公之弟，公元前711年—前694年在位。宥坐：宥通"右"，放在座位右边。挹：通"抑"。

【今译】

孔子在鲁桓公的庙里参观，看到一个倾斜的容器。孔子问看守庙的人说："这是什么容器？"守庙的人说："这是放在君主座位右边的一种容器。"孔子说："我听说放在右边的一种容器，空着的时候是倾斜的，灌入一半水就会端正，灌满水就会倾倒。"孔子回头对弟子说："把它灌上水。"弟子舀水灌进去，灌入一半的时候就端正了，灌满水后就翻到把水倒空了，将水倒空就又倾斜了。

孔子喟然长叹说："哎！哪里有满了还不倾倒的呢？"子路说："请问老师有保持满而不倒的方法吗？"孔子说："聪明睿智，用愚钝来持守它；功盖天下，用谦让来持守它，勇敢盖世，用怯懦来持守它；富有天下，用谦逊来持守它。这就是谦让抑制，再谦让抑制的方法。

【点评】

荀子借用孔子参观鲁桓公庙宇所见到的一种宥器，空着的时候则倾斜，灌入一半水时则端正，灌满水之后则翻倒把水倒净的现象，引申"为人处世，安身立命"要谦逊谨慎的道理。

聪明睿智要用愚钝来持守它，功盖天下要用谦让来持守它，勇敢盖世要用怯弱来持守它，富有天下要用谦让来持守它。这就是谦虚谨慎为人处世的方法。此节有老子的思想。

尧问·第三十二

【原文】

尧问于舜曰："我欲致天下，为之奈何？"对曰："执一无失，行微无怠，忠信无倦，而天下自来。执一如天地，行微如日月，忠诚盛于内，贲于外，形于四海。天下其在一隅邪！夫有何足致也？"

【注释】

贲：通"奋"。隅：角落。

【今译】

尧问舜说："我想取得天下，该怎么办？"舜回答说："专心政事不要出错，勤奋做事不要懈怠，忠诚守信不要厌倦，那么天下人民就会自动归顺。专心政事像天地一样长久，勤奋做小的事情像日月一样不停，忠诚充满于内心，表现在外面，体现在四海。那天下不就像屋子中的一个角落吗？又哪里用得着去取呢？"

【点评】

此节借尧舜的对话，阐述治国平天下，专心处理政事，勤政爱民不懈怠，忠诚守信不厌倦，天下人就会自动归来，哪里还会用得着去取呢！得民心者得天下，得民心者满其欲！

道家经典

《老子》

序言

老子是中国哲学、道家、道教的鼻祖，辩证法之父，道的化身。老子胸罗宇宙、思接千古、博大精深的哲学思想，被道教奉为太上老君，中国哲学史上第一位真正的大哲学家。

老子站在宇宙的高度，俯察宇宙万物，洞悉人生世事，总结宇宙规律，指导人类前行。

老子使人们懂得"人法地，地法天，天法道，道法自然"，遵循自然规律的无为而无不为。老子使人学会自然、淳朴、从容、安静、包容，改变人生态度；老子教人懂得上善若水，以柔克刚，处卑具上的成功哲学。

常言说："老子天下第一！"用在老子身上，恰如其分，因为老子在中国历史和世界上的影响是无可比拟的。老子不仅多次指导过孔子，其影响甚至超过孔子。

具有关统计，《老子》在世界上的版本有1000多种。

晋代道教大师葛洪说："道者儒之本也，儒者道之末也。"

宋真宗赵恒说："老子《道德经》，治世之要。"

明朝开国皇帝朱元璋认为，《道德经》是"万物之至根，王者之上师，臣民之极宝"。

清朝著名学者纪晓岚认为，道家思想"综罗百代，广博精微"。

余以为：《道德经》，实为"得道经"。为人处世之根本，安身立命之法宝，顺势而为之法则，无为而无不为之准绳。

老子认为：道，是宇宙的本原和神智，是万物的总根源和总规律，是赋予生命的原理和孕育生命的母体；道，是不偏不倚，没有尊卑贵贱，一视同仁的公正无私；道，是含畜无形，看不见摸不着而又无处不在，无时不有，宇宙万物运行的总规律；道，是创造孕育了万物、养育改变了万物；道，是宇宙万物永恒不朽的本原、本质和本体。

如果说孔子是天下第一圣人，老子就是天下第一智人；如果说孟子是天下第一傲人，庄子就是天下第一狂人；如果说鬼谷子是天下第一谋人，孙子就是天下第一军人。

上篇·道经

第一章：无名，天地之始
【原文】

道可道，非常道；名可名，非常名。

无名，天地之始，有名，万物之母。

故常无欲，以观其妙；常有欲，以观其徼。

此两者同出而异名，同谓之玄，玄之又玄，众妙之门。

【今译】

道，如果能够说得清楚，就不是永恒的道了；名，如果能够讲得清楚，就不是永恒的名了。

无，指宇宙万物未形成的状态，是宇宙万物的原始；有，指宇宙万物本原的物质，是孕育宇宙万物的根源。

所以，要从尚未形成的状态中，去观察领悟道无名无形的奥妙无穷；要从混沌的状态中，去体会道有名有形的奇妙无比。

无和有二者同出于一个源头，只是名称不同罢了，二者可以说都是玄妙无比的。玄妙之中又有玄妙，这才是认识宇宙万物一切玄妙奥秘的源头和门径啊。

【注释】

道，是老子哲学思想的核心，是老子学说的专有名词。老子认为：道，是宇宙的本原、总根源、总规律，是玄之又玄的众妙之门，是从事宇宙万物一切玄妙的源头和门径，道是说不清道不明的，说清楚就不是道了。

【点评】

此节我们首先了解什么是道？简言之，意为：1. 是路；2. 道路，规律，道理。3. 道家唯心主义哲学体系的核心，指先于物质而存在的精神性的东西，产生宇宙的总根源等。

道（路），一开始没有道（路），那么路是怎么来的呢？路是人们走出来的。人的本性是食色。地球上本来没有路，人类出于本性食色的需要，为了生存和延续，走出去寻找食物和异性，久而久之，就形成了路，成为了规律。所以，道（路）是生存发展之道（路），是共生共存共发展之道（路），是人类生存发展的规律。

名，宇宙万物一开始没有名字，名字是后来才有的。名的原意是呼自己的名字。古代没有电灯，夜间漆黑一团，伸手不见五指，夜间人类行动的时候，彼此看不见，怕撞上别人，就自己呼唤着自己的名字，我是某某某！引起对方的注意和防备，防止惊吓和撞上对方。

人类首先认识到，路给人带来便捷、安全，自觉不自觉地从杂草丛生、人兽同居共舞的现状中，摸索出一条规律——路（道），并认识到路给人类带来的便捷，继而发展成到后来的大路、公路、高速公路、铁路、高铁、航路、远洋航路、航道、太空航道、宇宙运行航道等。

人类从现实中又认识到生老病死的规律，开始用草木医治人类的疾病，减少人类的痛苦，延长人类的寿命。

人类又把握了春、夏、秋、冬的规律，种植农作物，以致到今天的大棚蔬菜，保证了人类食物的供给。

人类又逐步了解了日、月、星、辰的运行规律，制定出万年历供人类劳作参考。

人类又逐步认识到宇宙的运行规律，深感宇宙浩渺无穷，等等。

但人类的认知总是局限的，对道的认识也是粗浅的，而宇宙万物万象又是变幻无穷的，对于宇宙万物的本原更是说不清、道不明的。所以说："道可道，非常道；名可名，非常名。"

"无名，天地之始；有名，万物之母。"无，是宇宙万物尚未形成的状态，是宇宙万物的原始状态；有，是宇宙万物的本原状态，是孕育宇宙万物的总根源。所以，人们要学会从尚未形成的状态中，去体察领悟道无名无形的奥妙无穷；要从混沌的状态中，去体会道有名有形的奇妙无比。

老子教会人们，要学会善于发现问题，善于发现事物的苗头和端倪，善于发现事物运行的规律，善于体会领悟事物的规律后的事半功倍，善于享受运用事物的规律所带来的内心愉悦及成功。

领导者要学会一滴水，可以折射出太阳的光辉；一落叶，可以知道秋天的到来；一张口，便知道其话的言外之意；一运作，便知道事情最后的结果。这就是把握运用规律的好处。

第一章，主要是使读者了解"道"的重要性，以及如何认识、领会、体悟"道"。要认识"道"是宇宙万物的本原，是宇宙运行的总规律，是说不清道不明奥妙无穷的，是相辅相成辩证的，是了解宇宙万物极其人类自身奥秘的规律，有着非常重要的作用，是通往《老子》的玄妙之门，是打开《老子》的金钥匙，是了解宇宙万物的纲领，希望能够认真领会感悟。

第二章：知美即恶

【原文】

天下皆知美之为美，斯恶已；皆知善之为善，斯不善已。

故有无相生，难易相成，长短相较，高下相倾，音声相合，前后相随。

【今译】

天下的人如果知道美的东西之所以为美，那么丑恶的概念就形成了；如果知道善事之所以为善，也就有不善的东西了。

所以，有和无相对立而产生，难和易相对立而形成，长和短互相对立而显现，高和下相对立而存在，音和声相对立而谐鸣，前和后互相对立而相随。

【点评】

余以为，人性本欲。就是说，人的本性是欲望和欲念，极而言之就是贪欲和占有。这就是说，一旦人们知道美好的东西为美，人们的占有欲就会产生，就会想办法得到它、占有它。如果得到和占有它不容易，靠正当手段得不到，就要产生邪恶的想法，靠不正当的手段得到它，占有它，甚至胡作非为，违法乱纪，以身试法。为了满足自己的欲望，君子选择手段，有所不为；小人不择手段，无所不为。比如说，权、钱、美色、宝物、名誉是个好东西，人们为此会不择手段得到它。所以老子说："天下皆知美之为美，斯恶已；皆知善之为善，斯不善已。"

此节强调要保持万事万物的本然、本色、本质，而不是人为虚假外在甚至是伪装的东西。

【原文】

是以圣人处无为之事，行不言之教，万物作焉而不辞，生而不有，为而不恃，功成而弗居。夫唯弗居，是以不去。

【今译】

所以，圣人治国理政以"无为"行事，推行"不言"的教化。她生长万物而不加以干预，培育万物而不据为己有，扶持万物而不期望回报，育成万物而不居功自傲。正因为有功而不居功，她的功绩才不会失去。

【点评】

老子强调，圣人治国理政以"无为"行事，就是按照事物客观规律办事，顺势而为，不是不为，不能乱为，更不能违背规律而为；"不言"之教，就是严于律己，宽以待人，以身作则，做人民的楷模，身教胜于言教，而不是说一套，做一套。

大道生育了万物让其自然成长，培育了万物而不据为己有，扶持了万物从不期望回报，育成万物从不居功自傲。正因为如此，她的功绩才不会失去。

余以为，人类应该向动植物学习。动植物孕育、养育、培育了万物，要求过回报吗？显然没有！所以，做父母的只负责把子女养育成人，培育成才，不应期望有过多的回报，如果期望过多的回报，其结果可能会适得其反。一个人如果居功自傲，古今中外，没有几人有好下场的。所以，为人处世，切记居功自傲，是护身的法宝，是进步的基础，是晋升的要素。

第三章：无为而治

【原文】

不尚贤，使民不争；不贵难得之货，使民不为盗；不见可欲，使心不乱。

是以圣人之治，虚其心，实其腹；弱其志，强其骨。尝试民无知无欲，使夫智者不敢为也。为无为，则无不治。

【今译】

不标榜崇尚奇异的才能，使人民不去争名夺利；不珍爱稀有珍贵的财物，使人民不去偷盗；不崇尚功名利禄，使人民心志不混乱。

所以，圣人治国理政的原则是，使人民的头脑空虚净化，使人民的肚子经常吃饱，弱化人民争名夺利的意志，强化人民的筋骨体魄。使人们永远没有奸诈的心思和非分的欲望，使那些争名夺利、为非作歹的所谓聪明人也不敢惹是生非。坚持无为而治的原则，这个世界上的事情就没有治理不好的。

【注释】

不尚贤：不标榜自己的奇异才能。尚贤：崇尚才能之人。不争：不争功名，不争名夺利。不贵难得之货：不看重珍稀昂贵之物。不可见欲：不炫耀那些能够引起人们贪欲的东西。

【点评】

无为而治，顺其自然。君主不过分推崇有奇异才能的人，就不会使小人伪装自己，弄虚作假，争名夺利，而埋没真正的贤才，因为真正的贤才是不会标榜自己的。君主不珍爱珍贵稀有的财物，就会减少人们偷抢那些与人们生活无关紧要的东西，更不会弄虚作假，坑害别人，却忽视了人们最为珍贵的空气和水。不调动人们追求功名利禄的欲望，人的心志就不会混乱，就会诚实做人，勤恳做事，心态平静，社会安宁。

所以，圣人治国理政的原则，使人民净化物欲的头脑，衣食无忧，弱化争名夺利的意志，强化人民的筋骨体魄，使人民健康长寿，没有奸诈非分的欲望，就会使小人也不敢惹是生非，坚持顺其自然的无为而治，这个世界上的事情就没有治理不好的了。

在老子的心目中，人们恪尽职守，人尽其责，自我约束，保持天真纯朴的自然状态，社会就和谐安定了，人民就知足快乐了，君主就省心了，世界就和谐美好了。

第四章：象帝之先

【原文】

道冲而用之或不盈，渊兮似万物之宗。挫其锐，解其纷，和其光，同其尘。湛兮似或存，吾不知谁子，象帝之先。

【今译】

道本来是空虚无形的，但它的作用却是无穷无尽的；它那么渊远幽深，好像宇宙万物的根源。磨锉它的锋芒，消解它的纠纷，调和它的光辉，将它混同于尘垢世俗。道是那样地沉寂幽隐，似无而又存，我不知道它是怎样产生的，似乎在天帝之前就已经存在了。

【注释】

冲：古字为"盅"，虚之，引申为虚。道冲：就是无形无影，看不见听不到摸不着，空灵虚静的意思。用之或不盈：道的作用却是永远不会竭尽的。盈：满、益出、穷尽的意思。渊：幽深。宗：根源。挫：锉磨。锐：消解。纷：纠纷，怨恨。和：混合。同：混同。尘：尘埃，引申为尘世，世俗。湛兮：形容道无形无象，幽瘾深邃的状态。湛：深，沉。象帝之先：似乎在天帝之前它就存在了。象：好像。帝：上帝，天帝。

【点评】

老子进一步阐述"道"的作用。"道"是无形无声无影虚无飘渺的，但它的作用却是那么渊远幽深，好像是宇宙的根源。"道"是沉寂幽隐的，却无处不在，无处不有，须臾不可离开。我们不知道它何时产生，似乎在天帝之前。

"道"其实产生在宇宙诞生之前，"道"孕育了宇宙万物，养育了宇宙万物。领导者，要深刻领会道的含义，时时刻刻都要遵循规律，治国理政，顺势而为，须臾不可离开，否则就会受到道的惩罚。

第五章：天地不仁

【原文】

天地不仁，以万物为刍狗；圣人不仁，以百姓为刍狗。

天地之间，其犹橐（tuó）籥（yuè）乎？虚而不屈，动而愈出。

多言数穷，不如守中。

【今译】

天地公正无私，无所偏爱偏私，它把万物全部当成祭祀神鬼稻草扎成的刍狗，任凭万物自生自息；圣人公正无私，无所偏爱偏私，也把百姓全部当成祭祀神鬼稻草扎成的刍狗，任凭百姓自生自息。

天地之间，难道不像一个巨大的风箱吗？静止的时候，它好像是个空虚的世界，一旦运作起来，就会风力无穷，运转不息。

政令繁多反而会行不通，还不如保持虚静适中。

【注释】

天地不仁：天地是无所谓仁慈偏爱的，对万物公正无私，一视同仁。刍狗：古代以稻草扎成的用于祭祀的狗，用完后抛弃或烧掉。橐籥：风箱。屈：不尽，不竭、

【点评】

老子认为，天地公正无私，一视同仁，没有高低、贵贱、尊卑、美丑、有用、无用之分，天地万物在老子看来都是一样的，都得遵循自然规律而自生自灭或生生不息。统治者不要过多地干涉人民正常的生活，不要过多地颁发政令。政令繁多就会违背自然规律，干涉人民正常的生产生活，反而好心办坏事，引起人民的反感而更加行不通。还不如保持虚静的状态，按照社会发展规律，按照生产市场规律，按照人民生活规律，顺其自然发展，就会无为而治。

第六章：玄牝之门

【原文】

谷神不死，是谓玄牝，玄牝之门，是谓天地根。

绵绵若存，用之不勤。

【今译】

变幻莫测的大道，博大无边，无所不能，永恒不灭，犹如微妙无比的母体。这微妙无比的母体是孕育万物之门，因此是天地万物产生的根源。

它若隐若现地存在于天地之间，绵绵不断地产生万物，繁衍生命，无穷无尽。

【注释】

谷神：指女神，女性生殖器。玄牝：意为母亲的子宫，引申为道。

【点评】

老子用极其形象简洁的语言，描述了"道"的特征。老子把"道"比喻成空虚的山谷，犹如微妙无比的母体，是孕育万物之门，因此是天地万物产生的根源。它若隐若现在天地之间，绵绵不断地产生万物，繁衍生命，无穷无尽，显示出"道"的伟大作用。

第七章：天长地久

【原文】

天长地久。天地所以能长且久者，以其不自生，故能长久。

是以圣人后其身而身先，外其身而身存。非以其无私邪？故能成其私。

【今译】

天的寿命很长，地的寿命很久。天地之所以能够长久地生存，是因为它们不为自己而生存，所以能够长久地生存。

因此，得道的圣人总是将自身的利益放在后头，结果反而成为了领袖；将自身的生死置之度外，结果反而保全了自身。这正是由于他无私，反而能够成就他自己。

【点评】

在本章中，老子阐述了圣人的处世哲学。天地之所以能够长久，是因为它们不为自己而生存，所以能够长久。

得道的圣人，也像天地那样，总是将自身利益放在最后，结果反而成为人们的首领；得道的圣人，正因为公正无私，反而保全自身；正因为无己，反而能成为人民的领袖。

两千五百多年前的老子，竟有如此博大胸怀和高瞻远瞩，竟有如此的深刻哲理和理论辩证，竟如此洞悉天地规律和人情世故，竟如此一眼望穿事物的根源，实在是哲人中的哲人，智人中的智人。这是对于人类的极大贡献，是对于人类的终极关怀，对于人类的终极指导。领导者，应从中领悟老子的教诲，无私才能长久，无私才能成就伟大的自我。

第八章：上善若水

【原文】

上善若水。水善利万物而不争，处众人之所恶，故几于道。

居善地，心善渊，与善仁，言善信，正善治，事善能，动善时。

夫唯不争，故无尤。

【今译】

具有最高道德的人就像水的品质一样。水善于滋润万物而不和它们相争，甘心处于众人所厌恶低洼的地方，所以水最接近于道。

最善的人总是把自己处于众人之下，心胸善于像水那样保持深沉，善于以真诚无私的态度与人交往，说话讲求诚信，为政善于治国安邦，处事善于发挥特长，行动善于抓住机遇。

正因为他像水那样谦虚，不与物争，所以才没有过失。

【点评】

本章"上善若水"，成为千古至理名言。老子认为，最高道德的圣人，像水的品德一样，善于处于人们厌恶的低洼之处，处于谦卑的地位。正因为处于低洼卑贱处，才像千万条江河归大海一样，成就其伟大，接近于道。得道的圣人也像水的品德，谦卑诚信，与世无争，故无人与之争，没有过失。

领导者，要认真领悟老子的教诲，效法水的品质，不与人争名夺利，诚信待人，不计个人得失，全心全意为人民服务，才能减少过失，有所成就，有所建树。

第九章：功遂身退

【原文】

持而盈之，不如其已。揣而锐之，不可长保。金玉满堂，莫之能守。富贵而骄，自遗其咎。

功遂身退，天之道也。

【今译】

执求满盈，不如适时停止追求；把利剑锻打得锋利无比，却很难保持长久。金玉满堂，却难以长久守住；富贵而骄傲，必然自取祸殃。

功成身退，符合天道自然的规律。

【注释】

持而盈之：意思是手里拿着的容器里面水已经满了，引申为自满骄傲。揣而锐之：把利器磨得锋利无比。

【点评】

此章讲"道"在人生中的作用。阐述物极必反，毋为己甚，急流勇退，适可而止，见好就收，功成身退的道理。

水满则溢，月圆则亏，物极必反。人们虽然都懂得这浅显的道理，但却很少有人能够付诸实施，人们总是在无休止地追逐名利地位。满足自身的欲望，本无可厚非，但任何事情都要有个度。老子指出，执求满盈不如适可而止，是非常中肯的劝解。正如锋利无比的利器，却很难保持长久；金玉满堂，却很难长久守住；富贵骄横，必然自取祸殃一样，功成身退，是符合天道的规律。功臣切记，功高盖主者死！

第十章：长而不宰

【原文】

载营魄抱一，能无离乎？专气致柔，能婴儿乎？

涤除玄鉴，能无疵乎？爱民治国，能无知乎？

天门开阖，能无雌乎？明白四达，能无为乎？

生之、畜之，生而不有，为而不恃，长而不宰，是谓玄德。

【今译】

精神和形体合二为一，能分离吗？凝聚精气，致于至柔和顺，能像婴儿一样无欲吗？

如同拭净明镜一样涤除心中的杂念，能够没有瑕疵吗？爱民治国，能抛弃智巧，做到自然无为吗？

眼鼻耳口终日接触外界的诱惑，能守住寂静吗？洞悉世争，明白事理，能够不用智慧心机吗？

道生育万物、养育万物却不占有，养育万物而不把持，引导万物而不主宰，这就是最深远的德呀！

【点评】

一个人的魂魄、灵魂、精神和肉体能分离吗？不能！分离了不是行尸走肉，就是孤魂野鬼。所以说，人和道不能分离，分离了就是离经叛道，寸步难行。得道的圣人，能够排除私心杂念，摒弃物欲的干扰，全心全意，聚精会神，使人处于自然柔顺的状态，就能够像婴儿一样纯真无邪，返璞归真，达到老子所追求的自然真朴的境界。

要清除内心的私心杂念，排除一切功名利禄，名誉地位，物欲的诱惑。不用任何智巧计谋来治国理政，按照其自然规律办事，达到大道无瑕无为的地步，民当自理，国当自治，国当自强。

当今之世，物欲横流，请放慢脚步，等一下灵魂的到来，守住自我的本心，找回真正的自我。领导者，要抵挡得住外界的诱惑，找回纯正的本心，守住自身的纯朴。自身安，天下则安。要洞悉世界，明白事理，治国理政，要依据规律，坚守大道，顺其自然，不强为，不妄为，更不胡作非为。

宇宙万物都有其生长的规律，都是根据自身规律生老病死的。生而不有，为而不恃，长而不宰，是玄秘深邃的最高德行，是玄之又玄的大道，是宇宙万物的本原、总规律。

本章主要阐述修身之道。老子一连用六个问句，对于悟"道"之法进行了总结。阐述了"道"极为玄妙、难以表达的特征。总结出"道"生育万物却不占有，养育万物却不把持，引导万物却不主宰。"道"就是玄妙深远的大德。领导者，只有为民趋利避害，造福人民的责任，没有救世主的功劳！人民群众才是历史的创造者！

第十二章：无色目盲

【原文】

五色令人目盲，五音令人耳聋，五味令人口爽，驰骋畋猎令人心发狂，难得之货令人行妨。

是以圣人为腹不为目，故去彼取此。

【今译】

五彩缤纷的色彩使人眼花缭乱，五音缭绕的音乐使人听觉失灵，丰盛的美味佳肴使人胃口大伤，纵情于声色犬马使人心神发狂，追求稀有的珍宝使人行为出轨。

圣人只求温饱，不纵情于声色犬马的享受；有所取舍，保持安定知足的生活。

【注释】

五色：指黑、白、黄、青、赤。五音：指宫、商、角、徵、羽。五味：指酸、甜、苦、辣、咸。

【点评】

本章指出，人们面对丰富多彩的诱惑，要想不受到伤害，就要抵御外界的诱惑，保持清心寡欲的生活，做到知足常乐。

第十三章：宠辱不惊

【原文】

宠辱不惊，贵大患若身。

何谓宠辱不惊？宠，为下得之若惊，失之若惊，是谓宠辱若惊。

何谓贵大患若身？吾所以有大患者，为吾有身，及吾无身，吾又何患？

故贵以身为天下，若可寄天下，若可托天下。

【今译】

得到宠幸和受到屈辱都应感到惊慌害怕，把宠辱这样的大祸患看得和自己的生命一样重要。

为什么得到宠幸和屈辱同样应惊慌害怕呢？因为得到宠幸对于宠他的人来说是卑下的、短暂的、被动的，随时随地都可以不被宠幸，所以得到宠幸的人诚惶诚恐，失掉宠幸也使人惶恐不安。

为什么把祸患和自身看得一样重要呢？我之所以有祸患，是因为我有自己的身体，假如没有自己的身体，我还有什么祸患呢？

所以，要以珍贵自身的态度去珍贵天下之事，就可以把天下之事寄托给他；以爱护自身的态度去爱天下，就可以把天下之事托付给他了。

【注释】

宠辱若惊：得宠与受辱，都应感到惶恐。

【点评】

儒家说宠辱不惊，是让人们敢于面对现实；老子的宠辱若惊，是让人们对现实的谨慎。因为宠辱都是暂时的，被动的，宠辱的来临不以人的意志所左右。

人之所以有宠辱，是因为人有身体的存在。人们要以珍贵自身的态度去珍贵天下，就可以把天下大事托付给他。这就是说，不以荣华富贵、高官厚禄、名誉地位改变自身尊严和人格。只有经得起宠辱荣患长期的考验，才能够把天下托付给他。

老子的"无身"思想，是把自身的生死、荣辱、尊卑、贵贱置之度外，只有做到忘我，才能够"不以物喜，不以己悲"的豁达、自然、纯朴、天真。

老子的"贵身"思想，暗指天下君主，要像珍贵爱惜自身一样，去珍贵爱惜天下，才可以把天下托付给他，否则不能够把天下托付给他。不爱惜天下的君主，是不能治理好国家、天下的。

统治者珍惜人民的事业如同珍惜自己生命一样，才能够把天下的事业托付给他，如其不然，就另请高明。

第十七章：功成事遂

【原文】

太上，下知有之。其次，亲而誉之。其次，畏之。其次，侮之。

信不足，焉有不信焉。悠兮其贵言。功成事遂，百姓皆谓我自然。

【今译】

最高明的统治者，人民只知道他的存在（而人们意识不到他的存在）。次一等的统治者，人民亲近并颂扬他。再次一等的统治者，人民都会害怕他。再次一等的统治者，人民蔑视他，不拿他当一回事。

统治者诚信不足，人民自然也就不相信他。最高明的统治者悠闲自得，谨言慎行，不轻易发号施令。功成业就后，人民会说："我们本来就是这个样子！"

【点评】

老子把统治者分为四等。最高明的统治者，实行无为而治天下，人民按照自然规律管理自己，意识不到君主的存在。次一等的统治者，亲近关爱人民，人民颂扬他。再次一等的统治者，实行权威政治，严刑峻法，人民害怕他。最次一等的统治者，昏庸无道，人民蔑视他，不把他当回事。

统治者可自行对号入座，看自己是什么样的领导，离老子无为而治天下的距离还有多远。

第十八章：大道废，有仁义

【原文】

大道废，有仁义；智慧出，有大伪；六亲不和，有孝慈；国家昏乱，有忠臣。

【今译】

大道废弃了，才会提倡儒家的仁义；投机取巧、追逐名利的智谋出现了，才会出现严重的奸诈和虚伪；父子兄弟夫妇失和，才会显出孝慈；君主昏庸，国家黑暗混乱了，才会显示出忠臣。

【点评】

中国数千年来，儒家的仁、义、礼、智、信，家喻户晓，"君为臣纲，父为子纲，夫为妻纲"的"三纲"和"君仁臣忠，父慈子孝，夫唱妇随，兄友弟恭，朋友有信"的"五常"，是世人"为人处世，安身立命"的准则。然而老子却说："大道废，有仁义；智慧出，有大伪；六亲不和，有孝慈；国家昏乱，有忠臣。"究竟是怎么回事？

前面已经讲过："三皇以道治国"、"五帝以德治国"、"三王以仁治国"、"五霸以权谋治国"、"法家以法治国"、"昏君以乱祸国"。以道治理天下，无为而治，才是最高明的君主。德是对道的退步，仁是对德的退步，义是对仁的退步，礼是对义的退步，法是对礼的退步。老子目睹这一历史事实，提出"大道废，有仁义"的惊世恒言。

老子认为，一旦智谋出现，就会伴随投机取巧，坑蒙拐骗，追逐功名利禄、名誉地位，人心不足蛇吞象，欲壑难填，什么缺德的事情都能干得出来，所以说"智慧出，有大伪"。

"六亲不和，有孝慈；国家昏乱，有忠臣。"正如"孝子不出慈父家，忠臣不出圣君下"一样，天下最大的孝子，莫过于舜帝，成就舜帝大孝美名的，就是他那个几次要害死他的父亲、继母和同父异母的弟弟；天下最为有名的忠臣莫过于岳飞，正是南宋赵高宗的嫉妒昏庸和秦桧的投敌卖国，才成就了岳飞忠臣的美名。孝子是对父母的贬义，忠臣是对君主的讥讽。

第二十一章：惟道是从

【原文】

孔德之容，惟道是从。

道之为物，惟恍惟惚。惚兮恍兮，其中有象；恍兮惚兮，其中有物。窈兮冥兮，其中有精；其精甚真，其中有信。

自古及今，其名不去，以阅众甫。吾何以知众甫之状哉？以此。

【今译】

审视大德的形态和运行，唯一遵从的是大道。

"道"这个东西，是模模糊糊飘忽不定的。虽然它模糊飘忽不定啊，却有形象在其中；虽然它模糊飘忽不定啊，却有实物在其中。道虽然深邃悠远啊，却有精微之物在其中；这精微之物非常真实，其中的信验可作为凭证。

从远古到当今，它的名字始终不会消失，依靠它可观察认识万物的起始。我是怎么知道万事万物的起始呢？凭借的就是对"道"的认识。

【点评】

这章阐述"道"与"德"之间的关系。"德"是由"道"产生的，受"道"的支配，所以"惟道是从"。"道"虽然飘忽不定，似有似无，却无处不在，无时不有，决定着万物的生存发展。我是怎么知道万物的起始呢？是凭借对"道"的认识。

这里老子强调"道"的伟大作用，人们须臾不能离开，领导者，更不能离经叛道，否则就要受到"道"（自然规律）的惩罚。

第二十二章：诚全而归

【原文】

曲则全，枉则直，洼则盈，蔽则新，少则得，多则惑。

是以圣人抱一，为天下式。

不自见故明，不自是故彰，不自伐故有功，不自矜故有长。

夫唯不争，故天下莫能与之争。

古之所谓曲则全者，岂虚言哉！诚全而归之。

【今译】

委曲反能保全，弯曲反能伸直，低洼反能盈满，陈旧反能更新，少取反能多得，多贪反而迷惑。

所以圣人把握住"道"，作为治理天下的原则。

不自我表现，反能清晰明显；不自以为是，反能彰显自己；不自我夸耀，反能明显见功；不矜持傲物，反能永恒长久。

正因为与世无争，所以天下人没有人能与之争。

古人所谓"委屈反能保全"，岂是虚言！对于自然规律只能诚心诚意地遵循。

【点评】

"木秀于林，风必摧之"、"露头的椽子先糟"、"塞翁失马，焉知非福"，都反映了事物内部存在着对立统一规律的两面性。辩证思想是老子继承《易经》思想很好的例证，更是老子思想的精髓之一。

老子用"曲则全，枉则直，洼则盈，蔽则新，少则得，多则惑"，来阐述"道"顺其自然的理论。

老子得出了"不自见故明，不自是故彰，不自伐故有功，不自矜故长"、"夫唯不争，故天下莫能与之争"、"曲则全"、"诚全而归之"的精辟结论。

第二十五章：道法自然

【原文】

有物混成，先天地生，寂兮寥兮，独立不改，周行而不殆，可以为天下母。

吾不知其名，字之曰道，强为之名曰大。大曰逝，逝曰远，远曰反。故道大，天大，地大，王亦大。域中有四大，而王居其一焉。

人法地，地法天，天法道，道法自然。

【今译】

有一个浑然一体的东西，在天地形成之前就产生了，它无声又无形啊，独立存在却永不消失，循环往复而永不衰竭，可以称之为天下的本源。

我不知道它的名字，勉强可以叫作"道"，再勉强起个名字叫作"大"。它无所不在而运行不息，运行不息而无边无际，运行再远也返回本体。所以说"道"大，天大，地大，王（人）亦大。宇宙间有四大，而王（人）居其一。

人效法地，地效法天，天效法"道"，"道"效法自然。

【点评】

老子在此章中，阐述了他的哲学思想的核心——"道"的概念。

"道"在天地形成之前已产生了，是天地万物的起源，无声无形无影，却无处不在，无时不有，独立存在，永不消失，循环往复，永不衰竭，是天地万物的本源，宇宙万物的原始。

老子在实践中，感悟到天地运行中的规律，把它命名为"道"，是天地运行看不见的巨大力量，是中华民族的伟大智慧。

"道"是天地运行不可违背的法则，天地万物必须遵守它，并提出"人应效法地，地应效法天，天应效法道，道应效法自然"。

人为什么要效法地？因为地球孕育了人类！地为什么要效法天？因为地球是宇宙中的一分子，必须按照宇宙的规律运行！天为什么要效法道？因为宇宙运行要遵循道的规律！道为什么要效法自然？因为自然是道的本原！

第二十九章：天下神器

【原文】

将于取天下而为之，吾见其不得已。

天下神器，不可为也。为者败之，执者失之。

故物或行或随，或歔或吹，或强或赢，或载或隳。

是以圣人去甚，去奢，去泰。

【今译】

要想靠暴力强行取得天下并治理天下，我看是很难达到目的的。

天下，是非常神圣的器物，不能够违背它的意志和本性而强加治理。违背其本性强加治理，就必然失败；违背其本性强加把持，就必然会丧失。

世间万物，有前有后，有缓有急，有强有弱，有安有危。

所以，圣人必须抛弃极端，抛弃奢侈，抛弃过分的行为。

【点评】

此章中，老子隐晦地批判统治者的暴政，从反面论证"无为而治"的合理性。

老子首先提出，靠暴力强取天下，不可能最终获得成功，因为暴政强取违背大道规律。

其次，以辩证观点解释"无为"的意义。急功近利，巧取豪夺得天下，最终适得其反。

最后指出，圣人不强行把持天下，就不存在失去天下，世间万物，前后、缓急、强弱、安危，是相辅相成的，返璞归真，万宗归道才是世间正理。

我们要牢记老子的教诲，遵循自然规律顺其自然而为，不要违背自然规律强为；更不能巧取豪夺，危害人民的利益；必须抛弃极端，抛弃奢侈，抛弃过分的行为，否则就违背大道规律，以失败而告终。

第三十三章：自强者胜
【原文】

知人者智，自知者明。

胜人者力，自胜者强。

知足者富，强行者有志，不失其所者久，死而不亡者寿。

【今译】

能客观认识别人的叫聪明，能客观认识自己的才算高明。

能战胜他人叫作有力，能战胜自己的才算刚强。

能够知道满足的就是富有，能够坚持力行的就是有志气，不丧失立身之本的就能够长久，身死而不被遗忘的才算长寿。

【点评】

老子再次运用辩证法思维来论述"道"。"道"有超越一切至高无上的作用。老子用极其精炼的语言总结出什么叫"智"、"明"、"力"、"富"、"知"、"久"、"寿"。

第三十四章：大道氾兮
【原文】

大道氾兮，其可左右。

万物恃之而生而不辞，功成不名有，衣养万物而不为主。

常无欲，可名于小；万物归焉而不为主，可名为大。

以其终不自为大，故能成其大。

【今译】

大道广博啊，浩渺无际，万物依靠它而生生不息。

它孕育万物却从不干预，功成事就却不以为功，养育万物却不自居为主宰。

它永远无所欲求，所以可称为渺小；万物都依归它，可以说是很伟大。

正因为它不自以为伟大，所以才能成就它真正的伟大。

【点评】

"道"孕育了宇宙，为万物之母，孕育万物而生生不息。它孕育宇宙万物，却不干预万物。它孕育万物却无所欲求，看起来很渺小，却十分伟大。正因为它认为自己渺小，所以才能够成就其真正的伟大。

做人谦卑才能伟大，处世谨慎才能成功。反之亦然。

第三十六章：欲取姑予

【原文】

将欲歙之，必固张之；将欲弱之，必固强之；将欲废之，必固兴之；将欲夺之，必固与之，是谓微明。

柔弱胜刚强。鱼不可脱于渊，国之利器不可以示人。

【今译】

将要收敛他，必将暂且扩张他；将要削弱他，必将暂且增强他；将要废弃他，必将暂且抬举他；将要夺取他，必将暂且给予他，这就叫作幽深而微妙的智慧。

柔弱必定战胜刚强。鱼不可以脱离水，国家的"利器"不可以轻易向人炫耀。

【点评】

本章阐述"歙、张"，"弱、强"、"废、兴"，"夺、与"的辩证关系。能够懂得这些辩证关系，便是具有幽深微妙的智慧，这种智慧叫"微明"。

老子强调以弱胜强，正如鱼儿离不开水一样，治国平天下，不能轻易对人民用权谋、权术，治国平天下要遵循大道，按照自然规律，无为而治，不能够用权谋、权术和阴谋诡计。

领导者要遵循自然规律办事，不能用权谋权术行政，更不能用阴谋诡计。

第三十七章：道常无为

【原文】

道常无为而无不为，侯王若能守之，万物将自化。

化而欲作，吾将镇之以无名之朴。无名之朴，夫亦将无欲。不欲以静，天下将自定。

【今译】

"道"永远是自然无为的，但没有一件事情不是它所为。侯王如能遵循它，世上万物将会自然而然地发生变化并按其规律发展。

自然变化到欲萌生时，我就用"道"的真朴来镇压它。"道"的真朴也会根绝贪欲。根绝贪欲就会归于安静无欲无求，无欲无求达到清净，天下也就会自然安定。

【点评】

本章阐述"道"无为而无不为，君主、王侯、帝王若能遵循大道规律施政，天下万物将自化，并主张用大道的质朴无华，来镇服人们贪欲的萌芽，使天下达到清静无为，最后达到无为而治，社会安定和谐。

老子指出，统治者若能遵循规律无为而治，天下人民将会自化；统治者如果能够根绝贪欲，天下就会无为而治，社会安定和谐。

下篇·德经

第三十八章：失道而后德

【原文】

上德不德，是以有德；下德不失德，是以无德。

上德无为而无以为，下德为之而有以为。

上仁为之而无以为，上义为之而有以为，上礼为之而莫之应，则攘臂而扔之。

故失道而后德，失德而后仁，失仁而后义，失义而后礼。

夫礼者，忠信之薄而乱之首。前识者，道之华而愚之始。

是以大丈夫处其厚，不居其薄；处其实，不居其华。故去彼取此。

【今译】

有上德的人往往不自以为有德，所以是真正的有德；有下德的人往往自以为有德，所以没有德。

上德之人顺其自然，无意无为却有为，下德之人有意去为却无为。

上仁之人有所作为却无意作为，上义之人有所作为并且有意作为。上礼之人有所作为而得不到响应时，就挽袖出拳强迫人家服从。

所以丧失"道"而后有"德"，丧失"德"而后有"仁"，丧失"仁"而后有"义"，丧失"义"而后有"礼"。

"礼"这个东西，就是忠信的衰退，邪乱的祸首。所谓先见先知，不过是"道"的虚荣，愚昧的开始。

所以，大丈夫处身淳厚，不居浅薄；存心敦实，不居虚华。所以，舍弃浮华而选取敦厚之道。

【点评】

"道"、"德"是老子在本书中最重点阐述的两个核心概念。《道德经》实为"得道经"，道为路，德为行。"德"由"道"生成，受"道"支配。从属于"道"，遵循"道"的主旨行事。

在本章中，老子阐述了深受儒家推崇的"仁"、"义"、"礼"、"智"，不过是虚华浅薄的，对于"道"是本末倒置，舍本求末的。

大丈夫要坚守大道无为，遵循大道规律，守住大道底线，方能无为无不为。

作为领导干部，应该是大丈夫，应该遵循大道自然规律，不能越过大道底线，正如习近平总书记给县委书记座谈时的讲话一样，"心中有党"，就是坚持党的领导，忠于党的事业；"心中有民"，就是人民群众是你的天，是你的衣食父母，你要忠于人民，全心全意为人民服务；"心中有责"，就是敢于坚守道德底线，敢于排除干扰诱惑，遵循自然规律，敢于担当责任，敢于对违背客观规律的人说不；"心中有戒"，就是戒触碰党纪国法，戒触碰道德底线，戒失去本心自我，戒不为人民服务。为官一任，造福一方，雁过留声，人过留名！

第四十章：有生于无

【原文】

反者，道之动；弱者，道之用。

天下万物生于有，有生于无。

【今译】

循环往复，是"道"的运行规律；坚守柔弱，是"道"的具体运用。

天下万物生于可见的"有"，"有"生于不可见的"无"。

【点评】

任何事物都是相辅相成相互辩证的。有生于无，强生于弱，大相对于小，高相对于低，富相对于贫，贵相对于贱，荣相对于辱，甜相对于苦，长相对于短，生相对于死，远相对于近，男相对于女，老相对于少，完美相对于残缺，漂亮相对于丑陋，成功相对于失败，顺利相对于坎坷，善相对于恶，天相对于地，阳相对于阴等等。

循环往复是"道"的运行规律，坚守柔弱是"道"的具体运用，宇宙万物生于可见的"有"，"有"生于不可见的"无"。"无"就是"道"，就是宇宙万物的本原、本质、总根源、总规律。宇宙万物的孕育、生长、运行，都是遵循"道"的规律。人类看到的只是天体的运行，却看不到天体运行内在的规律，更看不到支配天体运行的动力和根源。

领导者，要学会透过现象看本质，透过本质把握大道，即掌握事物的客观规律，力争无为而治，顺势而为，才能从繁杂的事物中解脱出来，洞悉复杂的事物，把握大事难事的要领。

第四十三章：无有入无间

【原文】

天下之至柔，驰骋天下之至坚，无有入无间，吾是以知无为之有益。

不言之教，无为之益，天下希及之。

【今译】

天下最柔弱的东西，能够穿透天下最坚硬的东西，无形的道可以在没有间隙的物体中自由穿梭，我由此知道无为的好处广大无边呀。

无声的教诲，无为的好处，天下很少有人能够认识到和做到。

【点评】

本章阐述"以柔克刚，以弱胜强"的重要思想，强调了大道的无为而无不为的力量，由此及彼，提醒人们要认识大道的巨大作用，遵循自然规律的重要性。

空气看来是最为柔弱的东西，但天长地久，可以风化无坚不摧的钢铁；而大道比空气更为神奇，穿行于宇宙万物的中间，毫无阻挡。人民相对于帝王来说是柔弱的，但人民的意志决定着帝王的生死存亡盛衰。身教胜于言教，领导以身作则，做人民的楷模，人民自然效法，但却很少有人做到。这就是执政者失败的主要原因。

第四十四章：名与身孰亲

【原文】

名与身孰亲？身与货孰多？得与亡孰病？

是故甚爱必大费，多藏必厚亡。

知足不辱，知止不殆，可以长久。

【今译】

名誉与生命哪个更值得珍惜？生命与财富哪个更重要？获得名利和失去生命哪个更有害？

过分地追求名利必定造成很大的身心消耗，过多地收藏财货必定招致更惨重的损失。

所以，知道满足便不会遭受屈辱，知道适可而止就不会遇到危险，这样才可以长久安全。

【点评】

本章阐述名利地位与生命的关系。在老子看来，人们无休止地追求名利地位这些身外之物，是得不偿失，本末倒置，舍本求末的愚蠢行动。

要懂得知足常乐，随遇而安，适可而止，才能够保持自己的长久安宁。

人们应该懂得这些道理，领导者更应该认识到这些道理，不要一味地追求名利地位，忘记了自身的健康，更不要有非分之想，贪心贪婪，追求不义之财，德不配位的名利，遭受祸殃和屈辱是迟早的事。知识改变人的命运，但很慢；贪婪改变人的命运，却很快！

懂得知足常乐就不会遭受屈辱，懂得适可而止就不会遭遇危险，懂得找回本心，做到心不动，不动心，就会长久安全。做官是一阵子，做人是一辈子。

第四十五章：大成若缺

【原文】

大成若缺，其用不弊；大盈若冲，其用不穷。

大直若屈，大巧若拙，大辩若讷。

躁胜寒，静胜热，清静为天下正。

【今译】

最完美的东西好似残缺一样，但它的作用却永无枯竭；最充盈的东西好似空虚一样，但它的作用却永无终极。

最正直的东西好似弯曲一样，最灵巧的东西好似拙笨一样，最雄辩的口才好似木讷一样。

躁动能战胜寒冷，安静可克服暑热，清静无为可使天下安宁太平（做天下主）。

【点评】

本章与上章的辩证方法基本相似，进一步论述老子的辩证思想。缺、冲、屈、拙、讷这些形容词，在常人看来是负面的贬义词，但在老子看来却是一种人生的大智慧。看起来"不足"的东西，实质上是"有余"的。

第四十六章：知足常乐

【原文】

天下有道，却走马以粪；天下无道，戎马生于郊。

祸莫大于不知足，咎莫大于欲得，故知足之足，常足矣。

【今译】

天下太平有道，驱赶战马去送粪播种；天下混乱无道，战马产驹在旷野荒郊。

罪过没有大过任情纵欲不知足，祸患没有大过贪得无厌，所以知道满足的满足，就是永久的满足了。

【点评】

本章阐述老子反对战争的主张，并对"天下有道"和"天下无道"作出通俗的结论。天下如果太平有道，没有战事，闲着的战马只能用于农民送粪耕地用；天下混乱无道，战争连绵不断，怀孕的战马也不得不上战场，把马驹生于战场上。并得出"祸莫大于不知足，咎莫大于欲得，故知足之足，常足矣"的结论。

试看人间的罪过，多在于不知足的纵情贪婪；祸患多来自于欲壑难填。人要学会知足常乐，才能平安永久地满足，领导者尤甚。

第四十八章：为道日损

【原文】

为学日益，为道日损，损之又损，以至于无为，无为而无不为。

取天下常以无事，及其有事，不足以取天下。

【今译】

求学的人一天比一天增加知识，修道的人一天比一天减少妄为。减少再减少，最后达到"无为"的境地。如果不妄为，那就没有什么事情不能为。

要想治理天下的，常常好像是无所事事；若是终日繁忙无序，就又不能治理天下了。

【点评】

本章承接上章"不为而成"的论述，提出"为学日进"，知识是日积月累而成；"为道日损"，修道可以每日逐渐去除妄欲、邪欲、贪欲。

修道到了一定的境界，就可以顺其自然，无为而无不为了。顺其自然取天下常以无为，背道而驰是不足取天下的。

第四十九章：以百姓心为心

【原文】

圣人无常心，以百姓心为心。

善者，吾善之；不善者，吾亦善之，德善。

信者，吾信之；不信者，吾亦信之，德信。

圣人在天下歙歙，为天下浑其心，圣人皆孩之。

【今译】

圣人没有常人的私心，是以百姓的心为自己的心。善良的人，我以善良对待；不善良的人，我也以善良对待，这样就可以使人间归于善良。

诚信的人，我以诚信对待；不诚信的人，我也以诚信对待，这样就可以使人同归于诚信。

圣人治理天下，收敛自己的意欲，谨言慎行，使天下人归于纯朴。圣人的作用就是使人们都回复到婴儿般纯真的状态。

【点评】

本章阐述了老子的爱民之道，也是老子主要的政治思想之一。

文中的"圣人"，实际上就是老子心目中理想的君主、圣君、统治者。

老子劝诫君主，要清心寡欲，善待人民，取信于民，以身作则，做人民的楷模，使天下重归自然纯朴的状态。圣君，关爱人民像关爱自己的婴儿一样，小心呵护，尽心尽责，疼爱有加。

老子对君主的劝诫，作为人民公仆的领导干部，更应该以身作则，做人民的楷模，应以人民的需求作为自己努力工作的方向。领导干部无常心，应以全体人民之心为心！

第五十章：善摄生者

【原文】

出生入死。

生之徒十有三，死之徒十有三。人之生动之死地，亦十有三。

夫何故？以其生生之厚。

盖闻善摄生者，陆行不遇兕虎，入军不被甲兵，兕无所投其角，虎无所措其爪，兵无所容其刃。

夫何故？以其无死地。

【今译】

人的一生，由出世的生开始，到入地的死结束。

世人之中，长寿的占十分之三；夭亡的占十分之三。还有本应长寿，却因不停地折腾，而导致早死的，也占十分之三。

这是为什么呢？因为他们讲求养生实在太过分了。

我曾听说善于养生的人，在陆地上行走不会遇见犀牛和老虎，在战争中也不会受到武器的伤害，犀牛用不上它的角，老虎用不上它的爪，兵器用不上它的刃。

这是为什么呢？因为他根本没有进入死亡的领域。

【点评】

本章讲"养生之道"。此处的"养生"，指为人处世、趋利避害之道，道家的"无为而治"、"顺其自然"之道。老子阐述善摄生者，会得到善始善终，不会死于非命。

第五十一章：是谓玄德

【原文】

道生之，德畜之，物形之，势成之。

是以万物莫不遵道而贵德。

道之尊，地之贵，夫莫之名而常自然。

故道生之，德畜之；长之、育之、亭之、毒之、养之、覆之。

生而不有，为而不恃，长而不宰，是谓玄德。

【今译】

道生育万物，德畜养万物，物质赋予万物不同的形状，环境情势成就了万物。

所以，万物尊崇道而珍贵德。

道之所以被尊崇，德之所以被珍贵，就在于它不干涉万物，任其自然而然地生长。

道生于万物，德畜养万物；使万物生长、发育、结果、成熟，并使万物得到抚养和保护。

道生养万物却不占为己有，润泽万物却不自恃有功，养育万物却不主宰牵制。这就是深远玄妙、深厚无私的大德。

【点评】

本章阐述"德"的作用。"道"孕育、生育万物。"德"养育、抚育万物。但都不干涉万物的生长，而是顺其自然。

"道"伟大，在于孕育、生育万物，像母亲；"德"伟大，在于养育、抚育万物，像父亲。

父母孕育子女，给予子女生命，养育子女成人，培育子女成才，却不占为己有和主宰他们，而是尽心尽力地扶持他们，从内心深处祝福他们。父母对于子女的爱，源自于道和德。

第五十二章：天下有始

【原文】

天下有始，以为天下母。既得其母，以知其子；既知其子，复守其母，没身不殆。

塞其兑，闭其门，终身不勤。开其兑，济其事，终身不救。

见小曰明，守柔曰强。用其光，复归其明，无遗身殃，是以为常。

【今译】

天下万物都有其原始，这种原始就是天下万物之母（根源）。既然知道了天下万物之母（根源），也就认识了它的儿子宇宙万物；既然认识了宇宙万物，又把握住宇宙万物的根本，终身就不会遇到危险。

堵塞耳目等欲望的空穴，关闭各种欲望的门径，就会终身没有烦扰。如果打开欲念的空穴，就会增添无限的烦扰，那就终身不可救药。

能从细微觉察事物之理的叫"明"，能够守住柔弱的叫作"强"。运用外在的智慧光芒，复归内在的规律，就不会自身招致祸殃，这就是因袭万世不变的常道。

【点评】

本章阐述认识论的相关问题。

老子把"道"与宇宙万物的关系，看成是母子的关系。"道"，是宇宙万物之母，宇宙万物是道之子。

人类认识宇宙万物，首先要发现、认识、把握、运用道的根本，由根本出发，发现、认识、把握宇宙万物的规律，运用道的规律、顺理成章，发现、认识事物的内在规律。用自身的智慧，通过内省、觉悟的方式，见微知著，发现真理，运用规律，就不会招致祸殃。这是万世不变的常道、真理。

第五十七章：以正治国

【原文】

以正治国，以奇用兵，以无事取天下。吾何以知其然哉？以此。

天下多忌讳，而民弥贫；民多利器，国家滋昏；人多技巧，奇物滋起；法令滋彰，盗贼多有。

故圣人云，我无为而民自化，我好静而民自正，我无事而民自富，我无欲而民自朴。

【今译】

以正道治理国家，以奇术用兵，以无为取得天下。我是怎么知道是这样的呢？下面的事情就是根据。

天下的禁令忌讳越多，人民就越是贫穷；民间的锐利武器越多，国家就越陷于混乱；人民的奇技智巧越多，邪奇的事物就会滋长；法令越多而详明，盗贼反而迅速增多。

所以圣人说：我无所作为，人民就会自然顺化；我安安静静，人民就会自然端正；我无所事事，人民就会自然满足；我没有欲求，人民就会自然纯朴。

【点评】

本章老子讲述"无为而治"的政治主张。老子通过对社会现象的观察思考，描绘出了他"理想治国的蓝图"。

老子认为，社会的混乱现象，是统治者用过多的手段、计谋治理国家天下的结果，所以要"无为而治"，天下就会太平，人民就会纯朴自然。

执政者，要遵循自然规律，顺从民心民意，不要运用手段和智谋，社会是面镜子，人民不是傻子，你如何对待人民，人民就会如何对待你。

第五十八章：福祸相依

【原文】

其政闷闷，其民淳淳；其政察察，其民缺缺。

祸兮福之所倚，福兮祸之所伏。孰知其极？其无正？正复为奇，善复为妖，人之谜，其日固久。

是以圣人方而不割，廉而不刿，光而不耀。

【今译】

国家的政治宽厚缓和，人民就忠厚纯朴；国家的政治严酷黑暗，人民就奸诈狡猾抱怨。

灾祸啊，幸福紧靠在它的身旁；幸福啊，灾祸就潜伏在它里面。谁能知道其变化有没有终极？它们并没有一定的标准？正常随时可以转变为反常，善良随时可以转化为妖孽，人们的迷惑不解啊，由来已经很久。

所以圣人的行为，处世方正而不伤人，行为有棱角而不刺人，正直而不放肆，光明而不炫耀。

【点评】

本章老子通过辩证法思想来谈人生，谈治国、平天下。

本章继承上章的思想，首先提出为政治国"无为而治"；然后提出"祸福相依"的辩证关系，警示人们正确地看待祸福的到来；最后，提出低调为人处世，方能安身立命。

第五十九章：治人事天

【原文】

治人事天莫若啬。

夫唯啬，是谓早服。早服谓之重积德，重积德则无不克，无不克则知其极，莫知其极，可以有国。有国之母，可以长久。是谓根深固柢，长生久视之道。

【今译】

治理人事奉行天道，没有比注重节俭、爱惜精力更为重要的了。

只有实行勤俭，爱惜自己的精力，才能做到尽早服从天道的准备。早做准备，不断地积累勤俭节约的功德；勤俭节约的功德不断地积累，就会攻无不克；攻无不克的力量是无穷的，具有了这种无穷的力量，就可以管理国家。有了治理国家的根本方略，统治就可以长久维持。这就叫作根伸得远，扎得深，根深蒂固就是长久生存的道理啊。

【点评】

本章老子提出修身、治国，莫若勤俭节约、爱惜精力。只有勤俭节约，爱惜精力，才能尽早服从自然规律。只有不断地积累勤俭节约的功德，爱惜精力，才能产生无穷的力量，治理好国家，这就叫作根深蒂固。只有根深蒂固，国家才能长治久安。

老子提出治理国家，要从两个方面着手：一是勤俭节约，不要奢侈腐化，浪费物质资源，这就叫作养物积德，养物积德就会得到人民的拥护；二是爱惜精力，不要过于劳累用情用力，浪费精气神，这就叫作养精蓄锐，养精蓄锐就会聚精会神，全心全意为人民服务。养物积德，养精蓄锐，应引起领导者的注意。

第六十章：治大国若烹小鲜

【原文】

治大国若烹小鲜。

以道莅天下，其鬼不神。非其鬼不神，其神不伤人；非其神不伤人，圣人以不伤人。

夫两不相伤，故德交归焉。

【今译】

治理国家，要像烹煎小鱼那样小心谨慎，精心细致。

以道治理天下，天下的神鬼都不能作怪了。不是神鬼不愿作怪，而是它作怪不能伤害人；不仅神鬼不会伤害人，有道的圣人也不会伤害人。

由于神鬼圣人都不伤害人，所以神鬼圣人的功德就都施于人民了。

【点评】

本章阐述统治者"治大国若烹小鲜"的政治主张。治理大国，要遵循事物的客观规律，小心谨慎，细心呵护，不可胡乱发号施令和制定政策，干涉人民正常有序的生产生活，人民就会积极有为，自我约束，自我规范，自我发展。

遵循事物的客观规律，治理国家、天下，就是鬼神、圣人也不便出来干涉人民正常的秩序，更不会伤害无辜的人民。

执政者要心怀谨慎，遵循客观规律施政，不要过多地干涉人民的正常生活生产。

第六十六章：善下能王

【原文】

江海所以能为百谷王者，以其善下之，故能为百谷王。

是以欲上民，必以言下之；欲先民，必以身后之。

是以圣人处上而民不重，处前而民不害，是以天下乐推而不厌。

以其不争，故天下莫能与之争。

【今译】

江海所以能够成为百川之王，是因为它善于处在一切河流的下游，所以能成为百川之王。

因此，圣人要想居于人民之上统治他们，必须在言行上对民众表示谦下；要想居于人民之前领导他们，必须把自身利益放在人民之后。

所以，圣人在上，人民不感到负担沉重；圣人在前，人民不感到受伤害；因此，天下的人们都乐意拥戴他而不厌烦。

正因为他不与天下人争，所以天下人也没有人同他争。

【点评】

老子在六十一章中指出，大国对小国应当谦卑处下；本章则将这种"谦卑处下"引入统治者的为政之道。

老子博古通今，谙熟历史上统治者用严刑厉法治理和统治人民，把人民当作奴仆来奴役，不时引起人民的反抗。老子指出此路不通，统治者要想管理好人民，治理好国家，就要效法海纳百川，处于谦卑的地位，尊重并包容天下万物和百姓，才能够赢得人民的尊重。最后得出"以其不争，故天下莫能与之争"的论断。

领导者要深刻领会老子的真正意图，人民才是你执政的基础，民心才是执政的取向，要时刻处于谦卑的地位，尊重人民，爱护人民，为民趋利避害，全心全意为人民服务，才能够长期持久地处于不败地位。

第七十四章：民不畏死

【原文】

民不畏死，奈何以死惧之！若使民常畏死，而为奇者，吾得执而杀之，孰敢？

常有司杀者杀，夫代司杀者杀，是谓代大匠斫。夫代大匠斫者，稀有不伤其手矣。

【今译】

人民不畏惧死亡，为什么还要用死亡吓唬他们！假如人们真畏惧死亡，对于那些邪恶不道的人，我们可以把他们抓来杀掉，这样谁还敢为非作歹。

假如人民果真畏惧死亡，总有专管行刑的负责杀人，那代替行刑官去杀人的人，就像代替高明的木匠去砍木头的人。代替高明木匠去砍木头，很少有不伤自己手指头的呀！

【点评】

老子在本章中，对春秋末期统治者对人民实行的严刑峻法，给予无情的揭露；对于滥杀无辜的酷吏进行无情的批判，谴责残暴的统治者置人民生死于不顾；发出了"民不畏死，奈何以死惧之"的千古名言。警告统治者，要遵循大道客观规律，慎用严刑峻法！

第七十五章：治难轻死

【原文】

民之饥，以其上食税之多，是以饥。

民之难治，以其上之有为，是以难治。

民之轻死，以其上求生之厚，是以轻死。

夫为无以生为者，是贤于贵生。

【今译】

人民之所以遭受饥饿，是因为统治者吞吃的赋税太多，因而遭受饥饿。

人民之所以难以统治，是因为统治者政令繁苛而妄为，因而难以统治。

人民之所以冒死轻生，是因为统治者养生过于奢厚，因而冒死而轻生。

只有恬淡虚静不追求奢侈厚养的人，才能比那些厚养的人更高明。

【点评】

在本章，老子对统治者的苛捐杂税，政令繁苛，养生过分，提出严厉的批判。

人民的饥饿，是因为统治者的赋税太重；人民难以统治，是因为统治者政令繁苛妄为；人民冒死轻生，是因为统治者养生过分。

恬淡虚静，不追求厚养的人，比那些追求厚养的人更高明。

第七十八章：柔之胜强

【原文】

天下莫柔弱于水，而攻坚强者莫之能胜，其无以易之。

弱之胜强，柔之胜刚，天下莫不知，莫能行。

是以圣人云，受国之垢，是谓社稷主；受国不祥，是为天下王。正言若反。

【今译】

天下没有比水更柔弱的东西了，而攻克坚强却没有能胜过水的，因为没有什么能够代替水。

弱能胜过强，柔能胜过刚，天下没有人不知道这个道理，可就是没有人实行。

所以圣人这样说：承担全国的屈辱，才能称为国家的君主；承担全国的祸殃，才能成为天下的君主。正面的话好像在反说一样。

【点评】

老子强调，天下没有比水更柔弱的东西了，而攻克坚强的东西却没有能够胜过水的，因此水的品行是完全符合"道"的。

以弱胜强，以柔克刚，天下人都知道，但是没有人去实行。真正的君主，要具备水的优秀品质，承担人所不能忍受的屈辱，承担国家天下的祸殃，才能成为国家、天下的君主。

第七十九章：天道常与善人

【原文】

和大怨，必有余怨，安可以为善？

是以圣人执左契，而不责于人。

有德司契，无德司彻。

天道无奈，常与善人。

【今译】

深重的仇怨即使化解了，也必然会残留下余怨，这怎能称得上是妥善解决的方法呢？

因此，圣人即使存着借贷契约的存根，也不向借贷人恶逼债。有德的人只掌管契约的存根，无德的人才像收税的人那样上门逼债。

自然法则不偏爱任何人，却永远帮助有德的善人。

【点评】

本章短小精悍，言简意赅，寓意深刻，回味无穷。

老子深感春秋末期，天下诸侯纷争不断，无义战争连绵，是国与国、君与民之间矛盾的原因，是"和大怨，必有余怨"的结果。

如何妥善处理解决这些问题呢？"是以圣人执左契，而不责于人"，有德之人只掌管契约的存根，无德的人才像收税人那样上门逼债。总结出"天道无亲，常与善人"的结论。

第八十一章：为而不争

【原文】

信言不美，美言不信；善者不辩，辩者不善；知者不博，博者不知。

圣人不积，既以为人，己愈有；既已与人，己愈多。

天之道，利而不害。圣人之道，为而不争。

【今译】

真诚的话不漂亮，漂亮的话不真诚。善良的人不巧辩，巧辩的人不善良。真懂的人不卖弄，卖弄的人不真懂。

圣人不为自己积蓄什么，而是尽力帮助别人，他自己反而更富有；圣人尽力给予别人，反而自己更富裕。

所以，自然的法则是有利于万物而无所言。圣人的准则是施惠于众人而无所争。

【点评】

《老子》五千箴言，是用世恒言，警世通言，共九九八十一章。正所谓，九九八十一，九九归一，归于真，归于道。

"一"就是"真"，"真"就是"一"；"一"就是"道"，"道"就是"一"。九九八十一，是个圆圆满满的大结局。本章实际上是老子对于《老子》的诠释。

本章中，老子对于"信言不美，美言不信"、"善者不辩，辩者不善"、"知者不博，博者不知"的辨析和阐述，实际上是对于真与假、善与恶、智与愚的辨析和总结，更是对于道德标准的评判和总结。

客观地说，老子的总结并不完美，没有突出"道德"的主题，但恰好又合乎老子顺其自然的主题。

读懂《老子》全书，领悟老子精神，"道德真经"即"得道真经"，就是"人法地，地法天，天法道，道法自然"。执政者要懂得，遵循自然规律，顺势而为，才能做到无为无不为。夫不争，天下莫能与之争。

《庄子》

天下第一傲人庄子

中国传统思想文化的核心，应以"四书五经"、"诸子百家"的思想文化为主，儒家的"和谐"，道家的"妙道"，佛家的"圆融"，墨家的"精神"，法家的"严谨"，"诸子百家"的"智慧"，成为中国传统思想文化的最高境界，形成中华传统思想文化的伟大智慧。

如果说儒家的文化像个粮店，人们可以从中获取"为人处世，安身立命"的精神食粮。但人吃五谷杂粮，难免有时是要生病的，而道家的文化，就像个药店或医院，能医治你内心的痛苦、创伤和疾病。道家的老子和庄子，就像两个医术高明的医生，为失意的士人解除内心的痛苦，医治内心的创伤，慰藉寂寞无助的心灵。

老子的哲学，是教你如何"修身养性，预防疾病"的灵丹妙药；而庄子的哲学则是教你如何"走出痛苦，忘却痛苦"的精神抚慰。

人生的入世，离不了儒家文化的引领扶持；人生的出世，离不开道家文化的点悟开导。人生不如意者十之八九，能与人言者二三。特别是当人们处于无奈、无助、无常痛苦的时候，更离不开庄子哲学的开导、指点和精神的慰籍。

一、庄子其人

庄子出生在多事之秋的战国时代，他是楚庄王的后裔却终生穷途潦倒。贵族出身的高贵血统，使他有机会了解到统治阶层的一些肮脏的内幕；漆园小吏的小官身份，使他结交了一些官场的知己朋友；编草鞋度日的贫困生活，使他真切地体会到社会底层人民的疾苦无奈和无助；满腹经纶纵横天下的才华而不被重用，使他对统治阶级彻底的失望；老子文化无为不争的底蕴，使他终生不仕超凡脱俗；狂妄不羁的个人性格，造就了庄子天下第一傲人狂人的品格。

庄子，姓庄，名周，战国中期宋国人，今河南省商丘人，和老子是同乡（管仲也是商丘人，孔子祖籍也是商丘）。老子是今河南商丘鹿邑县人，两人同属于今河南商丘市，相距不足 60 公里，可见春秋战国时期商丘是多么地物华天宝，人杰地灵。

庄子生于公元前 369 年，卒于公元前 286 年，享年 83 岁，晚于老子211 年。他是继老子之后道家最主要的代表人物。儒家宗孔孟，道家祖老庄，他是继承发展老子哲学思想道家的第二号人物，也是我们古代最著名的哲学家、文学家。

庄子不仅发展了一整套的"知识、现实、语言"三者无用的理论，更由于深切体会到人类生命的悲哀，而将老子的哲学转化为自己的言谈，作为精神的慰籍。从这种哲学的滋润和对人类生命的感触中，他提出了震古烁今的生死论："梦饮酒者，旦而哭泣；梦哭泣者，旦而田猎。""是其所美者为神奇，其所恶者为臭腐，臭腐复化为神奇，神奇复化为臭腐。"庄子的这篇"灵魂的颤动"，实在是我国古代所有文人、作家、诗人的最佳绝作，真可谓前不见古人，后不见来者。

庄子的"天地与我并生，万物与我为一"、"物我两忘，是非双遣"、"独与天地精神往来"的伟大气魄和至高境界，天下无人能比；他笑对生死，蔑视权贵，甘于穷困，终生不仕，于笑谈间的诙谐大度，天下无人企及。

他的精神，医治了数千年来多少士人的内心痛苦和无奈；他的豪放，成就了数千年来多少文人墨客的豪放和浪漫。

他的境界，激励了数千年来多少仁人志士的激越和澎湃；他的诙谐，骂尽了数千年来天下多少无赖的卑鄙和虚伪。

他的坚守，影响了数千年来多少甘于清贫的文人和志士；他的哲学，培养了数千年来多少哲学家、作家、诗人和学者。

他无愧于天下第一狂人！天下第一傲人！天下第一文人！

二、《庄子》其书

《庄子》又称《南华真经》。梁时《庄子》已有"南华"之称，唐初谓庄周为南华仙人。天宝元年二月诏以庄周为南华真人，其所著为《南华真经》）。

《庄子》一书，经魏晋玄风的博扬，几乎成了上层社会必读之书。晋时注家已有数十人，然终以郭象注最流行。郭象注重义理，对《庄子》思想颇有发挥。至唐初道士成玄英，在郭注的基础上作《南华真经注疏》。成玄英，字子实，陕州（今河南省陕县）人，加号西华法师，生卒年不详，主要活动于唐太宗、唐高宗之世。

"夫《庄子》者，可谓知本矣，故未始藏其狂言。言虽无会，而独应者也。夫应而非会，则虽当无用；言非物事，则虽高不行。与夫寂然不动，不得已而后起者，固有间矣，斯可谓知无心者也。夫心无为，则随感而应，应随其时，言唯谨尔。故与化为体，流万代而冥物，岂曾设对独遘而游淡乎方外哉！此其所以不经而为百家之冠也。"（晋·河南·郭象子玄撰《南华真经》序）

"夫《庄子》者，所以申道德之深根，述重玄之妙旨，畅无为之恬淡，明独化之窅冥，钳揵九流，括囊百氏，谅区中之至数，实象外之微言者也。"（唐·西华法师成玄英撰《南华真经》疏序）

《庄子》应该于先秦时期已成书，我们今天所看到的 33 篇版本《庄子》，是经西晋郭象删订并流传下来的。汉代《庄子》有 52 篇十余万字，这种 52 篇版本到魏晋时期仍然可以见到。魏晋时玄风盛行，庄学渐起，为《庄子》作注者多达数十家，但这些注《庄子》者，往往根据自身对庄子的理解和个人的喜好，对《庄子》一书的篇目做了一定的删改，从而形成了多种的《庄子》版本。

郭象以前，主要的《庄子》版本有崔譔本、向秀本、司马彪本。其中崔譔、向秀本为 27 篇（向秀本一作 26 篇，一作 28 篇），司马彪本为 52 篇。现在人们所看到的郭象 33 篇本，是郭象在 52 篇本的基础上吸收各家，尤其是向秀庄子学成果之后删订的，是郭象对司马彪 52 篇本"以意去取"，并删去其中"十分有三"之后的结果。经过郭象删订的《庄子》，无论从篇章还是字句方面，都更为精纯。由于他吸取和借鉴了向秀及当时各家之注，并在此基础上进行了颇富改造性的独特诠释，故为历代所推崇，逐渐成为定本，流传至今。

今本《庄子》有内篇7、外篇15、杂篇11，这是由郭象所定的。但在郭象之前，就已有内、外篇或内、外、杂篇之分，且篇目构成上与郭象本不尽同。崔譔、向秀《庄子》本，仅有内、外篇，无杂篇。司马彪注《庄子》时，将《庄子》原文明确划分为内、外、杂篇三个部分，之后郭象在司马彪本的基础上删订时，又将外、杂篇略去部分篇目，并将某些篇目的段落进行了重新裁取整合，从而形成了今天所见的《庄子》面目。各家对内篇的意见比较统一，无论注者如何"以意去取"，"其内篇众家并同"（《经典译文·序录》），这应该不止表现在数量上，也表现在具体篇目上，其原因可能与内篇各篇在标题、风格、内容上都比较一致有关。而对于外篇、杂篇，各家则根据喜好，进行了或大或小的删改。至于划分内、外、杂篇的依据和标准，则众说纷纭，未有定论，主要有根据文意之深浅、风格功用之不同和标题有无寓意来划分等观点，但都缺乏确凿无疑的证据。

从藏书的版本研究上来看，《庄子》一书，现存33篇，其中"内篇"7、"外篇"15、"杂篇"11。据历史学者考证，一般认为"内篇"是庄子本人所著，其余则可能多为庄子门人或后学所作。历代注解《庄子》者极多，注本甚丰。其中影响最大的主要有晋向秀、郭象的《庄子注》；明焦竑的《庄子翼》；清王夫之的《庄子解》和近人王先谦的《庄子集解》等。

三、《庄子》思想

《庄子》是一部在中国思想文化史上流传极广、而且影响十分深远的经典名著。他基本上是和老子齐名的道家体系中的领军主帅，他是继老子之后道家最主要的代表人物，也是我国古代最著名的哲学家和文学家。

人们习惯地把他和老子合称为老庄，所以，我们读《老子》，必须再读《庄子》；读《庄子》也必须再读《老子》。老子、庄子的思想合为"老庄学派"，此学派，在中国思想文化哲学史上举足轻重，并占有极其重要的地位。后来的玄学家、佛学家、理学家们等诸多学派对庄子的哲学、文学等思想精华皆多有吸纳学习借鉴。

一部《庄子》，思想家们可以从中看到睿智的哲理；文学家们可以从中看到优美的文辞；道学家们可以从中看到修身养性；玄学家们可以从中看到深奥的玄理；星相家们可以从中演化出莫测的神术；政治家们可以从中参悟到修身、齐家、治国、平天下的指导思想。

庄子，与大儒孟轲、名辩家惠施（惠子）为同时代人。

庄子虽为楚庄王后裔，却一生清贫。为漆园地方小吏时，日子虽然过到了向"监河侯"借粮充饥的地步，却因不愿"为有国者所羁"，依然拒绝了楚威王厚币（优厚的待遇）迎聘，不为宰相高官厚禄所动，并且做到了"终身不仕"。

庄子甘于清贫、远离仕途。他晚年丧妻，生活的穷困，心灵的痛苦，使他超越于人世哀乐常情之外，以至于人们看到吊唁亡妻的庄子，盘坐在妻子遗体旁，当众"鼓盆而歌"的景象。庄子从自然万物生生不已的变化中，找到了超越于悲哀之外的自然基础，并大无畏地迎接死亡之神。"庄子将死，弟子欲厚葬之。庄子曰：'吾以天地为棺椁，以日月为连璧，星辰为珠玑，万物为赍送，吾葬具岂不备耶？'弟子恐乌鸢食夫子，庄子曰：'在上为乌鸢食，在下为蝼蚁食，夺彼与此，何其偏也！'"

庄子以其悲剧的一生，遁化于大自然，以求得内心与大自然运行的合一。庄子最终在这种理想主义的合一里，找到了灵魂的慰籍，并获得了在自然奴隶主义形式下戏谑人生的权利。更为可贵的是，在这种与大自然的合一中，蕴含着的不仅仅是属于庄子个人，而是属于我们整个中华民族冲破一切网罻束缚的强大意志与能量："鲲鹏"展翅，"水击三千"，"扶摇而上九万里！"

庄子的思想本源于老子学说，故后世并称"老庄"。

第一，庄子继承和发展了老子的"道法自然"观点，极力弘扬老子的"清净无为"思想，把"道"看作是世界的原本。

第二，庄子具有朴实的辩证法思想，强调任何事物都是在运动变化之中，而事物的变化是由于矛盾双方的相互消长，"安危相易，祸福相生，缓急相摩，聚散以成"。认为一切事物都是相对和可以相互转化的。

第三，庄子对现实感到悲观，认为"窃国者为诸侯"，没有善恶是非可分，因此，提出"齐物论"，告诫人们忘记一切现实差别，主张齐一物我、是非、善恶、大小、生死、贵贱。通过做到"是非双遣，物我两忘"，从而达到一种"天地与我并生，万物与我为一"，"独与天地精神往来"的思想精神境界。只有这样，人们才能达到顺其自然，逍遥自得，摆脱一切苦恼，以养生避害，求得绝对自由，从而最终达到"真人"的理想人格，从渺小悲观的人生中超脱出来，甚至得出"死之乐胜于面王之乐"的结论。

第四，庄子认为辩论无用，知识无涯而人生有限，强调只有注重"全性"、"保身"，不为声色货利所役，"安之若命"，随遇而安，才能全性、保身、养生、尽年。因此，人们只能顺应自然而无为，才可以最终达到无我无物的理想境界。

第五，在政治观、社会观上，庄子否定社会发展，认为物质文明是引导人们相互争夺的罪恶源泉。因此，庄子对社会、政治都采取虚无主义态度，主张"绝圣弃智，大盗乃止"，"掊斗折衡，而民不争"，从而把原始社会看成是"至治"的社会状态，具有消极性。

第六，庄子还第一个提出了"万物之理"的范畴，并用"气"的聚散解释人的生死。

《庄子》一书，在先秦诸子中之所以鹤立鸡群、独树一帜，在于其文章赋有汪洋恣肆的丰富想象力和精彩生动、变化自如的文笔。《庄子》行文，多采用寓言形式，遂心而发，恣意放纵，无拘无束，思想畅游于天地之间，独与天地精神往来，具有浓厚的古典浪漫主义色彩，因而在古典文学史上也具有极高的价值。

四、甘于贫困

从有限的资料上，我们虽然知道庄子是楚庄王的后裔，但他的经历却是：做过漆园小吏，编织过草鞋为生，收过门徒，教过学生，写过文章等，一生过着穷途潦倒的文人生活，甚至到了厚着脸皮靠借米下锅的艰难困窘。

如在《庄子·杂篇·外物·第二十六》中记载了他向人借贷的事：庄周家里非常贫穷，有一天，家里穷得实在是揭不开锅了，妻儿老小挨饿等米下锅，无奈，他不得不去向"监河侯"借米。"监河侯"是当时专门管水利的一个小官，是看护管理河的，日子过得也不富裕，但比他稍微要好一些。

这个"监河侯"倒是对庄子很热情，他说："好啊！不过你得稍等一下，等我去到我分管的采地征收到税金之后，我将会借给你三百金，可以吗？"监河侯话说得很好听，也很委婉，听起来也很大气，出口就是三百金！

庄子一听，"忿然作色"，但他还是耐着性子给"监河侯"讲了一个故事："昨天，在我来的路上，忽然听到不知谁在喊我的名字。我四下看了一下，发现在我刚走过的路上，被大车轧出来的车辙的水洼里面，有一条小鲋鱼，在那儿喘气，向我求救。"

我便问它说："喂，鲋鱼！你在这里面呆着干什么呢？小鲋鱼回答说：我是东海的水官，无奈被困在这里，请借用君少量的水，就能救活我的命！"

我说："好啊，请你耐心地等待一下，待我到南方游说吴越的国王，请他们尽快引进西江的水来迎接你，可以吗？"

鲋鱼听了，"忿然作色"说："我因为离开了水，失去了安身之处。我只需少许的水就可以得救活命。你说这种话，还不如早一点到干鱼市上去找我吧！"

这个故事虽是以寓言的方式表述，但庄子穷困的窘况却是活灵活现，跃然纸上，不然高傲无比的庄子，不会厚着脸皮借贷于"监河侯"。

在《庄子·外篇·山木·第二十》中，另外一段记载也可以看出他穷困的样子：

庄子身上穿了一件打了补丁的粗布衣服，脚踏着一双用麻布绑着的破布鞋去见魏王。魏王说："先生，你怎么这样疲困啊？"

庄子回答说："这是贫穷，并不是疲困。……"

事实上庄子是既贫穷又疲困，在那"昏君乱相"辈出，春秋战国"不义之战"的时代，常常是小人得志，君子穷困。庄子虽满腹经纶，空怀一腔报国之志，却生逢乱世，报国无门，只落得"天地与我并生，万物与我为一"、"独与天地精神往来"的精神超然！

在《庄子·杂篇·列御寇·第三十二》中有这样一个例子：

宋国有个叫曹商的官员，宋王派他出使秦国。他去的时候，宋王只让他带了几辆车子。到了秦国，讨得了秦王欢喜，秦王赏给他百辆车子。他返回到宋国之后，见了庄子便得意地说：

"你居住在这破烂不堪的巷子里，穷困潦倒到靠编织草鞋过日子，饿得脖子像枯木，面黄肌瘦，没有人色，在这方面，我可比不上你；至于一旦见了万乘之国的大国君主，就得到了上百辆的车子，这就是我的长处了。"

庄子回答说："我听说秦王得了痔疮，找医生给他治。谁能把痔疮弄破，就可得到一辆车子，谁能舔他的痔疮，就可以得到五辆车子。痔疮治得越下流，所得到的车子越多。你是不是给秦王治过痔疮？怎么搞到了这么多的车子呢？去你的吧！"

通过以上两个故事，足可以看出庄子的一些生活状况：他住在破巷子里，靠编织草鞋过日子，有时还要靠借米下锅，甚至衣不遮体，食不果腹，饿得面黄肌瘦。就是这样，庄子不改初衷，甘于贫困，坚守贫困，精神依然抖擞，傲气依然十足，豪情依然万丈，王侯依然粪土！

五、笑对生死

宇宙的起源、终结，现代科学虽已有定论，但终究没有解释清楚。宇宙起源的物质是从哪里来的？宇宙毁灭以后又是什么样子？谁能说得清楚！人类是从哪里而来的？死后又往何处而去？有没有灵魂？更说不明白！所以，人们对于宇宙和人类认知论的两大难题，一直困惑不解，使人们对宇宙和生命产生敬畏和迷茫。

抛开生死的神秘论，其实人和任何物种一样，有生就有死。生，是人生的开始，死，是人生的终结。人生，就是从出生到终结单程的全过程。在生命的历程中，人有很多无奈、无助和无常，任何人，哪怕他是开天辟地的英雄，扭动乾坤的帝王，面对生死，都是无可奈何花落去的被动，一江春水向东流的无奈，人要学会正确地面对生死存亡，庄子在这方面是特别令人拍案叫绝的。

面对死亡，很少有人不畏惧，而庄子却另有一种洒脱的心境来化除它。

庄子对于生死，也是有认识过程的，著名的"鼓盆而歌"，就是一个很好的例证。在《庄子·外篇·至乐·第十八》中记载道：

庄子的妻子死了。庄子的好朋友惠子前来吊丧，看到庄子坐在地上，边敲着瓦盆边唱着歌，惠子很生气地责备道："你妻子跟你生活多年，给你生儿育女，跟你吃苦受罪，现在年老多病身死，你不哭倒也罢了，居然还在这里唱起歌来了，你是不是太过分了！"

面对好友惠子的责问，庄子回答说："不是这样的。当她刚死的时候，我怎么会不悲伤呢？可是仔细观察以后，再认真想一想，她原本没有生命，不但没有生命，而且连形体也没有，非但没有形体，甚至连气息都没有。以后，不知所然的掺杂在恍恍惚惚若有若无的中间，才变化成有气息，由气息而成形体，由身体而有生命，现在再由生命变化成死亡。这种演变的过程，就像春夏秋冬四时的往复循环一样。像她此时正安睡在天地的大房间里，我却在她旁边哇哇的大哭，实在是不明白生命的演变过程，所以才停止了哭泣。"

不知为何，每当读到这里时，我的心在颤抖。不知是为庄子妻子的死而悲痛？还是为庄子的无奈无助而悲痛？平静下来，备感庄子的豁达与伟大。患难与共的妻子死了，生儿育女的老伴死了，相濡以沫的爱人死了，巨大的失落和孤单的庄子何尝不悲伤万分。但悲伤又有什么用呢？再大的悲伤也换不回老伴，这个最亲他、疼他、爱他、关心他的人离去！庄子用"今又变而之死，是相与为春夏秋冬四时行也"的往复循环的规律，告诫自己，劝告别人，直面亲人生死的人间诀别！

还有一个例子，在庄子的意识中，死亡不过是"儵然而往，儵然而来而已矣。"（毫无拘束地，自由自在地去，自由自在地来）（《庄子·内篇·大宗师·第六》）所以，我们要以旷达的心胸来迎接它。这一观点，庄子借秦失吊唁老子之丧的故事，更生动地表现出来：

老聃死了。秦失去吊丧，只哭了三声就出来了。

老聃弟子便问他："你不是我们老师的朋友吗？"

秦失说："是啊！"

弟子又问："那么，你是来吊祭老师的，应当表示悲伤才对，你怎么这样草率？"

秦失说："这样就可以了。起初我以为他是至人（凡人），现在才知道他并不是。刚才我进去吊唁的时候，看见许多老年人像哭自己的孩子一样哭他，许多年轻人像哭自己的父母一样哭他。他们情不自禁地说出话来，不期而然地流下眼泪，乃是违背天理，倍增依恋的表现啊！他们已经忘记了受之于天的本性。古时候称这种情形为'遁天之刑'——违反天然之理，被世俗的感情所束缚，像受到刑法一样。"

"你们的老师应时而生，顺理而死，有什么好悲戚的？若能安于时机的进展，顺着自然的变化，把生死置之度外，所谓的痛苦欢乐也就不能闯进心怀了。古时候把这种情形叫作'解脱'。"(《庄子·内篇·养生主·第三》)

按秦失的观点，世俗的人们，莫不生活在倒悬的状态之下，老子是"至人"也不例外，秦失所以哭他。但当他想到老子是"适来，夫子时也；适去，夫子顺也。安时而处顺，哀乐不能入也，古之谓是帝之悬解"，"正该来时，老聃应时而生，正该去时，老聃顺理而去"，已经超出了"至人"的范畴，所以就不哭他了。

那么，什么是"至人"呢？按照道家的解释：不离开道之根本的叫"天人"；不脱离道之精微的叫"神人"；不背弃道之真理的叫"至人"；以自然为主，以纯德为本，以道体为门，超脱穷通死生变化的叫"圣人"；用"仁"来实行恩惠，用"义"来建立条理，用"礼"来规范行为，用"乐"来调和性情，用温和、慈蔼、仁爱的态度来感化世人的，便叫"君子"。

凡人（人类）最大的枷锁是被生死的念头——死的恐惧与生的情欲所困惑。人们如果能够像庄子那样，视生死如来去，飘然而来，翩然而去。乍来乍去，"安时而处顺"，把生死置之度外，不受俗情、俗欲所牵累，便像"悬解"，解除了倒悬一样。达到这种心境的人，是生死如一。对生不必喜，也不必厌；对死不必惧，也不必乐。人生于天地间，生老病死，艰难困苦，顺逆得失，都是极其自然的事，所以应坦然处之。正如庄子说："天地给我形体，让我壮时劳苦，老时清闲，死后安息，既以生为善，也要以死为善阿！"(《庄子·内篇·大宗师·第六》)

庄子说："善吾生者，乃所善吾死也。"过着健全的一生，乃是享受圆满的死亡；肯定生，乃所以肯定死；死的价值，有赖于生来肯定；死的意义，有赖于生来赋予。你若有能力来掌握你的生，你就有权利来埋葬你的死。如此，肯定"生"，实属首要之事。由此可知庄子的生死观念绝不是消极的，更不是出世的。在他《逍遥游》内鲲鹏的寓言中，也可以看出他对入世的情怀。

还有一个故事，《庄子·杂篇·列御寇·第三十二》中说：

庄子快要死的时候，他的弟子商议要厚葬他。但庄子却说："我用天地做棺木，日月做壁玉，星辰做葬珠，万物来送葬，这不是一个很壮观的葬礼吗？我还有什么可求的?"

弟子说："我们是怕老鹰来吃先生啊！"

庄子答道："在地上会被老鹰吃，在地下又会被蚂蚁吃。把我从老鹰那里抢过来给蚂蚁吃，你们不是太偏心了吗？"

透过以上三个故事，使我们了解到庄子笑对生死豁达的人生观，并告诫人们人之生死乃自然规律，不过是一个人的形态变化。天地给予我们生命，就是让我们青壮时劳苦，老来时清闲，死以后安息，这是自然规律。笑对现实也是面对，哭对现实也是面对，何不直面惨淡的人生，坦然地笑对生死呢！

六、笑对荣辱

庄子终生穷困潦倒，住在破烂不堪的陋巷里，有时还靠借米下锅，甚至靠编织草鞋过日子，但他宁肯过如此艰难困苦穷困潦倒的生活，也不去和腐朽的统治者同流合污。他直面人生，笑对荣辱，拒绝物欲、名欲的诱惑，不为相位高官厚禄所动，为古今中外少有的硬汉，少有的豁达，少有的智者，少有的自信，少有的狂人。司马迁在《史记·老庄申韩列传》中记载了这样一个故事：

楚威王听说庄子很有才干，派了两位使者，带着贵重的礼物，聘请他做楚国的宰相。庄子笑着对楚国使者说："千金是重利，卿相是尊位。您难道没有见过祭祀时所用过的牛吗？喂养它多年，养肥之后，给它披上绚丽的丝绸彩缎，抬进太庙里去。在这个时候，它即使想变成一只小猪，难道还有可能吗？你们快走吧，不要玷污了我！我宁愿高高兴兴地在污水里游戏，也不愿被当权者所束缚，我要终生不做官，让自己心理愉快，只图个逍遥自在。"

还有一个故事，在《庄子·外篇·秋水·第十七》中记载了这样一个故事：

庄子在濮水河边钓鱼，楚威王派了两位大夫找到庄子并表达了自己的心意："我希望将国内的政事委托给先生管理！"

庄子持着鱼竿头也不回地说："我听说楚国有只神龟，已经死了三千年了，国王把它用布匹包着，把它盛在竹盒里，藏在庙堂之上。请问假如你是这只神龟，你是愿意死了留下一把骨头受人供奉享受尊贵呢？还是愿意活着拖着尾巴在泥巴里自由自在地爬行呢？"

两位大夫回答说："宁愿活着拖着尾巴自由自在地在泥巴里爬行。"

庄子说："谢谢你们，那就请便吧！我还是希望拖着尾巴自由自在地在泥巴里爬着生活。"

在《秋水》里，还记载了一个故事：

庄子有一个好朋友，名叫惠施，人称惠子。惠子是当时一个非常有名的雄辩家，是庄子最要好的朋友，被庄子视为知己。有一次，庄子和惠子在一个叫濠梁的水上游玩。庄子说："小鲦鱼悠闲地出来游玩，这是鱼的快乐！"

惠子问："你不是鱼，怎么知道鱼是快乐的？"

庄子回答说："你不是我，怎么知道我不晓得鱼的快乐？"

惠子辩说："我不是你，固然不知道你，按此而推论，你既然不是鱼，那么，你不知道鱼的快乐，是明显不过的了！"

庄子回答说："请把话题从头说起吧！你说：'你怎么知道鱼是快乐的'云云，就是你知道了我的意思而问我，那么我在濠水的桥上也就知道鱼的快乐了。"

在《庄子·杂篇·徐无鬼·第二十四》中，记载了这样一个故事：

有一次，庄子送葬，经过惠子的坟墓，回头对跟随的人说："楚国郢人垩慢，鼻尖上溅到一滴如蝇翼般大的污泥，他请匠石替他削掉。匠石挥动斧头，呼呼作响，随手劈下去，把那小滴的泥点完全消除，而鼻子没有受到丝毫损伤，郢人站着面不改色。宋元君听说这件事后，让人把匠石找来说：'替我试试看。'匠石说：'我以前能削，但是我的对手早已经死了！'"庄子自言自语地说："自先生去世，我没有了对手，我没有谈论的对象了！"

通过以上两个故事，说明了庄子和惠子绝非一般的朋友，而是人生知己。惠子死后，庄子再也找不到可以对话和倾心交谈的人了，甚至没有了和他辩论抬杠的人了。在这短短的寓言中，流露出庄子对惠子的纯厚真挚之情和少有的无限伤感。就是这样的好友和人生知己，由于对富贵的认识不同，在《秋水》中，还闹出了如下的故事：

惠子在魏国（魏国后迁都大梁后又称梁国，今河南开封市）做宰相，庄子前去看望他的朋友惠子。惠子的心腹对惠子说："庄子这个人来这里，是要取代你做梁国的宰相。"

惠子听说以后，心里既紧张又害怕。于是，就派他的手下到全国找庄子，一连找了三天三夜。他一定要找到庄子，万万不能让庄子直接见到梁惠王，万一梁惠王（即魏惠王）真的把宰相的位子给了庄子，自己该怎么办呢？

庄子听了这个事后，直接找到惠子，说："南方有一只鸟，名叫凤凰。这只凤凰从南海飞到北海，不是梧桐树它是不会停下来休息的，不是竹子的果实它是不吃的，不是甘甜的泉水它是不会喝的。有一只猫头鹰找到一只腐烂的老鼠，抬头看见凤凰从头上飞过，就仰头看着凤凰，大喝一声来吓唬凤凰！庄子对惠子说：'惠子啊，你现在这么兴师动众地到处找我，是想用你的梁国来吓唬我吗？'"

在庄子的眼里，梁国的宰相之位，只不过是一个腐烂的老鼠而已。

这就是庄子对待富贵的态度，也是他人生的态度。他愿意真实地活着，自由地活着，并甘愿贫困地活着，也不愿违心地活着。他宁愿像乌龟一样拖着尾巴在泥巴里自由自在地爬行，也不愿做楚国的宰相，像神龟那样被供奉在庙堂之上。他自喻为凤凰，没有梧桐树不息，没有理想的果子不食，没有甘甜的泉水不喝，视众人垂涎三尺的宰相之位不过腐鼠而已。

庄子对待富贵的态度，给世人留下无限的遐想和启示。生活在当今的人们，我们的生活水平和生活质量，不知要好于庄子及庄子的年代多少，而我们的学识水平、能力、智慧、德行，不知要比庄子差了多少。庄子的胸怀，庄子的豁达，庄子的境界，是不是我们应该效仿的榜样呢！

天下事利害总相伴，在你获取到某些有益东西和利益的时候，你同时也失去了许多东西。也许人们至今也没有弄明白，也不会弄明白，是鱼缸里的鱼、笼子里的鸟衣食无忧的好呢？还是"海阔凭鱼跃，天高任鸟飞"的鱼和鸟好呢？是虎啸山林，威震四方，百兽之王的野生老虎好呢？还是被关在笼子里供人们参观欣赏的老虎好呢？

在世俗的心目中，关在笼子里鸟和野兽，衣食无忧，冬有暖气，夏有空调，营养师配餐，荤素搭配，供人欣赏，未必不是好事。省得四处奔波劳碌，风餐露宿，四处寻食，过饥一顿饱一顿流浪的生活，有时还担心被猎人杀害。是选择天性的自由，还是选择局限的安逸，每个人都有自己不同的选择。

更重要的是穷困潦倒的庄子，面对丰厚的待遇和宰相的高位而不为所动，给人们留下无限遐思和品味。

当今之世，有的人为了谋取一个绿豆芝麻大的小官，用尽心机，投机钻营，甚至厚颜无耻地跑官买官，丧失了做人的尊严；

有的人，为了谋取一点点蝇头小利，不惜出卖朋友，贬低同事，而陷害他人，造谣生事，搬弄是非，失去了做人的人格；

有的人，为了谋取一个小小的虚名，不惜上窜下跳，寻找靠山，攀龙附凤，结党营私，搞小集团，失去了做人的自由；

有的人，为了满足一下自己可怜的虚荣心，不惜装腔作势，排除异己，刁难部下，自以为是，摆官架子，失去了做人的良心。

这些所谓聪明的人，自以为什么都得到了，其实他什么也没有得到。衡量一个人是否成功，不是自己认定的，是由大多数人来认定的，你也许弄到了一个你自认为很有价值的东西，但在别人眼里只不过是一只腐鼠而已；你也许谋到了一官半职，别人不敢或不便在你面前说三道四，但人家内心不知有多么地鄙视你、厌恶你！

在你靠不正当的手段得到这些东西的同时，你也失去了一个人最起码的应有的尊严、人格、自由和良心！你究竟是得到的多还是失去的多？也许只有你自己心中知道。

七、鲲鹏展翅

在庄子的作品中，最脍炙人口的莫过于他的"逍遥游"。"逍遥游"读起来，令人荡气回肠，激情澎湃，豪情万丈，胸罗宇宙，思接千古，独与天地精神往来！

"逍遥游"给人们展示的是一幅恢宏奇异无比的壮丽画卷，引起人们无限的遐想、奇思、幻想、梦想和追求。庄子自比鲲鹏，借此浩瀚的画卷，抒展了他内心的宽广世界，展示了他人生的崇高境界，驰骋了他向往自由理想的无限空间，浩瀚无际的宇宙。

在现实的世界里，庄子一生穷困潦倒，大才难用，终生不得志。恶劣的社会环境，使他思想受到种种约束和压制，压得他喘不过气来。他只好借助于鲲鹏之翅，怒而飞，水击三千里，扶摇而上九万里，遨游于浩渺的宇宙太空，借用幻觉逍遥游于理想的大千世界。他酣畅淋漓地、忘情忘我地畅游于无尽的寰宇！

翻开《庄子》的首篇，便是《逍遥游》的鲲鹏寓言故事：

"北溟有鱼，其名为鲲。鲲之大，不知其几千里也。化而为鸟，其名为鹏。鹏之背，不知其几千里也。怒而飞，其翼若垂天之云。是鸟也，海运则将徙于南溟。南溟者，天池也。"

让我们先从字面上理解这段话的意义：

这里的"北溟（海）"、"南溟"、"天池"都不是人迹所能到达的地方，其旷远的程度，远非世人的肉眼所能窥见，要以心灵之眼，才能领会观望这浩瀚无际的世界。这里谕示人们需要超越有形的时空与感官认识的局限性。

庄子巧妙地借用文学的手法，将变换了形的"鲲鹏"，以突破现实世界中的种种限制、约束和束缚，将它们从人们习惯的现实思维空间抽离出来，运用浪漫文学的表达形式和浪漫诗人的想象空间，来表达庄子心目中浩瀚无际的宇宙，用以实现庄子的人生寄托和理想放飞。

在这想象中的宇宙空间中，不受任何时空和世俗的束缚，赋予你绝对的精神自由，你可以随心所欲，心随物游，独与天地精神往来。人们常用"海阔凭鱼跃，天高任鸟飞"来形容鱼和鸟的自由，寄托人的精神自由，但这毕竟是相对的、有限度的。还有人进一步用"天马行空，独往独来"，形容马的自由程度，以寄托人的精神自由，神马虽然比鱼鸟活动的空间要大很多，但还是有点局限和缺乏磅礴的气势。

在这里庄子用鲲鹏怒而飞，其翼若垂天之云，扶摇九万里，其磅礴的气势和搅动寰宇的威力，可见比"海阔凭鱼跃，天高任鸟飞"、"天马行空，独往独来"的空间还要大得多的多，气势、动静、影响要大得多的多。

鲲鹏的自由程度，几乎是不受任何限制的，你的心有多大，庄子给你的空间就有多大，你有多大的能力和本事，你就可以自由自在的飞多远，在这里，几乎没有时间和空间来限制你的自由和能力，你可以实现真正意义上随心所欲的逍遥游！

人们常说"燕雀安知鸿鹄之志"，来形容人的远大志向，在庄子这里却是鸿鹄安知鲲鹏之志。"鲲之大，不知其几千里。鲲化为鹏，鹏之背，不知其几千里。怒而飞，其翼若垂天之云。"

鲲有多大呢？不知其几千里。鲲化作鹏后，鹏之背，又不知有几千里。在这里，庄子托物寓意，以鲲鹏来自比或展示他心中理想的人物——"至人"，其实这是庄子自己自喻。鲲和鹏是两种不同的动物，鲲生长和潜伏在大海的深处，海底。在这里，庄子想告诉人们，你要想有像"鹏"那样，怒而飞，扶摇九万里的能力和本事，你就首先要潜伏在海底深处，耐得住寂寞，修身养性，练好内功，学好本事。"鲲之大，不知其几千里"，可见这条大鲲在海底深处默默无闻，不知修炼了多少万年，正如人们常说"台上一分钟，台下十年功"。一个人要想做点什么事情，要想做成点什么事情，没有长期的、持久的、默默无闻的、坚持不懈的潜下心来修炼自己，恐怕是不行的。

假如，你要想做学问，你就要经受得住"面壁十年"、"十年寒窗苦"，甚至终生的寂寞；要有"板凳要坐十年冷，语不惊人誓不休"的精神；还要不怕"读万卷书，行万里路"的勤奋和劳苦；并要做"处处留心皆学问，人情练达即文章"的有心人；更要有在逆境中学，在困境中学，在失败的教训中学，在社会实践中学的智慧、恒心和毅力！

假如，你要想经商，你就要做好有"赢得起和输得起"的心理准备，商场和战场一样，胜败乃兵家常事，没有常胜的将军，也没有只赢不输的商家。兵家胜败，在很大程度上，取决于天时、地利、人和的因素，商家又何尝不是如此。不管你是从小做起，还是你从大做起，都要脚踏实地的去做，但商人又和做学问不同，商人有时要和军人一样具有一种冒险精神！

假如，你要想从政，你不但要有像样的学历和文凭，还要有专业的知识和能力，更要有儒家的经世情怀。公务员的入门口，要的是你的文凭和知识，因为具备一定的学历，才有资格参加入门的考试，考的成绩好，面试的成绩优，才会录用你；入门后，要的是你的专业、知识和能力，因为你要做事，要把事情做好；工作中，要的是你的成绩、业绩和政绩，因为人人都在做；想升迁，要的是你的能力、政绩和人际关系，因为人人都想升迁！谁会为人处世，谁能把事情做好，谁会把上下左右的关系处理好，谁就有可能得到和把握住升迁的机遇。德能勤绩廉，加上处理好上下左右的各种关系，也许就是你升迁的基础。

一个人，只要你能像鲲一样，潜伏于海底深处，长时间地甘于寂寞，练好内功，修炼成仙，终有一天你会化作大鹏的。鲲化为鹏的过程，是一种物体升华为另一种物体的"仙化"的过程。鲲居于大海，潜伏于海底，还有大海种种环境的限制，还会受到种种的约束，一旦化作鹏，翱翔于浩瀚无际的宇宙，就基本上没有了时间和空间的限制，你就会从人体凡胎中解脱出来，仙化作鹏，得到了精神上的超脱和自由，在无限的宇宙里自由自在地逍遥游！而此时的你，已经做到了"心斋"和"座忘"。心虚如气，心静如水，心明如镜，忘记了我是谁，忘记了我在做什么，已经物我两忘。此时的你，已经忘记了"不鸣则已，一鸣惊人；不飞则已，一飞冲天"的豪迈之情！得到生死同一、不生不死的境界。庄子对于生死荣辱的概念，已经到了"尽年、尽天"的境界，所以能忘我，忘我所以能忘人，忘我忘人，所以能忘世，能忘世，所以能入世！

鲲化鹏，实际上就是庄子的自喻；鲲化作鹏，实际上就是庄子内心升华的写照；水击三千里，扶摇而上九万里，"天地与我并生，万物与我为一"、"物我两忘，是非双遣"、"独与天地精神往来"，实际上就是庄子的终极理想、信念、志向和追求！

八、黄鹊在后

一个流传很广的"螳螂捕蝉，黄鹊（雀）在后"的典故，就出自《庄子·外篇·山木·第二十》中：

一天，庄子到一个"雕陵"的栗子园里游玩，刚走近果园篱笆的时候，忽然看见一只怪异的"鹊鸟"从南方飞来，翅膀有 7 尺宽，眼睛的直径有 1 寸长，擦过庄子的额头飞过去，停在不远处栗子园的一棵栗子树上。

庄子自言道："这是什么鸟呀？翅膀这么大却不能高飞，眼睛这么大却看不清人。"

于是庄子提起衣裳就快步追了过去，手里还拿着弹弓准备射它。就在此时，一幕景象从他眼前掠过：忽见树阴下的一只小蝉，贪图舒适，而忘了自身，没有注意到它身后正要伸出臂膀来捕捉它的螳螂；而螳螂只顾着全心全意在捕这只小蝉，得意忘形，竟没有觉察到鹊鸟对它的窥视；而鹊鸟为了捕捉这只螳螂，只顾眼前的利益，却忽视了树下正要射杀它的庄子。

霎那间，庄子心里一惊，不觉打了个冷战，心里说道："唉！愚蠢的物类只顾眼前的一点利欲，而忽略了身后的巨大祸害阿！在自己有心谋害它物的时候，又何尝不会为自己带来灾害呢！"想到这里，心灵得到震颤的庄子急忙扔下弹弓，掉头就跑。恰在此时，看管果园的人以为他要偷栗子，就在庄子的后面边追边骂。

庄子回来后，接连三天心情都不愉快。他的弟子蔺且问他说："老师，这几天你为什么老不愉快呢？"

庄子回答说："我只顾关注身外具体的物质，竟忘掉了自身所处的环境，好像看惯了污浊不堪的水，突然看到了清澈见底的深渊，反倒迷糊起来一样。我曾经听先生（老子）说过：'到哪个地方，就要遵守哪个地方的风俗习惯。'前日，我到雕陵栗子果园游玩，竟忘了自身的处境，不由自主地跟着一只鹊鸟走到了栗子果园里去，更没有想到的是，竟受到看管果园人的侮辱和追赶，把我当作偷栗子的小偷追赶，这就是我不愉快的原因阿！"

"螳螂捕蝉，黄雀在后"的故事，再清楚不过地告诫人们，不要一味地追求欲念的满足而迷惑忘记了自己的本性，这就是庄子所说的"观于浊水而迷于清渊"的教训。欲望永远是无穷的，而满足总是有限的，人们往往为了得到贪婪的欲望，而忘记了所付出的巨大代价和难以想象的后果。任何的获得都要有所付出，因此顺其自然的简朴生活，会使人们减少过多的烦恼和不必要的危险。

九、内圣外王

一般学者认为，庄子与老子相比，庄子明显地把注意力主要放在了治身与内圣的方面。他的治身，主要是对于个人生命的关注。庄子所处的战国时代，是天下大乱"不义战"的特殊时代，战争连连，生灵涂炭，民不聊生，恶劣的社会环境，使他不得不采取"外其形骸"的生存方式以保护自己。他把主要精力用到"养神"、"养心"的选择上，提出"心斋"和"座忘"。

所谓"心斋"，就是把一切功名利禄统统排除掉，去掉一切私心杂念，让自己的心，由虚、到静、到明，做到"净心"、"心静"、"心明"，一句话就是"忘物"。

所谓"座忘"，就是我坐在这里休息，突然之间忘了我是谁。既然忘了我是谁，自然就少了些心机，顺其自然的生活，一句话就是"忘我"。

一个人如果能做到"心斋"和"座忘"，也就是说做到了"忘物"、"忘我"，自然就少了些欲望。一个人如果能不为欲望所困，不为欲望所羁绊，就便于达到"心于物游"，"独于天地精神往来"的自由境界，进而达到心安、心治。心治，就是治身、内圣；国安、国治，就是治国、外王，就是最终达到了"内圣外王"的目的。

"内圣外王"一词最早见于《庄子·天下篇》，作为一种理想道术的形态而提出。《天下篇》所标示的"内圣外王"的理想是十分独特的，它是怀抱着"育万物，和天下，泽及百姓"的社会意识，又具有"配神明，醇天地"的宇宙精神。

《逍遥游》的鲲鹏"水击三千里，抟扶摇而上者九万里"的寓言，表达了庄子的"远举"之志；《外物》篇任公子钓大鱼的寓言，表达的是庄子的"经世"之志。可见庄子未尝没有经邦济世的抱负和理想，只是由于世道太黑暗，社会环境太恶劣，庄子空怀一腔报国之志，空有满腹的济世之才，而无法施展。因而，他才对治国、平天下之事，表现出冷漠甚至鄙视的态度。在《应帝王》中不得已提到治国之道时，只是说："顺物自然而无容私焉，而天下治矣。"

十、处世之道

庄子的"庖丁解牛"是一个家喻户晓的寓言，也是中学生的必修课文。庖丁不仅杀牛的功夫了得，并不知道还和做人、养生、涉世有什么联系。庄子在《庄子·内篇·养生主·第三》中写道：

有一个叫庖丁的厨师为梁惠王宰牛。他举手投足之间，劈啪地直响，进刀剖解，牛的骨肉就哗啦一声分离了，牛肉、骨、皮的分裂声音和刀的割切声，莫不合乎音乐的节拍，厨师的一举一动，也莫不和于桑林乐章的舞步和经首乐章的韵律。

梁惠王看得惊呆了，不禁赞叹道："啊！好极了！技艺怎么能精湛到如此的地步？"

厨师庖丁放下屠刀回答说："我所爱好的是道，已经超过技术了。我开始宰牛的时候，满眼看到的是一个整体的牛。3 年以后，看到的就不一定是全牛了，所见到的是牛、骸、筋、骨的分解处。到了现在，我只用心神来体会或感觉，就不必用眼睛去观看，耳目器官的作用都停止了，只是运用心神，顺着牛身上的自然纹理，劈开筋骨的间隙，导向骨节的空间，按着牛的自然纹理组织去用刀，连筋骨盘结的地方都没有一点妨碍，何况那显而易见的大骨头呢！好的厨子一年换一把刀，他们是用刀割筋骨肉；普通的厨子一个月换一把刀，他们是用刀去砍骨头。现在我的这把刀已经用了 19 年，所解的牛有几千头了，可是刀口还像是新磨的一样锋利。因为牛骨节是有间隙的，而刀刃是没有厚度的，以没有厚度的刀刃切入有间隙的骨节，当然是游刃有余了，所以这把刀用了 19 年还是像新的一样。虽然这样，可是每当遇到筋骨交错盘结的地方，我知道不容易下手，就小心谨慎，全神贯注，手脚放慢，刀子轻轻微动，牛就哗啦一下解体了，如同泥土溃散落在地一般。此时，我提刀站起，环顾四周，踌躇满志，心满意足，揩干净刀上的血痕，收藏起来。"

梁惠王说:"好啊! 我听了厨师的这一番话后,懂得了养生的道理。"

梁惠王听了庖丁的一番话后,想到"养生"的道理上去了。而事实上,庖丁的话,不仅讲出了自处之道,同时也说出了处世之道以及解决问题的方法和思路。

从字面上的意思讲,庖丁为什么能有如此高超技术,一是熟能生巧,二是善于观察,三是勤于思考,四是把握全局,五是顺其自然。

按庖丁自己说,一开始宰牛的时候,看到的牛是一个浑然整体,不知从何处下手;三年后,再看到牛的时候,所见到的已经是牛骸筋骨的分解处了;到了现在,已经不用眼睛去看了,只是用心去领会了。这说明庖丁宰牛天长日久,熟能生巧的过程。其实,任何工作,都有其熟练的过程,特别是具体操作的工种,更能熟能生巧。但是,仅仅靠熟能生巧,是不可能达到庖丁的技艺的,他靠的是善于观察和勤于思考。为什么有的屠夫没有庖丁的技术? 庖丁说他19年以后,在宰牛的过程中,已经不用眼睛去看了,说明他从整体着眼,把握全局,小处着手,顺其自然,迎刃而解。

庖丁解牛的故事告诉人们,在日常的生活、工作和学习中,要练好基本功,要勤学苦练,处处留心,善于观察,勤于思考,找出规律,学会掌控全局,把握整体。只有这样,才能在处理复杂的生活、学习、工作和人际关系时,大处着眼,小处着手,按规律办事,从总体上把握,从细微处着手,做起事来,就会气闲神定,游刃有余,起到事半功倍的效果。

世界上的一切事情,都是有其规律可循的,找出规律,掌握规律,按规律办事,是处理复杂事物的最好法则,庖丁解牛,就是一个很好的例证。但是,庖丁还告诉我们,尽管他熟练地掌握了解牛的规律,但遇到极为复杂的地方,还要小心谨慎,全神贯注,手脚放慢,刀子微动。

梁惠王听了庖丁的一番话,想到了"养生"的道理;我们听了庖丁的话,应该想到哪些道理呢?

十一、无用之用

一个物体,一件事情,有用无用,在不同人的眼里,往往有不同的价值标准。大多数人一般将实用作为衡量标准,眼前或现实有实际效用的事物，就认为它有价值；没有直接而实用的，就认为它没有价值。殊不知许多东西的用处虽然是间接而不显著，然而其重要性却远远超出了那些有直接有用之物。在《庄子》一书中，有这样几个故事，告诫人们无用之用的辩证标准。

在《逍遥游》里，庄子借他的好朋友惠子以抒发自己的心事：

惠子对庄子说："魏王（梁惠王）送我一颗大葫芦的种子，我种在地里，长大以后，结出来的葫芦足足有五石（古时一石为十斗）容量那么大。用来盛水，它坚固的程度不足够；把它剖开来做瓢，又没有这么大的水缸可以容纳得了。我认为它空大无用，所以把它打碎了。"

庄子说："你真是个不善于使用大东西的人啊！宋国有个人，精于制造一种冬天使用后不龟裂手的药物，他家世世代代都以漂洗丝絮为业。有一天，一个客人听到有这种药品，愿意出百金收买他们的药方。宋人把全家人找来共同商量：'我家世世代代以漂洗丝絮为业，只得到很少的金子，现在卖出这个药方，立刻就可以获得百金，就卖了吧！'客人得到药方，便去游说吴王，这时越国犯难吴国，吴王就拜他为将，冬天和越国水战，因为有了这个药，兵士可免于冻裂之患，结果大败越国，吴王遂割地封赏于他。同样一种药方，有人使用它，就可以得到很大的封赏，有人使用它，只是漂洗丝絮，这就是因为使用的方法不同的缘故。现在你有五石容量的大葫芦，为什么不把它当作腰舟浮游于江湖之中，却反而愁它无处可用呢？你的心真是茅塞不通啊！"

同一个大葫芦，惠子和庄子就有截然不同的用途，同一个药方在不同的人手里却有天壤之别。在这里，庄子启示人们，任何一件事物，都有它的用处，甚至在有些人眼里没有用处的东西，说不定隐藏着巨大的用处。对一个事物也许有几种看法，角度不同，用处也不同，这个人认为没用的，另一个人也许认为有用，别人都认为没有用处的，你如果认为是个有用的东西，也要物尽其用。

老子这个"大葫芦"，不为当时统治者所用，留下《道德经》五千箴言骑青牛西去，成为道家学派的始祖，道教的开山祖师——"太上老君"。"太上老君"，被道教尊为元始天尊，道德天尊，灵宝天尊，并列为道教"三清"，成为神仙谱系中的最高神。

庄子这个"大葫芦"，不被当时统治者所用，却成了中华传统文化重要支柱道家的第二号人物，影响中华文化数千年，几乎成了所有的中国作家、诗人、艺术家的最高导师。

李白、杜甫这两个"大葫芦"，不为统治者所用，留下千古文章，成为中华诗坛的"诗仙"、"诗圣"，此种例子举不胜举。

亲爱的朋友，你如果认为自己是个"大葫芦"，千万别像惠子那样，毁掉自己，也要从另一个角度开发自己，发挥自己的长处，做到物尽其用。

孔子和孟子这两个救世"药方"，不被当时统治者所用，却成了中华民族传统思想文化的精神支柱，儒家文化的始祖。昔日终生奔波要把"药方"献给君主，又不被君主认可，惶惶如丧家之犬的孔子和孟子，被后代帝王尊封为"圣人"、"亚圣"和"帝师"，特别是死后的孔子，大都被历代帝王按帝王的规格进行祭典。孔子不但享受了帝王的待遇，并且高于帝王的待遇，因为后代的皇帝去祭奠孔子，并不一定去祭奠其他朝代的帝王。

正如伟大的历史学家司马迁所说："《诗经》中有这样的话：'像高山一般令人敬仰，像大路一样让人遵循。'我虽然无法身临其境亲眼看到孔子，可内心却向往着他。我读孔氏的著作，可以想见他的为人。到了鲁地，参观了仲尼的庙堂、车辆、衣服、礼器，目睹了儒生们按时演习的情景，我怀着崇敬之情留恋不愿离去。历来天下的君王至于贤达之人实在够多了，他们权势在身时，十分荣耀显贵，一旦去世就完了。孔子身居百姓地位，声名却流传十几代，学者们仍然推崇他。从天子王侯以至于整个中国，凡谈论六艺的人，都效法于孔子，可以说孔子是至高无上的圣人了。"

儒家文化的"药方"，成了中华民族"为人处世，安身立命"全民族必备的药方。读者朋友，假如你在本单位不被重用，感到委屈或怀才不遇的话，认为自己还有个什么"药方"，千万不要委屈了自己，利用现代这么好的条件，尽快地实现"药方"的价值。

"大葫芦"的故事，庄子告诉人们，一种事物在不同人的眼里，有无用、有用或大用的不同；而"药方"的故事，庄子告诉人们，一件东西，在不同人的手里，有小用和大用的不同。紧接着，庄子又在《逍遥游》里，借他和惠子的对话，引出他那"无用之用"的妙论：

惠子对庄子说："我有一棵很大的树，人家都叫它为'樗'（臭椿树）。这棵大树的树干上长满了树瘤，树瘤疙疙瘩瘩地堆在那里，非常难看，一点也不规则，无法用墨绳来规划它，它的小树枝弯弯曲曲，也不合乎'规矩'。长在大路的旁边，经过此地的木匠都不愿瞅它一眼。如今，你的言论，大而无用，大家都不肯认同，有什么用呢？"

庄子说："你不曾看见过狐狸和黄鼠狼吗？卑伏着身子，等待捕捉出游的小动物，东西跳跃，不避高低，往往踏中捕兽的机关（夹子），死于布好的网中。再看看那牦牛，庞大的身子，好像天边的云彩，虽然不能捉老鼠，但它的功能可大极了。现在你有这么一棵大树，还愁它没有用，为什么不把它种在渺无人烟的地方，广漠无边的旷野上，你可以无所事事地徘徊在树旁，逍遥自在地躺在树下。这树就不会遭受斧头的砍伐，也没有东西会侵害它。无用可用，又会有什么祸害呢！"

还有庄子在《人间世》里将"无用之用"的观念进行更大的发挥：

有一个名叫石的木匠到齐国去，经过曲辕这个地方，看见有一颗祭祀土地神的栎树。这棵树大极了！树阴下可以卧牛数千头；量一量树干的粗细，树干的周围竟有"百搂"那么粗（一搂为五尺，用"搂"来量树干的粗细。人们一般用自己的双臂抱着树干量，一下为一搂，一搂相当于人的身高，五尺左右）；树身高过山头七八丈以上才有树枝，可以用作造船的树枝就有十几枝。观赏这棵树的人群好像闹市一样拥挤，而木匠却看都不看它一眼，就走了过去。他的徒弟仔细打量了一番后，追上了石师傅问道："自从我拿了斧头跟师傅学艺以来，从没有见过这么大这么好的木材。可是师傅却看都不看一眼就走了，这是什么道理？"

石木匠说："算了吧！别提它了，它只是没有用的散木而已。用它做船就会沉下水去，用它做棺材就会很快腐烂，用它做家具器皿，又不结实很快就会坏掉，用它做门窗就会流污浆，用它做房上的梁檩柱就会被虫蛀，简直是毫无用处的木材。正因为它毫无用处，所以它才能长这么大，这么长寿。"

石木匠回家以后，夜里梦到栎树对他说："你要用什么树和我相比呢？你且看那桃、梨、橘、柚、瓜、果之类的果树，等到果实一熟，不是被敲就是被打，弄得满身伤痛，不是大的树枝被折断，就是小的树枝被扭伤，伤痕累累，痛苦不堪。这都是它们的'才能'害苦了自己。待到老了结不了果子了，就把它们刨掉，以至于中年夭折，不得善终。这都是由于自己不小心显露有用而招来世俗的打击，世界上一切有用的东西都是如此。我把自己显现无所用处已经很久了，但还多次险些丧命。我之所以能活到今日得以保全自己，是我'无用'的结果，'无用'对于我就是大用。假使我有用，我能长得这么大吗？"

庄子是个寓言大家，借大树的有用和无用，向人们展示了一个道理，有用和无用都是相对的、相互变化的，有用有有用的道理，无用有无用的好处，特别是在世俗的社会中，有用有时要付出极大的代价，甚至是牺牲。木秀于林，风必摧之，露头的椽子先糟，是世俗社会中的现实。

请读者朋友细心观察一下，你的单位或周围单位的人和事，一个在单位争议最大的人，一般是能力较强的，这个能力较强的人，一般得不到重用提拔。如稍不注意，还会招来不少麻烦，这是现实。所以，要想求得安静的生活和安静的工作，最好学会"处弱"或学会"无用"。

人的本性是由欲望构成的，而机遇和资源又是有限的，人们为了生存和占有有限的资源，就要把握机遇，就要产生竞争。而竞争又是人的天性，当人的生命的最初期，亿万个精子就是靠竞争，几亿分之一中的一个精子，才得以和卵子结合，才有了生命的。而人世间的竞争又是无序的，有时靠正当竞争的手段又竞争不过人家，此时，就伴随着羡慕嫉妒恨、诽谤、造谣、攻击、陷害等卑鄙的手段，打击比自己有能力的人。有时能达到目的，有时两败俱伤。一个单位如此，一个团体如此，一个国家亦如此。

"无用之用"，告诫人们，处处显示自己，将会引来不少麻烦，有时会导致自我毁灭。大熊猫、东北虎、藏羚羊、象牙等等有用或稀缺的东西和动物，成了有些人追杀的重点。

古今中外多少达官贵人、名臣贤相、功勋将军、开国功臣死于非命，为什么？不都是因为他们"有用"而惨遭的悲剧。历史上聪明智慧的范蠡、张良等人，保全了性命，不都是因为"无用"的功劳。

总之，有用无用都是相对的，有用时你不要得意，无用时不要失意，特别是读书人、知识分子或认为怀才不遇的人，进退于有用无用之间，得失与云卷云舒时，得意失意皆潇洒自如，塞翁失马，焉知非福，福兮祸所伏，祸兮福所倚。

十二、老庄异同

在儒、墨成为天下"显学"的时候，道家的学说也开始登上历史舞台，参加了百家争鸣的行列。除老子、庄子外，还有接近道家的思想家，杨朱、列御寇等人，他们当时都是作为诸子百家中的一员出现的，没有像儒家、墨家那样形成一个大的学派系统。大致上说来，杨朱、老聃、关尹、庄子、列子的思想可以定为道家。

杨朱生活的时代约晚于孔子，早于墨子。他的思想，孟子曰："杨子取为我，拔一毛而利天下，不为也。"又曰："逃墨必归于杨，逃杨必归于儒。"由此可知，杨朱学派在当时一定极为昌盛。杨朱学派正如当时孟子所说，是道家养生派的一个极端。杨朱学派的核心就是"为我"。这个"为我"，实质上说是把天下大事都丢开不管，避世隐居，保全自己的天性，不为他人他事牵累自己，并不认为是自私自利，这也是道家思想的先驱者之一。扬朱学派亦当如孟子所说，此一派，以保全自我、完成性情为要，以"人人不损一毫，人人不利天下"为理想状态。杨朱所谓的自私，被后人形容为"各扫门前雪，莫管他人瓦上霜"的自私自利的代表。其实当今社会，人人都能够把自己的事情做好，少祸害别人，我们的社会恐怕要比现在好得多。

后世称道家的祖师是老子。现流行的《道德经》五千言，注明老子所作，但书中反映了许多战国时才能出现的语言，因此《道德经》不可能为老子所写。据学者研究，《道德经》当为战国中后期的道家人物根据老聃的遗说，加以补充、发挥、推衍而成。我们现在讲老子的学说，一般都以《道德经》为依据。

庄子和道家其他各派没有发生过直接关系，他是战国中期道家的中心人物，传世的有他写的《庄子》一书。现在都把老子和庄子，作为先秦道家的主要代表人物。

老子学说的宗旨是"无为自化，清净自正"，主张"无为而治"。崇尚

"鸡犬之声相闻"、"老死不相往来"的"小国寡民"的原始时代，那样最低的生活水平才是最理想的社会。老子的思想，反映了春秋战国之际已趋没落的奴隶主贵族阶级消极、悲观、厌世的心理状态。

在哲学思想上，老子提出了一个"道"。"道"就是世界上万物的本体、总根源。"道"就是"无"，它是"先天地生"的，它是无时不在，无处不有，无形无踪，无声无息，看不见摸不着的东西，可以勉强给它加个名字，叫"大"。他说，这个"道"，人们的感觉器官是不能认识的，"道"即"无"，"无"生出了"有"，"有"又生出天下的万物。"道"在万物中表现出来的具体的东西，就是"德"。因此，老子的"道"是一个虚幻抽象、恍恍惚惚、似是而非、人类无法认识和觉察的精神实体。正是这个精神实体，被老子说成是产生世界上万物的始祖。至于老子所说的"德"是个概念，更为精神的东西。先有精神实体，后有物质世界，精神产生了物质，老子正是这样来认识世界的。

因此，老子的哲学思想是属于唯心主义的体系。他提出的"道"不是存在于人的心中，而是开天辟地以前就有的，存在于客观世界之中，是主宰和决定世界万物的精神体。这种哲学体系，就是客观唯心主义。

老子的思想虽然是唯心主义的，但却包含了很多辩证法的因素，这是他思想中积极的一面。他观察了世界上万事万物之间的矛盾对立和互相转化的情况，认为事物不是一成不变的，而是在一定条件下相互转化的。

《道德经》中列举了很多事物双方对立的名词，如有无、多少、轻重、长短、高下、美丑、坚柔、生死、祸福、巧拙、难易、善恶、强弱、得失、予夺、贵贱等等，这说明他对世界上事物的矛盾对立认识得非常广泛和深刻。他认为事物的双方是相互依赖而存在的，缺了一方对方就不存在。所以他认为：有和无是互相产生的，长和短是在比较中得到的，高是以下为基础的，难和易是相辅相成的。事物双方矛盾发展的规律是：总由柔弱的、卑下的、虚无的、静止的一方最后取得胜利，而且循环不已，柔弱的会变成强，变成刚强后又会转化为柔弱；祸之后往往接着来的就是福，有了福也往往埋着大祸。

老子正是这样来认识事物转化规律的。这说明他思想中的辩证法因素仅仅表现在事物矛盾对立和相互转化的一面上，对事物发展规律的认识却陷入了周而复始的循环论。他思想中的辩证因素是不彻底的。这是没落奴隶主贵族希望恢复失去的天堂，又无力恢复这个天堂时无可奈何的心理状态在哲学思想上的反映。

老子思想中出现一些辩证因素是有原因的。他是一个没落贵族，一个史官。作为一个熟悉历史的学者，他看到历代统治者的盛、衰、弱、亡的变化过程；看到原来的贵族下降为士甚至变成劳动者的事实；看到下层人物变成了新的统治者的现实。社会的急剧变化，社会上一些事物相对立的地位的相互转化，反映到老子思想上来，使他产生一些朴素的辩证观点，这是没有什么奇怪的。然而，老子是站在落后的、出于没落地位的贵族的立场上来看待这些变化的。

《道德经》一书，充满了对社会的急剧变化的恐惧、怀疑、敌视的情绪。他不希望社会进步，他要求在辩证的世界中找到一个不辩证的东西。所以老子的辩证观点是和他的政治思想结合在一起，是极不彻底的。

战国中期道家的著名代表是庄子，即庄周。他生活的时代大约同于孟子或稍后一点。他的著作收集在《庄子》一书中。由于老子没有留下著述，《道德经》成书较晚，所以到庄子时，道家才形成一个比较大的派别。

庄子是宋国人，做过小官。他把老子的某些消极思想进行了改造和发挥，创造出一套完整的思想体系，来为他所代表的没落阶级服务。由于他的文笔动人，文辞优美，在一定时期内，庄子的唯心主义思想体系，在社会上起到了很大的宣传和欺骗作用。

在政治思想上，老子虽然主张社会倒退，但他的消极面还是有一定限度，即只主张社会倒退到原始社会去，"无为"是为了"有为"。在一定条件下，"无为"思想还可以对社会起一些积极作用，如西汉初期就实行过"黄老无为之治"，使汉初的社会保持了一个时期的稳定。

而庄子却是一个绝对的悲观厌世者。他认为，社会的一切存在都是坏的，都是没有意义的；人生在这个世界上，对一切东西都无所谓，一切都随自然；他认为自然界是由"道"组成的，自己要和这个"道"合在一起，就可以解脱人生的一切忧虑、烦恼、痛苦以至生死。死了还是存在，变成了一个其他的东西，著名的庄周变蝶就是例证。这样，人生就可以不生不灭，无穷无尽，达到理想的境界，也就得到最大的自由和快活。庄子称这种打破一切差别的境界，和万物的本体"道"合为一体的理论为"天地与我并生，而万物与我为一"。能够做到这一点的人，就是修养出来的"有道之士"，就是"真人"。"真人"是庄子最理想中的人。

老子的宇宙观是客观唯心主义，而庄子的宇宙观本质上是主观唯心论。老子把"道"看成存在于客观世界中的东西，而庄子要把自身和混沌的"道"合一，有我的心就是"道"，"道"就是我心的倾向，认为人的命运决定于自身的修养和内心的活动，这就是属于主观唯心论。庄子的主观唯心主义思想可能来源于孔子的学生颜渊学派，并发展了颜渊的思想，完全走上了主观唯心主义的道路。

老子的哲学中还有一点辩证法的因素，认为世界上万事万物间存在着矛盾对立并且会彼此转化，而庄子则要否定世界的一切差别和对立，认为高下、好恶、是非、真假、祸福、生死等等什么都一样，这就走到绝对的相对主义上去了。

庄子认为，首先认识的对象本身是相对的，美丑、高下、生死，最后都一样。其次，主观认识能力是相对的，如庄周梦蝶，他不能确定是庄周变成了蝴蝶，还是蝴蝶变成了庄周。他又说：毛嫱和丽姬在人看来都是美人，但是鱼见了她们吓得潜入水底，鸟儿见了她们吓得远走高飞，麋鹿见了她们赶快跑开，那么，美不美究竟以谁的判断为标准呢？因而他得出人的认识能力也是相对的。第三，真理的标准也是不可知的，因为万物万事没有什么是非、真假之分。庄子从人的认识都不免带有局限性、片面性出发加以无限扩大，把相对论绝对化，引导人们走向怀疑一切、否定一切的虚无主义和神秘主义的错误道路上去。总之，庄子取消了老子思想中积极性的东西，而把他的消极思想发展到了极点。

庄子的哲学思想，是主观主义和绝对的相对论的结合，而且是不能自圆其说的。

庄子的学说，是一套宗教迷信思想。这种思想无论在战国时代还是现在，都会有欺骗和毒害作用。在战乱极端频繁、政治空前黑暗、人民生活异常痛苦之时，庄子哲学或许能对劳动人民起某种精神上的安慰作用，但这种作用只能如同佛教那样，是对人民一种精神上的麻醉。

汉初统治者采用黄老思想，没有采用庄子思想，就是因为庄子思想消极面太大，为统治者所不采。

庄子的学说，使人们消极、懒惰、悲观、颓废。庄子的思想，是否定发展、否定进步、否定革命的思想。这种思想，是当时没落破产的奴隶主贵族，既想复辟又眼看大势已去，处于无可奈何的情况下，想解脱自己的痛苦，自我麻醉又想麻醉别人的这样一种情况的反映。

但是，庄子的文章写得很好，想象力丰富，优美动人。从文学的角度来看，《庄子》一书有一定的地位。当然，人们在面对生活和人生中许多无奈、无助、无常时，庄子的思想还是能解除内心一些痛苦的。希望读者，取其精华，去其糟粕，批判性地阅读。

庄子·内篇

逍遥游·第一

【题解】

"逍遥游"，就是逍遥自在，无拘无束，悠然自得地在浩渺无际的宇宙之间的遨游。

《庄子》首篇以"逍遥游"为篇名，展示了庄子哲学思想的核心，透露出庄子内心的向往，表现出庄子思想性格和狂妄不羁，独与天地精神往来的精神特质。

鲲化作鹏，是庄子内心精神升华的写照。大鹏展翅，独与天地精神往来，自由自在地遨游于浩渺无际的宇宙，是庄子理想的终极追求和向往。

"逍遥游"，按照《辞海》的解释：逍遥，亦作"逍摇"。优游自得，无所烦心貌。《诗经·政风·清人》："河上乎逍遥。"《庄子·让王》："逍遥于天地之间，而心意自得。"

"逍遥游"实际上就是"心悬天地外，穿越时空，无拘无束，逍遥自在，遨游于浩渺无际宇宙之间"，彻底的精神解放。

《庄子》一书中，最脍炙人口的莫过于他的《逍遥游》。《逍遥游》读起来，令人荡气回肠，激情澎湃，畅快淋漓，豪情奔放，胸罗宇宙，思接千古。

《逍遥游》给人们展示的，是一幅恢弘奇异无比的画卷，令人无限地遐想、奇思、幻想、梦想和追求。庄子自比鲲鹏，借浩瀚无际的宇宙，尽情舒展自己内心无限的世界，展示出他崇高的人生境界，驰骋在他向往自由理想浩渺无际的空间。

在现实世界里，庄子一生穷困潦倒，大才难为用，终生不得志。恶劣的社会环境，使他的思想受到极度的约束和压制，接近于窒息。他只好借助于理想的鲲鹏之翅，怒而飞，水击三千里，扶摇而上九万里，遨游于浩渺的宇宙，借用逍遥游之精神，驰骋于茫茫宇宙。他酣畅淋漓，忘情忘我地畅游于浩渺的寰宇；他自由自在，悠然自得地独与天地精神往来。

鲲化作鹏，实际上是庄子的自喻；鲲化作鹏，实际上是庄子内心升华的写照。水击三千里，扶摇而上九万里，独与天地精神往来，实际上是庄子的理想、信念、志向和追求！

【原文】

北冥有鱼，其名为鲲。鲲之大，不知其几千里也。化而为鸟，其名为鹏。鹏之背，不知其几千里也。怒而飞，其翼若垂天之云。是鸟也，海运则将徙于南冥。南冥者，天池也。

【注释】

北冥：北海，冥，通"溟"，指海。下文"南冥"类此。鲲：大鱼。鹏：传说中的神鸟。怒：奋力、奋发的样子。垂天：天边，垂，通"陲"，边际。海运：海动，即海水翻腾，此处指海啸。天池：天然形成的大池。

【解读】

北方的大海里有一条巨大的鱼，它的名字叫做鲲。鲲之大，不知几千里。浩瀚无际，幽深莫测的大海，是鲲生存的空间。一条巨大的鲲，不知在海底深处默默无闻修炼了多少年，才能够成为海中巨无霸？

鲲虽然巨大无比，但由于受海洋之有际的约束，还不能随心所欲，所以要升华而成为鹏，才能够自由自在地遨游于浩淼的宇宙。

鲲经过无数经年累月默默无闻的修炼，终于形成质的飞跃，达到升华，仙化作另一种物种神鸟大鹏。鹏之背，不知几千里，怒而飞展开的翅膀，犹若天边之云。鹏这只神鸟，随着大海的波涛，借助海啸的气势，从北海或说北极，迁徙到南海或说南极，成功大转移、大迁徙、大升华。

鲲之所以能够成为海洋中的巨无霸，一是要耐得住寂寞潜心修炼，二是要有巨大的生存修炼空间；鲲之所以能够升华为鹏，是由于经年累月，持之以恒的艰苦修炼，由量变到质变，最后由鲲升华为神鸟鹏；鹏虽巨大无比，成为宇宙间的巨无霸，但要想自由自在，悠然自得地遨游于宇宙，还需要借助大海海啸之势，乘风破浪，才能够如愿以偿。

【点评】

这则寓言告诫人们，要想发展壮大自己，就要耐得住寂寞，长期修炼磨炼；天长日久，由量变到质变，精神上得到升华；具备了腾飞的条件，再借助天时、地利、人和的优势，顺势而为，自由自在地遨游于浩渺无际的理想空间。

鲲升华为鹏，并借海啸之势，是"逍遥游"的基础。

【原文】

《齐谐》者，志怪者也。《谐》之言曰："鹏之徙与南冥也，水击三千里，抟扶摇而上者九万里，去以六月息者也。"野马也，尘埃也，生物之以息相吹也。天之苍苍，其正色邪？其远而无所至极邪？其视下也，亦若是则已矣！

【注释】

《齐谐》：书名，出于齐国，内容多谈谐怪异，故名《齐谐》。志怪：记载怪异的事物。志：记述。水击：击水、拍水。这里写鹏两翼击水乘风破浪而飞行。抟扶摇而上：盘旋着向上空飞。抟，兼有拍、旋二义。扶摇，盘旋而上的暴风。息：止息。野马：游气浮动于天地之间，状如野马奔驰。苍苍：深蓝色。正色：本色。其视下也：鹏鸟在空中向下看。若是：像这样。

【解读】

齐国始祖姜尚、姜子牙、姜太公，辅助周文王、周武王建立大周王朝八百年基业。这里的齐，指一个姓齐的人写的一本书，又指齐国有一本记载怪异事情的书。

书中记载大鹏向南海迁徙时，借助汹涌澎湃的波涛，乘风破浪，击水行至三千里，而后借助海啸和龙卷风的气流，扶摇盘旋而上，直冲九万里高空，其实就是乘风破浪，借助海洋的回旋气流飞驰南海。有说是乘着六月的风飞驰而去，有说飞行六个月到达南海。

这里的野马者，指的是大地的游气，也就是大地的蒸汽。《尔雅》云："邑外曰郊，郊外曰牧，牧外曰野。"此言青春之时，阳气发动，高空俯视大地，犹如万马奔腾，故谓野马。

扬土曰尘，尘之细者曰埃。天地之间，生机勃勃，生物气息互相吹动，形成巨大的气流，这是托举大鹏展翅奋飞的条件。

大鹏扶摇九万里高空之后，仰视太空苍穹，天是那么的湛蓝，这难道是天空的正色吗？大鹏在浩渺无际的太空，回顾自己，显得那么的渺小；俯视大地，大地上空的浮云，犹如万马奔腾的野马，虽然是非常的渺小，但又是那么的生气勃勃，大鹏重新认识了自己，依然奋飞，到达目的地南海或南极。

大鹏先是借助大海汹涌澎湃的力量，击水前行三千里之后，又借助海啸和飓风的力量，扶摇盘旋而上九万里高空，再借助海洋巨大的气流，顺势而飞，到达目的地南海天池或南极。

【点评】

透过这则寓言，告诫人们，大鹏虽大，然欲从北海或北极飞往南海或南极，仍需借助外力，先是借助汹涌澎湃海浪的外力击水三千里，然后借助海啸的狂风扶摇而上，又借助飓风或海洋气流的推动力前行，待到高空之后，仰望苍穹，俯视大地，重新认识了自己。

这在启示人们，不管自己能力多大，要实现自己的理想和信念，都要很好地借助外力，顺势而为，并且要循序渐进，才能够达到目的，实现人生的目标。

借助外力，顺势而为，才能够实现伟大的理想。

【原文】

且夫水之积也不厚，则其负大舟也无力；覆杯水于坳堂之上，则芥为之舟；置杯焉则胶，水浅而舟大也。风之积也不厚，则其负大翼也无力。故九万里则风斯在下矣，而后乃今培风；背负青天而莫之夭阏者，而后乃今将图南。

【注释】

厚：深。负：承载。覆：倒。坳堂：室内低洼处。芥为之舟：小草可以作为坳堂之水的小船。芥：小草。胶：粘住，犹言搁浅。大翼：指大鹏。培风：凭借风力。培，通"凭"。莫之夭阏：没有阻碍。夭：折。阏：阻挡，遏止。图南：打算向南飞。

【解读】

水如果积聚的不够深厚，就不能够负载起大船；倒杯水在厅堂的低洼处，放棵小草就可以当作船；但放上一个杯子就站着不动了，这是为什么呢？是水小杯子大的缘故。由此可知，风不够强大，就不能够托负起大鹏巨大的翅膀。所以，大鹏扶摇而上九万里，凭借的是身下的飓风或环海洋气流的推浮之力；一旦在九万里高空奋飞驰骋，进入真空状态，就没有什么力量可以阻止它了，只有具备了远行的条件，大鹏才可以实现长途迁徙到南海天池或南极的转移。

庄子善于以小喻大，以浅水不能够浮舟的事例，阐明厚积薄发的道理，要想取得巨大成功，就必须具备其基本条件，否则，只能是美丽的幻想而已。大鹏虽然巨大，展开翅膀犹若天边的云，但如没有身下强劲飓风或环海洋气流的推浮，也不能实现遥远的旅行，到达南海或南极的目的地。一旦具备奋飞的条件，就可畅通无阻，振翅奋飞，实现伟大的抱负和远大而美好的理想。

【点评】

"好风凭借力，送我上青云"。人的好风，一是道德修养，二是知识智慧，三是能力和行动力，四是持之以恒的坚持不懈。具备了此四项基本条件之后，还要凭借天时地利人和的外力，只有如此，才能够如愿以偿，"送我上青云"。

修好内功，厚积薄发，借助外力，才能"好风凭借力，送我上青云"。

【原文】

蜩与学鸠笑之曰："我决起而飞，抢榆枋，时则不至，而控于地而已矣，奚以之九万里而南为？"适莽苍者，三餐而反，腹犹果然；适百里者，宿舂粮；适千里者，三月聚粮。之二虫，又何知！

【注释】

蜩：蝉。学鸠：小斑鸠。决起：迅速飞起的样子。抢：冲、突，即碰上。榆：榆树。枋：檀木。控：投。奚以……为：那你用的着……呢！之：往。南：作动词，向南飞。莽苍：野色迷茫的样子，此处指郊野。三餐：指一日。反：通"返"。果然：饱的样子。宿舂粮：隔夜捣宿舂粮，指要携带过一宿的粮食。三月聚粮：花三个月的时间来积蓄粮食，指要带三个月的粮食。之二虫：指蜩与学鸠。古时通称动物为虫。之，此。知：通"智"。

【解读】

燕雀安知鸿鹄之志？寒蝉和斑鸠安知大鹏之志？大鹏水击三千里，扶摇而上九万里，要跨越数万里从南极飞往南极，寒蝉和斑鸠两只小鸟不解地讥笑大鹏说：我们从地面飞向树的枝头，还常常飞不上去掉在地上，你为什么要扶摇直上九万里高空，跨越数万里飞向南极那么遥远的地方去呢？如果到郊外去，带上三餐就可以了，到百里之外的地方去，就要用一宿的时间准备食物，到三千里之外的地方去，要准备三个月的食物。寒蝉和斑鸠又怎么会理解大鹏的远大志向呢！

寒蝉和斑鸠，安于在草地和树林里嬉笑玩耍，飞向树丛的枝头就已经心满意足，寒蝉和斑鸠有它们的志向和追求，有它们的理想和抱负，有它们的欢乐和知足，所以他们不理解大鹏的志向和抱负，不理解大鹏的快乐和满足！

大鹏有振翅奋飞，扶摇直上九万里的能力，有从北极飞向南极的志向和能力，它们同样也不懂得寒蝉和斑鸠的幸福和快乐！

【点评】

宇宙万物，各尽其职，各尽其责，尽职尽分即可，保持万物的差异性，世界才能够和谐稳定。人各有志，不要勉强别人，不要千篇一律，更不要攀比，人比人气死人。

寒蝉和斑鸠不要强求大鹏，不羡慕于远方的天池，而向往于树梢枝头，但并不贱于大鹏；大鹏也不要强求寒蝉和斑鸠，不藐视于树梢枝头，向往于南极的天池，但也不优越于寒蝉和斑鸠。体积能力志向虽有大小不同，只要内心满足就可以了。

帝王将相有他们的抱负和追求，平民百姓也有他们的抱负和追求，只要心满意足快乐就是幸福。

能力志向追求不同，没有高低贵贱之分，满足快乐就是幸福。

【原文】

小知不及大知，小年不及大年。奚以知其然也？朝菌不知晦朔，蟪蛄不知春秋，此小年也。楚之南有冥灵者，以五百岁为春，五百岁为秋；上古有大椿者，以八千岁为春，八千岁为秋，此大年也。而彭祖乃今以久特闻，众人匹之，不亦悲乎！

【注释】

年：寿命。朝菌：一种朝生暮死的菌类植物或昆虫。晦朔：每月的头一天叫朔，最末一天叫晦。这里指白天与黑夜。蟪蛄：寒蝉，春生夏死，夏生秋死。春秋：指整年。寒蝉春生夏死或夏生秋死，为此它只能经历某一二季节，而不可能晓得整年。冥灵：树名。椿：椿树，传说是神树。彭祖：传说中人物，姓钱名铿，尧时人，历经夏、商、周，活八百年，封于彭，年寿长，故称彭祖。以久特闻：因长寿而特别著名。匹之：和他相比。

【解读】

小聪明不能理解大智慧，寿命短的不能了解寿命长的。为什么呢？因为寿命长短不同。一种朝生暮死的植物或昆虫，不知有昼夜的交替；一种叫寒蝉的昆虫，春生夏死或夏生秋死，不知道一年有春夏秋冬四时的变化，这些都是短寿的例子。

小聪明不能理解大智慧，寿命短的不能了解寿命长的。为什么呢？因为阅历境界不同。正如朝生暮死的植物或昆虫，它们不知道有昼夜的交替；一种叫寒蝉的昆虫，春生夏死或夏生秋死，它们不知道一年有春秋四时的变化，这些都是智慧大小不同的例子。

传说楚国南边有一颗叫冥灵的古树，它把五百年当作一个春季，五百年当作一个秋季；伏羲时代有一棵叫大椿的神树，它把八千年当作一个春季，八千年当作秋季，这些都是长寿的例子。

小聪明大智慧都是相对的，长寿短寿也是相对的，一般人比起朝生暮死的植物或春生秋死的寒蝉是长寿的，但与活到八百岁的彭祖相比又是短寿的；彭祖和一般人相比是长寿的，但与叫冥灵的古树相比又是短寿的；冥灵古树和三万二千年为一岁的大椿树相比又是短寿的。

所以，大小多少长短美丑都是相对的，钱多钱少、官大官小也都是相对的。无论你是大小多少，长寿短寿，只要顺其自然之性，做好自己，快乐地活着就是好的。不要因短寿而悲伤，也不要因长寿骄傲，物种不同，没有高低贵贱美丑之分。

钱多不一定幸福，钱少不一定苦恼；官大不一定高尚，官小不一定卑贱；长寿的不一定多福，短寿的不一定痛苦；人比人气死人，物比物不能活，关键在于活好自己，快乐自己。

然而彭祖只活了八百岁，却以长寿出名，人们都希望与他齐寿，这不是太可悲了吗？

有了千万财富，就自认为是富豪，找不到北，比起比尔盖茨，你算什么？岂不是太可悲了吗！

当了个局长，就觉得自己了不起，不知天高地厚，比起总统，你算什么？岂不是太可悲了吗！

【点评】

人比人要死，物比物不能活。活好自己，做好自己的事，知足者常乐，快乐一生。

【原文】

汤之问棘也是已："穷发之北，有冥海者，天池也。有鱼焉，其广数千里，未有知其修者，其名为鲲。有鸟焉，其名为鹏，背若太山，翼若垂天之云，抟扶摇羊角而上者九万里，绝云气，负青天，然后图南，且适南冥也。斥鴳笑之曰：'彼且奚适也？我腾跃而上，不过数仞而下，翱翔蓬蒿之间，此亦飞之至也，而彼且奚适也？'"

此小大之辩也。

【注释】

汤：商汤，商朝第一个王。棘：人名，即夏革。商汤时贤大夫。是已：即"是也"，就是这样的，表示肯定。穷发：不毛之地，指北极地带草木不生的地方。发：毛，这里指草木。旧说，地以草木为发。广：指鱼背的宽度。太山：即泰山。羊角：羊角风，即旋风。形容旋风旋转如羊角状态。绝：超越。负：倚靠。且：将，将要。斥鹌：生活在小泽的一种小雀鸟。斥：小池泽。鹌，小雀。仞：周人以八尺为一仞，汉代以七尺为一仞。翱翔：展翅回旋地飞。蓬蒿：本指蓬与蒿两种草，这里引申作草野。飞之至：飞翔中最得意的境界。至：最，指理想境界。辩：通，"辨"，分，区别。

【解读】

"汤之问棘也是已"：

商汤问贤大夫棘，言物各有极，顺其自然则畅，所以庄子认为是这样的。

汤，是帝喾之后，契之苗裔，姓子名履，字天乙。相传母为扶都，见白气贯月，感而生汤，身长九尺，为夏桀的诸侯，有圣德，诸侯归之。因夏桀无道，囚汤于夏台。后得免，乃与诸侯同盟于景亳之地，会夏桀于昆吾之地，大战于鸣条之野，夏桀败奔于南巢。汤克夏桀之后，让天下于务光，务光不受。汤即位，以亳为都，后改为商，是殷商开国之君。

棘，是商汤时的贤大夫，商汤以帝师视之，所以向棘询问其治国之道。

"穷发之北，有冥海者，天池也。有鱼焉，其广数千里，未有知其修者，其名为鲲。"

这里修，为长。地以草为毛，北极寒冷，草木不生，故名穷法，实为不毛之地。北极极为寒冷，为不毛之地，有一个很深的大海，叫天池。天池里有一条极大的鱼，其背有几千里宽，没有人知道它有多长，它的名字叫作鲲。

"有鸟焉，其名为鹏，背若泰山，翼若垂天之云，抟扶摇羊角而上者九万里，绝云气，负青天，然后图南，且适南冥也。"

北极的深海里鲲变成的一只大鸟，叫作鹏，它的背犹如泰山之广，展开的翅膀就像天边的云彩，鹏鸟奋起而飞，翅膀拍击着海涛波浪，借助海啸卷起的气流，穿过厚厚的云层，扶摇而上九万里高空，背负青天，将要从北极飞向南极。

斥鹌笑之曰："彼且奚适也！我腾跃而上，不过数仞而下，翱翔蓬蒿之间，此亦飞之至也，而彼且奚适也！"此小大之辩也。

生活在小草泽中的一种小雀鸟讥笑大鹏说："它要飞到哪儿去呢？我奋

力腾飞，不过几丈高就落下来了，能够盘旋于蓬蒿之间，就是我的极限了，而它要飞往哪儿呢？"这就是小雀和大鹏的区别。

【点评】

燕雀以己之量，度大鹏之志，正如以小人之量，度君子之腹一样，显然是不正确的。大鹏没有嘲笑燕雀，反而燕雀嘲笑大鹏，更是不正确的，人世间又何尝不是如此？一个人的能力有大小，每个人的志向不同，选择好自己的方向，老老实实地做人，认认真真地做事，做到尽力而为，顺其自然而然，就是好样的。不攀比，不歧视，不嘲笑，不自以为是，有大鹏的志向和能力，就扶摇九万里高空，奋起而飞，遨游于宇宙之中；没有大鹏之志和能力，就像燕雀一样，在蓬蒿之间盘旋飞翔，落得个踏踏实实，快快乐乐，其乐无穷。

燕雀安知大鹏之志！但燕雀有燕雀的快活，大鹏有大鹏的快活！万物齐一，没有大小贵贱！

【原文】

故夫知效一官，行比一乡，德合一君，而征一国者，其自视也，亦若此矣。而宋荣子犹然笑之。且举世而誉之而不加劝，举世而非之而不加沮，定乎内外之分，辩乎荣辱之境，斯已矣。彼其于世，未数数然也。虽然，犹有未树也。夫列子御风而行，泠然善也，旬有五日而后反；彼于致福者，未数数然也。此虽免乎行，犹有所待者也。

若夫乘天地之正，而御六气之辩，以游无穷者，彼且恶乎待哉！

故曰：至人无己，神人无功，圣人无名。

【注释】

效：胜任。比：投合，迎合。而：古通"能"，能力。征：信，取信。其：指上述三种人。此：指蜩、鸠、斥鷃，指自以为"飞之至"这件事。宋荣子：战国中期的思想家。一说姓宋名荣，即《天下》篇中的宋钘。犹然：嗤笑的样子。举世：整个社会。誉：赞扬。劝：努力，勉励。非：非议。沮：沮丧，消极。定：确定。内：主观。外：客观。《天下》篇说宋钘"一禁攻寝兵为外，以情欲寡浅为内"。境：界限。数数然：营求急促的样子。数数：常常。然：这样。未树：指道德上还未到家。树，立。列子：姓列名御寇，郑国人，春秋时期思想家。御：驾驭。泠然：轻快的样子。旬有五日：十五日。有，通

"又"。反：通"返"。致：追求。福：备。无所不顺谓之备。有所待：指依赖于风，有所依赖，这里是说列子仍不能逍遥游。待，凭借，依靠。正：与辩对举。御：顺从。六气：说法很多，最早指阴、阳、风、雨、晦、明六气；又指天地四时。辩：同"变"。正是根本的，辩是派生出来的。无穷：指无限的时间与空间，即绝对自由的境界，即大道。恶乎待：何须待，意即什么都不依赖。至人：指思想道德达到最高境界的人。无己：忘掉自己，与万物化而为一。无功：谓无意求功于世间。无名：不求名声，指无心汲汲于名位。至人、神人、圣人，即庄子理想中修养最高的人物。

【解读】

"故夫知效一官，行比一乡，德合一君，而征一国者，其自视也，亦若此矣。而宋荣子犹然笑之。"

此承接上句，犹比喻燕雀悠然自得之意。故夫，是所以、那么的意思。国是五等之邦，乡是一万二千五百家。

有些人，自认自己的才智可以做得个一官半职，自认自己的名誉声望可以名满乡里，自认自己的道德宏博可以使国君满意，自认自己的诚信可以取信一国，这些人的自信，犹如上句的燕雀。所以，被当时战国思想家宋荣子所取笑。

上句燕雀讥笑大鹏，是以小讥笑大；而这句宋荣子则是以大讥笑小。

"且举世而誉之而不加劝，举世而非之而不加沮，定乎内外之分，辩乎荣辱之境，斯已矣。彼其于世，未数数然也。虽然，犹有未树也。"

像宋荣子这样，率性怀道，超然脱俗，即使世上所有的人都赞誉他也不为之所动，世上所有的人都非难他也不沮丧。他能够找到自我，认识自我，相信自我，不为外物所动，能够区别荣辱界限，做到物我两忘，不对身外之物的名誉地位所追求，尽管如此，他也没有达到圣人的最高境界。

"夫列子御风而行，泠然善也，旬有五日而后反。彼于致福者，未数数然也。此虽免乎行，犹有所待者也。"

郑国有个叫列子的人，与郑缪公同时，师于壶丘子林，著书八卷。得风仙之道，乘风游行，飘飘然轻妙极了，遨游世界，每月十五日必返回家。列子对于幸福，并没有积极地去追求。列子虽能乘风而行，免除了步行的劳苦，但他毕竟还得乘风而行，有所依凭，有所依赖，有所限制，不能够随心所欲。

天地者，万物之总称也。天地以万物为体，而万物以天地自然为正。自然者，万物之别称，不为而自然者也，故大鹏之能高，燕雀之能下，椿木之能长，朝菌之能短，凡此种种，皆以自然之性，非为之所能。不为而自能，所以为正也。故乘天地之正者，即是顺万物之性也；御六气之辩者，即是游变化之途也，他还依赖什么呢？

"故曰：至人无己，神人无功，圣人无名。"

所以说：至人无己，无己就是道德修养高尚的至人，无己则能够达到忘我和超脱物外，无己则顺物，顺物则至矣；神人无功，无功即没有功名利益，无功则顺其自然，顺其自然而然就是天成，哪来的功名利禄；圣人无名，思想修养达到至真至善的最高境界为圣人，圣人从不去追求名誉地位。

【点评】

至人无己，神人无功，圣人无名。

【原文】

尧让天下于许由，曰："日月出矣，而爝火不息，其于光也，不亦难乎！时雨降矣，而犹浸灌，其于泽也，不亦劳乎！夫子立而天下治，而我犹尸之，吾自视缺然。请致天下。"

【注释】

许由：古代尧时的隐士，姓许，名由，字仲武，颍川阳城人。爝火：小火把。浸灌：即浇灌。泽：润泽作物。夫子：古时对男子的尊称。这里指许由。尸：本指庙中神像，后引申为徒居名位而无其实之意，这里谓主治其事。缺然：自愧的样子，指不够资格做君主的样子。致：送，交给。

【解读】

尧帝是帝喾之子，姓伊祁，字放勋。传说其母庆都，生帝喾时有感赤龙而生，身长一丈，有圣德。年 15 岁封为唐侯，21 岁代兄登帝位，建都平阳，号曰陶尧。在位 72 年，乃禅让给虞舜。享年 128 岁，葬于阳城，谥号曰尧。

尧帝与帝喾都是五帝之一。三皇五帝，指古代传说中的帝王，说法不一，通常称伏羲氏、燧人氏、神农氏为三皇，或称天皇、帝皇、人皇为三皇。五帝，指黄帝、颛顼、帝喾、唐尧、虞舜。

　　许由，乃为隐者。姓许名由，字仲武，颍川阳城人。隐于箕山，依山而食，就河而饮。尧知其贤，让以帝位。许由闻知，乃临河洗耳，巢父饮犊，牵而避之曰：“吾恶水也。”死后，尧封其墓，谥曰箕公。即尧之师也。

　　帝尧知许由之贤，有意让位给他，说：“日月已经升起，而火把还在燃烧不息；他要和日月比光，不是很难吗！及时雨已经降落，而人们还在用人力浇地，对于禾苗，不是徒劳吗！你如果被立为天子，天下就可以太平，而我还占居其位，觉得很惭愧。请允许我把天下交给你。”

　　古今中外，为了争夺帝位，常常是腥风血雨，暴力残酷，而作为圣君的帝尧，听说许由贤达，要让天下给许由，许由听说后以河水洗耳，认为帝尧弄脏了他的耳朵，此时有个叫巢父的贤人，正在给自己的牛犊饮河水，听说许由在上游洗耳，嫌许由洗过耳的水脏，牵着牛犊避开，边走边说：“我讨厌这里的水。”

　　庄子推崇物我两忘，帝尧、许由、巢父就是最好的例证。帝尧让天下给许由，许由拒绝接受，并认为帝尧让天下的话污染了他的耳朵，所以急忙用河水冲洗耳朵，在下游正在给自己牛犊儿饮河水的巢父，听说许由用河水洗过听到帝尧让天下的脏话，立即牵开正在喝水的牛犊儿避开，并边走边说：“我讨厌这里的脏水。”

　　【点评】

　　庄子推崇物我两忘，帝尧、许由、巢父就是很好的例证，但有点极端，至于吗？

　　【原文】

　　许由曰：“子治天下，天下既已治也，而我犹代子，吾将为名乎？名者，实之宾也。吾将为宾乎？鹪鹩巢于深林，不过一枝；偃鼠饮河，不过满腹。归休乎君！予无所用天下为。庖人虽不治庖，尸祝不越樽俎而代之矣！”

　　【注释】

　　宾：从属、次要的东西。鹪鹩：小鸟名，善于筑巢，俗称巧妇鸟。偃鼠：即鼹鼠，地行鼠，喜饮河水。庖人：厨师。治庖：管理厨房烹饪的工作。尸祝：祭祀中执祭板对神主祷祝的人。樽：盛酒器具。公俎：古时祭祀时盛牛羊的礼器。俎：盛肉器具。

【解读】

许由拒绝帝尧让天下之后说："言尧治天下，久已生平，四海八荒，尽皆清谧，何劳让我，过为辞费。"

许由说："你治理天下，已经太平了，还要我来代替你，我是为了名吗？名是实的附属品，难道要我去追求这些附属品吗？鹪鹩在森林中筑巢，不过占用一根树枝；鼹鼠到河里喝水，不过喝饱肚子。请你回去吧！富有天下，对于我来说是毫无用处的！即使厨师不尽职，也用不着祭祀的主持人越位而代替他去烹饪。"

许由面对帝尧诚心诚意地让贤于天下，回答帝尧说你治理的天下已经很太平了，难道要我陷于追求名誉的不义吗！人要懂得知足，善于筑巢的鹪鹩，面对整个森林，不过占用一根树枝；喜欢饮用河水的鼹鼠，面对整个滔滔的河流，不过喝饱肚子。我现在已经很知足了，请你回去吧！拥有天下，对于知足的我来说，毫无用处，四海之尊，于我无用，九五之贵，予何用为！即使厨师不能尽职尽责，也用不着祭祀的主持而越位代替他去厨房去烹饪！

"鹪鹩巢于深林，不过一枝；偃鼠饮河，不过满腹"，是《庄子》中非常经典的名句，不仅揭示了事物的真理实情，而且劝诫人懂得知足常乐的道理！难道人还不如鹪鹩和鼹鼠吗？

【点评】

鹪鹩巢于深林，不过一枝；鼹鼠饮河，不过满腹！知足常乐，不要贪婪取祸！

【原文】

惠子谓庄子曰："魏王贻我大瓠之种，我树之，成而实五石，以盛水浆，其坚不能自举也；剖制以为瓢，则瓠落无所容。非不呺然大也，吾为其无用而掊之。"

【注释】

惠子：宋人惠施，曾任梁惠王相，是庄子的好友，是先秦名家学派的代表人物。魏王：即魏惠王，因魏国建都大梁（今开封市），所以又称梁惠王。贻：赠。瓠：大葫芦。

树：种植。成：结成葫芦。实五石：装满能有五石的容量。坚：硬度。自举：经得住的意思。瓠：凭借为"廓"。廓落，很大的样子。呺然：空虚巨大的样子。掊：击破。

【解读】

惠子，姓惠名施，是宋国人，曾任梁惠王相国，是先秦名家的代表人物，为庄子的知己好友，又是庄子经常辩论的辩友。

惠子对庄子说："魏王送我大葫芦种子，我将它种植成熟，结出的葫芦竟有五石的容积，用大葫芦盛水，它容易折断，用它做瓢，它又太大，没有什么地方放得下它。这个葫芦实在是太大了，大到无用，我只好把它给砸烂了。"

【点评】

作为庄子的好友惠子，借用大葫芦大而无用的故事，规劝庄子要面对现实，脚踏实地，不要过于好高骛远。理想很丰满，现实很骨感。既要仰望星空，又要脚踏实地！惠子有惠子的价值观，庄子有庄子的价值观。

【原文】

庄子曰："夫子固拙于用大矣。宋人有善为不龟手之药者，世世以洴澼絖为事。客闻之，请买其方百金。聚族而谋曰：'我世世为洴澼絖，不过数金；今一朝而鬻技百金，请与之。'客得之，以说吴王。越有难，吴王使之将。冬，与越人水战，大败越人，裂地而封之。能不龟手一也，或以封，或不免于洴澼絖，则所用之异也。今子有五石之瓠，何不虑以为大樽而浮乎江湖，而忧其瓠落无所容？则夫子犹有蓬之心也夫！"

【注释】

不龟手：使手不被冻裂。龟：通"皲"，皮肤因寒冷或干燥而破裂。洴澼絖：漂洗丝絮。絖：通"纩"，细棉絮。方：指不龟手的药方。金：古代货币单位，一金就是一方寸一斤重的铜。鬻技：出卖技术。技，指制药的技能。裂地：割出一块地方。封之：封赐给他。或：有人。以封：因此而得到封地。虑：考虑。樽：葫芦形似酒樽，缚在腰上游泳，古称腰舟。有蓬之心：指惠子心为茅塞，不通道理。蓬之心：如有蓬草蔽塞的心。蓬：草名。蓬心狭窄而弯曲，借以比喻见识迂曲浅陋，不畅达。

【解读】

一个物体，一件事情，有用和无用，在不同的人眼里，往往有不同的价值标准。大多数人一般以实用为衡量标准，眼前或现实有实际效用的事物，就认为它有价值，没有直接而实际效用的，就认为它没有价值。殊不知许多东西的用处虽然是间接而不显露，然而其重要性却远远超出了那些有直接有用之物。在《庄子》书中，就有几个这样的故事，告诫人们无用之用的辩证标准。

惠子对庄子说："魏王（梁惠王）送给我一颗大葫芦的种子，我种在地里，结出来的葫芦足足有五石的容量（古时一石为十斗）容量那么大。用来盛水，它坚固程度不够；把它剖开来做瓢，又没有那么大的水缸可以容纳得了。我认为它无用，就把它打碎了。"

庄子说："你真是个不善于使用大东西的人啊！宋国有一家人，有一种冬天使用后不龟裂手的药物，他家世世代代都以漂洗丝絮为业。有位外地的客人听说他家有这种药品，愿出百金收买他的药方，此人得到这个药方，就去游说吴王，恰好越王侵入吴国，吴王就命他做了将军，冬天与越国作战，由于有了这个药方，减少了吴国将士受冻龟裂之苦，打败了越军，吴王为奖励他，割地封赏他，得到了爵位。同样一种药方，使用的价值相差悬殊，有的人用来养家糊口，有的人用来出将封侯，这就是使用方法不同的缘故。你有这么大的葫芦，为什么不把它当作腰舟浮游于江湖之中，却反而愁它无处可用呢？你的心真是愚蠢之极，茅塞不通啊！"

同样一个葫芦，一个药方，在不同的人眼里就有截然不同的用途。在这里，庄子启示人们，任何一件事物都有它的用处，甚至在有些人的眼里毫无用处的东西，说不好还隐藏着巨大的用处。对于一件事物也许有几种看法，角度不同，用处也不同，这个人认为没用的，另外一个人也许认为有用，甚至大用。这就启示人们，如果你认为自己是个有用的大葫芦，你就物尽其用，不要白白浪费了天生的资材。

老子这个"大葫芦"不为当时统治者所用，留下《道德经》五千箴言，骑青牛西去，成为道家学派的始祖，道教的开山祖师——太上老君。"太上老君"，被道教尊为元始天尊，与道德天尊、灵宝天尊并列为道教"三清"，成为神仙谱系中的最高神。

庄子这个大葫芦，不为当时所用，成为了中华传统文化重要支柱道家的第二号人物，《庄子》一部巨著，影响中华文化数千年，几乎成为所有中国作家、诗人、艺术家的最高导师。

【点评】

天生我材必有用，有用无用，都是辩证的。在一些人眼里无用的，或许在另外一些人的眼里就是大有用处的。古代圣贤，如孔子、孟子、老子、庄子等，在当时统治者的眼中，是没多大用处的，但却成为伟大的思想家、教育家、政治家、文学家，流芳千古。

【原文】

惠子谓庄子曰："吾有大树，人谓之樗，其大本拥肿而不中绳墨，其小枝卷曲而不中规矩，立之涂，匠者不顾。今子之言，大而无用，众所同去也。"

庄子曰："子独不见狸狌乎？卑身而伏，以候敖者；东西跳梁，不辟高下；中于机辟，死于罔罟。今夫斄牛，其大若垂天之云。此能为大矣，而不能执鼠。今子有大树，患其无用，何不树之于无何有之乡，广莫之野，彷徨乎无为其侧，逍遥乎寝卧其下？不夭斤斧，物无害者，无所可用，安所困苦哉！"

【注释】

樗：木名，俗称臭椿树，一种劣质的大木。大本：主干。拥肿即臃肿，指树干疙瘩盘结。中：符合。绳墨：与下句的"规矩"，都是木匠常用工具。绳墨划直线，规划圆，矩划方。立之涂：立在路上。涂，通"途"。狸：野猫。狌：黄鼠狼。卑：低。敖：通"遨"，遨游。梁：通"跳"，跳跃。中：触到。极辟：捕禽兽的工具，装有开关的机件。罟：网类。斄牛：牦牛，体大不灵活。执：捉拿。无何有：虚无。乡：地方。广莫：辽阔。彷徨乎：放任不拘的样子。

【解读】

上节通过"大葫芦"的故事，庄子告诉人们，同一种事物，在不同人的眼里，有无用和大用的不同；而"药方"的故事告诉人们，一件东西，在不同人的手里，有小用和大用的不同。紧接着，庄子借用惠子对大树的故事，引出"无用之用"的妙论。

惠子对庄子说："我有一棵很大叫樗的树，人们都叫它为臭椿树。这棵树上长满了树瘤，树瘤疙疙瘩瘩地堆在那里，非常难看，一点也不规矩，无法用绳墨规矩来规划它，它的树枝也曲曲弯弯，也不符合规矩。长在大路旁边，经过此地的木匠都不愿意瞅它一眼。如今，你的言论，大而无用，大家都不肯认同，有什么用呢！"

庄子说："你不曾看见狐狸和黄鼠狼吗？卑伏着身子，等待扑捉出游的小动物，东窜西跳，不避高低，往往踏中捕兽的机关夹子，死于布好的网中。再看看那牦牛，庞大的身子像天边的彩云，虽然不能捕捉老鼠，但它的功能可大极了。现在你有这么一棵大树，还愁它没有用处？你为什么不把它栽在渺无人烟的地方，广漠无际的旷野上，你可以无所事事地徘徊在树旁，逍遥自在地躺在树下。这树不会遭受斧头的砍伐，也没有东西会伤害它。无用之用，就是最大的用处，所以它没有什么祸害！"

【点评】

无用之用，有时就是最大的用处。生逢乱世的庄子，正因为不被君王所重用，才得以保全身家性命，留下了《庄子》千古华章。

齐物论·第二

【原文】

大知闲闲，小知间间；大言炎炎，小言詹詹。其寐也魂交，其觉也形开。与接为构，日以心斗。缦者，窖者，密者。小恐惴惴，大恐缦缦。其发若机栝，其司是非之谓也；其留如诅盟，其守胜之谓也；其杀若秋冬，以言其日消也；其溺之所为之，不可使复之也；其厌也如缄，以言其老洫也；近死之心，莫使复阳也。喜怒哀乐，虑叹变慹（慹），姚佚启态。乐出虚，蒸成菌。日夜相代乎前，而莫知其所萌。已乎，已乎！旦暮得此，其所由以生乎！

【注释】

闲闲：知识广博的样子。间间：细加分别的样子。炎炎：盛气凌人的样子。詹詹：喋喋不休的样子。魂交：心烦意乱的样子。形开：四体不安的样子。构：交合、交接、交战，引申为周旋。缦：心计柔奸。窖：深沉，引申为善设陷阱。惴惴：忧惧不宁的样子。缦缦：沮丧落魂的样子。机：弩上发射的机关。栝：箭末扣弦的部位。诅盟：誓约。杀：

衰，肃杀，严酷摧残。所为：指所为辩论而言。复之：恢复自然本性。老洫：谓至晚年，更加不可救拔。厌：闭藏，闭塞。缄：封闭，束缚。洫：本指田沟或城池，有自封自守的意思。蛰：通"蛰"，蛰伏不动，这里指心神不动，犹今说无动于衷。姚佚启态：浮躁，放纵，张狂，作态。佚：纵逸。启：狂放。态：装模作样。

【解读】

学识不同，胸怀不同，对事物的认识也不同。知识广博之人，率性虚淡，无事无非，活得悠闲自得；知识狭窄之人，性情偏执，斤斤计较，活得很苦很累。这是学识和胸怀的不同。

高谈阔论的人，盛气凌人，恃才傲物；儒墨小言的人，喋喋不休，令人讨厌。这是辞语和善辩的不同。卑鄙善辩之人，就是在梦中也在算计，心力交瘁，夜不能寐，梦醒之后继续勾心斗角，纠缠不休。这是与人相处的不同。

由于处世违心，谨防令人看破，小则整日小心谨慎，大则整日提心吊胆。这是恐怖的程度不同。

卑鄙辩者的心机，如箭在弦上，伺机而搬弄是非；或者沉默寡言，以静制动；精神沮丧似秋风冬寒的景象，表明他们的真性日渐消弱；沉溺言辩，再也无法恢复自然本性；隐藏内心世界，说明他已老而枯竭衰败；这种接近死亡的心灵，再也不能使他恢复生机。这是重利轻祸的结果。

他们高兴、愤怒、悲哀、欢乐、忧愁、叹息、变态、恐惧、轻浮、纵欲、放荡、骄奢、淫逸，丑态百出。这是性情不同的缘故。

箫管内虚，故能出于雅乐；湿暑气蒸，故能生成朝菌。这是事变的不同。卑鄙辩者，如此种种的丑态百出，交替表演在眼前，真不知他们是怎样萌发出来的？如天地万物，变化日新，与时俱进，何物萌之哉？自然而然耳！这是日夜交替，代故以新，这是自然的变化。

日夜交替，前后难知，与其忧虑，不如止息。欲明世间万法，虚妄不真，推求生死，即体皆寂，不知所终。故《老经》云："迎之不见其首，随之而不见其后。"理若如此。

【点评】

学识不同，胸怀不同，见识不同，对世界的认识不同，为人处世的方式不同。

【原文】

今且有言于此，不知其与是类乎？其与是不类乎？类与不类，相与为类，则与彼无以异矣。

虽然，请尝言之。有始也者，有未始有始也者，有未始有夫未始有始也者；有有也者，有无也者，有未始有无也者，有未始有夫未始有无也者。俄而有无矣，而未知有无之果孰有孰无也。今我则已有谓矣，而未知吾所谓之其果有谓乎，其果无谓乎？

天下莫大于秋豪之末，而太山为小；莫寿于殇子，而彭祖为夭。天地于我并生，而万物与我为一。既已为一矣，且得有言乎？既已谓之一矣，且得无言乎？一与言为二，二与一为三，自此以往，巧历不能得，而况其凡乎！故自无适有，以至于三，而况自有适有乎！无适焉，因是已。

【注释】

尝：尝试。有始也者：宇宙万物有它的开始。始：天地的开始。秋豪：即"秋毫"，鸟兽秋天换的新毛。新毛最小，故用来比喻微小的东西。有未始有无也者：有未曾有"无"的"无"。太山：即泰山。殇子：夭折的小孩。夭：短命。巧历：善于计算的人，这里指善于记数的人。凡：指凡夫俗子，平庸的人。不能得：不能算尽这个数。

【解读】

现在我想在这里说几句话，不知道这些话和其他辩论者的观点是相同呢？还是不相同？无论是否相同，既然是议论，也就和他们所说的为同一类没有什么区别了。

虽然如此，还是请允许我说清楚一下吧。宇宙有它的开始，有它未曾开始的开始，更有它的未曾开始的开始。宇宙有它的有，有它的无，更有它的未曾有无的无，更有它的未曾有未曾无的无。顷刻之间产生了有和无，然而却不知道这个有无果真是有，果真是无。现在我发表了这些议论，然而却不知道果真说了这些话呢，还是没有说过这些话呢？

天下没有比秋毫之末更大的东西，没有比泰山更小的了；没有比未成年的幼子夭折更长寿，没有比活了八百年的彭祖更短寿夭亡的。天地与我并生，而万物与我为一。我和天地混同为一体了，还能再说什么呢？万物一体再加上我说的话，便是两个；两个加上一，便是三个。以此类推，最高明的数学家也不能得出最后的答案，何况一般人呢？所以从无到有，以至于推出三来，何况从有到有的推演呢？不要再往下推演了，还是一切顺其自然而然，是最好的处世方法。

【点评】

天地与我并生，而万物与我为一，一切顺其自然而然，是最好的处世办法。

【原文】

昔者庄周梦为胡蝶，栩栩然胡蝶也，自喻适志与！不知周也。俄然觉，则蘧蘧然周也。不知周之梦为胡蝶与，胡蝶之梦为周与？周与胡蝶，则必有分矣。此之谓物化。

【注释】

昔者：夜间。昔，通"夕"。栩栩然：形容蝴蝶飞舞得轻快自如的样子。栩栩，即翩翩。自喻：自乐。喻：晓，觉得。适志：得意。俄然：突然。与：通"欤"，句尾助词。蘧蘧然：忽然觉醒的样子。梦醒之后，想到自己又是庄周，故感到惊奇而又可疑。物化：指一种泯灭事物差别，彼我浑然同化的和谐境界。

【解读】

庄周做梦变碟的故事，非常有名。一天庄周做梦，梦见自己变为一只蝴蝶，栩栩如生，轻快自由自然地飞翔，快乐极了，竟然忘记了自己是庄周。突然一觉醒来，意识到自己还是庄周，不觉有点纳闷，不知道是庄周在梦中变成了蝴蝶，还是蝴蝶在梦中变成了庄周？庄周与蝴蝶，在世人的眼中，还是有区别的，那么人的生与死，有没有区别呢？是庄周梦中化作蝴蝶自由自在的翱翔幸福快乐呢？还是真实的人生中，无尽的烦恼和艰辛、幸福快乐呢？是生幸福快乐呢？还是死后幸福快乐？不可而知！因为生时不知道死后的情形，死后不知道生时的意义！既然生时不知道死后的情形，死后不知道生时的情形，还不如顺其自然而然快乐地活着，不再考虑死或死后的情形；一旦有朝一日，享尽天年，就顺其自然而然地去死，不再为生而担忧、痛苦和悲伤！所以，懂得生死往来的变化，不过是物理变化而已，要潇洒地生，潇洒地死！无憾无怨无悔！

【点评】

顺其自然潇洒地生，顺其自然潇洒地死，快乐每一天，活好每一天。

养生主·第三

【原文】

吾生也有涯，而知也无涯。以有涯随无涯，殆已！已而为知者，殆而已矣！为善无近名，为恶无近刑，缘督以为经，可以保身，可以全生，可以养亲，可以尽年。

【注释】

知：思虑，情识。涯：限，边界。随：追随。殆：危险，这里指疲惫。已：通"矣"，了。已：句末助词，犹"了"。已：指已经如此。为知：追求知识。缘：因循，沿着，顺应。督：督脉，沿背脊中央贯彻人体上下，人体中七经八脉之一，为人体阳脉之总纲。经：贯通南北，也指纲纪。全生：保全自然本性。养亲：指不残生丧性，以辱双亲。亲：指"真君"，即精神。尽年：享尽天年。年：年寿，指自然寿命。

【解读】

人生不过百年，所以说人的生命是有限的，而人生对情识的追求却是无限的，往往超出自己的客观条件。以自己有限的生命和精力，去追求无限的功名利禄，那就很危险了。不知道是危险而去追求是愚蠢，知道危险而仍然去拼命地追求是贪婪，那就更危险了。做了好事不要贪图名誉，因为是应尽的义务；做了坏事不要惧怕刑罚，这是应得的惩罚，以减轻自己的罪恶感。人们如果能够做到善恶两忘，刑名双遣，一切顺其自然来作为养生的常法，便可以保养自己的身体，并可以保全自我自然的本性，既可健康长寿，又可不辱没父母双亲给予自己的身体和性命，便可以心安理得，潇洒自如地享尽天年。

【点评】

养生的最好方法，就是做到物我两忘，顺其自然，乃可潇洒自如地享尽天年。

【原文】

庖丁为文惠君解牛，手之所触，肩之所倚，足之所履，膝之所踦，砉然向然，奏刀騞然，莫不中音，合于《桑林》之舞，乃中《经首》之会。

文惠君曰："嘻，善哉！技盖至此乎？"

【注释】

庖丁：名叫丁的厨师。庖：厨师。文慧君：即梁惠王。解：分解，宰。倚：抵住，靠近。履：踩。踦：一足。引申为屈一足之膝抵住牛。砉然：皮骨分离的声音。向然：指皮骨分离之声随刀而响起。砉、响：都是壮声词，形容解牛的声音。奏刀：进刀。騞然：指进刀解物的声音。騞：壮声词，牛体被解开时发出的声音。中音：合乎音乐节奏。《桑林》：商汤王时的乐曲名。用这个曲配乐的舞蹈则叫《桑林之舞》。《经首》：尧时咸池乐曲中的一章。会：音律节奏。盖：何故。

【解读】

有个姓丁的厨师，解牛技术十分精湛，达到出神入化的程度，为梁惠王宰牛时，手起刀落，刀刀出神入化，举手投足之间，招招合情合理，在他举手投足的瞬间，顺着噼啪的响声，牛的骨肉就哗啦一声分开了，牛肉、骨、皮的分裂之声和切割的声音，莫不合乎音乐的节拍，庖丁的一举一动，莫不合于桑林舞步的乐章旋律和经首乐章的韵律。

梁惠王看了不禁赞叹说："啊！好极了！你的技艺竟能达到如此出神入化的程度？"

【点评】

庖丁精湛的解牛技术，在于他用心之至，熟能生巧，把握了解牛（事物）的规律。

【原文】

老聃死，秦失吊之，三号而出。

弟子曰："非夫子之友邪？"曰："然。""然则吊焉若此可乎？"曰："然。始也吾以为其人也，而今非也。向吾人而吊焉，有老者哭之，如哭其子；少者哭之，如哭其母。彼其所以会之，必有不蕲言而言，不蕲哭而哭者。是遁天倍情，忘其所受，古者谓之循天之刑。适来，夫子时也；适去，夫子顺也。安时而处顺，哀乐不能入也，古者谓是帝之县解。"

指穷于为薪，火传也，不知其尽也。

【注释】

老聃：姓李名耳，字聃，人称老子，楚国苦县厉乡曲仁里人。曾任周守藏室之官吏。秦失：老子的朋友。向：刚才。彼：指哭者。会：聚集。言：借为唁。遁天：逃避自然。倍情：违背真情。所受：指禀受于自然的本性或天伦之乐。适：偶然。时：应时。县解：自然地解除。县：通"悬"，倒悬，即被捆缚。指：通"脂"，脂膏。

【解读】

老聃死了。他的朋友秦失去吊丧，只哭了几声就出来了。

老聃的弟子便问他："你不是我老师的朋友吗？"

秦失说："是啊！"

弟子又问："那么，你是来吊丧老师的，应当表示悲伤才对，你怎么这样草率？"

秦失说："这样就可以了。起初我以为他是至人（凡人），现在才知道他并不是。刚才我进去吊唁的时候，看见许多老年人像哭自己的孩子一样哭他；许多年轻人好像哭自己的母亲一样哭他。他们情不自禁地边哭边说，不期而然地流下眼泪，乃是违背天理，倍增依恋的表现啊！他们已经忘记了受之于天的本性。古时候称这种情形为'遁天之刑'——违反天然之理，被世俗的感情所束缚，像受到刑罚一样。"

"你们的老师应时而生，顺理而死，有什么好悲戚的呢？若能安于时机进展，顺着自然的变化，把生死置之度外，所谓的痛苦快乐也就不能闯进心怀了。古时候把这种情形叫作'解脱'。"

按照秦失的观点，世俗的人们莫不生活在倒悬的状态之下，老子也不例外，秦失所以哭他。但当想到老子是"适来，夫子时也；适去，夫子顺也。老子安时而处顺，哀乐不能入也，古之谓是帝之悬解"，"正该来时，老子应时而生，正该去时，老子顺理而去"，已经超出了世俗凡人的范畴，所以就不哭他了。

脂膏作为蜡烛燃烧是有烧尽之时的，但火却可以传向别的烛薪，以至延续不已，无穷无尽。

【点评】

应时而生，顺时而死，顺其自然，才能薪火相传不息。

人间世·第四

【原文】

匠石之齐，至于曲辕，见栎社树。其大蔽数千牛，絜之百围；其高临山，十仞而后有枝，其可以为舟者旁十数。观者如市，匠伯不顾，遂行不辍。弟子厌观之，走及匠石，曰："自吾执斧斤以随夫子，未尝见材如此其美也。先生不肯视，行不辍，何邪？"

曰："已矣，勿言之矣，散木也。以为舟则沉，以为棺椁则速腐，以为器则速毁，以为门户则液樠，以为柱则蠹。是不材之木也，无所可用，故能若是之寿。"

【注释】

匠石：一个名叫石的木匠。之：往。曲辕：地名。栎社树：社中的栎树。栎：树名。社树：被拜为土地神的树，又祭祀土地神的地方。蔽：遮蔽。絜：张开双臂度量树身的周围，或用绳子计量圆筒形物体的粗细。围：人双臂的长度，大概相当于现在的五市尺，1.67米。临山：临居山顶，高出山顶。仞：古代长度单位，一仞长八尺。为舟：造船。旁：读为"方"，且，旁枝。匠伯：指匠石。因匠石为众匠之长，故称之为"匠伯"。遂：竟。辍：停止。厌观：用心观察个够。走：跑。及：赶上。已矣：算了。已：止。散木：没有用的木材。棺：内棺。椁：外棺。液樠：树心有油脂流出来。樠：树名。蠹：蛀木虫。

【解读】

庄子在《人间世》里，将"有用无用"的概念进行了很好的发挥。

有一个名叫石的木匠到齐国去，经过曲辕这个地方，看见一棵当作土地神祭祀的栎树。这棵树大极了，树荫下可以卧牛数千只，量一量树干的粗细，树干竟有"百搂"那么粗（一搂大概为五尺，1.67米）；树身高过山头，七八丈以上才有树枝；可以用作造船的树枝就有数十枝。观赏这棵树的人好像闹市一样拥挤，而木匠石却看都不看它一眼，就过去了。他的徒弟仔细观察一番之后，追上师父问道："自从我拿起斧头跟师傅学艺以来，从没有看见过这么大的好树木，可是师父却连看它一眼都不看就走了，你这是为什么？"

石木匠说："算了吧，别提它了！它只是个没有用的散木而已。用它做船就会沉下水去，用它做棺材就会很快腐烂，用它做家具器皿又不结实，很快就会坏掉，用它做门窗就会流出污浆，用它做房屋上的梁檩柱子就会被虫蛀，简直是毫无用处的树木木材。正是因为它毫无用处，才没有人砍伐它，所以才会长这么大，这么长寿。"

【点评】

栎树之所以长这么大，正是由于它的无用，若有用，恐怕早就被人砍伐了。生逢乱世的庄子，正因为对统治者的无用，没有招致羡慕嫉妒恨及树立政敌，才能够得以寿终正寝，留下辉煌巨著《庄子》，流传千秋万代，成为诗人、画家、艺术家的始祖。

【原文】

匠石归，栎社见梦曰："女将恶乎比予哉？若将比予于文木邪？夫柤梨橘柚果蓏之属，实熟则剥，剥则辱；大枝折，小枝泄，此以其能苦其生者也。故不终其天年而中道夭，自掊击于世俗者也。物莫不若是。且予求无所可用久矣！几死，乃今得之，为予大用。使予也而有用，且得有此大也邪？且也若与予也皆物也，奈何哉其相物也？而几死之散人，又恶知散木！"

匠石觉而诊其梦。弟子曰："趣取无用，则为社何邪？"

曰："密！若无言！彼亦直寄焉！以为不知己者诟厉也。不为社者，且几有翦乎！且也彼其所保与众异，而以义喻之，不亦远乎！"

【注释】

见梦：托梦。若：你。文木：纹理细密的有用之木。柤：通"楂"，即山楂树。果蓏：有核叫果，无核叫蓏。剥：打击，遭受敲打。辱：被扭折断。泄：通"拽"拉，牵扭。苦其生：使一生受苦。中道夭：中途夭折。物相：以无用之木视我。掊：打击。诊：通"畛"，告。趣取：追求，趣，通"趋"。为社：做土地神。密：别做声。之寄：特意寄托。直，特。垢厉：讥笑议论。诟：侮辱。厉：病。几：岂。翦：砍伐。保：谓保全生命之道。

【解读】

石木匠回家以后，夜里梦见栎树对他说："你说我无用，你用什么树木和我比呢？你且看那桃树、梨树、橘树、柚子树等瓜果之类的果树，等到它一成熟，不是被敲就是被打，弄得遍体鳞伤，痛苦不堪，不是大的树枝被折断，就是小的树枝被扭伤，伤痕累累，痛不欲生。这都是有用的'才能'害苦了自己。待到老了结不了果子了，就把它们连根抛掉，当作柴火烧，甚至于中年夭折，不得善终。这都是由于自己不小心，显露了自己的有用而招来世俗的打击，世界上一切事物都是如此。我把自己显现无所用处已经很久了，但多次险些丧命。我之所以能活到今天得以保全自己，是我'无用'的结果，'无用'对于我就是大用。假使我有用，我恐怕早就被刀斧砍伐致死了，还能长这么大，活这么久吗？"

【点评】

庄子不愧是大寓言家，借栎树的有用无用，向人们展示一个道理，有用和无用，都是相对的、互相变化的，有用有有用的道理，无用有无用的好处，特别是生逢乱世，在世俗的社会中，有用有时要付出极大的代价，甚至牺牲自己的性命。木秀于林风必摧之，露头的椽子先糟，这就是世俗社会中的残酷现实。

"无用之用"告诫人们，处处显示自己，将会引来不少麻烦，有时会导致自我的毁灭，如大熊猫、东北虎、藏羚羊、象牙、鹿角、鹿茸等有用或稀缺的物种，成了有些人追杀的重点。古今中外有多少达官贵人、名臣贤相、功勋将军、开国功臣死于非命，为什么？不都是因为他们"有用"而招来的横祸悲剧吗？历史上聪明智慧如范蠡、张良等人，功成名就之后，急流勇退，用"无用"的功劳，保全了性命！

总之，有用无用都是相对的，有用时你不要得意忘形，无用时你不要丧魂落魄，特别是读书人、知识分子或认为怀才不遇的人，进退于有用无用之间，得失于云卷云舒之时，得意失意皆自如，失意得意皆潇洒，塞翁失马，焉知非福！

【原文】

南伯子綦游乎商之丘，见大木焉，有异，结驷千乘，将隐芘其所藾。子綦曰："此何木也哉？此必有异材夫！"仰而视其细枝，则拳曲而不可以为栋梁；俯而视其大根，则轴解而不可以为棺椁；咶其叶，则口烂而为伤；嗅之，则使人狂酲，三日而不已。

子綦曰："此果不材之木也，以至于此其大也。嗟乎！神人以此不材！"

【注释】

南伯子綦：即《齐物论》篇中的南郭子綦。商之丘：即商丘，宋国国都，在今河南商丘。有异：唯其高大异乎寻常。驷：四马一车。千乘：千辆马车。芘：通"庇"，遮蔽。藾：荫。有：为，是。拳曲：即卷曲。大根：树木主干的下部，大的树根。轴解：木心不坚实。轴：本指车轮中心的圆柱，这里是借指树心。咶：同"舐"，舐。狂酲：大醉如狂。酲：醉酒。

【解读】

南伯子綦在宋国都城附近游玩，看见一棵出奇的大树，树冠之大可以遮阴上千辆用四匹马拉的大车。南伯子綦说："这是什么树啊？一定有奇特的材质！"南伯子綦不由自主地仰望巨大的树冠，却看到树冠上的树枝都是弯弯曲曲的，不能够用来做栋梁之材；低头再看一看大树的树根，巨大的树根主干却撕裂着口子，不可用作棺材；用嘴舐一下树叶，口舌溃烂难受；用鼻子闻一闻它的气味，如饮酒过度大醉，三天三夜不能醒来。

南伯子綦说："这树果然没有什么用处，也许正因为它没有用处，才能够长这么高大。"不由自主地感叹一声，"唉，超凡脱俗的神人，也许就像这棵不成材的大树吧！"

【点评】

庄子生逢乱世，自认大才难于保全，故用无用之大树自喻，感叹人世间的无奈无助。

【原文】

宋有荆氏者，宜楸柏桑。其拱把而上者，求狙猴之杙者斩之；三围四围，求高名之丽者斩之；七围八围，贵人富商之家求禅傍者斩之。故未终其天年而中道之夭于斧斤，此材之患也。故解之以牛之白颡者，与豚之亢鼻者，与人有痔病者，不可以适河。此皆巫祝以知之矣，所以为不祥也。此乃神人之所以为大祥也。

【注释】

荆氏：宋地名。楸：落叶乔木，干高叶大，木材质地细密。拱把：两手合握曰拱，一手所握曰把。狙猴：猕猴。杙：小木桩。高名：荣华高大。丽：屋栋，栋梁之才。禅傍：每边以整块制成的棺材，即单幅板的棺材。解：祭祀之名。颡：额。豚：小猪。亢鼻：鼻孔上翻。亢：高。适河：把童男童女沉河祭神。巫祝：巫师。以：通"已"，已经。

【解读】

宋国有个叫荆氏的地方，很合适楸树、柏树、桑树的生长。一旦树干长到一两把粗的时候，就被寻求做栓猴子木桩的人砍去；树干长到三四把粗的时候，就被达官贵人寻去做房屋的栋梁砍去；一旦长到七八把粗的时候，就被富商巨贾贵族之家寻去做独块板材的棺木砍去。他们之所以不能享尽天年而短命夭折，是因为他们有用带来的祸患。因此，古时候祈求神灵消除灾害，在祭祀中，总不把有缺陷的牛、猪以及患有痔疮的童男、童女做祭祀品而投入河中做祭奠，这些情况巫师全部知道，认为他们不吉祥。正是这种不吉祥，才保全了这些有缺陷的人和动物。这些神人，不正是以不才，才能够保全自身的吗！所以，不祥之祥，是最大的吉祥！

【点评】

乱世无用能保全自身。不祥之人，也许就是最大的吉祥。

大宗师·第六

【原文】

知天之所为，知人之所为者，至矣。知天之所为者，天而生也；知人之所为者，以其知之所知，以养其知之所不知，终其天年而不中道天者，是知之盛也。虽然，有患。夫知有所待而后当，其所待者特未定也。庸诒知吾所谓天之非人乎？所谓人之非天乎？

【注释】

所为：作用。天：指天道。知：智力。所知：所知道的养生道理。盛：至，极。当：得当。有所待：有所依赖，指知识反映的对象。特：独特。庸诒：怎么。

【解读】

这里的天，指的是自然而然。知天，就是懂得大自然变化的规律，懂得日月星辰的变化，懂得春种、夏长、秋收、冬藏一年四时的变化，懂得云卷云舒的规律，懂得风雨雷电寒暑温凉的不同；知人，就是懂得刑法的残酷、礼义的约束，懂得为人处世，安身立命的道理；知天地之变化无穷，知人伦之规律约束，就算达到人类认识的极点了。

懂得大自然的变化，把握自然变化的规律，就能够遵循规律，不违天时，顺应自然了；懂得人为的刑法礼义的轨迹，就能够约束自己，不触犯法律，不违背礼义，就能够做到用法律和礼义，来保护自己免受冤屈，达到养生的目的，颐养天年，享尽天年，不至于中途夭折，这就算聪明到极点了。

虽然能够达到知天、知人，达到人类认识的极点，但其中还有忧患。这种隐患就是人们所说，认识一切事物，还要依赖一定的客观条件，而这种客观条件是在不断变化的，一旦条件变化，人们认识不足，就会产生错误，所以说还存在一定的忧患。要想彻底解除忧患，不如做到物我两忘，混同于自然，天人合一，天就是我，我就是天，与天地对话，与天地熔化在一起。

【点评】

遵循自然规律叫知天，遵循社会规律叫知人，天人合一叫物我两忘。

【原文】

死生，命也。其有夜旦之常，天也。人之有所不得与，皆物之情也。彼特以天为父，而身犹爱之，而况其卓乎！人特以有君为愈乎己，而身犹死之，而况其真乎！

【注释】

命：天地自然之理。与下文"天"字义同。其：指死生。有：通"犹"。夜旦：日夜。常：运行不止，永恒的现象。与：参与，干预。情：实理。彼：指人。特：仅，只是。卓：卓越，指卓然超越的大道。君：君王。愈：胜过。真：指纯真无伪的大道。

【解读】

日有昼夜，人有生死，均非人力所为，是不可避免的生命活动规律。生死犹如日夜交替那样永恒地变化，非人力所为，完全出于自然规律。人有生死，日有昼夜，其乃自然规律，人们无法干预，这都是事物的规律，自身变化的实理。人总是把上天看作是生命之父，而且终生爱戴它，更何况那孕育天地的大道呢！人们不可以不爱戴它、敬仰它！

【点评】

日有昼夜，人有生死，乃自然规律，顺其自然，笑对生死。

【原文】

泉涸，鱼相与处于陆，相呴以湿，相濡以沫，不如相忘于江湖。与其誉尧而非桀也，不如两忘而化其道。

【注释】

涸：水干。相呴以湿：用湿气互相呼吸。呴：吐口水。相濡以沫：用口沫互相沾湿。濡，沾湿。相忘：相互忘掉。化其道：与大道化而为一。

【解读】

泉水干涸了，鱼儿困在陆地上，相互依偎着，互相吐出口气，取得一点湿气，用彼此的唾液相互湿润着，苟延残喘，维持生命，等待死亡。与其这样大家痛苦地活着，还不如生活在江湖里，彼此忘记，互不认识，逍遥自在。与其赞美称誉唐尧的圣明，批判非议夏桀的残暴，还不如忘记善恶是非，无是无非，无善无恶，而与大道化而为一。

【点评】

与其相濡以沫，不如相忘于江湖；与其赞善非恶，不如善恶两忘，与大道化而为一。

【原文】

夫大块载我以形，劳我以生，佚我以老，息我以死。故善吾生者，乃所以善吾死也。

夫藏舟于壑，藏山于泽，谓之固矣！然而夜半有力者负之而走，昧者不知也。藏小大有宜，犹有所遁。若夫藏天下于天下而不得所遁，是恒物之大情也。特犯人之形，而犹喜之。若人之形者，万化而未始有极也，其为乐可胜计邪！故圣人将游于物之所不得遁而皆存。善夭善老，善始善终，人犹效之，又况万物之所系，而一化之所待乎！

【注释】

大块：天地，亦即自然，也可指造物或自然之道。载：承受，寄托。佚：安逸。息：安息。壑：山沟。固：牢固，可靠。负：背负。昧者：愚昧的人。小：指舟与山而言。大：指壑与泽而言。遁：逃，亡失。恒物：常物。大情：至理，基本性质。特：一旦，仅。犯：通“范”。范：冶铸模型，用作动词，引申为铸造。极：穷尽。夭：少。始终：指生、死。效：效法。系：归属，从属。一化：一切变化。所待：所依赖的，指主宰一切的大道。

【解读】

大自然赋予我人的形体，是要我年轻时勤劳，年迈时安逸，死后安息。

所以，生老病死，皆我之本体，我把生和年轻快乐看作是好事，也把年迈病痛死亡看作是好事，因为这是自然规律，这才是真正完整的我。人不能只要生不要死，也不能只要年轻不要年迈；人不能只要健康不要疾病，也不能只要快乐不要痛苦。

把船隐藏在山谷中，把山隐藏在深泽中，看似非常保险可靠了。然而三更半夜，有个大力士，连同山谷河泽一块背着跑了，睡梦中（愚昧的人）的人们还一点也不知道。人们懂得把较小的物体隐藏于大的物体之中，是比较智慧和得当的，然而还是会丢失的。藏舟于壑，藏山于泽，此藏大也；藏人于室，藏物于器，此小藏也。然大小虽异，而藏皆得宜。但仍有丢失的时候。与其如此，还不如任凭物体自然存在于天下，就不会丢失，这是天地万物永恒的真理。一旦被大自然铸成人形，便欣喜若狂。人的形体，是千变万化的，那么像这样成人形体而可欣喜若狂的事情，以后还能够计算得清楚吗？因为任何物种成形，都是大自然的造化，都是同等的，没必要欣喜若狂。所以，圣人游心于变化之途，放任于日新之境，与天地大道共存，独与天地精神往来。乐观地看待生命长短的人，人们尚且效法天地，又何况是万物归属与一切所依赖的大道呢！

【点评】

生老病死，乃自然规律，都是人的整体，不可分割；藏人于室，藏物于器，不如藏于自然；不以物喜，不以己悲，独与天地精神往来！

胠箧·第十

【原文】

故尝试论之：世俗之所谓知者，有不为大盗积者乎？所谓圣者，有不为大盗守者乎？

何以知其然邪？昔者齐国，邻邑相望，鸡狗之音相闻，罔罟之所布，耒耨之所刺，方二千余里。阖四竟之内，所以立宗庙社稷，治邑屋州闾乡曲者，曷尝不法圣人哉！然而田成子一旦杀齐君而盗其国，所盗者岂独其国邪？并与其圣知之法而盗之。故田成子有乎盗贼之名，而身处尧舜之安。小国不敢非，大国不敢诛，十二世有齐国。则是不乃窃齐国并与其圣知之法，以守其盗贼之身乎？

【注释】

齐国：齐国本为姜尚、姜子牙之后。公元前481年，齐大夫田常杀死国君齐简公，立齐简公弟为平公，而后自专齐国国政。由齐平公历经齐宣公至齐康公，田常的曾孙田和终于逐君而自立为诸侯，国号仍为齐。此处指姜氏之齐。罔罟：都是网，网鸟的叫罔，网鱼的叫罟。佈：设置。耒：犁上的木把。耨：古代锄草的农具。刺：插，扎入，指耕耘。阖：全，总合。四竟：四境。田成子：即田常，又称陈恒，春秋时齐国大夫。田、陈古音同。竟：通"境"。宗庙：同宗之庙。社：土地神的祠。稷：谷神的祠。邑五州闾乡曲：都是古代大小不同的地方行政区域。齐君：指齐简公。盗其国：指田成子杀了齐简公，夺取了政权。

【解读】

所以，我曾试图论述，世俗之人，见识浅近，于理未深。既而意在防患于未然，难道不是帮助大盗来聚敛财富吗？所谓的圣人，只不过是替大盗看守财物罢了。

怎么会有如此结论呢？从前齐国地大物博，邻村遥遥相望，鸡犬之声相闻，渔网所撒布的水面，犁锄所耕作的土地，方圆有两千多里。人盛物丰，为诸侯之冠。整个齐国，人非土不立，非谷不食，故邑封土祠为社，封稷祠为稷。所有用来设立宗庙、社稷，以及治理国家的各级行政机构，都是效法古代圣贤尧舜以下的做法！然而，齐国大夫陈恒于鲁哀公十四年弑其君齐简公，割安平至于郎邪，自为封邑。由齐平公历经齐宣公至齐康公，田常的曾孙田和，终于逐君而自立为诸侯，国号仍为齐，自封齐侯，窃取齐国十二世之久。小国不敢非议他，大国不敢讨伐他。难道田常仅仅是窃取齐国的国君之位吗？他是连同齐国圣智的法规制度也一同窃取了。田成子虽然有窃国盗贼的名声，却身居君位，像尧舜治国时一样安稳。田成子岂是窃取了齐国，他是连同圣人的法规制度一同窃取了，岂不是用圣智的法规制度，来守卫他窃国大盗自身吗？

【点评】

窃钩者诛，窃国者侯。圣智所治理的齐国，被田常连同齐国一同窃取，并以圣智之法维护他这个窃国大盗的名声。

天地·第十二

【原文】

夫子曰："夫道，覆载万物者也，洋洋乎大哉！君子不可以不刳心焉。无为为之之谓天，无为言之之谓德，爱人利物之谓仁，不同同之之谓大，行不崖异之谓宽，有万不同之谓富。"

"故执德之谓纪，德成之谓立，循于道之谓备，不以物挫志之谓完。君子明于此十者，则韬乎其事心之大也，沛乎其为万物逝也。若然者，藏金于山，藏珠于渊，不利货财，不近贵富；不乐寿，不哀夭；不荣通，不丑穷。不拘一世之利以为己私分，不以王天下为己处显。显则明。万物一府，死生同状。"

【注释】

夫子：指老子。覆载：包罗。洋洋：广大辽阔的样子。刳心：谓剔去心志，彻底抛弃个人的心智。刳：挖空。崖异：突出而区别于众。有：包含，保举。为不同：指千差万别的物类。执：掌握。纪：纪纲。立：建立，建树，指立身成人。循：遵循。备：万全齐备。完：指自然德行万全。挫：干扰。韬：包藏，包涵，宽广。事：立。沛：德泽盛大的样子。逝：往。近：追求。荣：感到荣耀。通：谓处境顺利，做官显达。为：与。不荣通：不因飞黄腾达而感到光荣。通：达。拘：取。丑：感到羞愧。穷：指处境困厄不顺。一世之利：全天下的利益。拘：通"钩"，取。私分：私自所占有。王天下：为天下之王。处显：处在出众的地位。一府：一体。

【解读】

老子说："道覆盖和承载着万事万物，是那么的广阔和盛大啊！对于万事万物，要顺其自然，无为而治，无心而为，有心则受其累，所以君子要去掉一切私心杂念。用无为的心态去做就叫天成，用无心的教化叫天德，爱所有的人和物叫仁爱，万物万事不同而同归于大道叫伟大，包容万物的叫宽容，能够包容天下的叫富有。"

"所以，德为人之刚要。非德而成者不可称之为立，立功可济万物者，叫德成；能够遵循大道规律的，叫作完备；不为外物挫折节守的，叫作完美。君子明白以上十个方面，则能心胸宽阔包容万事万物，心胸宽广，内心虚静，就会像滔滔流水一样，使众人趋之若鹜，主动归附。如此这样，就能藏黄金于大山，藏珍珠于深渊，不贪图财货，不追求富贵；不以长寿为乐，不以夭折为哀；富贵荣达，不以为荣华；贫贱困困，不以为耻辱。不谋求举世之利为己有，不以君临天下为尊位。物我两忘，故万物为一体；阴阳变化，故死生同一形。死生无变于己，况穷通夭寿之间？"

【点评】

无为而成为天成，无心而成为天德，博爱万物为仁爱，万物同体叫伟大，包容万物叫宽容，拥有天下叫富有，坚守禀性叫纲纪，立功济物叫德行，遵循大道叫完备，不以外物屈节叫完美。能够做到以上十个方面，就会物我两忘，是非双遣，死生同一，无为而天下治。

天道·第十三

【原文】

本在于上，末在于下；要在于主，详在于臣。三军五兵之运，德之末也；赏罚利害，五刑之辟，教之末也；礼法度数，形名比详，治之末也；钟鼓之音，羽旄之容，乐之末也；哭泣衰绖，隆杀之服，哀之末也。此五末者，须精神之运，心术之动，然后从之者也。末学者，古人有之，而非所以先也。

【注释】

末：有为，枝节，末流。要：简要。详：繁冗。三军：军队的统称。五兵：弓、殳、矛、戈、戟，泛指五种兵器。运：运用。五刑：劓、墨、刖、宫、大辟，五种刑罚。辟：法。度：计量长短的标准。数：计算之术。形名：即名实。比详：比较详审。比：比较，参验。详：详审，考核。钟鼓之音：泛指音乐。羽旄之容：泛指舞蹈阵容。羽：鸟毛，古代文舞所执的雉羽，故常用以代指文舞。旄：兽毛，指旄舞，是周代统治者制定的六种祭祀小舞之一，因舞者手执牦牛之尾而得名。容：指舞蹈的阵容。衰：丧服，古代用粗麻布制成的丧服，披于胸前。绖：马冠带，古代用麻布做的丧带，系在头上的叫首绖，系于腰间的叫腰绖。隆：加等、加级、提级。杀：降杀，降级。哀之末：哀悼中的皮毛。

【解读】

道德为本，仁义为末。道德淳朴，治国之根本，行于上古；道衰德出，德衰仁出，仁衰义出，所以仁义为道德的衰败，为治世之末节，推行于当今；君主居上，清净消闲，顺其自然而然，无为而治天下；臣下居下，繁忙劳碌，殚精竭虑，尽职尽责，有为而治天下。圣明盛世，则偃武修文；道德衰败，则偃文修武。偃文修武，则五兵乱动，天下大乱；偃武修文，则四民安业，天下太平。德之末，由此可知。

道德沦丧，仁义衰败，则推行奖惩处罚，设五种刑罚，威慑人们，是教化的衰败；推行礼法制度，计算审定考核业绩，是治理天下的衰败；古代帝王之所以作乐，欲上调阴阳，下和时俗，古人闻乐即知国之兴衰，治世乱世则音乐各异。古代大乐来之天籁之音，与天地融合，自夏、商、周三代以来，欣赏郑国、卫国之淫声，废弃《云》、《韶》之雅韵，遂使羽毛、文采装饰，是声乐的衰败；痛哭流涕，披麻戴孝，讲究丧服等级，感情不能自然流露，是情感的衰败。

以上五种微末之举，上古时已经存在，但当时人们并不把它当作根本的德行，凡事必出于真情，率性而动，然后从事以上五事，作为辅助，如此则能排除矫情矜持，然后才能率性而动。

【点评】

道为本，德为道之末，仁为德之末，义为仁之末，礼为义之末，法为礼之末，乐为情之末。道为顺其自然而然，率性而动。

君上清净虚静，顺其自然，无为而治天下；臣下殚精竭虑，尽职尽责，有为而治天下。偃武修文，天下太平；偃文修武，天下混乱。法治，是历史的倒退，道、德、仁、义的衰败！

【原文】

夫子曰："夫道，于大不终，于小不遗，故万物备。广广乎其无不容也，渊渊乎其不可测也。形德仁义，神之末也，非至人孰能定之！夫至人有世，不亦大乎，而不足以为累；天下奋棅而不与之偕，审乎无假而不与利迁，极物之真，能守其本。故外天地，遗万物，而神未尝有所困也。通乎道，合乎德，退仁义，宾礼乐，至人之心有所定矣！"

【注释】

夫子：指老子。不终：无穷无尽。终：穷尽。不遗：毫无遗漏。遗：遗漏。广广乎：虚旷无人的样子。渊渊乎：幽深宁静的样子。形德：谓刑戮与赏罚。形：通"刑"。至人：

得道的人。有世：谓具有天下的人。大：指天下广大无边。奋：争。棅：通"柄"，权柄。偕：同。假：通"暇"，瑕疵。极：尽。真：本性。困：束缚，局限。德：天德，大道。退：斥退。宾：通"槟"，抛弃。定：寂定，宁静。

【解读】

老子说："天地虽大，犹在道中，故道能包罗宇宙万物亦没有穷尽；秋毫之末虽小，道亦能明察秋毫，无所遗漏缺失，所以说宇宙万事万物无不存在于道中。大道广大无边无际啊，它无所不包容；大道深邃奥妙啊，它神秘莫测。极力推行仁义礼乐刑罚，这是道德衰败的表现，不是道德修养高尚的圣人，谁能够判定它！道德修养高尚的圣人，威居四海万乘，王有天下九州，位居九五至尊，不能说不伟大，但圣人不为这些事物所累，能够做到物我两忘，是非双遣。天下人都在争夺名利，而圣人却虚静自守，不参与其间。圣人审慎地观察外物，不为外物所动，深究事物的本原，执守事物的本真，所以忘记天地，弃之万物，独与天地精神往来，不为外物所困扰。淡泊之心，贯通大道；宁静之心，合乎上德；斥退仁义虚伪，讲究道德之淳和；摒弃仁义礼乐之浮华，主张无为之虚淡。圣人恬淡无为，达到至虚的最高境界。

【点评】

大道能包罗宇宙万物，能明察秋毫之末。掌握大道的圣人，物我两忘，是非双遣，坚守事物的本真，斥退仁义，摒弃礼乐，废除刑罚，追求虚静的最高境界。

秋水·第十七

【原文】

秋水时至，百川灌河。泾流之大，两涘渚崖之间，不辩牛马。于是河伯欣然自喜，以天下之美为尽在己。顺流而东行，至于北海，东面而视，不见水端。于是焉河伯始旋其面目，望洋向若而叹曰："野语有之，曰：'闻道百，以为莫若己者。'我之谓也。且夫我尝闻少仲尼之闻而轻伯夷之义者，始吾弗信。今我睹子之难穷也，吾非至于子之门，则殆矣，吾长见笑于大方之家。"

【注释】

时：按时。百川：许多河流。灌：注入。河：黄河。泾流：直流的水波。两涘：河两边。涘：河岸。渚崖：小洲的边沿。渚：水中间的小块陆地。厓：岸。不辩牛马：形容河面广阔，两岸的景物看不清楚。河伯：河神，或黄河之神。传说姓冯，名夷。旋：转变，改变。望洋：眼睛迷茫的样子。若：海神名，即下文的"北海若"。野语：俗语。莫若己，没有谁能比得上自己。尝闻：曾听说。少：贬低。见：被。仲尼：孔子。伯夷：孤竹君之子，他不受君位，不食周粟，饿死在首阳山。一般认为他很有节义。子：您。本指北海若，这里指大海。穷：尽。长：长久地。见：被。大方之家：得大道的人。方：道。

【解读】

大水生于春而旺于秋，故秋雨滂沱导致河水上涨，千丘万壑的涓涓细流汇入黄河，导致黄河波涛滚滚汹涌澎湃云雾茫茫，黄河两岸因水而宽广辽阔，以至于看不清楚黄河对岸的牛马。于是黄河之神欣然自喜，认为天下之美集于自身。河神乘兴沿河流东行，至于大海，放眼望去，浩瀚无际的大海无边无际没有尽头。黄河之神顿觉自己无知张狂而不自量，面对大海羞愧难当，慷慨万千地说："世人皆以为仲尼增删《六经》博闻广识，伯夷让国清廉义重，还有通达之士，高谈阔论，以伯夷为轻，以仲尼为寡，未尝全信。今见大海之浩瀚无际难以穷尽，方觉昔日之闻不是虚谈，如非我今日亲眼所见，真可是井底之蛙，危害不浅，必将被懂得大道之家贻笑大方，耻笑无尽。"

【点评】

庄子借黄河之神，东观沧海之顿然醒悟之惭愧，启示人们不要做井底之蛙，不自量力，更不要只见黄河之水宽广而汹涌澎湃，而不知天外有天，物外有物，人外有人。大海的浩瀚无际之外还有大洋，人才的不断辈出之外还有英才。

【原文】

庄子钓于濮水。楚王使大夫二人往先焉，曰："愿以境内累矣！"庄子持竿不顾，曰："吾闻楚有神龟，死已三千年矣，王巾笥而藏之庙堂之上。此龟者，宁其死为留骨而贵乎？宁其生而曳尾于涂中乎？"二大夫曰："宁生而曳尾涂中。"庄子曰："往矣！吾将曳尾于涂中。"

【注释】

濮水：在今河南濮阳县。楚王：楚威王，名熊商，楚怀王之父。先：以非正式的方式，先去传达楚王的意思。累：拖累，麻烦。竿：钓鱼竿。神龟：龟壳用来占卜，决事神灵，故称"神龟"。巾笥：装进竹箱，再用巾抱起来。巾：用来覆盖贵重器物的巾幂。笥：装衣物的竹箱。曳：摇曳。涂：泥。

【解读】

庄子在濮水边上钓鱼，一日，楚威王派两位使臣向庄子致意，说："楚王愿将楚国政事托付给先生而劳累你！"庄子手持鱼竿，头也不回地说："我听说楚国有只神龟，已经死去三千年了，还被楚王用竹箱子装着，并且用巾帛覆盖着，珍藏在宗庙之上。你说这只神龟，是愿意死后留下骨壳显示尊贵呢，还是愿意活着在泥水里拖着尾巴爬行呢？"两位使臣说："宁愿活着在泥水里拖着尾巴爬行。"庄子说："你们回去吧！我仍愿意在泥水里拖着尾巴爬行。"

【点评】

庄子宁愿自由自在地生活在泥水里，不愿被供奉着在高高的庙堂上。庄子注重真实，不慕虚名，令人敬佩。

【原文】

惠子相梁，庄子往见之。或谓惠子曰："庄子来，欲代子相。"于是惠子恐，搜于国中三日三夜。

庄子往见之，曰："南方有鸟，其名为鹓鶵，子知之乎？夫鹓鶵发于南海而飞于北海，非梧桐不止，非练实不食，非醴泉不饮。于是鸱得腐鼠，鹓鶵过之，仰视而之曰：'吓！'今子欲以子之梁国而吓我邪？"

【注释】

惠子：惠施，庄子的好友，曾为梁惠王相。或：有人。恐：指怕庄子取代自己的相位。鹓鶵：传说像凤凰一类的鸟。止：栖息。醴泉：味道甘美如甜酒的泉水。醴：甜酒。鸱：猫头鹰，这里比喻惠施。腐鼠：腐烂的死老鼠，比喻相位。吓：怒斥声。

【解读】

庄子的好友惠子在梁国做宰相，庄子前去看望他。此时惠子的部下对惠子说："庄子此次来梁国，是否想取代你做宰相？"于是惠子惊慌起来，派人四处寻找庄子，找了整整三天三夜。

庄子听说后，主动去见惠子，说："南方有一种叫鹓鶵的鸟，你知道吗？鹓鶵从南海飞往北海，不是梧桐树不息，不是竹子的果实不吃，不是甘泉不饮。此时，一只猫头鹰捡到一只腐朽的臭老鼠，刚好鹓鶵从空中飞过，猫头鹰仰头瞪着鹓鶵，并发出'吓！'的恫吓声。现在你也想用你梁国相位这只腐朽的臭老鼠来恐吓我吗？"

【点评】

庄子借用他探望好友惠施的故事，阐述他视梁国相位为腐鼠，进一步表明庄子鄙视高官厚禄等世俗观念。

【原文】

庄子于惠子游于濠梁之上。庄子曰："鲦鱼出游从容，是鱼之乐也。"

惠子曰："子非鱼，安知鱼之乐？"庄子曰："子非我，安知我不知鱼之乐？"惠子曰："我非子，故不知子焉；子固非鱼也，子之不知鱼之乐，全矣！"

庄子曰："请循其本。子曰'汝安知鱼乐'云者，既已知吾知之而问我，我知之濠上也。"

【注释】

濠：濠水上的桥梁。濠水：在今安徽凤阳县境内。梁：拦河堰。鲦：白条鱼，身窄小而有条纹。全矣：完全如此。固：本来。循：顺，追溯。本：始，指开头的话题。

【解读】

庄子和好友惠施同游于濠水桥上，共同观赏桥下的鱼儿。庄子说："你看水中的白条鱼在水中游得是多么的悠闲自得，这就是鱼儿的快乐啊。"

惠施说："你不是鱼儿，怎么会知道鱼儿的快乐？"庄子说："你不是我，怎么知道我不知道鱼儿的快乐？"惠施说："我不是你，本来就不知道你；你也不是鱼儿，你本来就不知道鱼儿的快乐，这点是完全可以肯定的。"庄子说："请返回你原话的本意。你刚说过'你怎么知道鱼儿快乐'的时候，就已经明白了我知道鱼儿快乐了，只不过问我从哪里知道的罢了，那我告诉你，我是在濠水桥上的时候已经知道了。"

【点评】

庄子和惠子，两个好朋友，一对雄辩家。既是知己好友，又是辩友对手。庄子偏于美学上的观赏，惠子注重知识理论上判断。庄子具有艺术家的风貌，惠子则带有逻辑家的个性。具体到知不知道鱼儿是否快乐，则是另一回事。

正如庄子后来路过惠子墓地时有感而发地说，惠子死后，我再也找不到辩论的对手了的叹息一样，深为失去辩友、知己、好友而唏嘘不已。

至乐·第十八

【原文】

天下有至乐无有哉？有可以活身者无有哉？今奚为奚据？奚避奚处？奚就奚去？奚乐奚恶？

夫天下之所尊者，富、贵、寿、善也；所乐者，身安、厚味、美服、好色、音声也；所下者，贫贱、夭恶也；所苦者，身不得安逸，口不得厚味，形不得美服，目不得好色，耳不得音声。若不得者，则大忧以惧，其为形也亦愚哉！

【注释】

至乐：最大的快乐。活身：养活自然生命。善：指善名誉。夭：夭折。恶：恶名。据：定，安止。避：回避。为形：指保养身体。

【解读】

何为至乐？庄子一连提一连串问题，世上有没有最大的快乐？有没有可以养活自然生命的方法？这是人生最基本又是最终极的问题！提出问题后，并指出现在应该做些什么？依据什么？避讳什么？身心安居何处？接近什么？舍弃什么？喜欢什么？讨厌什么？这是对人生一连串的终极追问！

世人所尊崇的，是富有、尊贵、长寿、名誉；所喜好的，是身体安逸、食物丰盛、服饰漂亮、色彩绚丽、声乐动听；所鄙视的，是贫穷、卑微、短命、恶名；所苦恼的，是身体不能安逸、饮食没有美味、外表没有华丽的服饰、眼睛看不到绚丽的色彩、耳朵听不到悦耳动听的音乐。假如得不到这些东西，便大为忧虑，以上种种追求和做法，实在是太愚蠢了！

【点评】

人生至乐是什么？人生至苦又是什么？庄子提出一连串的终极追问！世人所追求和所厌恶的情性，在庄子看来，都是世俗愚蠢至极的！究竟什么是至乐呢？

【原文】

夫富者，苦身疾作，多积财而不得尽用，其为形也亦外矣。夫贵者，夜以继日，思虑善否，其为形也亦疏矣。人之生也，与忧俱生。寿者惛惛，久忧不死，何苦也！其为形也亦远矣！烈士为天下见善矣，未足以活身。吾未知善之诚善邪？诚不善邪？若以为善矣，不足活身；以为不善矣，足以活人。故曰："忠谏不听，蹲循勿争。"

故夫子胥争之，以残其形；不争，名亦不成。诚有善无有哉？

【注释】

苦身：使身体劳苦。疾作：勤苦劳作，拼命干。外：谓养形体方法的拙劣。善否：指官运亨通与阻滞。善：指仕途亨通。否：六十四卦之一，谓"天地不交而万物不通"。此指仕途困厄不通。惛惛：糊涂昏聩，神志不清的样子。蹲循：通"逡巡"，迟疑退却的样子。诚：诚然，真的。活人：救活他人。子胥：指伍子胥，因忠谏吴王夫差而被赐自杀。

【解读】

富有的人，终日为积累财富而辛苦劳作，为积累更多的财富累坏了身体，最终积累了很多的财富却不能全部享用，这种为积累财富而牺牲了身体健康甚至生命的做法，实在是太拙劣了。富贵的人，夜以继日，终日为保全既得的权位，谋取更高的职位而处心积虑，忧心忡忡，实在是太忽略了自己的健康和生命。人活在世上，便与忧愁同生。长寿的人，整日昏聩胡涂，长期忧愁而不死去，这是多么的痛苦啊！这样为了活命而活命，对自己长期忍受的痛苦和煎熬，也太对不起自己的生命和身体了。壮烈之士，被天下人所称赞，却很难保全自己的生命。我不知道这样是好呢，还是不好？如果认为是好的，却不能保全自己的性命；如果认为不好，却舍身救活了别人。所以说："用忠诚劝谏不被接纳，就退让一步不再去诤谏。"

伍子胥因忠谏以致身受杀戮，如果他不诤谏，就不会成就忠臣的美名。究竟是不是善呢？

【点评】

庄子这段阐述，非常精炼简洁。富有的人，为积累更多的财富累坏了身体，以损害身体为代价换来的财富，却不能全部享用，究竟值不值？富贵的人，为了名誉地位权势，整日忧心忡忡，为此付出了极大的心血，精疲力竭，为此损伤了精气神，究竟值不值？长寿的人，终日为疾病缠身痛苦不堪，折磨着自己的身心，究竟值不值？壮烈之士，被天下人称赞，却牺牲了自己，成就了别人，究竟值不值？伍子胥的忠谏，惹来杀身之祸，丢了性命，成就了忠臣的美名，究竟值不值？

这一连串的终极追问，给世人提出了非常尖锐的问题！究竟这些值不值？是生命本身重要？还是身外之物重要？启示世人深思警醒！

【原文】

庄子妻死，惠子吊之，庄子则方箕踞鼓盆而歌。惠子曰："与人居，长子、老、身死，不哭，亦足矣，又鼓盆而歌，不亦甚乎！"

庄子曰："不然。是其始死也，我独何能无概然！察其始而本无生，非徒无生也，而本无形；非徒无形也，而本无气。杂乎芒乎之间，变而有气，气变而有形，形变而有生。今又变而之死，是相与为春秋冬夏四时行也。人且偃然寝与巨室，而我嗷嗷然随而哭之，自以为不通乎命，故止也。"

【注释】

方：正在。箕踞：古人席地而坐，坐时两腿伸直叉开，像个簸箕，这是一种不拘礼节的坐法。鼓盆：叩击瓦缶，当作奏乐。鼓：敲击。盆：瓦缶，是一种瓦质乐器。人：指庄子妻子。长子：生育儿女。老：白头偕老。身死：谓老妻一旦身死。概：借为慨，感叹，感触于心。察：考察，推究。其始：指其妻未有性命的时候。始：原先。非徒：不只，不仅。形：形体。形：形骸。偃然：仰卧的样子。偃：通"晏"，安。寝：卧。巨室：指天地。嗷嗷：放声大哭的样子。止：指停止哭泣。命：天命。

【解读】

庄子的妻子死了，庄子的好友惠子前来吊唁，看到庄子不拘礼节地岔开着双腿，像个簸箕一样的坐在那里，一边敲打着瓦盆，一边唱着歌。惠子对庄子不满地说："妻子跟你生活了一辈子，为你生儿育女辛苦一生，直至衰老而死，妻子死了不伤心哭泣也就罢了，你还有心思敲着瓦盆唱歌，也太过分了吧！"

庄子说："你说的不对。她刚死的时候，我也非常悲伤！后来仔细想一想，她未出生之前本来是没有生命的，不仅没有生命，连形体也没有，不仅没有形体，连元气也没有。大道在恍惚之内，造化在茫昧之中，和杂清浊，变成阴阳二气；二气凝结，变而有形；形既成就，变而生育，且从无出有，变而为生，自有还无，变而为死。生老病死，变化循环，亦如一年春夏秋冬四时的变化。所以通达之人看透人生，何必悲伤痛哭。逝者已逝，她已安卧于天地之间，而我却傻乎乎地在这里痛哭，这是不懂得大自然变化之理，明白了以后，我就停止了哭泣。"

【点评】

庄子借助其妻子之死前后的感悟，阐述生老病死乃是自然规律，犹如一年四季春夏秋冬四时的变化一样。逝者已逝，是遵循自然规律，享尽天年而逝世的，并且已经安居于天地之间，没有必要再惊动辛劳一生逝去的妻子。此篇，是庄子面对生死一种豁达的人生态度。

【原文】

"且女独不闻邪？昔者海鸟止于鲁郊，鲁侯御而觞之于庙，奏《九韶》以为乐，具太牢以为膳。鸟乃眩视忧悲，不敢食一脔，不敢饮一杯，三日而死。此以己养养鸟也，非以鸟养养鸟也。夫以鸟养养鸟者，宜栖之深林，游之坛陆，浮之江湖，食之鳅，随行列而止，委蛇而处。彼唯人言之恶闻，奚以夫谈谈为乎！《咸池》《九韶》之乐，张之洞庭之野，鸟闻之而飞，兽闻之而走，鱼闻之而下入，人卒闻之，相与还而观之。鱼处水而生，人处水而死，彼必相与异，其好恶故异也。故先圣不一其能，不同其事。名止于实，义设于适，是之谓条达而福持。"

【注释】

鲁郊：鲁城的郊外。御：迎接。觞：酒杯，这里作动词用，意以酒招待。《九韶》：舜时的乐曲名，是在十分隆重的场合才演奏的，共九章。太牢：古代帝王、诸侯祭祀时，牛、羊、猪三者都具备的祭祀规格，称之为太牢。膳：所供食品。眩视：看得眼花缭乱。脔：切成小块的肉。己养：以养人的方法养鸟。养鸟：鸟生活所需的东西。坛陆：水中沙洲。坛：通"坦"。鲻：泥鳅。鲦：即白条鱼。行列：指海鸟群的行列。委蛇：通"逶迤"，从容自得的样子。诡诡：喧哗的声音。《咸池》：黄帝时乐曲名。张：设，演奏。下入：深入水里。人卒：众人。不一其能：不把他们的性能看作一样。不同其事：不使他们的工作相同。名止于实：名义要与实际相符。义设于适：义理要确定适宜。条达：条理通达，指心情顺畅。福持：福分常驻不离。持：持有。

【解读】

"你难道没有听说过这样一个故事吗？从前有一只海鸟飞到鲁国城郊栖息，鲁侯为了欢迎它，让人把鸟迎接到太庙，给它供奉美酒，演奏《九韶》乐曲使它高兴，用古代帝王祭祀天地的太牢作为鸟的膳食。而海鸟却惊慌失措，眼花缭乱，不敢吃一块肉，不敢饮一杯酒，三天就惊慌恐惧而死。鲁侯是用奉养人的方法去养鸟的，不是用养鸟的方法去养鸟的。按照鸟的习惯，鸟应该栖息于深山老林之中，应该翱翔在沙洲田野之上，应该游戏于江河湖泽之上，啄食泥鳅和小鱼，跟随鸟群的行列而息止，依据鸟的习性自由自在地生活。鸟讨厌人的嘈杂喧闹，害怕《九韶》、《咸池》的乐声！《九韶》、《咸池》的乐声响彻在天地，鸟会被惊吓而飞，野兽会被吓跑，鱼儿会逃往水底，而众人却会如痴如醉地享受如此动听的音乐。鱼儿在水里才能生存，人处在水中就会淹死，人和鱼儿所处的环境必然不同，这也和他们的好恶不同一样。因此，古代圣王之道不能强求划一，不同时代有不同的实际情况。要与时俱进，名实相副，顺应自然，这就叫作条理通达，福分永驻。"

【点评】

宇宙万物万事，各有本性，不能整齐划一，要因时因地，与时俱进，不能用古代先王之道，用来治理现在的天下。这就犹如齐国国君齐侯，用养人的方法养鸟一样，不出三日，鸟就忧郁惊慌恐惧而死。美好的音乐可以使人陶醉，但却吓死了小鸟，吓坏了小鱼，惊走了野兽。庄子借孔子之口，否定儒家极力推行先王的仁义礼乐之道，已经不合时宜，时过境迁，迂腐不堪。

山木·第二十章

【原文】

庄周游于雕陵之樊，睹一异鹊，自南方来者。翼广七尺，目大运寸，感周之颡而集于栗林。庄周曰:"此何鸟哉? 翼殷不逝,目大不睹?"蹇裳躩步,执弹而留之。睹一蝉,方得美荫而忘其身;螳螂执翳而搏之,见得而忘其形;异鹊从而利之,见利而忘其真。庄周怵然,曰:"噫! 物固相累,二类相召也!"捐弹而反走,虞人逐而谇之。

庄周反入,三日不庭。蔺且从而问之:"夫子何为顷间甚不庭乎?"庄周曰:"吾守形而忘身,观于浊水而迷于清渊。且吾闻诸夫子曰:'入其俗,从其令。'今吾游于雕陵而忘吾身,异鹊感吾颡,游于栗林而忘真。栗林虞人以吾为戮,吾所以不庭也。"

【注释】

雕陵:丘陵的名称。樊:树木茂密处。异鹊:异常大的鹊鸟。广:指鸟翼的宽度。运寸:直径一寸。运:横直,直径。感:触。颡:额头。殷:大。不逝:不能远飞。蹇裳:作"褰裳",即提起衣裳。躩步:小心举步,谓快步疾行。执弹:拿着弹子。留之:谓留守其下,伺机发弹。翳:隐蔽。搏之:捕杀蝉。真:真性,性命。二类相召:指蝉召螳螂,螳螂召鹊,物类自相害。捐:弃。浊水:比喻异鹊等物。清渊:比喻自己的真性。虞人:看管栗园的人。谇:责骂。不庭:不出庭门。蔺且:庄子弟子。戮:辱。

【解读】

一日,庄子在雕陵的栗子园游玩,看见一只异常大的鹊鸟从南方飞来,翅膀足有七尺宽,眼睛的直径有一寸长,擦着庄子的额头飞过,停落在栗子园中。庄子说:"这是什么鸟啊? 翅膀这么大却不能远飞,眼睛这么大却不能远看。"于是好奇地提起衣裳,快步跟随过去,拿起弹弓驻立在树下,伺机发弹。此时,突然看见一只蝉正在浓密的树荫下美美地休息,忘记了自身的安危;只见一只螳螂躲在树叶后伺机捕杀蝉,螳螂眼看将要到口的美餐不免得意忘形,不知道身后有只巨大的鹊鸟正在伺机捕杀它。看到如此场面,庄子不由自主惊恐地说:"啊! 世上的万物原来是如此地相互牵累,它们是在辗转相互着招引啊!"于是扔下弹弓掉头就跑。此时看管栗子园的虞人,以为庄子是偷栗子的人,追赶着庄子大声责骂不已!

庄子回到家中,一连三天都不愉快。弟子蔺且问他:"先生为何这几天郁郁寡欢呢?"庄子说:"我往日只知道留意自己的形体而忘记了自身的安危,观赏于浑浊的流水却忽视了清澈的潭水。我曾听老子说:'每到一个地方，就要遵守那里的风俗习惯和禁忌。'前天我到雕陵，只知道游玩却忘记了自身的安危，鹊鸟擦过了我的额头，使我意在追逐鹊鸟而丧失了自身的真性，结果被看管栗子园的虞人责骂一顿，因此我郁郁寡欢至今。"

【点评】

庄子通过自己追赶鹊鸟的故事，看到螳螂在前黄雀在后的惊险一幕，当即意识到只顾眼前的利益，而忘记了身后潜伏着巨大的危险。当意识到之后抽身离开是非之地之时，又遭到看管栗子园虞人的责骂和追赶，为此郁郁寡欢数日。

通过这则寓言故事，揭示"人为财死，鸟为食亡"、"螳螂在前，黄雀在后"的人性和物性。为了眼前的利益，人和鸟兽都同样陷入忘却危险境地的愚蠢。人有的为财死，有的为权死，有的为名死，其主要原因是人们只看到名利地位的好处，忘记了其背后潜伏的危险和死亡！

法家经典

法家代表人物商鞅、韩非子、慎子

法家是战国时期的一个重要学派，《汉书·艺文志》列为"九流"之一，起源于春秋时期的管仲、子产，发展于战国时的李悝、商鞅、慎到和申不害等人。

商鞅重"法"，申不害重"术"，慎到重"势"。到战国末期，韩非加以综合，集法家学说之大成。法家主张"各当时而立法，因事而制礼；礼法以时而定，制令各顺其宜"（《商君书·更法》）。要求巩固封建土地私有制，建立统一的君主国家；提出重农抑工商的观点；提倡耕战政策，以农致富，以战求强；厉行严刑峻法，监察官吏职守，建立官僚制度。法家为实现其政治主张，曾和旧贵族进行激烈的斗争。法家主要著作有《商君书》、《韩非子》等，对后来法学思想影响很大。

《韩非子》

韩非子，生于公元前280年，卒于公元前233年，是荀子的学生。著有《韩非子》一书。

韩非子注意研究历史，认为时代在不断地前进、变化，不是停滞、不是倒退的。他认为圣人也不是"循守"一种东西不变的。他说："世异则事异","事异则备变"（《五蠹》），时代变了事物也变，事物不同了做法也要改变，这表明他的历史观是与时俱进的。

韩非提倡以法为本的法治，是法、术、势的结合，他总结了过去法家的经验教训，主要继承了商鞅的"法"，申不害的"术"，慎到的"势"，他是法家的集大成者。在他看来，法、术、势缺一不可。

他指出，商鞅在秦国行"法"，因为没有"术"，"则以其富强也资人臣而已矣"（《法定》），变法的果实落到了权臣的手里。申不害只讲"术"而没有"法"，"不一其宪令，则多奸"（《定法》），弊病也很多。所以他说："抱法处势则治，背法去势则乱"（《难势》），"法"和"势"都是关系到法治成败的关键问题。

韩非说："法者，宪令著于官府。"（《定法》）就是以官府的宪令作为法治的依据，人人遵守。宪令不能违反，不能"去规矩而妄意度"。"法"，是规矩准绳，不能离开，不能任意行事。韩非等法家还很重视刑罚和奖赏，认为重刑罚能够杜绝犯"法"。

韩非说"术"是国君驾驭群臣的手段，是一种权术。"术不欲见？"（《有度》）"术"是不能让人知道的。商鞅行法，数十年没有能够成就帝王的事业，"主无术于上之患也"（《法定》）。在韩非看来，没有掌握"术"，"法"也等于失败了。韩非的"术"，后来被统治者继承为使用阴谋权术的手段。

韩非认为"势"是国君的最高权力。他说："万乘之主，千乘之君，所以制天下而征诸侯者，以其威势也。"（《人主》）他说，暴君夏桀能够控制天下，因为是天子，"势重"；尧是普通人时，谁也不能管，因为"位卑"。

韩非强调权力集中，"事在四方，要在中央"（《物权》）。"要"，指中央集权，国君要紧紧掌握这种权力。他认为对于"势"运用得如何，关系到法治的成败。

主道

【原文】

道者，万物之始，是非之纪也。是以明君守始以知万物之源，治纪以知善败之端。故虚静以待令，令命自命也，令事自己定。虚则知实之情，静则知动者正。有言者自为名，有事者自为形，形名参同，君乃无事焉，归之其情。故曰：君无见其所欲，臣自将雕琢；君无见其意，君见其意，臣将自表异。故曰：去好去恶，臣乃见素；去旧去智，臣乃自备。故有智而不以虑，使万物知其处；有贤而不以行，观臣下之所因；有勇而不以怒，使群臣尽其武。是故去智而有明，去贤而有功，去勇而有强。群臣职守，百官有常，因能而使之，是谓习常。故曰：寂乎其无位而处，漻乎莫得其所。名君无为于上，群臣竦惧乎下。明君之道，使智者尽其虑，而君因以断事，故君不穷于智；贤者敕其材，君因而任之，故君不穷于能；有功则君有其贤，有过则臣任其罪，故君子不穷于名。是故不贤而为贤者师，不智而为智者正。臣有其劳，君有其成功，此之谓贤主之经也。

【注释】

纪：准则，纲领。参同：验证。同：合。见：同"现"。表异：伪装。因：凭借，依据。常：常规，常法。漻：通"寥"，辽阔，高远空旷。无为：顺其自然，顺势而为，无为而不为。竦：害怕，恐惧。敕：慰勉，鼓励。材：才能，才干。

【今译】

道是万物的本原，是非的准则。因此英明的君主把握本原来了解万物的起源，研究准则来了解成败的原因。所以，虚无安静地对待一切，让名称自然命定，让事情自然确立。虚无了，才知道事实真相；冷静了，才知道行动的准则。进言者自会确定主张，办事者自会产生效果，效果和主张验证相合，君主就无需躬亲琐事，而使事物呈现出本来面目。所以说，君主不要显露他的欲望，君主如显露他的欲望，臣下将自我粉饰；君主不要显露他的意图，君主如显露他的意图，臣下将自我伪装。所以说，除去爱好，抛开好恶，臣下就显露真相；除去成见，抛开自己，臣下就约束自己。所以君主有智慧也不用来谋事，使万物处在它适当的位置上；有贤能也不表现行动，一边观察臣下依据什么行事；有勇力也不用来逞威风，使臣下充分发挥他们的勇武。因此君主不用智慧却仍能明察，离开贤能却仍有功绩，离开勇力却仍然强大。群臣恪守职责，百官都有常法，君主根据才能使用他们，这叫遵循常规。所以说：寂静啊！君主好像没有处在君位上；辽阔啊！臣下不知道君主在哪里。明君在上面无为而治，群臣在下面诚惶诚恐。明君的原则是，使聪明人竭尽思虑，君主依据此决断事情，所以君主的智力不会穷尽；鼓励贤者发挥才干，君主依据此任用他们，所以君主的能力不会穷尽；有功劳在君主头上闪现出贤能的光彩，有过失则臣下承担耻辱的罪责，所以君主的名声不会衰减。因此不显示贤的却是贤人的老师，不显示智的却是智者的君长。臣下承担劳苦，君主享受功名，这就叫贤明君主的常法。

【点评】

"主道"是指君主的执政原则。这里韩非汲取道家清静无为的哲学思想，并运用到统治臣下的政治活动中，发展成为君主治国用人的原则。韩非说："守始以知万物之源，治纪以知善败之端。"君主保持清静无为，使臣下不能探测君主的心意，从而杜绝臣下窥视君权的欲望。"主道"体现了"君道无为，臣下有为"的思想。君主当顺应天下客观形势，推行依法治国，让臣下发挥自己的聪明才智去建功立业。

有度

【原文】

夫人臣之侵其主也，如地形焉，即渐以往，使人主失端，东西易面而不自知。故先王立司南以端朝夕。故名主使其群臣不游意于法之外，不为惠于法之内，动无非法。峻法，所以禁过外私也；严刑，所以逐令惩下也。威不贰错，制不共门。威、制共，则众邪彰矣；法不信，则君行危矣；刑不断，则邪不胜矣。故曰：巧匠目意中绳，然必先以规矩为度；上智捷举中事，比以先王之法为比。故绳直而枉木斫，准夷而高科削，权衡县而重益轻，斗石设而多益少。故依法治国，举措而已矣。发不阿贵，绳不挠曲。法之所加，智者弗能辞，勇者弗敢争。刑过不避大臣，善赏不遗匹夫。故矫上之失，诘下之邪，治乱决缪，绌羡齐非，一民之轨，莫如法。厉官威民，退淫殆，止诈伪，莫如刑。刑重，则不敢以贵易贱；法审，则上尊而不侵。上尊而不侵，则主强而守要，故先王贵之而传之。人主释法用私，则上下不别矣。

【注释】

司南：古代测定方向的仪器。端：正。错：通"措"，置，引申为树立。制：皇帝的命令，这里可理解为权力。意：揣度。中：合。绳：木匠用的墨线。规：画圆的器具。矩：画方的器具。中事：合乎要求。比：例证。枉：曲。斫：砍削。准：量平的器具。夷：平。高科：吐出的部分。县：悬。斗石：都是容量单位。10斗为1石，重120斤。举措：处理，安排。举：提起来。措：降下去。阿：迎合，偏袒。挠：屈，引申为迁就。诘：追究。缪：通"谬"。谬误。绌：通"黜"，削减。羡：多余。轨：规划，规范。厉：整治。殆：通"怠"，怠惰。易：轻易。审：严明。

【今译】

臣子侵害君主，就像行路的地形一样，由近及远，逐渐变化，使君主失去方向，东西方位改变了，自己却不知道。所以先王设置指南仪来判断东西方位。所以明君不让他的群臣在法律之外乱打主意，也不允许在法令规定的范围内谋求利益，举动没有不合法的。严峻的法令是用来禁止犯罪、排除私欲的；严厉的刑罚是用来贯彻法令、惩办臣下不轨行为的。威势不能分置，权力不能同享。威势权力与别人同享，奸臣就会公然滥用权力，执法不坚定，君主的行为处境就会危险；刑罚不果断，就不能战胜邪恶。所以说：巧匠目测合乎墨线，但必定先用规矩作为标准；智力高者办事敏捷合乎要求，必定用先王的法度作为依据。所以墨线直了，曲木就要砍直；水准器平了，凸凹就要削平；秤具拎起，就要减重补轻；量具设好，就要减多补少。所以用法令治国，不过是制定出来，推行下去罢了。法令不偏袒权贵，墨绳不迁就弯曲。法令该制裁的，智者不能逃脱，勇者不敢抗争。惩罚罪过不回避大臣，奖赏功劳不漏掉平民。所以矫正君主的过失，追究臣民的奸邪，治理纷乱，判断谬误，削减多余，纠正错误，统一民众的规范，没有比得上法律的。整治官吏，威慑民众，除去淫乱怠惰，禁止欺诈虚伪，没有比得上刑罚的。刑罚重了，就不敢因地位高轻视地位低的；法令严明，君主就尊贵不受侵害。尊贵不受侵害，君主就强劲而掌握权势，所以先王重法并传授下来。君主弃法用私，君臣之间就没有区别了。

【点评】

"有度"指治国要有法度，就是依法治国。法度是治国之要。君主能否坚决推行依法治国，是决定国家强弱的关键。只有坚持依法治国，法律面前人人平等，"法不阿贵，绳不挠曲"，"刑过不避大臣，赏善不遗匹夫"，严厉打击奸臣的破坏活动，国家才能强盛，社会才能大治，天下才能太平。

本文"法不阿贵"的思想，被认为是中国古代法治思想史的精华，是对战国以前"刑不上大夫，礼不下庶人"贵族法权的否定，具有划时代意义。"矫上之失"，"一民之轨"，更具有法律面前人人平等的观念。

孤愤

【原文】

智术之士，必远见而明察，不明察，不能烛私；能法之士，必强毅而劲直，不劲直，不能矫奸。人臣循令而从事，案法而治官，非谓重人也。重人也者，无令而擅为，亏法以利私，耗国以便家，力能得其君，此所为重人为。智术之士明察，听用，且烛重人之阴情；能法之士劲直，听用，且矫重人之奸行。故智术能法之士用，则贵重之臣必在绳之外矣。是智法之士与当涂之人，不可两存之仇也。

【注释】

智：通"知"，通晓。烛私：照见隐私。矫：惩办。案：通"按"，按照。重人：即重臣，握有重权的人。当涂之人：指掌握重权的人。涂：同"途"，道路。

【今译】

通晓治国之术的人，必定是远见卓识并且明察的人，不明察，就不能洞察隐秘私情；能推行法治的人，必定是坚决果断，刚强正直，不刚强正直，就不能纠察惩办奸邪之人。臣子遵循法令办理公事，按照法律履行职责的，不是重臣。所谓重臣，就是无视法令而独断专行，破坏法律以权谋私，损害国家而便利私家，势力能够控制君主，这才叫作重臣。懂得治国之术的人明察，如被重用，将会披露重臣的阴谋诡计；能推行法律的人刚强正直，如被重用，将会惩办重臣的邪恶行为。因此，懂得治国之术和能够推行法治的人被重用，那么位尊权重之臣必定为法律所不容。如此来说，懂得法治的人与当权的重臣，是势不两立的仇敌。

【点评】

孤愤，是韩非孤独的愤慨。当时韩国存在两种尖锐对立的政治势力，维护君权追求法治的"智法之士"，与结党营私盗窃国柄的"当涂之士"势不两立。"当涂之士"专权蔽主，利用各种机会内外勾结，网络党羽，采取公开杀戮和秘密处死的手段迫害"法术之士"，使他们无法得到君主的了解信任，因而造成"主上卑而大臣重，故主失势而臣得国"的严峻局面。韩非满腔悲愤，真实地描绘了法术之士向守旧势力抗争的艰难情景，强烈提出"烛私"、"矫奸"的要求。

说难

【原文】

凡说之难：非吾知之有以说之之难也，又非吾辩之能明吾意之难也，又非吾敢横失而能尽之难也。凡说之难：在知所说之心，可以吾说当之。所说出于为名高者也，而说之以厚利，则见下节而遇卑贱，必弃远矣。所说出于厚利者也，而说之以名高，则见无心而远事情，必不收矣。所说阴为厚利而显为名高者也，而说之以名高，则阳收其身而实疏之；说之以厚利，则阴用其言显弃其身矣。此不可不察也。

夫事以密成，语以泄败。未必其身泄之也，而语及所匿之事，如此者身危。彼显有所出事，而乃以成他故，说者不徒知所出而已矣，又知其所以为，如此者身危。规异事而当，知者揣之外而得之，事泄于外，必以为己也，如此者身危。周泽未渥也，而语极知，说行而有功，则德忘；说不行而有败，则见疑，如此者身危。贵人有过端，而说者明言礼义以挑其恶，如此者身危。贵人或得计而欲自以为有功，说者与知焉，如此者身危。强以其所不能为，止以其所不能已，如此者身危。故与之论大人，则以为间已矣；与之论细人，则以为卖重。论其所爱，则以为借资；论起所憎，则以为尝已也。径省其说，则以为不智而拙之；米盐博辩，则以为多而久之。略事陈意，则曰怯懦而不尽；虑事广肆，则曰草野而倨侮。此说之难，不可不知也。

【注释】

说：(shuì)：进劝。说之：指进劝君主。横失：纵横如意，无所顾忌。当：适应。遇：对待，待遇。阴：暗地里。身：本身，指进说者。细人：小人，指近侍。卖重：卖弄权势。这里指炫耀自己的身阶。

【今译】

大凡进说的困难，不是难在我的才智不能够用来向君主进说，也不是难在我的口才不能够阐明我的意见，也不是难在我不敢毫无忌惮地把我的观点全部表达出来。大凡进说的困难，在于了解进说对象的心理，以便于用我的说法适应他，进说对象想要追求美名的，却用厚利去说服他，就会显得节操低下而得到卑贱的待遇，必然会受到抛弃和疏远。进说对象想要追求厚礼的，却用美名去说服他，就会显得没有心计而又脱离实际，必定不会被接受和录用。进说对象暗地里追求厚利而表面追求美名的，用美名向他进说，就会表面上录用而实际上疏远进说者；用厚利向他进说，他就会暗地里采纳进说者的主张而表面上疏远进说者。这是不能不明察的。

事情因保密而成功，谈话因泄密而失败。未必进说者本人泄露了机密，而是谈话中触及到君主心中隐匿的事情，如此就会身遭危险。君主表面上做这件事，内心却想借此办成别的事，进说者不但不知道君主所做的事，而且知道他想要这样做的意图，如此就会身遭危险。进说者筹划一件不平常的事情并且符合君主的心意，聪明人从外部迹象上把这件事猜测出来了，事情泄露出来，君主一定认为是进说者泄露的，如此就会危险。君主恩泽未浓厚，进说者谈论却尽其所知，如果主张得以实行并获得成功，功德就会被君主忘记；主张行不通而遭到失败，就会被君主怀疑，如此就会身遭危险。君主有过错，进说者倡言礼义来挑他毛病，如此就会身遭危险。君主有时计谋得当而想自以为功，进说者同样知道此计，如此就会身遭危险。勉强君主去做他不能做的事情，强迫君主停止他不愿意停止的事情，如此就会身遭危险。所以说进说者如果和君主议论大臣，就被认为是想离间君臣关系；和君主谈论近侍小臣，就会被认为是想卖弄身价。谈论君主喜爱的人，就会被认为是拉关系；谈论君主憎恶的人，就会被认为是搞试探。说话直截了当，就会被认为是不明智的拙笨；谈话周到详尽，就会被认为是啰唆而冗长。简略陈述意见，就会被认为是怯懦而不敢进言；谋事尽情发挥，就会被认为是粗野而不懂礼貌。这些进说者的困难，是不能不知道的。

【点评】

"说难"，指向君主进说的困难。战国后期，政治、军事斗争错综复杂，百家争鸣而推销自己的治国理念，以期得到君主的支持采纳和重用，而向君主进言却困难重重，有时因进言不当而遭受危险，《说难》分析了各种危险。下节指出取得成功的办法。

功名

【原文】

明君之所以立功成名者四：一曰天时，二曰人心，三曰技能，四曰势位。非天时，虽十尧不能冬生一穗；逆人心，虽贲、育不能尽人力。故得天时，则不务而自生；得人心，则不趣而自劝；因技能，则不急而自疾；得势位，则不推进而名成。若水之流，若船之浮。守自然之道，行毋穷之令，故曰明主。

夫有材而无势，虽贤不能制不肖。故立尺材于高山之上，则临千仞之溪，材非长也，位高也。桀为天子，能治天下，非贤也，势重也；尧为匹夫，不能正三家，非不肖也，位卑也。千钧得船则浮，锱铢失船则沉，非千钧轻而锱铢重也，有势之与无势也。故短之临高也以位，不肖之制贤也以势。人主者，天下一力以共载之，故安；众同心共立之，故尊。人臣守所长，尽所能，故忠。以尊主御忠臣，则长乐生而功名成。名实相持而成，形影相应而立，故臣主同欲而异使。人主之患在莫之应，故曰：一手独拍，虽疾无声。人臣之忧在不得一，故曰：右手画圆，左手画方，不能两成。故曰：至治之国，君若桴，臣若鼓，技若车，事若马。故人有余力易于应，而技有余巧便于事。立功者不足于力，亲近者不足于信，成名者不足于势，近者不亲，而远者不结，则名不称实者也。圣人德若尧、舜，行若伯夷，而位不载于世，则功不立，名不遂。故古之能致功名者，众人助之以力，近者结之以成，远者誉之以名，尊者载之以势。如此，故太山之功长立于国家，而日月之名久著于天地。此尧之所以面南而守名，舜之所以北面而效功也。

【注释】

趣（cù）：督促。劝：勉励。疾：迅速。锱铢：都是古代重量单位，六铢为一锱，四锱为一两，这里指很轻的东西。枹：鼓槌。成：通"诚"，真心。南面：古代君主临朝时面南而坐，这里指处在君位。守名：保持主名位。北面：指处在君位。效：献。

【今译】

开明君主立功成名的条件有四个：一是天时，二是人心，三是技能，四是权势地位。不顺应天时，即使十个尧也不能让庄稼在冬天里结成一个穗子；违背人心，即使孟贲、夏育也不能让人们多出力气。顺应了天时，即使不很费力，庄稼也会自然生长；得人心，就是不用督促，民众也能自我勉励；凭借技能，即使不急于求成，事情也会很快完成；得到了势位，即使不急于追求，名声也会大振。好像水的流动，好像船的漂浮，把握自然规则，推行畅通无阻的法令，所以称之为明君。

有才能而没有权势，即使是贤人，也不能制服不肖的人。所以在高山上树立一尺长的木头，就能俯临万丈深渊的峡谷，木头并不长，而是位置高。夏桀作为天子，能控制天下，不是因为他贤，而是因为他权势重；尧作为普通人，不能管好三户人家，不是因为他不贤，而是因为他地位卑贱。千钧重物依靠船就能浮起来，锱铢轻物没有船就沉下去，不是因为千钧轻而锱铢重，而是因为没有依靠船的浮力这种势。所以短木居高临下凭借的是位置，不才者制服贤人凭借的是权势。做君主的，天下合力来共同拥戴他，所以地位稳定；天下齐心协力来推举他，所以他身价尊贵。臣下发挥特长，竭尽所能，这就叫作忠诚。用尊贵的君主驾驭忠诚的臣子，就会出现长治久安的局面，功业和名望就会建立。名、实相依赖而成立，形、影相对应而出现，所以君臣愿望相同而各自要做的事情不同。君主的祸患在于没有人响应，一只手单独来拍，虽然速度快，但也发不出声来。臣子的忧患在于不能专职，右手画圆左手画方的，不能同时成功。治理得好的国家，君主如同鼓槌，臣子如同鼓，技能如同车，职位如同马。所以君主有余力臣民容易响应召唤，技能高超容易办成事情。建功立业的人力量不够，亲近的人忠诚不够，成就名望的人权势不够，贴身的人不贴心，远方的不结交，那就是名不副实了。圣人的道德如同尧、舜，行为如同伯夷，但势位不为世人所拥护，就会功不成，名不正。所以古代能够成就功名的人，众人用力帮助他，身边的人真心结交他，远处的人用美名赞誉他，位尊的靠权势托起他，正因为如此，所以君主的丰功伟绩就如同泰山一样长期在国家建立，君主的盛名威望就如同日月一样在天地之间永放光芒。这就是尧所以能面南称王而保持名位，舜所以要面北称臣而献功效忠的原因。

【点评】

《功名》在阐述权势的重要性，是君主如何立功成名的重要文献。韩非认为，君主要立功成名，必须具备四个条件：顺天时，得人心，运用技能，高居势位。此节对势位进行了重点分析，指出势由位生，只有处于君位，才能握有权势。权势首先是对群臣的支配权，对全国的发号施令权。君主必须得到群臣的支持与服从，"臣主同欲而异使"，"尊主御忠臣，则长乐生而功名成"。韩非这种借助势位而建立功名的思想，就是对势治学说的发展。

外储说右上

【原文】

季孙相鲁，子路为郈令。鲁以五月起众为长沟，当此之为，子路以其私秩粟为浆饭，要做沟者于五父之衢而飡之。孔子闻之，使子贡往覆其饭，击毁其器，曰："鲁君有民，子奚为乃飡之？"子路怫然怒，攘肱而入，请曰："夫子疾由之为仁义乎？所学于夫子者，仁义也；仁义者，与天下共其所有而同其利者也，今以由之秩粟而飡民，其不可何也？"孔子曰："由之野也！吾以女知之，女徒未及也。女故如是之不知礼也！女之飡之，为爱之也。夫礼，天子爱天下，诸侯爱境内，大夫爱官职，士爱其家，过其所爱曰侵。今鲁君有民而子擅爱之，是子侵也，不亦诬乎！"言未卒，而季孙使者至，让曰："肥也起民而使之，先生使弟子徒投而飡之，将夺肥之民耶？"孔子驾而去鲁。以孔子之贤，而季孙非鲁君也，以人臣之资，假人主之术，蚤禁于未形，而子路不得行其私惠，而害不得生，况人主乎！以景公之势而禁田常之侵也，则必无劫弑之患矣。

【注释】

季孙：指季康子，春秋末期鲁国执政的卿。子路：又称季路，即仲由，春秋鲁国人，孔子弟子。郈：鲁国地名，叔孙的封邑，位于今山东东平东南。令：县邑的长官，春秋时期称宰，这里是战国的名称。秩粟：指按官职品级得到俸禄的粮食。奚为：为什么。怫然：愤怒的样子。攘肱：卷起袖子露出胳膊。肱：胳膊。女：同"汝"。诬：妄为。让：责备。肥：季孙自称。

【今译】

季孙做鲁相，子路做郈邑长官。鲁国在五月份发动民众开挖长沟，在开工期间，子路用自己的俸粮做成粥，让挖沟的人五父路上来吃。孔子听说后，叫子贡倒掉他的粥，砸烂他盛饭的器皿，说："这些民众是属于鲁君的，你干吗要给他们饭吃？"子路勃然大怒，握拳捋袖走进来，质问说："先生憎恨我施行仁义吗？我从先生那里学到的，就是仁义；所谓仁义，就是与天下的人共同享有自己的东西，共同享受自己的利益。我现在用我自己的俸粮去供养民工，为什么不行？"孔子说："子路好粗野啊！我以为你懂了，你还是不懂，你原来还是这样的不懂礼！你供养民工，是爱他们。礼法规定，天子爱天下，诸侯爱国内的民众，大夫爱官职所辖，士人爱自己的家人，超过应爱的范围就叫冒犯。现在对于鲁君统治的民众，你却擅自去爱，你这是在侵权，不也是属于胆大妄为吗！"话没说完，季孙的使者就到了，责备说："我发动民众而差使他们，先生让弟子制止民工服役并给他们饭吃，是想夺取我的民众吗？"孔子不得不驾车离开了鲁国。以孔子的贤明，而季孙又不是鲁君，对于以臣子的身份，借用君主的权术，能在危害还没有形成之前就及早杜绝，使子路不能施行个人的恩惠，使危害不至于发生，何况是君主呢？用齐景公的权势去禁止田常争取民众的越轨行为，就必定会出现被劫杀的祸患了。

【点评】

此节通过子路施粥的事件，说明赏赐权不能有臣下替代君主行使的道理。用君主的权势去禁止权臣争取民心的越轨行为，就必定不会出现劫杀君主的祸患。孔子为了避开季孙丞相的权势，迅速离开是非之地，就是惧怕权势的威力。

【原文】

申子曰："上明见，人备之；其不明见，人惑之。其知见，人饰之；不知见，人匿之。其无欲见，人司之；其有欲见，人饵之。故曰：吾无从知之，惟无为可以规之。"

【注释】

申子：指申不害，曾任韩昭侯的相，法家代表人物，主张用术驾驭群臣。司：通"伺"，侦查，探测。无为：原是老子的政治主张，申不害改造了老子的无为思想，建立了"术"的理论，有不露声色顺应自然来控制对方等用意，是进行统治的一种手段。规：窥视。

【今译】

申不害说："君主的明察如果显露出来，人们就会防备他；君主的糊涂如果显露出来，人们就会迷惑他。君主的智慧如果显露出来，人们就会美化他；君主的愚蠢如果显露出来，人们就会蒙蔽他。君主没有欲望显露出来，人们就会探测他；君主有欲望显露出来，人们就要引诱他。所以说，我没有办法知道其中的奥妙，只有无为可以探测它的端倪。"

【点评】

韩非认为，驾驭群臣之术与无为之术是一脉相承的。君臣关系是利害关系，所以君臣双方都在窥视对方的言行及动向，以便及时采取应变对策，以防落入对方的陷阱。君主只有使用无为之术，才可以全方位观察群臣，而臣下却无以窥测到君主的好恶与意图。由此可见，无为之术堪称帝王之术。

定法

【原文】

问者曰："主用申子之术，而官行商君之法，可乎？"

对曰："申子未尽于术，商君未尽于法也。申子言：'治不逾官，虽知弗言。'治不逾官，谓之守职也可；知而弗言，是不谓过也。人主以一国目视，故视莫明焉；以一国耳听，故听莫聪焉。今知而弗言，则人主尚安假借矣？商君之法曰：'斩一首者爵一级，欲为官者为五十石之官；斩二首者爵为二级，欲为官者为百石之官。'官爵之迁与斩首之功相称也。今有法曰：'斩首者令为医、匠。'则屋不成而病不已。夫匠者手巧也，而医者齐药也，而以斩首之功为之，则不当其能。今治官者，智能也；今斩首者，勇力之所加也。以勇力之所加而治智能之官，是以斩首之功为医，匠也。故曰：二子之法于术，皆未尽善也。"

【注释】

申子：即申不害，郑国（今河南荥阳）人，战国时法家代表人物。曾任韩昭侯相，主张循名贵实，以术驭臣。

商君：即商鞅，战国时卫国人，原名卫鞅，又名公孙鞅。法家代表人物。在秦国实行变法，因功封于商，故名商鞅。秦孝公死后，受旧贵族围攻，战死后，又被车裂。

不谓过：指不告发罪过。谓：说，告。首：指甲首，披甲的小军官的头。级：指秦国的爵位级别。石：容量单位，10斗为1石，重120斤。齐药：即调配药物。齐：同"剂"。二子：指申不害和商鞅。

【今译】

问话的人说："君主使用申不害的术，而官府实行商鞅的法，这样可以吗？"

韩非回答说："申不害的术不够完善，商鞅的法也不够完善。申不害说：'办事不超越自己的职权范围，越权的事即使知道了也不说。'办事不超越职权范围，可以说是恪尽职守；知道了不说，这是不告发罪过。君主用全国人民的眼睛去看，所以没有比他看得更全面的；用全国人的耳朵去听，所以没有比他听得更清楚的。假如知道了都不报告，那么君主还靠什么来做自己的耳目呢？商鞅的法令规定：'杀死一个敌人的小头目的，升爵一级，想做官的给年奉五十石的官。杀死两个敌人小头目的，升爵两级，想做官的给年奉一百石的官。'官职和爵位的提升跟杀敌立功的多少是相当的。如果有法令规定：'让杀敌立功的人去做医生或工匠。'那么他房屋也盖不成，病也治不好。工匠是有精巧手艺的，医生是会配制药物的，如果用杀敌立功的人来干这些事，那就与他们的才能不相适应。现在做官的人，要有智慧和才能；而杀敌立功的人，靠的是勇气和力量。如果让靠勇气和力量的人去担任需要智慧和才能的官职，那就等于让杀敌立功的人去当医生、工匠一样。所以说：申不害的术和商鞅的法，都还没有达到完善的地步。"

【点评】

"定法"，就是确定名副其实的赏罚原则，完善法令。韩非认为，商鞅的法和申不害的术是不完善的，只有法、术、势相结合，才能加强君权统治。韩非的法治思想有三个来源：势，源于慎到；法，源于商鞅；术，源于申不害。韩非对前人的思想既有继承，又有发展，是法家之集大成者。

《商君书》

更法第一

【原文】

孝公平画，公孙鞅、甘龙、杜挚三大夫御于君。虑世事之变，讨正法之本，求使民之道。

【注释】

孝公：秦孝公。姓嬴，名渠梁。公元前361—前338年在位。平画：商讨，谋划。甘龙、杜挚：皆为秦孝公时大臣，其事迹不详。御：侍奉，陪侍。虑：思虑，谋划。正：修正。使民：统治人民，使其服从自己。

【今译】

秦孝公同大臣商讨强国大计，公孙鞅、甘龙、杜挚三位大夫陪侍在孝公的左右。他们分析社会形势的变化，研究修正法制的根本原则，寻求统治人民的方法。

【原文】

君曰："代立不忘社稷，君之道也；错法务明主长，臣之行也。今吾欲变法以治，更礼以教百姓，恐天下之议我也。"

【注释】

代立：接替君位。社稷：分别指土神和谷神。古时君主都重视祭祀社稷，后来就用社稷代表国家。错法：订立法度。错，通"措"。明：彰明。长：权威。教：教化。议：批评。

【今译】

秦孝公说："接替先君的位置做了国君后不忘国家社稷之事，这是国君应当奉行的原则；订立法度务必显示国君的权威，这是臣子的行为准则。现在我想要通过变法来治理国家，改变礼制来教化百姓，却有担心天下人批评我。"

【原文】

公孙鞅曰："臣闻之：'疑行无名，疑事无功。'君亟定变法之虑，殆无顾天下之议之也。且夫有高人之行者，固见负于世；有独知之虑者，必见骜于民。语曰：'愚者暗于成事，智者见于未萌。''民不可与虑始，而可与乐成。'郭偃之法曰：'论至德者不和于俗，成大功者不谋于众。'法者，所以爱民也；礼者，所以便事也。是以圣人苟可以强国，不法其故；苟可以利民，不循其礼。"

孝公曰："善！"

【注释】

疑行无名，疑事无功：语出《战国策·赵策二》，原作"疑事无功，疑行无名"。疑行、疑事即"疑于行"、"疑于事"，谓做事犹豫不决。亟：尽快，快。殆：表示希望的语气副词。无：通"毋"，不要。议：议论，此指非议、批评。负：背离，不赞同。骜：嘲笑。郭偃：晋文公时大臣，掌卜筮之事，曾辅佐晋文公变法。便：方便，便利。事：做事，处理政务。

【今译】

公孙鞅说："我听说：'行动迟疑不定就不会有什么成就，办事犹豫就不会有什么功效。'国君应当尽快下定变法的决心，不要过虑天下人的批评。何况作出比他人高明行为的人，一向会被世俗所非议；有独特见解的人，也会遭到周围人的嘲笑。俗话说：'愚昧之人在事成之后还不明白是怎样成功的，聪明人却能够预见到那些还没有显露萌芽的迹象。''百姓是不可以同

他们讨论去开创某件事情的，而只有能够同他们一起欢庆事业的成功。'郭
偃的书上说：'追求崇高道德的人不去附和那些世俗的偏见，成就大事业的
人不去同众人商量。'法度，是用来爱护百姓的；礼制，是为了方便办事的。
所以圣明的人治理国家，如果能够使国家富强，就不必去沿用旧有的法度；
如果能够使百姓得到益处，就不必去遵循旧的礼制。"

【点评】

关于治国理政，公孙龙认为，要与时俱进，不因循守旧，只要是对人
民有益处的事情，就尽快去实施。"论至德者不和于俗，成大功者不谋于众"
是有道理的。领袖之所以成为领袖，就是善于发现真理，把握事物规律，才
能领导人民奋发图强，强国富民。

【原文】

甘龙曰："不然。臣闻之：'圣人不易民而教，智者不变法而治。'因
民而教者，不劳而成功；据法而治者，吏习而民安。今若变法，不循秦
国之故，更礼以教民，臣恐天下之议君，愿孰察之。"

【注释】

易：改变。民：当指民俗，"不易民"与下文"不变法"对举。习：熟悉。孰：同熟，
仔细认真。察：思考。

【今译】

甘龙说："不是这样。我也听说这样一句话：'圣明的人不去改变百姓的
旧习俗来施行教化，聪明的人不去改变旧有的法度来治理国家。'顺应百姓
旧有的习俗来实施教化，不用费什么辛苦就能成就功业；按照旧有的法度来
治理国家，官吏驾轻就熟，百姓也安逸。现在如果改变法度，不遵循秦国旧
有的法治，更改礼制教化百姓，我担心天下人要批评国君了，希望君王认真
考虑这件事。"

【点评】

甘龙不同意公孙鞅的见解，认为遵循秦国的旧制，官员驾轻就熟，百
姓也安逸守旧，否则就会被天下人批评君王。

【原文】

公孙鞅曰："子之所言，世俗之言也。夫常人安于故习，学者溺于所

闻。此两者，所以居官而守法，非所与论于法之外也。三代不同礼而王，五霸不同法而霸。故知者作法，而愚者制焉；贤者更礼，而不肖者拘焉。拘礼之人不足与言事，制法之人不足与论变。君无疑矣。"

【注释】

子：对他人的尊称，通常指男性。常人：守常道不变的人。学者：指读书人。溺：沉溺，此指拘泥。居官：居于官位。三代：指夏、商、周三个朝代。王：称王。五霸：指春秋五霸，一般指齐桓公、宋襄公、晋文公、秦穆公、楚庄王。后一"霸"字为动词，称霸。制：控制，被控制。不肖者：指没有作为的人。

【今译】

公孙鞅说："您所说的这些话，正是世俗的言论。守旧的人固守旧的习俗，死读书的人局限于他们听过的道理。这两种人，只能用来安置在官位上遵守成法，却不能同他们讨论变革旧有法度的事情。夏、商、周这三个朝代礼制不相同却都能称王于天下，春秋五霸各自的法制不同却能称霸诸侯。所以聪明的人能创制法度，而愚昧的人只能受法度的约束；贤能的人变革礼制，而无能的人只能受礼制的约束。受旧的礼制制约的人不能够同他们商讨国家大事，被旧法制限制的人不能同他讨论变法。国君不要迟疑不决了"

【点评】

公孙鞅用夏商周三代不同法而称王天下，春秋五霸不同制而称霸诸侯的事例，驳斥甘龙的意见。聪明的人能够创新法度，守旧的人只能受法度的约束。

【原文】

杜挚说："臣闻之：'利不百，不变法；功不十，不易器。'臣闻：'法古无过，循礼无邪。'其君图之！"

【注释】

邪：同"斜"，偏斜。图：思考。

【今译】

杜挚说："我听说过这样的话：'如果没有百倍的利益，不改变法度；如果没有十倍的功效，不要更换使用的工具。'我还听说：'效法古代法制不会有过错，遵循旧的礼制不会有偏差。'希望国君对这件事仔细考虑。"

【点评】

杜挚坚守旧有的法制，认为如果没有百倍的利益，就不要变法，效法古代法制不会有错，遵循旧有礼制不会偏差。

【原文】

公孙鞅说："前世不同教，何古之法？帝王不相复，何礼之循？伏羲、神农教而不诛，黄帝、尧、舜诛而不怒，及至文、武，各当时而立法，因事而制礼、礼、法以时而定，制、令各顺其宜，兵甲器备各便其用。臣故曰：治世不一道，便国不必法古。汤、武之王也，不循古而兴；殷、夏之灭也，不易礼而亡。然则反古者未必可非，循礼者未足多是也。君无疑矣。"

【注释】

伏羲：古代传说中的三皇之一，风姓。相传伏羲始画八卦，创造文字。又教民渔猎，取牺牲以供庖厨，因而被称为庖牺。神农：古代传说中的三皇之一，农业和医药的发明者。教：教化。诛：惩罚。

黄帝：传说中的五帝之一。姓公孙，居轩辕之丘，故号轩辕氏。尧：传说中的五帝之一。帝喾之子，本名放勋。舜：传说中的五帝之一。姓姚，名重华。原始时代有虞氏的部落首领，故又称虞舜。诛而不怒：施用刑罚却不过分，意谓量刑适当。怒：超过，谓超过其罪行。

文：指周文王。商代末年西方诸侯，建国于岐山。行仁政，使岐国国力日强。武：指周武王，文王之子。他联合庸、蜀、羌等部族，打败了商纣王，建立了西周王朝。

当：顺应。宜：适宜。

汤：商汤。子姓，商族部落首领。任用伊尹灭掉夏桀，建立商朝。循：循环。

殷：朝代名，指商朝。公元前16世纪商汤灭夏所建，因商王盘庚迁都至殷地而得名。公元前11世纪为周武王所灭。夏：朝代名，相传夏后氏部落首领禹之子启建立，是我国历史上第一个奴隶制国家，改禅让制为世袭制。约公元前16世纪为商所灭。

【今译】

公孙鞅说："以前朝代政教各不相同，应该去效法哪个朝代的古法呢？古代帝王的法度不相互因袭，应该遵循哪一些礼制呢？伏羲、神农施行教化不施行惩罚，黄帝、尧、舜虽然施行惩罚却量刑适当，到了周文王和周武王时代，他们各自顺应时势而建立法度，根据国家的具体情况制定了礼制。礼制和法令都要根据实际情况来制定，法令、命令都要顺应当时的社会事宜，就像兵器、铠甲、器具、装备的制造都要方便使用一样。所以我说：治理国家不一定都用一种方式，对国家有利不一定非要效法古代。商汤、周武王称王天下，并不是因为他们遵循古代法度才兴旺的；殷商和夏朝的灭亡，也不是因为他们更改旧的礼制才灭亡的。既然如此，那么违反旧的法度的人不一定要予以谴责，遵循旧的礼制的人不一定值得大加肯定。国君对变法的事就不要迟疑了。"

【点评】

公孙鞅认为，远古三皇五帝时代，以道治国，以德治国，以仁治国，以礼治国，各不相同，不因变法而不昌盛，也不因坚守旧制而不灭亡，要与时俱进，应时变法！

【原文】

孝公曰："善！吾闻'穷巷多怪，曲学多辨'。愚者笑之，智者哀焉；狂夫乐之，贤者丧焉。拘世以议，寡人不之疑矣。"于是遂出《垦草令》。

【注释】

穷巷：地处偏僻的里巷。曲学：囿于一隅之学。辨：通"辩"，争辩，谓固执己见。

《垦草令》：秦孝公颁布的法令，内容是督促鼓励农民开垦荒地。

【今译】

孝公说："好！我听说'从偏僻小巷子走出来的人爱少见多怪，学识浅陋的人多喜欢争辩'。愚昧人所讥笑的事，正是聪明人所感到悲哀的事；狂妄人高兴的事，正是有才能人所担忧的事。那些拘泥于世俗偏见的议论言辞，我不再因它们而迟疑了。"于是，秦孝公颁布了《垦草令》。

【点评】

秦孝公接受公孙鞅的建议，决定实行变法，颁布了首部督促鼓励农民的《垦草令》，这对于秦国日后的强大，称霸于诸侯，秦始皇统一天下，奠定了强大的基础！

商鞅因变法而名扬天下，但商鞅只懂得变法和法治，不懂得"法、术、势"的综合运用，导致变法的成果落入权臣的手里，致使日后被车裂的悲惨下场！商鞅虽因变法而得罪皇室氏族而被车裂，但他变法的成果被后世的君主所继承，并且被两千多年来所有的封建帝王所继承和发展！商鞅因变法而名垂千古！

杂家经典

《管子》

管仲其人

管仲（约公元前 725 年—前 645 年），即管敬中，名夷吾，字仲，颍上人（今安徽颍上县人），春秋初期政治家、思想家，中国历史上最早的改革家之一。当今学术界称他是"杰出的政治家、思想家、哲学家，法家的先驱，管仲学派的创始人"。

关于管仲的身世，据《史记·管晏列传》记载，他早年很贫困，经过商，当过小官，与鲍叔牙为友。"管鲍之交"的美誉，成为千古佳话，也是古人朋友交往的楷模。管子所处的年代，正是中国历史上"礼崩乐坏"的剧变时期。周室衰微，列国争霸，强凌弱、众暴寡，局势激荡多变。齐桓公践位后，鲍叔牙大力举荐管仲，认为管仲是宽惠爱民，治国不失权柄，忠信可结诸侯，制礼义可法四方的栋梁之才，如果要治国称霸，非管仲不可。管仲辅助齐桓公执政长达 40 年之久。从内政外交各方面大刀阔斧地改革："参其国而伍其鄙"，确立官吏分级管理的行政管理体制；"作内政而寄军令"，实行军政合一的军事编织；经济上盐铁官营，铸造货币，实行"相地而衰征"的赋税政策；外交上改善同各国关系，"轻其币而重其礼"；思想上重视政治顺应民心，指出"仓廪实而知礼节，衣食足而知荣辱"。同时，管仲还注意加强道德教化，认为"四维（礼、义、廉。耻）不张，国乃灭亡"。由于管仲力行改革，励精图治，终使齐国国富兵强，九合诸侯，一匡天下，成为诸侯之最——春秋史上第一个称霸天下的国家。其政绩昭昭，令后人仰止！

一、牧民

【原文】

凡有地牧民者，务在四时，守在仓廪。国多财则远者来，地辟举则民留处；仓廪实则知礼节，衣食足则知荣辱；上服度则六亲固。四维张则君令行。故省刑之要在禁文巧；守国之度在饰四维；顺民之经在明鬼神，祗山川，敬宗庙，恭祖旧。不务天时则财不生，不务地利则仓廪不盈。野芜旷则民乃菅，上无量则民乃妄，文巧不禁则民乃淫，不璋两原则刑乃繁，不明鬼神则民不悟，不祗山川则威令不闻，不敬宗庙则民上校，不恭祖旧则孝悌不备。四维不张，国乃灭亡。

右"国颂"。

【注释】

牧民：治理民众，古代将治理国家百姓称为牧民。四时：春、夏、秋、冬四季，古代政治特别强调治理民众要遵循天时，什么季节该做什么都有一定的规矩。仓廪：仓库。古代仓库储备谷物的叫仓，储备米的叫廪，此处并无区别。四维：礼、义、廉、耻，是四种维护国家存在的纲领。省刑：减少刑罚，即减少国家犯罪的现象。文巧：指华而不实的东西。国颂：国家的根本法条。颂：本义是一种诗体，此处犹如说"格言"。

【今译】

凡是拥有土地治理民众的人，最重要的事情在遵从四时保证生产，最关键的职责在使国库充实。国家财富积累得多，远方的人就前来投奔；土地充分开辟，百姓就长居而不会离去；仓库充实，民众就懂得礼节；衣食充足，民众就珍惜荣誉，远离耻辱；在上位者衣着、器物等有法度，百姓的家庭就六亲和睦而稳固；高扬礼义廉耻，君主政令就能推行。所以，要减少国家的刑罚，关键在禁止奇技淫巧；捍卫国家的法度，关键在于强化礼义廉耻四大纲领；教化民众的大法，关键在于明示鬼神之礼，敬奉山川神灵，敬事宗庙祖先，善待亲戚故旧。不遵从天时，财富就不能产生；不尽量开发地利，国家储备就不充盈。田野荒芜，百姓就懒惰；在上位的奢侈挥霍无度，百姓就胆大妄为；奇技淫巧不加禁绝，百姓就不守法度；不禁绝"奇技淫巧"和"无量"两个祸根，国家就会混乱，刑罚就会繁多；不明示对鬼神的尊重，百姓就不会觉悟；不敬山川神灵，国家的权威和命令就难以被百姓知晓；不敬宗庙祖先，百姓就会冒犯在上位的尊贵者；不善待亲戚故旧，孝悌之道就会缺乏。礼义廉耻得不到高扬，国家就会灭亡。

以上为"国颂"的内容。

【点评】

本文为《管子》第一篇，专门阐述如何治理民众的问题。管子认为，治民的首要任务在发展生产，建立维系国家安危的礼义廉耻。治民应顺民心，必须满足民众的物质、精神两个方面的需求，施政不可欺诈民众，不可做侥幸一时的事情。文章至理名言。

【原文】

国有四维。一维绝则倾，二维绝则危，三维绝则覆，四维绝则灭。倾可正也，危可安也，覆可起也，灭不可复错也。何谓四维？一曰礼，二曰义，三曰廉，四曰耻。礼不渝节，义不自进，廉不蔽恶，耻不从枉。故不逾节，则上位安；不自进，则民无巧诈；不蔽恶，则行自全；不从枉，则邪事不生。

右"四维"。

【注释】

维：系物的大绳，引申为维系事物稳固的条件。复错：意思是灭绝了就不能再恢复了。枉：弯曲，不正，引申为不合正道或违法的行为。

【今译】

维系国家的存在，有四大纲领。失去一条，国家倾斜；失去两条，国家危险；失去三条，国家倾覆；失去四条，国家灭亡。倾覆尚可纠正，危险尚可安定，倾覆尚可恢复，到了灭亡的地步，就不能挽回了。什么叫四维？第一是礼，第二是义，第三是廉，第四是耻。人有礼，就不会超越节度；有义，就不会枉自求进；有廉，就不会隐瞒过恶；有耻，就不会与邪恶同流合污。所以，只要百姓安分守己，君主地位就太平无事；不枉自求进，就不会滋生浮巧奸诈；不隐瞒罪恶，行为必然完美保全；不同流合污，就不会有邪恶的事发生。

以上是"四维"的内容。

【点评】

管子认为,维系国家的存在,需要"礼、义、廉、耻""四维",即四大纲领的支撑,没有了"四维"的支撑,国家就会灭亡。礼,是要求人们守本分,不僭越;义,是不违背正义,独自求进;廉,不隐瞒过恶,不贪腐;耻,不与邪恶同流合污,知道羞耻。

"礼、义、廉、耻"国之四维,于当今社会,是多么的稀缺啊!应引起我们高度的警惕!

【原文】

政之所兴,在顺民心;政之所废,在逆民心。民恶忧劳,我佚乐之;民恶贫贱,我富贵之;民恶危坠,我存安之;民恶灭绝,我生育之。能佚乐之,则民为之忧劳;能富贵之,则民为之贫贱;能存安之,则民为之危坠;能生育之,则民为之灭绝。故刑罚不足以畏其意,杀戮不足以服其心。故刑罚繁而意不恐,则令不行矣;杀戮众而心不服,则上位危矣!故从其四欲,则远者自亲;行其四恶,则近者叛之。故知予之为取者,政之宝也。

右"四顺"。

【注释】

我佚乐之:君主要使老百姓安逸快乐。我:君主。佚:使安逸。畏其意:心生畏惧。意:心意。四欲:即佚乐、富贵、存安、生育四方面的内容。

【今译】

政治兴盛,在顺应民心;政治衰退,在忤逆民心。百姓厌恶忧劳,君主可以让他们感到快乐;百姓憎恶贫贱,君主可以使他们富贵;百姓担心灾祸降临,君主可以让他们得到保全和安顺;百姓害怕家族灭绝,君主可以使他们生殖繁育。能让百姓安乐的人,百姓必然愿为他忧劳;能让百姓富贵的人,百姓必定愿意为他忍受贫贱;能够保全百姓的人,百姓愿意为他赴汤蹈火;能使百姓生养的人,百姓愿意为他赴死。所以,仅靠刑罚是不能让百姓感到畏惧的,杀戮也不足以使他们服帖。刑罚太滥百姓反而不害怕,法令就更难以推行；杀人太多而民心不服，君主地位就危险了！所以，服从上述四种欲望本性，疏远的人会自动变得亲近；如果忤逆民意，亲近的人也会背叛国家。所以，懂得给予百姓正是为了向他们索取，才是掌握了国家政治的法宝。

以上为"四顺"的内容。

【点评】

管子认为，政治兴盛，在顺民心；政治衰退，在逆民心。君主的主要任务是为民趋利避害，使人民安逸快乐，富贵荣耀，安全稳定，家族延续兴旺，人民就会主动归顺、拥护、亲近，并心服口服，甘心情愿地为君主效劳。反之亦然。

二、形势

【原文】

山高而不崩，则祈羊至矣。渊深而不涸，则沉玉至矣。天不变其常，地不易其则，春夏秋冬，不更其节，古今一也。蛟龙得水，而神可立也；虎豹得幽，而威可载也。风雨无乡，而怨怒不及也。贵有以行令，贱有以忘卑，寿夭贫富，无徒归也。衔命者，君之尊也；受辞者，名之运也。上无事，则民自试。抱蜀不言而庙堂既修。鸿鹄锵锵，唯民歌之；济济多士，殷民化之，纣之失也。飞蓬之问，不在所宾；燕雀之集，道行不顾。牺牲圭璧，不足以飨鬼神。主功有素，宝币奚为？羿之道，非射也；造父之术。非驭也；奚仲之巧，非斵削也。召远者使无为焉，亲近者言无事焉，唯夜行者独有也。

【注释】

祈羊：祭祀山神时用以献祭的羊。沉玉：投入水中以祭祀河神的玉石。古礼：以玉沉河祭神。极：到来。得幽：凭借深山幽谷。载：运行，在此有保持、持有的意思。载或为"栽"字之误，竖立的意思。无乡：没有固定的方向。衔命：发号施令。衔：口含。

【今译】

山势高峻而不崩塌，祈祷的祭羊就来了。渊潭深邃而不枯竭，祭祀的沉玉就到了。天不改换其常规，地不变其法则，春夏秋冬不错乱节令，从古到今都是这样。蛟龙得到了水，可以树立神灵；虎豹凭借深山幽谷，可以拥有神威。风雨没有既定的方向，人们对它们就不会有怨恨。贵者所以发号施令，平民所以忘记自己的卑贱，寿命或长或短，身家或贫或富，都不是无因而至的。口含命令，是君主的尊严；接受君命，是名分起的作用。君主不事事亲为，老百姓就会自动去做事。抱着祭器不说话，朝廷清净政治就得到实施。鸿鹄锵锵的鸣叫，可以让百姓同声唱和；周文王的子孙人才济济，连商朝遗民也会被感化。对那些没有根据的言论，完全不必在意；燕雀聚集之类的小事，连路上的行人也不会多看。用牛羊玉器作贡品，未必能求得鬼神的保佑。君主之功靠平时的积德才有根基，何必把钱币当作珍宝？后羿射箭之道，并不在于射箭的动作；造父的驾车之术，并不在于趋驾马匹；奚仲造车的技巧，也不在于木料的砍削。招徕远方的人，靠的是无为；亲赴近前的人，靠的是少言。只有懂得暗自行道的人，才能有这样的作为。

【点评】

此篇颇有老子"道生之，德畜之，物形之，势成之"的味道，指出山形只要高，自然就可以招来贡品；明主无为，就会招徕远方之人；身教胜于言教的少言，自然就会使人亲近。只有懂得无为的人，才能无为而无不为。

领导身教胜于言教，顺势而为的无为，胜过逆势苦为的有为。只要花盛开，碟会自然来。

三、权修

【原文】

欲为天下者，必重用其国；欲为其国者，必重用其民；欲为其民者，必重尽其民力。无以畜之，则往而不可止也；无以牧之，则处而不可使也。远人至而不去，则有以畜之也；民众而可一，则有以牧之也。见其可也，喜之有征；见其不可也，恶之有刑。赏罚信于其所见，虽其所不见，其敢为之乎？见其可也，喜之无征；见其不可也，恶之无刑；赏罚不信于其所见，而求其所不见之为之化，不可得也。厚爱利，足以亲之；明智礼，足以教之。上身服以先之，审度量以闲之，乡置师以说道之。然后申之以宪令，劝之以庆赏，振之以刑罚，故百姓皆说为善，则暴乱之行无由至矣。

【注释】

为天下：争夺天下的意思。喜之有征：国家喜爱的，就必须有喜爱的表现。征：表现，证验，此处指实际惩罚。度量：长短多少的标准，引申为法规、制度。闲：防范。师：负责宣教的官。振：通"震"，震慑。说：通"悦"，高兴。

【今译】

要想夺取天下，就必须珍惜国力；要想治好国家，就必须慎重用民；要想治好国民，就必须爱惜他们的财力和劳力。君主不能养活国民，国民的离去就不可制止；不能统治国民，他们留下来也无法使其听从号令。远方人民来投奔而不离去，是因为君主有办法养活他们；人口众多而能齐心协力，是因为治理有方。国家见到人民自己喜欢的事情，表达高兴应有实际的奖赏；见做不喜欢的事，表达厌恶就应该有实际的惩罚。对见到的好事坏事，奖惩严明可信，那些见不到的坏事，人们还敢去做吗？见到有人做应该做的事，喜欢却没有奖赏；见人做不好的事，厌恶却不能惩罚；对看到的好事却不能真正做到奖惩分明，想要使人在不被看到的情况下去恶从善，是不可能的。君主付出厚爱厚利，就会使人民亲近；申明知识礼节，就会教育人民。君主能以身作则起表率作用，审定制度来防范社会的不良现象，乡里设立教师教导人民。有了这样的基础，再向他们申明法度，用奖赏来鼓励他们，用刑罚来威慑他们，百姓就都乐于行善，暴乱的事情就没有机会出现了。

【点评】

管子认为，要想夺取天下，必须爱惜国力；要想治理好国家，必须慎重用民；要想治理好国民，必须爱惜人民的财力和劳力。奖惩要严明，才能令行禁止；给人民以厚爱，才能得到人民的拥护；君主以身作则，才能教育好人民。

【原文】

上恃龟筮，好用巫医，则鬼神聚祟。故功之不立，名之不章，为之患者三：有独王者、有贫贱者、有日不足者。一年之计，莫如树谷；十年之计，莫如树木；终身之计，莫如树人。一树一获者，谷也；一树十获者，木也；一树百获者，人也。我苟种之，如神用之。举事如神，唯王之门。

【注释】

龟筮：占卜。古代占卜，先卜后筮，卜用龟，筮用蓍草。巫医：即巫术人员。古代巫医不分，所以连言。章：同"彰"，彰显，显露。树：培养，种植。

【今译】

君主做事好求神问卜，任用巫鬼人员，那么鬼神一定会经常作怪。身为一国之君，功业不成，名声不显，将造成以下三种祸患：孤立无援，贫穷卑贱，入不敷出。作一年的打算，最好种植五谷；作十年的打算，最好种植树木；作终身的打算，最好培养人才。一种一收的，是种谷物；一种十收的，是种树木；一种百收的，是培养人才。我做君主如能扶持人才，那效果就像神在起作用。做这种有如神效的事情，才是打开了王业的大门。

【点评】

此节强调培养人才的重要性。管子认为，你只有一年的短期打算，莫如种植五谷；你只有十年的打算，莫如种植树木；你有终身的打算，莫如培养人才。领导者，切莫急功近利，要有百年树人的精神，修养好自身，培养好人才，培养好子女，才是后续发展的百年大计。

四、五辅

【原文】

德有六兴，义有七体，礼有八经，法有五务，权有三度。所谓六兴者何？曰：辟田畴，制坛宅，修树艺，劝士民，免稼穑，修墙屋，此谓厚其生。发伏利，输墆积，修道途，便关市，慎将宿，此谓输之以财。导水潦，利陂沟，决潘渚，溃泥滞，通郁闭，慎津梁，此谓遗之以利。薄征敛，轻征赋，弛刑罚，赦罪戾，宥小过，此谓宽其政。养长老，慈幼孤，恤鳏寡，问疾病，吊祸丧，此谓匡其急。衣冻寒，食饥渴，匡贫窭，振罢露，资乏绝，此谓振其穷。凡六者，德之兴也。六者既布，则民之所欲，无不得矣。夫民必得其所欲，然后听上；听上，然后政可善为也。故曰德不可不兴也。

【注释】

壔（zhì）：积，囤积，储积。将宿：指送迎。潘渚：回流与浅滩。回流水为"潘"，水中小洲为渚。贫窭（jù）：指贫穷的人。罢露：疲惫，败坏。罢：同"疲"。露：败坏。

【今译】

德有"六兴"，文有"六体"，礼有"八经"，法有"五务"，权有"三度"。什么叫"六兴"呢？是：开垦田野，建造住宅，研习种植，勉励士民，鼓励农耕，修缮房屋，这叫作改善民生。开发潜在的资源，疏通积滞的物产，修筑道路，便利贸易，重视迎送商旅往来，这叫作疏导商品流通。疏浚积水，修通沟渠，疏畅回流，清除淤泥，打通河道堵塞，注意渡口桥梁，这叫作便民以利。薄收租税，轻征捐赋，宽减刑罚，赦免罪犯，宽恕小过，这叫作从宽执政。敬养老人，慈恤幼孤，救济鳏寡，慰问疾病，吊唁祸丧，这叫作救人之急。给挨冻的人衣服穿，给饥渴的人饮食，救助贫陋，赈济破败人家，资助赤贫，这叫作救人之穷困。这六个方面都是兴举德政。这六项德政如能实行，则百姓的需求都得到满足了。只有人民的需求得到满足，然后才能听从上面；只有百姓服从君上，政事才能办好。所以说德政是不可不兴的。

【点评】

管仲德政的"六兴"、"六体"、"八经"、"五务"、"三度"，非常具体，切实可行，2700多年前的管仲，竟有如此详细的德政措施，难能可贵，值得今天的执政者效法。执政者只有满足人民的需求，才能听从指挥。

五、霸言

【原文】

王霸之形：象天则地，化人易代，创制天下，等列诸侯，宾属四海，时匡天下；大国小之，曲国正之，强国弱之，重国轻之；乱国并之，暴王残之；僇其罪，卑其列，维其民，然后王之。夫丰国之谓霸，兼正之国之谓王。夫王者有所独明，德共者不取也，道同者不王也。夫争天下者，以威易危暴，王之常也。君人者有道，霸王者有时。国修而邻国无道，霸王之资也。夫国之存也，邻国有焉；国之亡也，邻国有焉。邻国有事，邻国得焉；邻国有事，邻国亡焉。天下有事，则圣王利也。国危，则圣人知矣。夫先王所以王者，资邻国之举不当也。举而不当，此邻敌之所得意者也。

【注释】

象天则地：取法天地。化人易代：尹注"谓美教化、移风俗"。易代：改换时代。曲：弯曲，不正。这里指不合道义之国。丰国：使自己的国家强大。资：资助、利用。

【今译】

霸王之业的形势是这样的：取法上天，效法大地，教化民众，改朝换代，为天下创立制度，分裂诸侯等次，臣服四海，适时匡正天下；缩小大国的版图，纠正邪曲的国家，削弱强国的实力，降低重国的地位；兼并乱国，推翻暴君；惩罚其罪恶，降低其地位，维护其民众，然后加以统治。能富强本国称之为"霸"，能匡正天下诸侯称之为"王"。王者有其独见之明，有相同仁德的国家，他不去攻取；道义一致的国家，他不去控制。历来争夺天下的时候，王者常常是以威望推翻危乱的暴君。统治民众必须有道，建立王霸之业要等待时机。国内政治清明而邻国无道，这是成就霸业的有利条件。因为国家的存在与邻国密切相关；国家的败亡也与邻国相关。邻国有事，邻国可能有所得，也可以有所失。天下一旦起事端，对圣王是有利的。国家一旦危机，圣人的明智就显示出来了。先代圣王能成其王业，往往是利用邻国的举措不当，邻国举措不当，是其敌国满意的时候。

【点评】

管仲是辅佐齐桓公成就春秋第一霸主的宰相，既有理论知识又有实践经验。此节主要阐述成就"王"、"霸"之道的理论。管仲认为，能富强本国称之为"霸"，能匡正天下诸侯称之为"王"。王霸之业，要取法天，效法地，教化民众，改朝换代，为天下创立制度等等。

六、问

【原文】

凡立朝廷，问有本纪。爵位有德，则大臣兴义；禄予有功，则士轻死节。上帅士以人之所戴，则上下和；授事以能，则人上功。审刑当罪，则人不易讼；无乱社稷宗庙，则人有所宗。毋遗老忘亲，则大臣不怨；举知人急，则众不乱。行此道也，国有常经，人知终始，此霸王之术也。

【注释】

立朝廷：即主持政事。问：即征询，掌握情况。本纪：根本纲纪。宗：奉养祖宗。遗老忘亲：不遗忘老臣和亲近之臣。

【今译】

凡主持朝政，征询调查有一定的法则。爵位授予有德的人，大臣才会倡行仁义；禄赏赐予有功的人，士兵才不惧死难。君主任用士兵拥戴的将领治兵，军队上下就会和睦；按才能大小安排职事，民众才会追求功效。刑罚判处得当，民众就不会轻易诉讼；社稷宗庙不被扰乱，民众就会有所宗奉。不遗忘老臣和宗亲，大臣就不会抱怨；全面了解百姓的急难，民众就不会作乱。执行这些做法，国家便有常法，民众也知道行为规范，这是创立霸王之业的方法。

【点评】

管仲谈如何治国理政：从建国的常法，推行霸王之术，拟出详细的施政方法。管子强调，德配位，则臣兴义；禄有功，则轻生死；授事以能，则人上功；审刑当罪，人则不易讼；毋遗老忘亲，则大臣不怨等霸王之术。管子的治国理政方法，是执政者应该谨记的。

《吕氏春秋》

《吕氏春秋》，亦称《吕览》，战国末年秦国丞相吕不韦集门下食客共同编纂而成，他是对先秦时期众家学说的兼采和综合，是一部具有杂家性质的典籍，也是第一部中国学术史上自成系统的私家学术著作。

《吕氏春秋》是一部"取诸子之长，补百家之短，集众学之精"的先秦杂家代表作，一部在中国古代政治文化史上产生了重大影响的，被后学评为"大出诸子之右"的罕见巨著。

吕不韦，战国末年卫国濮阳（今河南濮阳市）人，生不可考，卒于秦始皇十二年（前 235 年）。原在阳翟（今河南禹县）经商，成为"家累万金"的富商巨贾。后在邯郸遇见在赵国做人质的秦公子异人（子楚），认为"奇货可居"，决定以重金资助，并游说安国君的宠姬华阳夫人，立异人（子楚）为嗣子。封吕不韦为异人（子楚）的师傅。

秦、赵交兵后，异人（子楚）随吕不韦逃归秦国。秦昭襄王死后，安国君即位为孝文王，子楚成为太子。一年后，孝文王死，子楚即位，成为庄襄王。他任用吕不韦为丞相，封文信侯，食邑河南 10 万户。庄襄王在位三年去世，太子政为王，时年 13 岁，任吕不韦为相国，尊为"仲父"。

孟春纪

重己

【原文】

使乌获疾引牛尾，尾绝力勮，而牛不可行，逆也。使五尺竖子引其棬，而牛恣所以之，顺也。世之人主、贵人，无贤不肖，莫不欲长生久视，而日逆其生，欲之何益？凡生之长也，顺之也；使生不顺者，欲也。故圣人必先适欲。

【今译】

让乌获这样的大力士去拉住牛的尾巴，即使尾巴断了，人的力气用完了，牛还是不能带走，这是由于违背了牛的性子。让五尺高的小孩子去牵住牛鼻子上的环，就会让它去哪里就去哪里，这是顺从了牛的性子。世上的君主、贵族，不论好坏，没有不想长寿的，却每天都违反自己生命的本性，这对长生有什么好处呢？大凡要想长寿的，就得顺从自己生命的本性，而使生命不顺应的就是人的欲望。所以，圣人一定要先抑制自己的欲望。

【点评】

处理错综复杂的事务，不能鲁莽行事，要善于抓住事物的关键，则可轻易而举，顺势而为；养生长寿，减少欲望，不能纵情任性，适可而止。

贵公

【原文】

昔先圣王之治天下也，必先公。公则天下平矣。平得於公。尝试观於上志，有得天下者众矣，其得之以公，其失之必以偏。凡主之立也，生於公。故《洪范》曰："无偏无党，王道荡荡；无偏无颇，遵王之义。无或作好，遵王之道；无或作恶，遵王之路。"

【今译】

以前圣王治理天下的时候，一定要把公正放在首位。把公正放在首位就会天下太平。太平是公正得来的。曾经考察过古代的典籍，得到天下的人很多，得到的人都是把公正放在首位，失去的人都是把偏颇放在首位。君王的设立，是出于公正的目的。所以《尚书·洪范》中说："不要营私不要结党，君王的统治平平坦坦；不要偏向不要倾斜，遵守先王的法则；不要施加个人的喜好，遵循先王的道路；不要施加个人的憎恶，遵循先王的道路。"

【点评】

公平公正得天下，不公不平失天下，不患寡而患不均，这是历史的结论。圣王无心，以天下百姓心为心；圣王无私，以天下公为私。公平公正，有时比阳光还重要。社会不稳定，人民的怨恨，大都是社会不公造成的。为政者一定要出于公心，努力做到不偏不倚，公平公正。

【原文】

天下非一人之天下也，天下人之天下也。阴阳之和，不长一类；甘露时雨，不私一物；万民之主，不阿一人。

【今译】

天下不是某个人的天下，是天下人的天下。阴阳的融合，不只是滋长一种物种；甘露时雨，不偏爱一物；天下的君主，不能偏护一人。

【点评】

天下是天下人的天下，君王必须公正无私，正如阴阳融合滋长万物，甘露降临滋润万物一样，没有半点偏私。公正无私是执政者的基本功。

【原文】

人之少也愚，其长也智。故智而用私，不若愚而用公。日醉而饰服，私利而立公，贪戾而求王，舜弗能为。

【今译】

少年的时候无知，长大就聪明了。所以如果聪明却出于私心，不如愚笨却出于公心。每天都醉醺醺的却要修饰衣服，谋求私利却要树立公正，贪婪暴戾却要做天下的君主，即使舜也无法做到。

【点评】

智而用私，不若愚而用公，是千古名言，更应是执政者的座右铭。智而用私，智力越好，危害越大，古今中外的巨贪、巨奸，大都是能臣干吏。所以选贤任能，德应放在首位。

仲春纪

情欲

【原文】

天生人而使有贪有欲，欲有情，情有节；圣人修节以止欲，故不过行其情也；故耳之欲五声，目之欲五色，口之欲五味，情也。此三者，贵贱、愚智，贤不肖欲之若一，虽神农、黄帝其与桀、纣同。圣人之所以异者，得其情也；由贵生动，则得其情矣；不由贵生动，则失其情矣。此二者，死生存亡之本也。

【今译】

上天降生了人就让他拥有贪念和欲望。欲望之中含有感情，感情应有适当的限度；圣人修养自己的品德来节制自己的欲望，所以不过分地放纵自己的感情；因此，耳朵想要听五声，眼睛想要看五色，嘴巴想要吃五味，这是情欲。这三种情欲，不论是高贵的还是低贱的，愚蠢的还是聪明的，贤能的还是不肖的，都是一样的，即使是神农、黄帝，还是夏桀、商纣都是一样的。圣人之所以和别人不同，是由于他能够把握情欲的限度。从珍重生命出发，就能把握适度的情欲；没有从珍重生命出发，就不会把握好情欲的限度。这两种情况，是生死存亡的根本原因。

【点评】

人有"七情"、"六欲"，圣人、凡人是一样的，关键的区别在于能否把握住适度和节制，这是圣人和凡人的区别。如懂得珍惜生命，就会控制情欲的泛滥放纵；不懂得珍惜生命，就任其泛滥放纵。这是关乎到一个人的生死存亡，长寿短命。

季春纪

先己

【原文】

汤问于伊尹曰："欲取天下，若何？"伊尹对曰："欲取天下，天下不可取；可取，身将先取。"凡是之本，必先治身，啬其大宝。用其新，弃其陈，腠理遂通。精气日新，邪气去尽，及其天年。此之谓真人。

【今译】

商汤问宰相伊尹："要想治理好天下，该怎么办？"伊尹回答："想要治理天下，天下就不能治理。可以治理的，先要治理好自身。"大凡事物的根本，一定要先治理本身，爱惜自己的精气。吐故纳新，废弃陈旧，肌肤和静脉就会畅通。精气每天都是新的，邪气就会消失，就能达到天年。这就叫作真人。

【点评】

欲治国平天下，先要治理好自身。这和《大学》中的先"修身"再"齐家、治国、平天下"是异曲同工。

【原文】

故欲胜人者，必先自胜；欲论人者，必先自论；欲知人者，必先自知。

【今译】

要想战胜别人，一定要先战胜自己；要想议论别人，先要议论自己；要想了解别人，先要有自知之明。

【点评】

胜人先胜己，论人先自论，知人者智，自知者明。

论人

【原文】

主道约，君守近。太上反诸己，其次求诸人。其索之弥远者，其推之弥疏；其求之弥强者，失之弥远。

【今译】

为君之道，不仅办事需要简约无为，而且还需要注重自己的言行和操守。最好的向自身寻求，其次是向别人寻求。对别人的索取越多，其作用就相当于将其推开得更远、更快些；对别人的要求越强烈、越过分，你自己失去的也就会越多、越快。

【点评】

为君之道，简约无为，这有点后来老子的味道。反求诸己，有点儒家的味道。不要过分对别人索取，你索取得越快就会迅速地将别人推向远方。求人不如尊师。

【原文】

义之大者，莫大于利人，利人莫大于教；知之盛者，莫大于成身，成身莫大于学。

【今译】

最大的仁义，莫过于给人利益，给人利益莫过于教育人；求知没有比成为君子更好的，成为君子莫过于学习。

【点评】

最大的仁义莫过于教育人走正道，成为君子的最好方法莫过于学习。

仲秋纪

论威

【原文】

人情欲生而恶死，欲荣而恶辱。死生荣辱之道一，则三军之士可使一心矣。

【今译】

人的性情都是想要活着而不愿意死去，想要荣耀而厌恶耻辱，生死荣辱的道理统一了，三军将士就能同心协力。

【点评】

人们生死荣辱的价值观统一了，就会同心协力，这就叫作志同道合。

仲冬纪

当务

【原文】

辩而不当论，信而不当理，勇而不当义，法而不当务，或而乘骥也，狂而操吴干将也，大乱天下者，必此四者也。所贵辩者，为其由所论也；所贵信者，为其遵所理也；所贵勇者，为其行义也；所贵法者，为其当务也。

【今译】

善于辩论却没有条理，言语真实却不符合道理，勇敢却不符合道义，执法却不符合事理，如同迷了路却乘着良马，癫狂了却手中拿着吴国的宝剑干将，致使天下大乱的，必定是这四种人。崇尚辩论，为的是所辩论的有理有据；崇尚语言真实，为的是所辩论的遵循道理；崇尚勇敢，为的是行为符合道义；崇尚法度，为的是做事合乎道理。

【点评】

善辩要有条理，说话要符合道理，勇敢要符合道义，执法要符合事理。否则，如同迷了路却乘着千里马狂奔，癫狂了却拿着宝剑乱舞，这必定是致使天下大乱的四种人。

慎大览

权勋

【原文】

利不可两，忠不可兼。不去小利，则大利不得；不去小忠，则大忠不至。故小利，大利之残也；小忠，大忠之贼也。圣人去小取大。

【今译】

利益不能同时占有，忠诚不可能同时得到。不放弃小利就得不到大利；不放弃小的忠诚就不会成就大的忠诚。所以，小利是大利的害，小忠是大忠的害。圣人放弃小而保留大。

【点评】

利益不能同时占有，忠诚不能同时得到，不放弃小利、小忠，就不能成就大利、大忠。圣人放弃小而保留大，俗人占有小而放弃大。

不广

【原文】

智者之举事必因时，时不可必成，其人事则不广。成亦可，不成亦可，以其所能托其所不能，若舟之与车。

【今译】

聪明的人做事一定要根据时机，时机不一定会适宜，但人的努力却不能放弃。时机成熟也好，时机不成熟也好，要靠别人所能做到的补救自己所做不到的，如同船和车。

【点评】

智者把握时机，但最主要的是自己坚持不懈地努力，时机成熟就顺势而为，时机不成熟就借助外力的帮助取得成功

审分览

知度

【原文】

明君者，非遍见万物也，明于人主之所执也。有术之主者，非一自行之也，知百官之要也。知百官之要，故事省而国治也。明于人主之所执，故权专而奸止。奸止则说者不来，而情谕矣。情者不饰，而事实见矣。此之谓至治。

【今译】

英明的君主，不是事必躬亲地处理万事万物，而是明白君主应掌握的东西。有道术的君主，不是一切都亲自去做，而是懂得百官的要领。懂得了百官的要领，所以管事少而国家治理得好。明确了君主所应掌握的东西，所以大权集中，奸邪止息，那么游说的人就不来，真情也能了解了。真情不加修饰，事实也就能显现了。这就叫作最好的治理。

【点评】

圣君分权施政，事在四方，要在中央，提纲挈领，抓大放小，把握事物的规律，不事必躬亲，这样就可以奸邪止息，真情流露，事实显现，做到最好的治理。

恃君览

长利

【原文】

天下之士也者，虑天下之长利，而固处之以身若也。利虽倍于今，而不便于后，弗为也；安虽长久，而以私其子孙，弗行也。自此观之，陈无宇之可丑亦重矣，其与伯成子高、周公旦、戎夷也，形虽同，取舍之殊，岂不远哉？

【今译】

天下所敬仰的士人，考虑的是天下长远的利益，并且身体力行。即使眼前能够获得加倍的利益，如果这样做不利于后世，也不会去做的；即使平安能够长久延续，如果只是为他的子孙谋取利益，也不会去做的。从这来看陈无宇的羞耻就更加严重了。他和伯成子高、周公旦、戎夷相比起来，虽然表面上看起来相似，但索取和取舍的差别难道不是很大吗？

【点评】

计利当计天下利，求名应求万世名。不能因小利而失大利，因眼前的利益而失长久之利，因个人的利益而失天下的利益。圣人与俗人的区别在于此。

开春论

察贤

【原文】

今有良医于此，治十人而起九人。所以求之万也。故贤者之致功名也，比乎良医，而君人者不知疾求，岂不过哉！今夫塞者，勇力时日卜筮祷祠无事焉，善者必胜。立功名亦然，要在得贤。魏文侯师卜子夏，友田子方，礼段木干，国治身逸。天下之贤主，岂必苦形愁虑哉！执其要而已矣。雪霜雨露时，则万物育矣，人民修矣，疾病妖厉去矣。故曰尧之容若委衣裘，以言少事也。

【今译】

现在这里有一个医术高超的人，救治10个病人就会治愈9个，所以前来求医的人数以万计。因此贤能的人为国家建功立业，就像医术高超的人救治病人一样，但国君不知道及时寻求贤能的人。难道这不是过错吗？比如做格五这种博弈游戏凭借勇力、时机、占卜和祈祷都没有用处，而擅长的人必将取胜。建功立名也是这样，关键在于得到贤能的人。魏文侯拜卜子夏为师，与田子方做朋友，礼待段木干，所以国家得到很好的治理，自己也得到安逸。天下贤能的国君，难道必须劳累身体，苦思愁虑吗？抓住关键就足够了。雪霜雨露降落的合乎时节，万物就会生长发育了，老百姓就会得到休养生息了，疾病和邪恶就会祛除掉了。所以说，尧帝的仪容安逸自若，衣裳宽松下垂，这说明他政事很少。

【点评】

德才兼备之人是国家富强、民族复兴的根本和关键，执政者必须广揽天下贤才，激励他们致力于国家的建设。贤才的作用犹如良医治病，起死回生，立竿见影。明君深谙此理，发现人才，培养人才，重用人才，而不必事必躬亲。做到君无为而臣有为；君闲而臣忙。

慎行论

慎行

【原文】

行不可不孰。不孰，如赴深溪，虽悔无及。君子计行虑义，小人计行其利，乃不利。有如不利之利者，则可与言理矣。

【今译】

行为不能不慎重考虑。不慎重考虑，就像奔向深谷，即使后悔也来不及了。君子谋划行动时考虑道义，小人谋划行动时期待盈利，结果反而不利。有人懂得谋求利益，实际上包含着根本利益，那就可以跟他谈论道义了。

【点评】

一个人的行为要慎重考虑，不慎重考虑就会追悔莫及。君子谋求利益时不忘道义，小人只期待利益，结果反而不利。谋求利益不忘道义的人，才算懂得谋求根本利益，就可以跟他谈论道义了。

贵直论

贵直

【原文】

贤主所贵莫如士。所以贵士，为其直言也。言直则枉者见矣。人主之患，欲闻枉而恶直言。是障其源而欲其水也，水奚自至？是贼其所欲而贵其所恶也，所欲奚自来？

【今译】

贤明的君主所重视的莫过于士人，之所以要重视士人，是因为他们能够直言不讳。直言不讳，那么枉曲就显现出来了。君主的隐患，就在于喜欢听枉曲的言论却厌恶听正直的言论。这就如同堵塞水源却又想取到水一样，水从哪里来呢？这也如同轻视所想要的却重视所厌恶的，所想要的从哪里来呢？

【点评】

圣君主重视士人的直言不讳，直言不讳可以显现出小人的谄媚取宠。君主如果喜欢听小人阿谀奉承的话，就难以听到君子的直言不讳了。

不苟论

赞能

【原文】

贤者善人以人，中人以事，不肖者以财。得十良马，不若得一伯乐；得十良剑，不若得一欧冶；得地千里，不若得一圣人。舜得皋陶而舜授之，汤得伊尹而有夏民，文王得吕望而服殷商。夫得圣人，岂有里数哉？

【今译】

与人交往，贤能的人看重的是别人的人品，一般人看重的是别人能够办成事情，不贤的人看到别人的钱财。得到 10 匹好马，不如得到 1 个伯乐；得到 10 把好剑，不如得到 1 个欧冶；得到方圆千里的土地，不如得到 1 个圣人。舜得到皋陶于是被禅让帝位，汤得到伊尹于是使夏民称臣，文王得到吕望使周最终推翻了殷商。得到圣人，所拥有的土地哪里还能用里数来计算呢？

【点评】

强调得到和重用圣贤的重要性。舜得到皋陶而称帝，汤得到伊尹而建立商朝，文王得到吕望而灭殷商，统一天下为王。

自知

【原文】

欲知平直，则必准绳；欲知方圆，则必规矩；人主欲自知，则比直士。故天子立辅弼，设师保，所以举过也。夫人故不能自知，人主犹其。存亡安危，毋求于外，务在自知。尧有欲谏之鼓，舜有诽谤之木，汤有司过之士，武王有戒慎之鼗，犹恐不能自知。今贤非尧舜汤武也，而有掩蔽之道，奚繇自知哉！

【今译】

要想知道平直与否，就必须借助准绳；要想知道方圆与否，就必须借助规矩；君主要想自知，就必须借助直言之士。所以天子设立辅弼和师保的职位，是用来指出过错的。人不能够自知，做君主的也是这样。国家是生存还是灭亡，是安定还是危难，不要向外寻求，关键在于自知。尧帝设有纳谏的鼓，舜帝设有诽谤的木，商汤设有专门检举他过错的官吏，武王设有警戒谨慎的繇，仍然担心不能做到自知。如今的君主贤能不如尧帝、舜帝、商汤、周武王，却有掩盖遮蔽自身过错的方法，从哪里做到自知呢？

【点评】

知人者智，自知者明。人很难做到自知之明。所以，古代尧、舜、汤、武等圣君想方设法努力使自己做到自知，但还唯恐做不到。后世的君主不仅不设立监督自知的机构，还尽可能地掩盖过错，这怎么还能够做到自知之明呢？所以大多数君主都是昏君！

墨家经典

《墨子》

《墨子》的思想内容和学说

墨家的创始人墨翟，被称之为墨子。墨家是战国时期的重要学派，是先秦时期中国文化主流儒、道、墨三家之一，《汉书·艺文志》列为"九流"之一。墨家是儒家的反对派，特别是反对儒家的繁文缛节与等级分明。

墨家初期，以墨子本人所主张的"兼爱"、"非攻"、"尚贤"、"天志"、"明鬼"、"节葬"、"节用"、"非乐"、"非命"等为中心，与儒家展开了一系列的政治学术思想斗争。战国末期，墨子后学克服了墨子学说中宗教迷信成分，对认识论、逻辑学以至于自然科学中的几何学、力学、光学等，都有一定的研究和贡献。

墨家又是我国古代最早具有宗教形态的组织。其具有相对的严密组织，墨家徒党并以"勤生薄死，兼爱天下"为原则，摩顶放踵，赴汤蹈火，奔走天下，以苦为乐。领袖称之为"巨子"，墨家巨子首推禽滑釐与墨子并称。但后来也有派别之分，分为墨家三派，亦称"三墨"。西汉以后，统治者崇儒、抑墨，墨家逐渐衰微。至清中叶后，墨家著作才被学者们重视研究。

一、亲士

【原文】

入国而不存其士，则国亡矣。见贤而不急，则缓其君矣。非贤不急，非士无与虑国。缓贤忘士，而能以其国存者，未曾有也。

【注释】

亲士：亲近贤能的人。入国：疑为"乂（Yì）"之形误。《尔雅·释诂》："乂，治也。"存：恤问。缓：怠慢。虑：谋思。

【今译】

治理国家而不关心贤士，这个国家就会灭亡。见到贤德的人而不立刻任用，他们就不会尽心尽力辅佐君王。没有贤德的人才，就没有人与国君一起谋划天下大事。怠慢贤才，忘记贤士，而又能使国家长治久安的事，那是从来没有过的。

【点评】

治国理政，需要德才兼备的贤臣，见贤而不用，会导致贤人离心离德。古今中外，没有贤臣辅佐的国君，使国家长治久安的事，是不会有的。

二、修身

【原文】

君子战虽有陈，而勇为本焉；丧虽有礼，而哀为本焉；士虽有学，而行为本焉。是故置本不安者，无误丰末；近者不亲，无务求远；亲戚不附，无务外交；事无终始，无务多业；举物而暗，无务博闻。

【注释】

修身：指自身品德的修养。陈：同"阵"，作战阵型。无务博闻：不必努力去广见博闻。

【今译】

君子作战虽然讲究布阵，但勇气却是最根本的；办理丧事虽然有诸多礼仪，但哀伤却是最根本的；做官虽然需要有学问，但德行却是最根本的。因此，如果连最根本的东西都不能稳固，就不要致力于旁枝末节的事情；和周围的人处理不好关系，就谈不上招来远方的朋友；连自己的亲戚都不能归附，就谈不上对外开展交际活动；办事有始无终，就不要贪图办许多事情；连一件事物都不能明白，那就不要遍求博闻广见了。

【点评】

曾子说："物有本末，事有终始，知其先后，则近道矣。"为人处世，安身立命，不能本末倒置。要知道什么是本？什么是末？作战勇是本，丧礼哀是本，做官德是本，做人诚是本。从我做起，从小事做起，从身边的亲人爱起，从解决身边的琐事做起。不要好高骛远，踏踏实实做事，诚诚恳恳做人，久而久之，必有成就。

三、所染

【原文】

子墨子言见染丝者而叹，曰：染于苍则苍，染于黄则黄，所入者变，其色亦变，五入必，而已则为五色矣。故染不可不慎也！

【注释】

子墨子：墨子的弟子对老师的尊称。苍：青。

【今译】

墨子说他曾经因看到染丝而感叹说："洁白的丝放进青色的染缸里，就会变成青色，放入黄色的染料中，就会变成黄色。放进去的染料不同，染出的颜色也跟着变化；放进去五种不同的染料，就一定会出现五种不同的颜色了。所以，对于染丝这件事不能不谨慎啊！"

【点评】

近朱者赤，近墨者黑。环境可以改造人，圈子可以改造人。所以，领导者用人、交友要谨慎，亲君子，远小人，慎防伪君子。

四、法仪

【原文】

子墨子曰：天下从事者不可以无法仪，无法仪而其事能成者，无有也。虽至士之为将相者，皆有法；虽至百工从事者，亦皆有法。百工为方以矩，为圆以规，直以绳，衡以水，正以县。无巧工不巧工，皆以此五者为法。巧者能中之，不巧者虽不能中，放依以从事，犹逾己。故百工从事，皆有法所度。今大者治天下，其次治大国，而无法所度，此不若百工辩也。

【注释】

法仪：法度。百工：各种行业。县：悬。用绳子悬一重物以测定是否垂直的工具。中：符合。放：同"仿"，依照。

【今译】

墨子说："天下从事各种工作的人，都不能没有法则。没有法则而能够把事情办成的，是从来没有过的。即使贵为将相的人，做事全都有一定的法则，即使从事各种行业的工匠，也都有一定的法则。工匠用矩画方形，用规画圆形，用绳墨画直线，用水平器测平面，用悬垂测定偏正。不论是能工巧匠还是一般工匠，都是以这五种仪器为法则而操作的。能工巧匠高明的地方，在于能够恰到好处地使用这些仪器。一般工匠虽然达不到这种水平，但依照工具的标准去做，还是要胜过自己凭直觉去做的。所以，各行各业都有自己的法度可以遵循。现在大到治理天下，其次治理大国，反而没有法度来衡量，这是还没有百工明白事理啊。"

【点评】

国有国法，党有党纪，行有行规。领导者，尊重上级，关爱下级，勤政廉政，为民趋利避害，这是基本功。正如习近平总书记说："县委书记，要心中有党，心中有民，心中有责，心中有戒"。

五、尚贤

【原文】

子墨子言曰:"今者王公大人为政于国家者,皆欲国家之富,人民之众,刑政之治。然而不得富而得贫,不得众而得寡,不得治而得乱,则是本失其所欲,得其所恶。是其何故也?"子墨子言曰:"是在王公大人为政于国家者,不能以尚贤事能为政也。是故国有贤良之士众,则国家之治厚;贤良之士寡,则国家之治薄。故大人之务,将在于众贤而已。"

【注释】

治厚:治理功绩大。治薄:治理的功绩小。

【今译】

墨子说:"现在的王公大人治理国家,都希望国家富强,人民众多,刑事政务整肃治理,然而没有收到富强的效果而得到了贫穷,人口没有增加反而减少,社会没有得到治理反而发生动乱,这是从根本上失去了想要得到的,而得到了他们根本上十分厌恶的,这是什么原因呢?"墨子说:"这是因为王公大人治理国家时,不能做到尊贤使能。在一个国家中,如果贤良之士多,那么国家就能治理得很好;如果贤良之士少,那么国家的治理就相应地差。所以王公大人的主要任务,就是使贤良的人增多。"

【点评】

毛泽东说:"政治路线确定之后,干部是决定的因素。"国家治理的好坏,在于国君的选贤任能;在于亲君子,远小人。

六、尚同

【原文】

子墨子言曰:"古者民始生,未有刑政之时,盖其语,人异义。是以一人则一义,二人则二义,十人则十义,其人兹众,其所谓义者亦兹众。是以人是其义,以非人之义,故交相非也。是以内者父子兄弟做怨恶离散,不能相交合。天下之百姓,皆以水火毒药相亏害。至有余力不能以相劳，腐朽余财不以相分，隐匿良道不以相教。天下之乱，若禽兽然。

【注释】

尚同：指人们的意见应该统一于上级，直至天子统一天下。兹：通"滋"。交相非：互相攻击、非议。和合：和睦团结。相劳：相互帮助。

【今译】

墨子说："远古人类刚刚诞生。还没有刑罚制度的时候，也没有统一的语言，所以人们说话所表达的意思各不相同。因而同是一句话，一个人有一种意思，两个人就有两种不同的意思，10个人就有10种不同的意思。人越多，不同的意思就越多。每个人都坚持自己的意见是对的，而认为别人的意见是错的，因而互相攻击。所以，在家庭内部，父子兄弟常因意见不同而相互怨恨，分崩离析，而不能相互和睦共处；天下的百姓，都用水、火、毒药这些东西相互残害。以至于有多余力量的人也不互相帮助，有多余财物的人宁愿它腐烂也不拿来分给别人，有好的学问见解也隐藏在自己心里不肯教给别人。天下的局面，就像飞禽走兽的世界一样混乱。"

【点评】

墨子认为，人类应有一个统一的标准，这个标准就是遵循上天的意志，才能治理好国家、天下。

七、兼爱上

【原文】

圣人以治理天下为事者也，必知乱之所自起，焉能治之；不知乱之所自起，则不能治。譬之如医之攻人之疾者然，必知疾之所自起，焉能攻之；不知疾之所自起，则弗能攻。治乱者何独不然？必知乱之所自起，焉能治之；不知乱之所自起，则弗能治。圣人以知天下为事者也，不可不察乱之所自起。

【注释】

兼爱：兼爱是要求人们爱人如己，不存在等级与地域的限制。攻：治疗。何独不然：为什么不这样。

【今译】

圣人以治理天下为己任，一定要知道混乱是从哪里产生的，才能治理好天下；如果不知道混乱是从哪里产生的，就无法进行治理。这就好像医生给病人治病一样，一定要知道疾病是从哪里引起的，然后才能进行治疗；如果不知道疾病产生的根源，就不能医治。治理天下混乱的局面又何尝不是如此呢？一定要知道混乱产生的根源，才能进行治理。如果不知道混乱产生的根源，就不能治理。圣人是以治理天下为己任的，不能不考察混乱从哪里来。

【点评】

兼爱是墨子的重要思想之一。兼爱就是要人们爱别人就像爱自己一样，对待别人就像对待自己一样，没有任何区别地相亲相爱。墨子认为，只有这样，才能避免损害别人来为自己谋得利益的事情；也只有这样，才能使所有的人都能得到平等的利益，也就是交相利，共生、共存、共发展、共赢天下。

天下混乱的原因是由于人们的自私，不兼爱，不相爱，更不交相利。

八、兼爱中

【原文】

子墨子言曰："仁人之所以为事者，必兴天下之利，除去天下之害，以此为事者也。"然则天下之利何也？天下之害和也？子墨子言曰："今若国之与国之相攻，家之与家之相篡，人之与人之相贼，君臣不惠忠，父子不慈孝，兄弟不和调，此则天下之害也。"

然则崇此害亦何用生哉？以不相爱生邪？子墨子言："以不相爱生。今诸侯独知爱其国，不爱人之国，是以不惮举其国，以攻人之国；今家主独知爱其家，而不爱人之家，是以不惮举其家，以篡人之家；今人独知爱其身，不爱人之身，是以不惮举其身，以贼人之身。是故诸侯不相爱，则必野战；家主不相爱，则必相篡；人与人不相爱，则必相贼；君臣不相爱，则必不惠忠；父子不相爱，则不慈孝；兄弟不相爱，则不和调。

天下之人皆不相爱，强必执弱，众必劫寡，富必侮贫，贵必敖贱，诈必欺愚。凡天下祸患怨恨，其所以起者，以不相爱生也，是以仁者非之。"

【注释】

贼：伤害。和调：融洽和睦。崇：为"祟"字之误。敖：通"傲"。行：为"仁"字之误。执：执掌，控制。诈：聪明人。

【今译】

墨子说："仁人所要做的政事，一定是兴天下之利，除天下之害，并以此作为原则来处理国家事务。"既然如此，那么天下的利是什么呢？天下的害又是什么呢？墨子说："现在如果诸侯之间相互攻伐，家族之间互相掠夺，人与人之间相互残害，君不惠，臣不忠，父不慈，子不孝，兄弟不和睦，那么这就是天下的大害了。"

既然这样，那么考察这些天下的大事，又是从什么地方产生的呢？是因不相爱而产生的吗？墨子说："是由于相互之间不相爱而产生的。"现在各国的诸侯们，都只知道爱自己的国家，而不爱别人的国家，所以肆无忌惮地发动战争去攻打别人的国家；现在的家族宗主只知道爱自己的家族，而不爱别人的家族，因此肆无忌惮地发动自己家族的力量，去掠夺别人的家族；现在的人只知道爱自己，不爱别人，因此肆无忌惮地运用全部的力量去残害别人。所以诸侯不相爱，就一定会发生野外大战；家族宗主不相爱，就一定会相互争夺；人与人不相爱，就一定会互相残害；君与臣不相爱，则君不惠，臣不忠；父与子不相爱，则父不慈，子不孝；兄与弟不相爱，则兄弟不和睦。天下的人都不相爱，力量强大的就会欺凌弱小的，人多的就会欺侮人少的，富足的就会欺侮贫困的，尊贵的就会傲视卑贱的，狡猾的就会欺骗愚笨的。凡是天下的祸患，强取豪夺、怨恨、愤恨等这些坏事的根源，都是由于人们的不相爱而产生的，所以仁人是坚决反对这些不相爱的现象。

【点评】

管仲说：治国不难，爱民而已。执政者的首要任务是，关爱人民，兴天下之利，除天下之害。也就是为民趋利避害，全心全意为人民服务。墨子的"兼相爱，交相利"正是圣王之法，天下圣王之至道，为政者不可不为。

九、非攻上

【原文】

子墨子言曰：古者王公大人情欲得而恶失，欲安而饿危，故当攻占而不可不非。今有一人，人人园圃，窃其桃李，众闻则非之，上为政者得则罚之。此何也？以亏人自利也。至攘人犬豕鸡豚者，其不义又甚人入园圃窃桃李。是何故也？以亏人愈多，其不仁兹甚，罪益厚。至人入栏厩，取人马牛者，其不仁义又甚攘人犬豕鸡豚甚。此何故也？以其亏人愈多。苟亏人愈多，其不仁兹甚，罪益厚。至杀不辜人也，拖其衣裘，取戈剑者，其不义又甚入人栏厩，取人牛马。此何故也？以其亏人愈多。苟亏人愈多，其不仁兹甚矣，罪益厚。当此，天下之君子皆知而非之，谓之不义。今至大为攻国，则弗知非，从而誉之，谓之义。此可谓知义与不义之别乎？

【注释】

非：非难，责备。非攻：意为反对兼并战争。得：得到，这里指捕获。亏人：损害别人。攘：偷盗，抢夺。兹甚：更深。兹：通"滋"，更。拖：夺取。

【今译】

墨子说：古时王公大人都想得到而害怕失去，想要安宁而讨厌危险动乱，所以当发生战争时，却不能反对了。现在有这样一个人，进入别人的果园，偷摘人家的桃子、李子，大家知道后一定会说他的不是，上边当政的如果抓到他一定会罚他。这是为什么呢？因为他损人利己。至于盗窃别人家的鸡犬、牲畜，他的不义又超过偷别人果园桃李的人。这是为什么呢？因为他给别人造成的损失更大，他也就更不仁义，罪过也就更大了。至于进入别人家的牛栏、马厩，偷窃别人的牛马，他的不仁不义又超过盗窃别人家的鸡犬、畜生。这是为什么呢？因为给别人造成的损失和危害更为严重。至于枉杀无辜的人，剥去别人的衣服，抢走人家的武器的人，他的不义又超过了盗窃人家的牛马。这是为什么呢？因为他给别人造成的损害特别严重，那么他的不仁也就特别严重，他的罪过也就特别重大。遇到这些事，天下的君子都能明辨是非对错而加以反对，称他为不义。可是现在有大规模的攻伐别人的国家，却不指责其错误，反而去赞誉他，称之为义。这难道是懂得义与不义的区别吗？

【点评】

非攻，就是反对侵略战争。墨子提倡"非攻"，是他"兼爱"学说在处理国家问题上的具体化。墨子反对霸权主义，反对强权势力，反对侵略战争，反对恃强凌弱，反对以大欺小，反对不平等。

十、节用上

【原文】

圣人为政一国，一国可倍也；大之为政天下，天下可倍也。其倍之非外取地也，因其国家，去其无用之费，足以倍之。圣王为政，其发令兴事，使民用财也，无不加用而为者，是故用财不费，民得不劳，其兴利多矣。

【注释】

节用：意为提倡勤俭节约，反对铺张浪费。可倍：言利可倍。兴：发动。加：增益。

【今译】

圣人治理国家，可以使国家的财力成倍增加；再扩大来说，如果让圣人治理整个天下，那么整个天下的财富也可以成倍增加。其中利益加倍的原因，不是靠向外扩张、掠夺土地，而是由于他减掉了那些不必要的开支，相应地使财力足足增长了一倍。圣王施政，他发布命令、举办事业、使用民力和钱财，没有不是有益于实用才去做的。所以使用钱财不浪费，百姓不感到劳苦，而给人民的实事办好，使之产生的利益就增多了。

【点评】

墨子认为，圣王治理天下，不追求华美而只在乎实用，对人民没有益处的事情不做，对国家没有益处的事情不做，凡是不实用、不利于人民的事情不做，一切从人民的利益出发。

十一、天志上

【原文】

子墨子言曰:"今天下之士君子,知小而不知大。"何以知之?以其处家者知之。若处家得罪于家长,犹有邻家所避逃之。然且亲戚、兄弟所知识,共相儆戒,皆曰:"不可不戒矣!不可不慎矣!恶有处家而得罪于家长,而可为也!"非独处家者为然,虽处国亦然。处国得罪于国君,犹有邻国所避逃之;然且亲戚、兄弟所知识,共相儆戒,皆曰:"不可不戒矣!不可不慎矣!谁亦有处国得罪于国君,而可为也?"此有所避逃之者也,相儆戒犹若此其厚,况无所逃避之者,相儆戒岂不愈厚,然后可哉?且语言有之曰:"焉而晏日,焉而得罪,将恶避逃之?"曰:"无所避逃之。"夫天不可为林谷幽门无人,明必见之。然而天下之士君子之于天也,忽然不知以相儆戒。此我所以知天下士君子知小而不知大也。

【注释】

天志:即天的意志。所知识:相识之人。而:通"尔"。晏:清明。儆:告诫,警告。厚:重,深。

【今译】

墨子说:"现在天下的士大夫、君子们,只知道小道理,而不知道大道理。"怎么知道是这样的呢?从他们处理家族事务中的情况就可以知道。如果处理家族事务中得罪了家长,还可以逃到相邻的家族中去。然而父母、兄弟和亲戚朋友,彼此相互警戒,都说:"不能不引以为戒!不能不谨慎啊!哪里有生活在家族中间可以得罪家长,那还有什么作为呢?"不仅处理家族事务是这样,即使处理国家事务中的事情也是这样。如果处理国家事务得罪了国君,还有邻国可以逃避。然而父母、兄弟和亲戚朋友,彼此相互警戒,都说:"不能不引以为戒!不能不谨慎呀!哪里有生活在一个国家而得罪国君,那还能有什么作为呢?"这还是有逃避的地方,人们互相告诫如此严重,又何况那些没有地方逃避的人呢?互相告诫难道不就更加严重了吗?俗话说:"光天化日之下犯了罪,能逃避到什么地方呢?"回答说:"没有地方可以逃避。"即使是茂密的深林、幽深的山谷之中,上天神目如电,能看到天下所有的幽隐。然而天下的士大夫、君子们对于上天，却疏忽不知道以此相互警戒。这就是我之所以知道天下的士大夫、君子们只知道小道理而不知道大道理的原因。

【点评】

天志，就是上天的意志。君王应把人民看作是天，得罪天即人民是无处逃遁的。墨子提出一个存在于天子之上的天，是表明天子也应该遵循上天的意志。顺天者昌，逆天者亡。天子不能胡作非为，逆天而动。墨子认为，"天欲义而恶不义"，天下人都是天下的百姓，是平等的，天兼爱他们，君王也要兼爱他们，人与人之间要"兼相爱，交相利"，统治者只有爱民利民，才能得到上天和人民的眷顾，否则就会受到上天的惩罚和人民的背弃反抗。

纵横家经典

鬼谷子

【原文】

粤若稽古，圣人之在天地间也，为众生之先。观阴阳之开阖以名命物，知存亡之门户，筹策万类之终始，达人心之理，见变化之朕焉，而守司其门户。故圣人之在天下也，自古及今，其道一也。

【注释】

粤若稽古：此句与《尚书·尧典》开头相同，意在强调捭阖是历史经验的遗留，借古以自重。圣人：《鬼谷子》理想中彻底掌握纵横学术的人。圣人能够深入领会阴阳之道，掌握自然规律和社会的本质，并善于利用矛盾，从事政治斗争。纵横家的圣人同儒家的圣人不同。

【今译】

考察古代的历史，圣人是天地之间芸芸众生的主宰。圣人能够根据阴阳开合的变化创造万物，并给万物命名，圣人知道万物生死存亡的关键，谋划自然万物从产生到死亡的全过程，并能够深入到人的内心，看见人内心的细微变化，掌握背离死亡趋向生存的规律。所以，圣人在天下，从古至今，其道是永恒不变的。

【点评】

鬼谷子认为，能够深入领会阴阳之道，掌握纵横术的圣人，就掌握了自然规律和社会的本质，能够揣测到人的内心，看见人内心细微的变化，善于利用矛盾，从事政治斗争。

【原文】

变化无穷，各有所归，或阴或阳，或柔或刚，或开或闭，或驰或张。是故圣人一守司其门户，审察其所先后，度权量能，校其技巧短长。

【今译】

万事万物的变化虽然是无穷无尽的，但是都以避亡趋存作为它们的归宿。有的表现为阴，有的表现为阳；有的表现为柔，有的表现为刚；有的表现为开，有的表现为闭；有的表现为驰，有的表现为张。因此，圣人掌握了阴阳两种枢纽，就能审察万事万物的先后，度量万物的才能，比较万物各自的短长。

【点评】

万事万物的变化虽无穷无尽，但其规律是趋利避害，只不过表现形式不同罢了。因此，圣人掌握了阴阳变化的规律，就能审察事物的先后终始，比较万物的优劣短长，作出客观的判断。

【原文】

夫贤不肖、智愚、勇怯有差，乃可捭，乃可阖；乃可进，乃可退；乃可贱，乃可贵，无为以牧之。审定有无与其实虚，随其嗜欲以见其志意。微排其所言而捭反之，以求其实，贵得其指；阖而捭之，以求其利。

【今译】

人的秉性是有差异的，有的是德才兼备的贤人，有的是无德无才的不肖之人；有的人智慧，有的人愚蠢；有的人勇敢，有的人怯懦。根据每个人的秉性，分别采用或捭或阖、或进或退、或贵或贱的方法和手段，顺应每个人的特点来驾驭他。如果弄清对方是有还是无，搞清对方的实际情况，一般情况下，方法是顺着他的爱好和欲望来推测出对方心里的真实意图。可以暗暗排查对方言辞，然后依据已知道的情况反问过去，以得其实情，了解到他的真实意图；先阖后捭，从中得到利益。

【点评】

纵横家提出应顺从人的秉性和欲望的特点，摸清楚对方的真实意图，然后才顺势而为，或捭或阖，应用自如，从中谋求利益。

【原文】

或开而示之，或阖而闭之。开而示之者，同其情也；阖而闭之者，异其诚也。可与不可，审明其计谋，以原其同异。离合有守，先从其志。即欲捭之贵周，即欲阖之贵密。周密之贵微，而与道相追。

【今译】

或公开自己的真实情况示给对方，或不公开自己的真实情况而将它隐藏起来，不让对方知道。当己方的实际情况或目的等与对方完全相同的时候，就可以公开显示给对方看；当己方的实际情况或目的不与对方相同的时候，就不能公开。上述办法可用还是不可用，首先要搞清楚对方的考虑和谋划，来探究己方与对方是同还是异。是离是合须等待时机，先从对方的意愿来满足他，然后适时而动。如果要用"捭"的方式，一定要做到周到；如果要用"阖"的方式，一定要做到严密。周到、严密还要注意隐蔽，隐蔽的最佳效果就像"道"一样微而不显。

【点评】

公开或隐蔽自己的真实情况，要搞清楚对方的真实情况，才能做到知己知彼，方能百战不殆。依据人性和对方的欲望嗜好，是捭是阖，适时而动，捭要周密，阖要严密，犹如大道微而不显一样。

【原文】

捭之者，料其情也；阖之者，结其诚也。皆见其权衡轻重，乃为之度数。圣人因而为之虑，其不中权衡度数，圣人因而自为之虑。

【今译】

用捭使对方开，对其虚实进行辨别；辨别清楚之后用阖，确定下来对方的实情。圣人应根据对方实际情况需要的轻重缓急，来揣度对方的所想；然后再顺其所想，为对方谋划。圣人应因势考虑，适时调整，如果不合对方的心意或实际情况，就替自己作谋划，留好后路。

【点评】

纵横家，处世灵活，刚柔相济，进退自如，善于见机行事，在阴阳捭阖之间寻找生机，立于不败之地。

【原文】

故捭者，或捭而出之，或捭而内之；阖者，或阖而取之，或阖而去之。捭阖者，天地之道。捭阖者，以变动阴阳，四时开闭，以化万物。纵横反出，反复反忤，必由此矣。

【今译】

所以用捭，或能使对方开而使真实情况流露出来，或能让对方开而使己方的观点被接纳；用阖或能使己方有所收获，或能使己方顺利躲过祸患。捭阖，是天地间的大道。捭阖，能够使阴阳发生变动，阴阳变动产生四季，四季更替化育万物。纵或横、返与出、翻与覆、反与背，都是由捭阖而生的。

【点评】

捭阖是天地间的大道，捭阖能使阴阳发生变化，阴阳变动产生四季，四季更替化育万物，正确地运用捭阖，可逢凶化吉，遇难呈祥。

【原文】

捭阖者，道之大化，说之变也。必豫审其变化，吉凶大命系焉。口者，心之门户也；心者，神之主也。志意、喜欲、思虑、智谋，皆由门户出入。故关之捭阖，制之以出入。

【今译】

捭阖是阴阳之道的无限变化，是游说时应变的关键。游说前一定要对各种变化事先有所准备；吉凶死亡的关键全系于捭阖。口是心意出入的门户，心是精神的居所。心所产生的意志、喜欲、思虑、智谋等，皆有口说出来。所以用捭阖来控制讲话，控制言语的出入。

【点评】

游说对方之前，务必做好各种变化的准备，做到随机应变，顺势而为。正确运用捭阖之道的变化，以达到游说的目的。

【原文】

捭之者，开也，言也，阳也；阖之者，闭也，默也，阴也。阴阳其和，终始其义。故言长生、安乐、富贵、尊荣、显名、爱好、财利、得意、喜欲，为"阳"，曰始。故言死亡、忧患、贫贱、苦辱、弃损、亡利、失意、有害、刑戮、诛伐，为"阴"，曰终。诸言法阳之类者，皆曰始，言善以始其事；诸言法阴之类者，皆曰终，言恶以终其谋。

【今译】

捭就是开，就是开口言说，就是阳；阖就是闭，就是默而不说，就是阴。阴阳相互调和，从开始到结束，都要符合捭阖之理。所以说，把凡是有关长生、安乐、富贵、尊荣、爱好、财利、得意、喜欲的，都视作"阳"，称之为"始"。把凡是有关死亡、忧患、贫贱、苦辱、弃损、亡利、失意、有害、刑戮、诛罚的，都视作"阴"，称之为"终"。那些在言谈时采用"阳"一类的事情来立说的，都可以称之为"始"，因为他们是从事情好的一面来进行游说，劝诱对方开始行动，促成游说取得成功；那些在言谈时采用"阴"一类的事情来立说的，都可以称之为"终"，因为他们是从事情恶的一面来进行游说，阻止对方的谋略策划实施，使他终止行动。

【点评】

捭，就是开，是言说，是一切都是好的一面，是阳，称之为始；阖，就是闭，是沉默不语，是一切都是坏的一面，是阴，称之为终。阴阳如何调和，要依据时机变化，见机行事，顺势而为，做到常胜不败。

【原文】

捭阖之道，以阴阳试之。故与阳言者，依崇高；与阴言者，依卑小。以下求小，以高求大。由此言之，无所不出，无所不入，无所不可。可以说人，可以说家，可以说国，可以说天下。为小无内，为大无外。益损、去就、背反，皆以阴阳御其事。

【今译】

捭阖之道，就是反复地使用阴阳进行试探。所以与品行高尚的人言说，就要说"阳"类的事；与品行卑劣的人言说，就要说"阴"类的事。下与小，均为阴，故可以用低下的去求合志向渺小的人；高与大，均为阳，故可以用高尚的去求志趣高远的人。照这样言说，可出可入，没有什么地方是不可以的。用捭阖之术，可以游说他人，可以游说大夫，可以游说诸侯国的国君，可以游说周天子。不论内部有多小，也不论外部有多大，均不能局限于本身，而须辩证地对待。益损、去就、背反，都可以用阴阳开合之道来驾驭它。

【点评】

捭阖之道，就是反复地使用阴阳来试探对方，要根据不同对象而定。对于高尚的人，就用阳术；对于小人，就用阴术。因人、因时，随机应变，顺势而为。捭阖之术，可以游说任何人，包括天子在内，一切事物的变化，都能够用阴阳开合之道来驾驭。

【原文】

阳动而行，阴止而藏，阳动而出，阴隐而入。阳还终阴，阴极反阳。以阳动者，德相生也；以阴静者，形相成也。以阳求阴，苞以德也；以阴结阳，施以力也。阴阳相求，由捭阖也。此天地阴阳之道，而说人之法也。为万事之先，是谓方圆之门户。

【今译】

阳是行动前进，阴是静止潜藏，阳活动外出，阴隐藏入内。阳返还停止于阴，阴走到极点又返回为阳。阳动，道德就生成了；阴静，形体就产生了。从阳的方面去追求阴，要以道德包容对方；从阴的方面去追求阳，就要走出暗处实际去做。阴阳之间互相依赖，这是由捭阖之道决定的。这是天地阴阳的大道，是游说他人的根本法则。捭阖是处理万事之本，是天地的门户。

【点评】

阴阳，是宇宙万物的两个属性，是天地的自然法则。阴阳，即相互对立，又相互转化；即相互否定，又相辅相成；即相互排斥，又相互吸引；即阴中有阳，又阳中有阴。阴阳交替，相互转化，推动前进，生生不息。鬼谷子认为，阳的作用，产生了道德；阴的作用，产生了形体。运用捭阖之术，即阴阳开合，一阴一阳，或开或阖，变幻无穷。捭阖，是游说他人的根本法则，是处理万事之本，是连接天地的门户。正确运用捭阖之术，是使游说者立于不败之地的法宝。